Learning to Teach Physical Education in the Secondary School

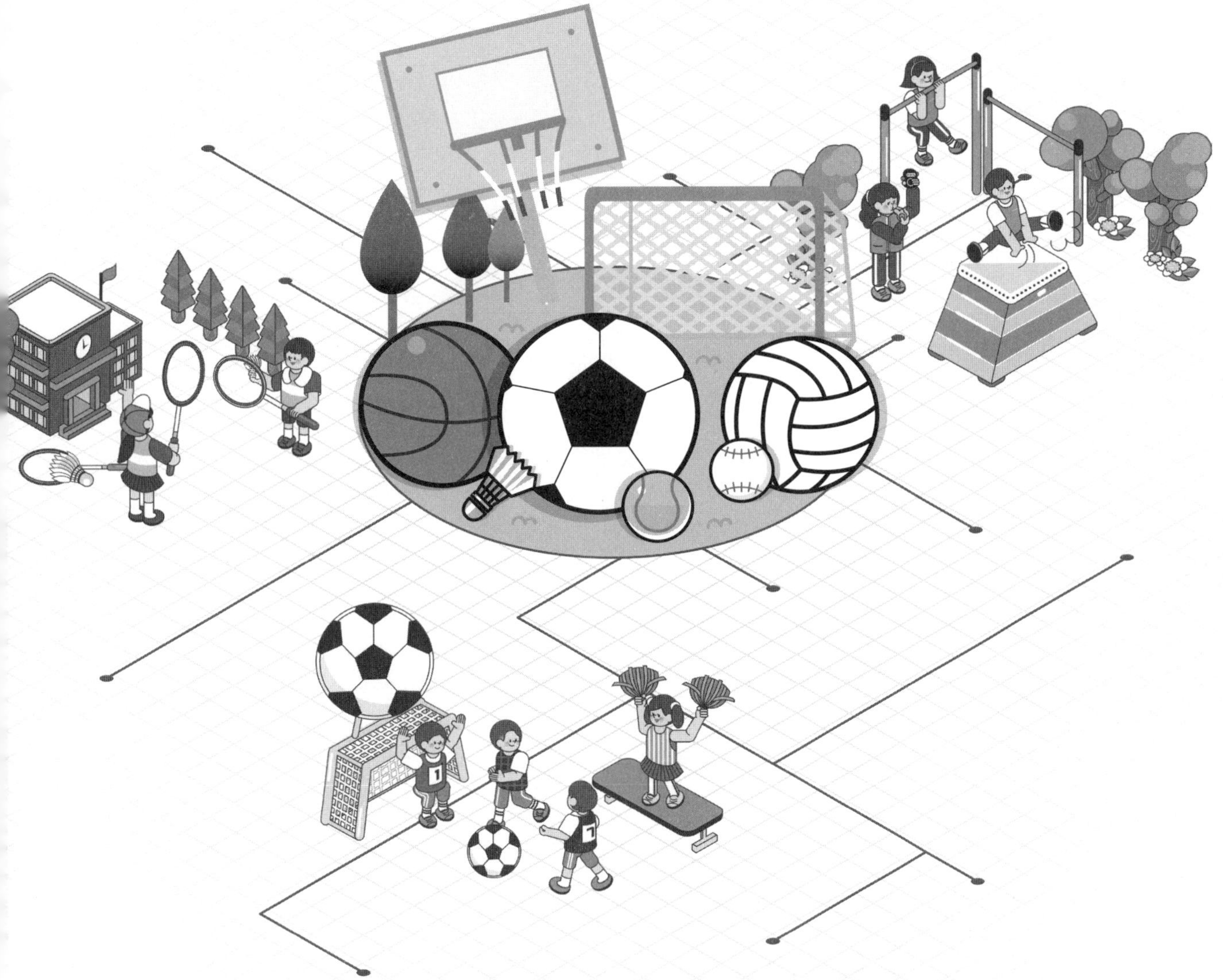

체육수업 배우기
체육교수학습이론의 적용과 성찰

저자: Susan Capel and Margaret Whitehead
역자: 박정준, 이규일, 김원정, 이창현, 윤기준, 정현우, 정현수

체육수업 배우기
체육교수학습이론의 적용과 성찰
Learning to Teach Physical Education in the Secondary School

인 쇄	2021년 2월 10일
발 행	2021년 2월 15일

저 자 Susan Capel and Margaret Whitehead
역 자 박정준 이규일 김원정 이창현 윤기준 정현우 정현수

발행처 레인보우북스
주 소 서울특별시 관악구 신림로 75 레인보우B/D
전 화 (02) 2032-8800
팩 스 (02) 871-0935
E-mail min8728151@rainbowbook.co.kr
홈페이지 www.rainbowbook.co.kr

ISBN 978-89-6206-493-3 93690
값 20,000원

* 본서의 무단복제를 금하며, 잘못된 책은 구입한 곳에서 교환해 드립니다.

체육수업 배우기
체육교수학습이론의 적용과 성찰
Learning to Teach Physical Education in the Secondary School

저자 Susan Capel and Margaret Whitehead
역자 박정준 이규일 김원정 이창현 윤기준 정현우 정현수

차 례

01장 ······ 14
체육교사로 출발하기
Starting out as a PE teacher

02장 ······ 26
체육의 목적
Aims of PE

03장 ······ 43
효과적인 교수·학습을 위한 수업 계획과 평가
How planning and evaluation support effective learning and teaching

04장 ······ 65
체육 수업 관찰
Observation in PE

05장 ······ 86
의사소통
Communication in PE

06장 ······ 108
수업 조직 및 관리
Lesson organisation and management

07장 ······ 130
학습을 위한 학생 동기부여
Motivating pupils for learning in PE

08장 ······ 148
효과적인 학습 환경 개발하고 유지하기
Developing and maintaining an effective learning environment

09장 ······ 170
체육수업평가
Assessment for and of learning in PE

10장 ······ 187
통합교육을 위한 교수·학습 계획
Planning for an inclusive approach to learning and teaching

11장 ······ 202
학습자중심 교수: 피지컬 리터러시 관점
Learner-centred teaching - a physical literacy perspective

12장 ······ 217
안전한 체육수업과 안전교육
Teaching safely and safety in PE

13장 ······ 237
의도한 학습 결과 달성을 위한 교수 방법 설계하기
Designing teaching approaches to achieve intended learning outcomes

14장 ······ 255
교육과정 이수 자격에 필요한 체육이론 수업의 원리
Accredited qualifications and principles of classroom teaching

15장 ······ 273
연구자/반성적 실천가로서 교사
Teacher as a researcher/reflective practitioner

16장 ······ 295
교사 신념
Teacher beliefs

17장 ······ 313
교사교육을 넘어서
Beyond your teacher education

18장 ······ 333
체육을 가르치기 위한 지식, 기술 및 이해력의 개발
Developing your knowledge, skills and understanding for teaching PE

역 자 서 문

이 책은 영국의 스포츠철학 및 교육학 분야의 석학인 Susan Capel과 Margaret Whitehead가 여러 체육교사교육 전문가와 함께 저술한 'Learning to Teach Physical Education in the Secondary School'의 2015년 네 번째 판본을 번역한 책입니다. 이 책은 예비체육교사가 체육수업의 목적, 내용, 방법, 평가를 종합적으로 이해하는데, 도움이 되며, 체육교사교육의 기초 입문서로서로서 활용할 수 있는 책입니다.

이 책은 영국의 다양한 교사양성기관에서 예비체육교사 교육용 기본서로 널리 활용되고 있으며, 체육교사가 체육수업을 실천하기 위해 알아야 할 교수·학습 이론과 실제 적용 사례를 다양하게 제시하고 있습니다. 체육수업의 목표 설정과 수업의 계획부터 실제 수업 운영 시 필요한 학습 환경 조성, 수업 조직 및 관리 방법, 학생의 동기유발과 의사소통, 학생평가방법까지 체육수업 지도와 관리를 위해 기본적으로 이해해야하는 내용을 구체적으로 안내하고 있습니다. 또한 최근 체육수업에서 강조되고 있는 통합교육, 피지컬리터러시 관점, 안전교육에 관한 내용과 방법이 소개되고 있으며, 좋은 체육교사로 지속적으로 성장하기 위해 필요한 교사신념, 반성적 실천가 연구에 대해 안내하고 있습니다.

이 책은 우선 대학 교원양성기관의 예비체육교사교육에서 주로 활용할 수 있습니다. 하지만 현직체육교사교육에서도 충분히 활용할 만한 가치가 있습니다. 체육교사의 성장은 예비교사 교육 기간뿐만 아니라, 현장에 투입되어 학생을 직접 가르치면서 지속되는 장기적 발달 과정이기 때문입니다. 직무 및 자율연수 프로그램, 지역별, 학교별 교사학습공동체에서 체육교사가 자신의 수업 실천을 반성하고 개선할 수 있는 길잡이가 될 수 있으며, 이를 통해 체육교사의 수업 역량이 향상될 수 있을 것입니다. 특히 이 책은 각 장별로 학습한 이론과 실제에 대한 분석을 통해 체육교사가 자신만의 수업 포트폴리오(Professional Development Portfolio: PDP)를 개발할 수 있도록 하고 있습니다. 따라서 예비체육교사는 이 책을 학습하면서 체육 교수·학습 이론을 넘어 체육교육의 목적 설정, 구체적인 수업 설계, 체육수업 지도와 운영에 필요한 다양한 실천 방안을 개발할 수 있으며, 실제 체육교사가 된 후에도 예비체육교사교육 기간에 개발한 포트폴리오를 토대로 이를 지속적으로 개선, 발전시켜 나갈 수 있을 것입니다.

이 책의 번역진은 모두 스포츠교육학을 전공한 교수와 연구원으로, 영국 및 미국 등의 스포츠교육학 지식에 대한 경험과 이해도 깊지만, 이를 국내 체육교사교육과 학교체육에 비판적으로 적용할 수 있는 고민을 가진 학자들입니다. 그 동안 국내에서 활용되는 몇몇 체육교육 입문서가 가진 한계를 개선하고, 보다 한국적 상황에 적합한 체육교육 교재를 개발해보고자 하는 과정에서 체육교사교육의 이론과 실제가 비교적 잘 어우러진 이 책을 먼저 번역하게 되었습니다. 물론 이 책의 배경인 영국(잉글랜드, 웨일즈, 북아일랜드, 스코틀랜드)의 교사 양성 체제와 체육교사교육 방식이 우리나라와는 다른 부분이 있기 때문에, 번역하는데 여러 어려움이 있었습니다. 본문에서 다루는 용어나 상황을 가능하면 원문 그대로 표현하였지만, 우리나라와 비교 또는 해석이 필요한 부분은 일반적인 용어로 번역하거나 각주를 통해 부연 설명을 하였습니다. 번역상의 오류를 최대한 줄이고, 가능하면 본문의 의도를 헤치지 않는 선에서 의역을 통해 독자들의 이해를 돕고자 하였습니다. 하지만 본문 곳곳에 아직까지 번역의 아쉬움이 남아 있는 부분이 있으며, 독자들께서 이를 지적해주시기를 바랍니다.

이 책의 출판을 맡아주신 레인보우북스 민선홍사장님과 직원분들께 진심으로 감사드립니다.

2021년 2월
역자 일동

서 문

좋은 체육수업, 어떻게 배워야 할까?

최고의 운동선수와 무용수는 높은 수준의 경기력과 퍼포먼스를 보여주기 위해 기본 기능을 익히고 배우는데 많은 시간을 들인다. 이러한 기능은 연습과정에서 수행자의 특성과 환경에 맞게 다듬어지고, 조정되며, 다양한 방식으로 결합되어 훌륭한 퍼포먼스로 나타난다. 일반적으로 우수한 퍼포먼스는 생체역학, 운동기능학, 생리학, 심리학, 사회학과 같은 과학적 지식을 토대로 개발된다고 알려져 있다. 실제로 스포츠에서의 우수한 퍼포먼스는 과학적 측면의 지식과 예술적 경험을 토대로 한다.

이와 마찬가지로, 교수 teaching 도 과학적 측면과 예술적 측면, 두 가지 측면에서 생각해볼 수 있다. 전문성이 높은 교사는 기본 교수 기술을 잘 갖추고 있어야 한다. 하지만 학생을 잘 가르치려면 특정 상황에 맞게, 예를 들어, 수업이 진행되고 있는 공간과 환경, 학생의 요구와 능력을 고려하는 등, 교수기술을 적절하게 적용하고 변형할 수 있는 정확한 판단과 적용 능력을 길러야 한다. 또한 교사는 체육교육의 목적이 교육과정의 계획과 단원, 수업계획과 연계되는 것이 중요하다는 사실을 포함해 다양한 지식의 이해가 필요하며, 교육 생태계 전반에 대한 통찰도 필요하다. 하지만 교수활동은 하나의 정형화된 방식만 통용되지는 않는다. 다양한 학습 상황마다 각각에 맞는 교수 전략이 필요하며, 교사의 성격과 특성에 따라 어떤 교수 전략이 적용될지도 달라진다.

따라서 교사는 기본 교수 기술을 연습하고 다듬으면서, 이를 다양한 방식으로 혼합하여 자신만의 개성 있는 교수 스타일로 발달시킬 수 있다. 교사로 성장하는 과정은 매우 행복한 경험이며, 교수활동의 예술적, 과학적 측면을 함께 실천할 수 있다면 더욱 큰 보람을 느낄 수 있을 것이다.

일반적으로 운동기능은 다양한 환경과 조건의 변화가 수반되는 개방기능과 동작의 반복적 수행이 중심이 되는 폐쇄기능으로 구분된다. 예를 들어, 하키나 농구의 드리블과 같은 개방기능은 기본 기능을 능숙하게 구사하는 것도 중요하지만, 경기상황에 맞게 이를 적절하게 활용할 수 있는 것이 중요하다. 앞구르기나 원반던지기와 같은 폐쇄기능은 치열한 경쟁 상황에서 기능을 유감없이 발휘하고, 세밀한 기술을 정교하게 조정할 줄 아는 능력이 중요하다. 물론 골프 퍼팅처럼 개방기능과 폐쇄기능의 범위에 해당하지 않는 기능도 있다.

다양한 운동 기능의 특성에 따라 효과적으로 기술을 습득하고 수행하기 위해서는 서로 다른 연습 방법이 필요하다. 개방기능의 향상을 위해서는 기본 기능의 연습도 필요하지만, 해당 기능을 경기 중의 다양한 상황에 맞게 조절하고 적용하는 연습도 필요하다. 반면에 폐쇄기능은 기능 자체의 완성도를 높이는 데 초점을 두고 연습하는 것이 필요하다.

운동기능을 개방기능과 폐쇄기능으로 구분한다면, 교수기술은 개방기능과 유사하다. 기본 교수기술을 연습하고 숙달하는 것도 필요하지만, 교사는 적절한 시점에 올바른 방법으로 상황에 맞는 교수기술을 적용할 수 있어야 한다. 예비교사교육과정 ITE: Initial Teacher Education 에서, 교사는 조작적 실습 상황부터 실제 수업 전체를 지도하는 일까지, 기본 교수기술을 개발할 수 있는 다양한 경험을 하게 된다. 물론 이 교육 기간 동안 완전하게 유능한 effective 교사가 되기는 어렵다. 상황에 맞는 적절한 교수기술을 세련화하고 적용하는 능력은 지속적으로 전문성을 개발 CPD: continuing professional development 하는 과정에서 실제 체육수업을 운영하면서 교사가 자신의 수업 능력을 반성하고 전문적 판단력을 발견해 나갈 때 가능하다.

효과적인 교수기술을 개발하는 방법은 다양하다. 이 책은 교사에게 모든 구체적인 교수 상황에 대비할 수 있도록 하지는 못하지만, 가르침의 복잡성을 이해하는 데 도움을 줄 수 있다. 이 책은 교사가 다음과 같은 역량을 개발하는 것을 목표로 한다.

- 기본적인 교수기술(가르침의 기예), 다양한 교수 상황에 대처할 수 있는 능력
- 이러한 기본 교수기술을 특정한 상황에 맞게 적용할 수 있는 능력
- 교사로서의 직무수행 판단력
- 교사로서 자신이 하는 일과 체육을 가르치는 것에 대한 가치관, 태도, 신념을 비판적으로 성찰하는 능력

이를 통해, 교사는 특정한 상황에 맞는 교수기술을 개발하고, 적용하며, 세련화할 수 있어야 하며, 변화하는 교육 환경에 대처하고, 교사로서 지속적인 전문성 개발을 위해 노력해야 한다. 또한 교사는 교수의 여러 측면들을 보다 비판적이고 성찰적으로 바라보아야 하며, 체육을 가르치는 것에 대한 자신의 신념을 분명하게 선언할 수 있어야 한다. 이는 교사로서 여러분이 예비교사교육과정이나 지속적 전문성 개발 과정에서 숙련된 교사 master 로 성장하는 데 기여할 것이다.

이 책에 대하여

이 책은 모두 18장으로 구성되었으며, 다음과 같은 주제를 다룬다.

- 1~2장에서는 체육교육의 목적, 교수에 대한 개관과 배경 지식을 제공한다.
- 3~10장에서는 예비교사교육 기간 동안 역량 함양을 위해 배워야 하는 기본 교수기술을 소개한다.
- 11장에서는 앞에서 제시한 내용을 학습자의 관점에서 되짚어 본다.
- 12~14장에서는 이러한 기본 교수기술을 적용할 수 있는 특정한 상황에 대해 살펴본다.
- 15~18장에서는 교사로서 지속적인 자기개발을 위한 방안을 제안한다.

이 책에서는 체육교육과정에 포함된 여러 신체활동에 적용될 수 있는 일반적인 원리를 다룬다. 물론 이 책 전반에 걸쳐 각 교육과정에 포함된 활동을 참조하지만, 내용지식까지 자세하게 다루지는 않을 것이다. 필요하다면 영역별 신체활동의 내용지식은 그러한 활동을 중점적으로 다룬 별도의 자료를 참고하기를 바란다. 우선 자신의 학부과정에서 배운 내용, 즉 생체역학, 운동기능학, 생리학, 심리학, 사회학 등의 지식을 상기할 필요도 있다. 이러한 학문에 대한 이해, 예를 들어, 운동 기능을 배울 때, 학습과 교수의 핵심 단서가 무엇인지를 규정하는데 필요한 운동역학 지식, 학생들이 건강하고 활동적인 생활방식에 적응하도록 독려하는 생리학적 방안, 경쟁의 효과 또는 학생의 방과후 스포츠 프로그램 참여 이유를 이해하는 데 필요한 심리학적 지식의 활용 등은 체육교사의 직무 수행에 중요한 토대가 된다.

이 책의 각 장은 다음과 같은 내용으로 구성되어 있다.

- 각 장의 내용에 대한 개요 introduction
- 각 장에서 알고, 이해하고, 과제를 수행하며 배워야 할 목표 objectives
- 각 장의 내용에서는 가르치는 활동이 실증적인 경험과 비판적 성찰을 통해 가장 효과적으로 개발된다는 점이 강조된 연구 결과를 중점적으로 제시하였다. 이 내용은 교사로서 여러분이 지식과 이해력, 교수기술을 향상시키는 데 도움이 될 것이다.
- 각 장의 주요 내용에 대한 요약 summary 및 요점 key points 정리
- 각 장의 내용을 좀 더 깊이 살펴 볼 수 있는 추가 읽기 자료

이 책의 각 장에서는 교수 이론과 관련된 상황별 실제 사례를 제시하고 있으며, 이를 통해 교사가 교수 행동과 주요 이슈에 대한 특성들을 구체적으로 이해하도록 하고 있다. 예를 들어, 독서를 통한 성찰, 학생관찰, 교사에게 요구되는 과제, 질문하기, 정보 수집하기, 교사 교육자 또는 예비교사와 토론하기 등 다양한 교수기술 개발에 필요한 탐구 방법 inquiry methods 을 경험할 수 있다. 어떤 과제는 교사의 수업을 직접 관찰하기도 하고, 교수기술 관련 정보를 요청하는

등 체육교사의 수업을 침해하는 경우도 있을 수 있다. 예비교사는 학교의 방문객임을 잊지 말아야 하며, 이런 과제는 우선 관계자의 허가를 받아야 한다. 예비교사는 현직 교사의 수업을 허락 없이는 참관할 수 없다. 심지어, 어떤 정보들은 사적이며 민감할 수 있기 때문에 수업 자료 수집과 보고서 작성 시 개인정보 보호 및 윤리적 절차를 지켜야 한다. 이러한 과정은 예비교사가 교수행위의 여러 측면을 보다 비판적이고 성찰적으로 바라보거나, 체육교사로서의 신념을 정립하는 데 기여할 것이다.

본문의 내용은 홈페이지(www.routledge.com/cw/capel)를 통해 각 장별로 보충 자료와 관련 웹사이트를 소개하고 있으며, 아래의 책들을 주로 참조하였다.

- Capel, S. and Breckon, P.(2014) A Practical Guide to Teaching Physical Education in the Secondary School, 2nd edn, Abingdon, Oxon: Routledge. 이 책에서는 다양한 내용에 따른 과제를 제공한다. 가급적 과제를 모두 실천해보기를 추천한다.
- Capel, S., Leask, M. and Turner, T.(eds) (2013) Learning to Teach in the Secondary School: A Companion to School Experience, 6th eds, London: Routledge. 이와 관련하여 다음 홈페이지에 접속하면 다양한 자료들을 활용할수 있다.(www.routledge.com/cw/capel)
- Capel, S., Heilbronn, R., Leask, M. and Turner, T.(2004) Starting to Teach in the Secondary School: A Companion to the Newly Qualified Teacher, 2nd edn, Abingdon. Oxon: Routledge. 이 책은 초임교사들을 위한 내용을 담고 있다.

이 책을 읽는 예비(현직) 체육교사에게

예비체육교사로서 여러분은 교사로서 성장하기 위해 매우 폭넓은 관심과 열정이 있을 것이다. 그러므로 이 책을 활용하는 방법은 매우 다양하다. 이 책을 처음부터 순서대로 읽는 것도 좋지만, 자신에게 필요한 부분을 읽고 심층적으로 탐구하면서, 각자에게 적절한 방식으로 활용할 수 있다.

이 책을 읽는 사람은 여러 지역에서 다양한 유형의 예비교사교육기관[1]에서 교육받고 있기 때문에, 가능하면 교사교육기관의 유형과 관계없이 다양한 예비교사들에게 공통적으로 필요한

---

[1] 잉글랜드의 경우 다양한 교사교육과정이 존재한다. 먼저 학부(3년) 졸업 후 진행되는 코스가 3가지 형태로 존재한다. 첫 번째, 관련 교과의 대학 중심의 준대학원 과정(1년과정)인 postgraduate Certificate in Education(PGCE), 두 번째, 일선 학교와 계약을 맺고 이수하는 School Direct(1년과정), 세 번째, 일반 중등학교와 대학교과 컨소시엄 형태(1년과정)인 School-centred initial teacher training(SCITT)가 있다. 마지막으로, 한국과 유사한 3년 또는 4년 학부 과정이 있다. 이 중 PGCE코스가 가장 일반적이다. 이 과정 대부분은 일선 초중고등학교와 협력관계를 맺고 있다.

내용을 다루고자 한다. 이 책을 활용하는 대부분의 예비체육교사는 고등교육기관 HEI: higher education institution 2)과 일선 학교 간 협력관계를 맺고 있는 예비교사교육기관에 속해 있지만, 그렇지 않은 사람들도 있기 때문에 이 책은 모든 예비교사에게 동등하게 활용되기를 바라며, 이 책에서 언급된 교사교육기관은 특정 지역의 기관이나 인물일 수 있음을 참고하기 바란다.

이 책에서는 예비교사교육과정에서 필요한 보편적, 일반적 내용을 주로 제시하지만, 교사교육기관의 필수(이수)요건의 경우, 잉글랜드의 사례와 지침을 제시하였다. 만약 잉글랜드 교사교육기관 소속의 예비교사가 아니라면, 해당 내용은 자신이 속한 기관의 지침과 필수요건을 참조하기 바란다. 예비교사가 학습해야 할 교수·학습 이론을 실제 학교의 특정 상황 또는 교육과정을 실행하는 교사의 특정 필수요건 special requirements 과 연계해야 할 필요가 있는 경우에는, 잉글랜드의 체육과 교육과정 NCPE: National Curriculum for Physical Education 을 참조했다 Dfe: Department for Education (잉글랜드교육부), 2014a)3). 독자 중 일부는 잉글랜드의 주별 공립학교 교사 양성 예비교사교육과정에 소속되어 있지 않을 수 있다. 따라서 이 책에서 다루는 국가수준 체육과 교육과정 정보와 과제를 학습하기 위해서는 아래와 같이 두 가지 측면에 유의하기 바란다.

① 예비교사교육과정과 필수요건에서 제시하는 정보 및 과제는 자신이 속한 교육기관 상황에 적합하게 적용한다.
② 자신이 속한 교육기관에 적용되는 교육과정과 필수요건을 국가수준 체육과 교육과정과 비교해본다.

위의 방식을 적용해 보면, 자신이 속한 교육기관의 정보와 과제뿐만 아니라, 자기 경험을 다른 예비교사와 비교해보거나 여러 지역과 기관의 교사교육과정과 비교해봄으로써 교수 기술에 대한 이해의 폭이 더 커질 수 있다.

교사 전문성 개발 포트폴리오

예비교사교육 과정에서는 일반적으로 학습 과정과 결과를 개별적으로 기록하지만, 전문성 개발 포트폴리오 PDP: professional development portfolio 를 적극 활용하는 것이 필요하다. 이 책을 읽고 과제를 완수하는 과정에서, PDP에 학습 과정과 결과를 기록하기를 바란다. 이러한 정보는 다양하게 활용될 수 있다. 예를 들어, 이 책에서 다른 과제를 수행할 때 참조할 수도 있고,

---

2) 한국에서는 대학교가 이에 해당한다.
3) 이하 잉글랜드교육부에 대한 참고문헌은 DfE로 표시한다.

예비교사교육과정 전반에 필요한 과제 수행에도 도움을 줄 수 있다. 또한 자신의 교직 전문성을 증빙하는 자료가 될 수도 있으며, 강점, 향후 개발해야할 영역을 성찰해보는데 도움이 될 것이다. 또한 PDP의 자료는 예비교사교육과정부터 지속적 전문성 개발과정까지 성장하는 데 필요한 정보를 제공할 것이다. 여러분은 이 PDP 자료를 CEP: Career Entry Profile (잉글랜드에서는 CEDP: Career Entry and Development Profile라고 함)를 완성하는 데 활용할 수 있다. PDP 유지 및 활용에 대한 안내는 Capel 등(2013)의 지침서를 참조하기 바란다.

용어 사용에 대하여

이 책에서는 성차별적 표현을 피하기 위해 성별로 용어 사용을 혼용하거나 균형 있게 제시하려고 했다. 또한 예비교사 student 와 초·중·고등학교 학생 pupils 을 구분하여 사용했다. 이 책에서 예비교사는 예비교사교육기관에서 교육 받는 이를 의미한다. 예비교사교육은 단순히 훈련 training 이 아니라, 교사지망생을 대상으로 한 교육 education 의 성격을 견지해야 한다. 따라서 교수에 대해 배우는 것은 교수와 학습 과정에 대한 새로운 이해뿐만 아니라, 학급 및 학생 관리 능력도 개발해야 하는 매우 전문적인 여정임을 잊지 말아야 한다. 이러한 교육적 경험은 예비교사교육이 시작되는 때부터 교사로서 경력이 쌓이는 과정 내내 지속될 것이다.

교사로서 여러분의 삶에 영향을 미치는 가장 중요한 인물은 학창시절과 고등교육기관에서 여러분이 교사로서 성장할 수 있도록 책무성을 갖고 지원해주는 튜터 tutor [4]라고 할 수 있다. 자신이 속한 교사교육기관마다 이들에 대한 호칭은 다양할 수 있다.

이 책에서 사용하는 용어는 여러분이 속한 교사교육기관에서 사용하는 용어와 다를 수 있다. 예를 들어, 전문성 개발 포트폴리오는 '성찰 저널 reflective journal'이나 '전문적 학습 포트폴리오 professional learning portfolio'와 같은 용어로 사용될 수 있기 때문에 자신이 속한 기관의 용어와 비교해봐야 한다. 이 책을 통해 교사로서 지속적으로 성장하고 학생들의 학습 증진에 기여할 수 있기를 바란다.

끝으로 예비교사로서의 여정을 시작하는 지금 이 순간부터 즐겁고, 흥미진진하며, 보람 있는 성장의 과정이 펼쳐지기를 바란다.

Susan Capel
Margaret Whitehead
2014년 10월

---

[4] 여기서 튜터(tutor)는 대학에서는 지도교수를 의미하며, 예비교사가 교육실습을 하는 중등학교에서는 현직교사(지도교사)를 의미한다.

체육교사로 출발하기
Starting out as a PE teacher

Susan Capel

소개

이제 예비체육교사로서 여러분은 체육에 대한 지식과 애정을 학생들의 학습을 촉진하는 능력으로 전환해야 한다. 또한 학생들이 평생 열정과 헌신을 갖고 신체활동에 참여하고 건강을 유지할 수 있게 만드는 유능한 체육교사로서의 길고 도전적인 과정에 들어섰다. 여러분은 교사로서의 일반적인 역할과 함께 체육수업의 목표를 포함한 체육교사로서의 특정한 역할을 이해해야 한다. 학생의 학습을 촉진하기 위해 적절한 순간에 적합한 방식으로 올바른 교수기술을 사용할 수 있는 능력 등 교사가 개발해야하는 교수기술은 매우 다양하다. 수업과정에서 교수기술이 서로 어떻게 연결되어 있는지를 이해하는 것도 중요하다. 유능한 교사로 성장하기 위해 여러분은 가치관, 태도, 신념을 포함한 자신의 교수활동에 영향을 미치는 다양한 요인을 인식하고, 이러한 요인들이 자신의 교수활동에 어떤 영향을 미치는지, 결과적으로 학생의 학습에 어떤 결과를 가져오는지를 탐색할 수 있어야 한다(교사신념에 관한 구체적인 내용은 16장 참조).

유능한 교사로 성장하는 일은 항상 도전적인 과정이며, 그리 순탄한 것만은 아니다. 종종 예비교사는 자신의 성장이나 교육성과에 대해 불안을 느끼기도 하고, 어떤 일을 시도할 자신이 없거나, 상황에 대처하지 못하고 어떻게 대응할지 모르는 채 낙담에 빠지곤 한다. 예비교사 교육과정에서는 특정한 상황에 효과적으로 대처할 수 있는 교수기술을 배우고 습득할 수 있는 경험을 하지 못할 수도 있다. 교수에 대한 학습이 어려운 것은 다양한 교수 상황에 적합한 특정한 교수학습 방법을 적용해야하기 때문이다. 예비교사가 자신의 교수기술을 의도된 학습 결과 ILOs: intended learning outcomes 를 달성하기 위해 상황과 맥락에 맞게 잘 적용할 수 있다는 것은 어려운 교사 성장과정에서 주어지는 귀중한 보상이며 이는 유능한 교사로서 만족스러운 경력 개발 과정을 밟고 있다는 것을 의미한다. 이러한 교수 능력의 향상은 교사가 교육의 관점을 자신이 아닌 학생의 학습으로 변화시키도록 해준다.

본 장을 학습한 후 여러분은 다음과 같은 내용을 할 수 있어야 한다.

- 많은 사람들이 왜 체육교사가 되려고 하는지에 대한 다양한 이유를 이해한다.
- 가르치는 일의 목적, 내용, 방법에 영향을 미치는 요인을 이해한다.
- 학생과 그들의 학습에 초점을 두는 유능한 교사로 발전하는 데 필요한 교수기술을 이해하고, 이러한 기술이 교수 상황에서 어떻게 상호작용하는지를 이해한다.
- 유능한 교사가 되기 위해 거쳐야할 과정을 총괄적으로 이해한다.

예비교사교육과정요구사항(필수요건)을 확인하여 이번 장과 어떠한 관계가 있는지 살펴보자.

왜 여러분은 체육교사가 되려고 하는가?

[과제 1.1]에서는 왜 사람들이 체육교사가 되려고 하는지를 생각해볼 것이다. 먼저 아래의 과제를 수행해보기 바란다.

 과제 1.1 사람들은 왜 체육교사가 되려고 하는가?

체육교사가 되려고 하는 이유를 적어보자. 여러분의 생각을 다른 예비교사들 또는 경험이 풍부한 체육교사와 비교해보기 바란다. 모두에게 공통적인 이유가 있는가? 다른 이유는 있는가? 여러분은 왜 그렇게 생각하는가? 여러분의 전문성 개발 포트폴리오(PDP)에 기록해보자.

예비체육교사는 대부분 10여년 이상 학교를 다니면서, 체육을 좋아하고, 잘 했으며, 체육에 대한 지식과 이해력, 애정을 다른 이들에게 전수해주고 싶거나, 건강하고 활동적인 사람들과 일하는 것을 좋아하기 때문에 체육교사가 되고 싶다고 이야기 할 것이다. 이는 많은 사람들이 체육교사가 되려고 하는 주된 이유이며, 다양한 연구에서도 이 같은 사실이 나타난다(예를 들어, Evans와 Williams 1989; Mawer 1995; O'Bryant 등. 2000; Zounhia 등. 2006; McCullick 등. 2012). 이는 예비체육교사에게는 체육교육과 체육교수에 관한 가치, 태도, 신념에 대한 동질성이 있음을 의미한다(16장에서 이러한 교사신념에 대해 살펴본다).

체육에 대한 여러분의 긍정적인 경험, 신체활동과 스포츠에서의 능력 발휘와 성취 경험은 체육교사의 역할, 체육교사가 무엇을 하고, 어떻게 교과를 가르치는지에 대한 긍정적인 인식을 심어준다. 예비교사는 여러 체육교육 전문가들과 직업적으로 또는 사회적으로 오랜 시간을 같이 보냈기 때문에 실제로 학교와 사회에서 여러분처럼 신체활동과 스포츠에 오래 참여하면서 갖게 된 가치관과 태도, 신념을 이해하지 못하는 학생들이 수없이 많다는 것을 잊기 쉽다. 즉 예비체육교사는 체육에 대한 긍정적 경험이 적거나 체육수업과 체육교사에 대한 부정적인 시각을 갖고 있는 학생들이 있다는 것을 명심해야 한다.

안타깝게도, 체육에 대한 부정적 인식은 아주 광범위하게 퍼져 있다. 이러한 현실은 많은 학생들이 학교를 졸업하고 나면 모든 신체활동을 중단할 가능성이 높다는 것을 의미한다. 유능한 체육교사는 모든 학생들이(신체활동에 자발적으로 참여하는 학생뿐만 아니라, 참여를 꺼리거나 잘하지 못하는 학생들까지 포함하여) 신체활동에 참여하는 것을 즐기고, 그들의 경험을 가치 있게 평가해주며, 일생동안 열정적이고 헌신적으로 신체활동을 실천할 수 있도록 돕는 사람을 말한다. 예비체육교사로서 여러분의 목표는 이처럼 신체활동이 모든 유·청소년들에게 주는 혜택을 깨닫고, 이를 실천할 수 있는 능력을 개발하면서 자부심을 느끼는 교사로 성장하는 것이어야 한다.

교수에 대한 개관

첫째, 예비교사는 학생을 가르치는 교사이다. 광범위한 교육목표를 달성하기 위해 지식, 실무 능력, 통찰력을 발달시킴으로써 학생들이 학습할 수 있도록 도와주는 책임이 있는 전문가이다. 둘째, 예비교사는 체육에 대한 전문적인 지식, 수행능력, 이해력을 가르치는 책무성을 지닌 체육교사이기도 하다. 따라서 여러분은 교사로서의 보다 큰 역할과 체육교사로서의 교과 교육자, 두 가지 역할(Capel 등(2013)의 8.2 단원(Keay) 참조)을 모두 하게 된다.

[과제 1.2]에서는 체육교사의 역할에 대해 생각해보자.

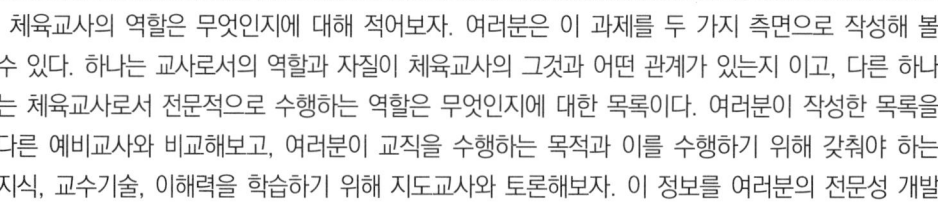 과제 1.2 체육교사의 역할은 무엇인가?

체육교사의 역할은 무엇인지에 대해 적어보자. 여러분은 이 과제를 두 가지 측면으로 작성해 볼 수 있다. 하나는 교사로서의 역할과 자질이 체육교사의 그것과 어떤 관계가 있는지 이고, 다른 하나는 체육교사로서 전문적으로 수행하는 역할은 무엇인지에 대한 목록이다. 여러분이 작성한 목록을 다른 예비교사와 비교해보고, 여러분이 교직을 수행하는 목적과 이를 수행하기 위해 갖춰야 하는 지식, 교수기술, 이해력을 학습하기 위해 지도교사와 토론해보자. 이 정보를 여러분의 전문성 개발 포트폴리오(PDP)에 기록하고 교육과정 중에 수시로 참고해보자.

이 책은 예비체육교사가 체육교사로서 교수기술을 발달시키는 데 초점을 맞추고 있다. 하지만 유능한 교사로서 필요한 모든 교수기술을 한꺼번에 다룰 수는 없다. 예비교사교육과정에서 또는 이와 같은 교사교육 자료에서 교수기술은 각각 다양한 방식으로 제공될 것이다. 만약 교사교육기관의 튜터가 교수기술을 너무 복잡하게 섞어서 가르친다면, 예비교사들을 더 혼란스럽게 할 수도 있다. 반대로, 교수기술을 지나치게 분리하여 배우는 것은 교수에 대한 큰 그림의 일부분만 이해하도록 할 수 있다. 따라서 예비교사는 점차 자신이 배운 여러 교수기술을 조합하면서 완성된 교수기술의 큰 그림을 이해할 수 있을 것이다. 따라서 이 장에서는 교사로서 여러분의 목표가 무엇인지, 교수기술이 어떻게 조화롭게 적용될 수 있는지를 이해하기 위해 교수에 대한 개괄적인 내용을 학습하는 것이 필요하다.

이 개요는 여러분이 무엇을 하고 있는지, 학생들의 학업성취를 효과적으로 높이는 방법과 교수능력을 더 발달시키기 위해 어떤 교수기술 개발에 집중해야 하는지를 생각하는데 도움이 된다. 이는 체육수업 계획 및 단원 전체를 계획하는 것과 유사하다. 예비교사는 한 시간의 체육수업(예비교사로서 자신의 학습목표)과 한 단원(교사교육 전체의 목적)에서 무엇을 성취해야 하는지, 그리고 그것을 어떻게 성취할 수 있는지를 알아야 한다(2, 3장 참조). 지금부터는 교사의 역할, 특히 수업과 그 안에서 학생의 학습을 촉진하는 데 필요한 다양한 교수기술에 초점을 맞춘 교사의 역할을 살펴보고자 한다.

학생의 학습을 촉진하는 효과적인 교수방법은 무엇인가?

교수는 복잡하고 다차원적인 활동이다. 효과적인 교수는 학습의 핵심요소를 포함하고 있으며, 이러한 핵심요소가 어떤 활동을 통해 학습될 수 있는지(학습내용), 어떤 방법으로 학습될 수 있는지(학습과정)를 체계적으로 담고 있다. 예비체육교사가 가르쳐야 할 체육수업 내용은 배정된 실습학교에서 채택한 교육과정에 근거하며, 잉글랜드의 경우, 잉글랜드 교육부가 제정한 지침(2014c)을 바탕으로 한다. 국가별로 교육 내용에 대한 국가 또는 정부의 지침이 없기도 하다. 예를 들어, 잉글랜드에서 체육교육의 목표는 매우 개괄적이며, 국가수준의 체육과 교육과정을 구성하는 활동도 대략적으로 제시된다. 따라서 학교별 활동의 선택이 매우 유연하며, 이는 교육과정의 목표를 실현하는 데 장애가 될 수도 있다. 예를 들어, 학생들의 폭넓은 체육 학습 경험에 중점을 둔 국가수준 체육과 교육과정의 취지와는 달리, 잉글랜드의 수많은 학교들의 교육과정은 게임 활동에 상당히 치우쳐 있다(예: Penney와 Evans(1994) 참조). 체육수업 내용을 선정하기 위해서는 이러한 이슈들을 깊이 생각해볼 필요가 있다. 예를 들어, 좋은 학교대표팀을 선발하려는 학교의 바람 때문인지, 교사가 선호하기 때문인지, 아니면 여러 요인이 복합적으로 작용했는지 등 왜 게임 활동이 지배적인 내용으로 선택되고 있는지를 탐색해보아야 한다. 또한 이러한 학습내용이 체육수업에서 학생의 학습에 기여하고 있는지, 7학년, 9학년, 11학년[1]의 모든 학년의

---

[1] 잉글랜드에서 7학년은 한국에서 만 11-12세로 초등학교 5-6학년 정도에 해당한다.

학생들이 게임을 좋아하고 즐기고 있는지, 얼마나 많은 학생들이 학교 밖에서 또는 학교를 졸업한 후 게임 활동에 지속적으로 참여하고 있는지, 학생들은 비경쟁적 활동 또는 개인 스포츠 활동을 선호하고 있지는 않는지, 이러한 활동이 학교 밖에서 또는 학교를 졸업 한 후 신체활동에 더욱 참여하도록 독려하고 있는지에 대해 신중하게 생각해보아야 한다.

[과제 1.3]은 실습학교의 체육과 교육과정 목표와 내용을 살펴볼 수 있도록 구성되었다.

 과제 1.3 체육과 교육과정에 포함된 활동

실습학교의 체육과 교육과정 목표와 내용을 숙지하고, 교육과정에 어떤 활동들이 있는지 살펴보자. 이를 다른 학교에서 교육받고 있는 여러 예비체육교사가 작성한 목표, 내용, 활동과 비교해보자. 유사점과 차이점은 무엇이고 왜 그런 차이가 있는지 살펴보자. 추가해야 할 목표는 무엇인가? 여러 학교에서 공통적으로 다루고 있는 활동 중에 자신의 실습학교에서 누락된 활동은 무엇인가? 나중에 참조할 수 있도록 이 목록을 전문성 개발 포트폴리오(PDP)에 정리해두자.

모든 교사에게 교과내용에 대한 해박한 지식과 이해력이 필요하다는 사실은 분명하다(4장에서는 부분적으로, 예비교사별 교수 행위 지식의 수준과 관련 있는 효과적인 관찰방법에 대해 살펴본다). 일반적으로 예비체육교사는 체육과 교육과정에 제시된 한 가지 또는 여러 가지 신체활동에 대해 상당한 교과내용지식을 갖추고 있을 것이다. 예비체육교사는 어떤 활동을 자신이 잘 하는지, 학생의 학습을 촉진하기 위해 어떤 경험이 필요한지를 살펴봐야 한다. 예비교사교육과정에서 모든 활동을 대상으로 교수기술을 학습하는 것은 불가능하다.

따라서 자신의 지식과 이해력을 향상시키기 위해 먼저 노력을 기울여야 할 활동이 있다. 이 책은 체육과 교육과정에 포함된 모든 활동을 다루고 있지 않기 때문에 각 활동별 내용지식을 학습하려면 별도의 노력이 필요하다. 다양한 방법이 있지만, 이 책의 17장에서는 이 내용을 일부 다루려고 한다. 예비체육교사는 내용지식뿐만 아니라 교수기술 향상에 중점을 두어야 하며, 어떤 교수기술이든지 가르치는 내용과 대상, 예를 들어, 체육과 교육과정, 스포츠클럽/팀 등을 고려하여 그러한 내용과 교수학습 방법이 학생들에게 적절한지를 생각해봐야 한다.

예비교사는 예비교사교육과정과 이후 지속적으로 개발해야할 다양한 지식 유형이 있다는 것을 알아야 한다. 예를 들어, Shulman(1987)은 교사지식을 7가지(내용지식, 교육과정지식, 일반교수지식, 교수내용지식, 학습자와 그 특성에 대한 지식, 교육환경에 대한 지식, 교육목적, 철학, 역사에 대한 지식)로 구분하고 있다. 이 내용은 18장에서 보다 자세하게 다룰 것이다. 만약 여러분이 가르치는 활동의 내용지식의 개발에만 초점을 맞춘다면, 온전한 베테랑 교사로 성장하는 것은 어려울 것이다. [과제 1.4]는 교과내용지식의 개발에 도움이 되도록 구성되었다.

> **과제 1.4 교과내용지식의 개발을 위한 해결 과제**
>
> 실습학교의 교육과정에 포함된 활동 목록을 활용하여(과제 1.3에서 비교), 자신이 강점을 가진 영역과 보다 깊이 있는 지식과 이해력이 요구되는 영역이 무엇인지를 구분해보자. 자신에게 필요한 부분을 해결할 수 있는 방법(예를 들어, 학교 내 관찰, 교사교육기관 내 다른 예비교사와의 지식 공유, 교육기관상 수상, 동료교수, 체육수업 가르치기, 경기 관람, 학교체육활동 주관, 독서, 비디오 녹화시청 등)을 탐색해보자. 필요한 과제를 한 번에 해결하려고 하지 말고, 전체 교사교육과정에 걸쳐 심지어 초임 교사 일 년 동안 이를 실천하고 개발할 수 있는 방법을 생각해보자. 예비교사교육기간 동안 여러분의 성장을 알 수 있도록 전문성 개발 포트폴리오(PDP)에 이 내용을 정리해두자.

또한 예비체육교사는 왜 체육을 가르쳐야 하는지, 왜 구체적인 업무 계획, 단원 및 수업 계획을 바탕으로 가르쳐야 하는지에 대해 깊이 생각해봐야 한다. 아래는 각각의 질문을 구체화한 내용이다.

- 체육을 가르치는 이유, 예를 들어, 여러분의 신체활동에 대한 애착, 학생들이 자신과 같이 긍정적인 경험을 하도록 유도하기 위한 의지 등에 대해서는 위의 절에서 다루었다.
- 잉글랜드를 포함한 많은 국가가 왜 정부 및 학교 정책을 통해 구체적인 업무 계획, 단원 및 수업 계획을 바탕으로 가르칠 것을 권장하고 있는가?
- 체육수업에서 왜 특정 내용을 가르치고 있는지, 왜 특정한 방식으로 가르치고 있는지는 학생과 교사의 특성, 그리고 장소와 같은 교육 환경에 따라 달라진다. 특히 교수학습 방법은 자신이 선정한 학습목표와 가장 큰 관련이 있다(13장의 교수전략 참조). 수업시간, 수업장소의 규모, 날씨뿐만 아니라 학생의 나이, 능력, 경험, 동기부여 또한 매우 중요하다. 자신의 교수스타일 역시 교수학습방법에 큰 영향을 미친다(13장 참조). 게다가 여러분이 경력교사가 될수록, 교과에 관한 여러분의 가치관, 태도, 신념에 따라 교수 활동은 달라진다(16장 참조).

교육내용은 종종 명확하게 제시되지만, 체육교육과정 내용에 대한 교수학습 방법은 학교, 체육부, 교사의 전문적 판단 영역으로 치부되는 경우가 많다(Capel 등(2013)의 책 Green과 Leask의 1.1장 내용 참조). 교수방법은 학교 및 체육교육과정의 목적, 학생의 특성, 그리고 체육수업 과제와 학습목표와 관련이 있다(2, 3장 참조). 이 책의 13장에서는 목적, 목표, 학습결과가 교수전략과 관련되어 있다는 것을 살펴볼 것이다. 따라서 예비체육교사는 체육과 교육과정의 목적, 목표, 학습결과 달성과 관련하여 수행하는 자신의 활동별 교수법을 비판적으로 분석해야 한다.

수업에서 발생하는 일들을 이해하는 것은 교사가 관심을 가져야 하는 여러 업무 중 일부에 해당한다(Capel 등(2013)의 책 〈그림 1.1〉(15쪽) 참조). 계획과 평가 역시 교수활동에 있어 필수적인 영역이다. 교사는 수업에 앞서, 일반적 단원 계획과 수업목표를 포함한 구체적인 수업 계획에 따라 단원별 장기 및 중기 목표에 대한 계획을 세운다. 수업 후에는 다음 수업의 계획과 준비를 위해 수업 전체와 수업의 영역별로 효과성을 평가해야 한다. 계획과 평가는 3장에서 다루고자 한다.

빙산의 일각인 교사의 업무, 즉 수업 중 교사가 학생들과 상호작용하며 발생하는 일들은 매우 중요하다. 학생의 학업성취는 교사가 어떻게 수업을 운영하는지와 밀접한 관련이 있으며, 여러 수업 상황에서 교사가 어떻게 학생들에게 반응하는지 여부가 매우 중요하다. 교사는 보다 유연할 필요가 있으며, 만약 학생들이 특정 과제 활동에서 교사의 기대 수준에 미치지 못한다면 계획을 변경할 필요도 있다. 수업 운영을 잘 하려면 신체활동의 교수기술뿐만 아니라, 공감, 지각, 감수성, 반응성 등의 자질도 필요하다. 이러한 요소들은 체육수업을 평가하는 데 근거가 된다. [과제 1.5]는 체육수업에서 어떤 일들이 발생하는지를 관찰하도록 해준다.

 과제 1.5 체육수업에서는 어떤 일들이 발생하는가?

숙련된 체육교사의 수업을 관찰하고, 교사가 관여하는 활동의 유형, 순서, 활동별 소요시간을 기록해보자. 너무 자세한 정보보다는 어떤 일들이 일어나는지에 대한 개관을 파악하는데 초점을 맞춰본다. 관찰 결과는 다음과 같이 정리할 수 있다.

- 수업 시작 전(예를 들어, 교사는 학급이 교체되는 동안 출석부를 정리하고, 자료를 수집하고, 메모를 읽고, 수업에 참여하지 않은 학생들과 대화하고, 귀중품을 정리하고, 준비가 느린 학생을 독려한다.
- 수업 중
- 수업을 마친 후

이 책의 6장에서는 수업의 조직과 운영을 다루며, 웹사이트(www.routledge.com/cw/capel)를 통해 수업관찰 양식을 제공할 것이다.

수업은 학생들이 탈의실에 들어오면서 시작되고, 다음 수업으로 이동하거나 쉬는 시간이 될 때 끝난다는 것을 명심해야 한다. 추후 찾아볼 수 있도록 이 내용을 전문성 개발 포트폴리오(PDP)에 기록해두자.

예비체육교사가 교사와 학생의 상호작용 상황에서 관찰할 수 있는 교수기술과 행동은 주로 학생 관찰하기, 지도하기, 체육교육 전문 용어 사용하기, 질문하기, 회상하기, 시범보이기, 학생을 수준별로 분류하기, 질책하기 등이 있다. 여러분은 수업을 관찰하며 교사들이 학생을

통제하고, 수업시간과 공간을 관리하며, 안전한 학습 환경을 조성하는 것을 볼 수 있을 것이다. 또한 교사가 운동수행능력 향상뿐만 아니라 동기를 부여하고 학생의 자존감을 높여주기 위해 칭찬과 피드백을 주는 것도 볼 수 있다. 교사가 ICT 기술을 활용하거나 평가를 진행하는 과정, 계획과 준비, 수업장소의 정리 등도 관찰할 수 있다.

Rink(2013), Sidentop과 Tannehill(2000)은 체육교사가 수업에서 하는 일을 다음과 같이 분류하고 있다.

- 지도 활동(학생들에게 교과내용을 전달하는 것과 관련된 활동)
- 조직 및 관리 활동(학습 환경을 조성하고, 학습에서 학생들이 적절한 행동을 수업을 운영하는 것과 관련된 활동)
- 기타 활동(칭찬 활용과 같이 효과적인 학습 환경을 개발하고 유지하기 위한 활동)

교사가 어떤 활동을 하고 있는지를 살펴보고, 이러한 행동을 위의 세 가지 범주로 구분하는 것은 매우 중요하다. 이 책에서는 위에서 언급한 교수기술을 각 장별로 구체적으로 다루고 있다. 5장에서는 의사소통, 6장에서는 조직 및 관리에 초점을 맞춰 학생이 실제 학습활동에 관여하는 시간(실제학습시간)과 이것이 학습과 직접적으로 관련이 없는 활동에 의해 어떻게 영향을 받는지를 살펴본다. 8장에서는 효과적인 학습 환경을 유지하기 위한 방법을 살펴본다.

초임교사 NQTs: newly qualified teachers 는 예비교사교육과정에서 개발해야 하는 교수기술과 관련된 실습기관의 간행물, 대학이 추천하는 교재나 자료를 수집하고 판별할 줄 아는 능력이 필요하다. 비록 다양한 교수기술이 국가수준에서 제시되더라도, 각 고등교육기관(대학)은 일반적으로 관련 문서를 기반으로 자체적으로 다양한 교수기술을 개발할 수 있다. [과제 1.6]에서는 예비교사교육과정에서 이수해야 하는 교수기술이 무엇인지를 살펴보고자 한다.

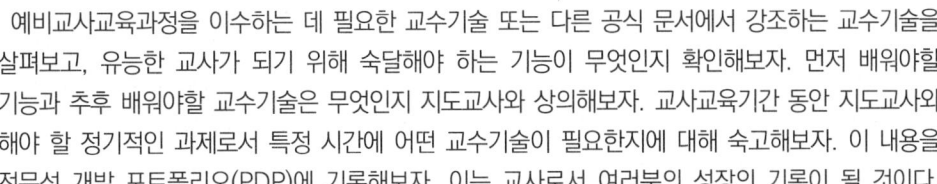

과제 1.6 교수기술

예비교사교육과정을 이수하는 데 필요한 교수기술 또는 다른 공식 문서에서 강조하는 교수기술을 살펴보고, 유능한 교사가 되기 위해 숙달해야 하는 기능이 무엇인지 확인해보자. 먼저 배워야할 기능과 추후 배워야할 교수기술은 무엇인지 지도교사와 상의해보자. 교사교육기간 동안 지도교사와 해야 할 정기적인 과제로서 특정 시간에 어떤 교수기술이 필요한지에 대해 숙고해보자. 이 내용을 전문성 개발 포트폴리오(PDP)에 기록해보자. 이는 교사로서 여러분의 성장의 기록이 될 것이다.

기본 교수기술에 능숙하다는 것 자체가 효과적인 수업을 보장하는 것은 아니다. 유능한 교사가 되기 위해서는 이러한 기본 교수기술을 다듬고, 조절해야 하며, 여러 교수기술을 조합하여 구체적인 상황에 맞는 방식으로 활용할 수 있어야 한다. 즉 수업에서 이러한 교수기술이 어떻게 상호작용하는지를 고려할 필요가 있다. 이러한 교수기술 상호작용에 대한 판단은 경험이 축적될수록 보다 세련화된다. 가르치는 내용과 가르치는 방법은 상호의존적이며, 이 두 가지를 함께 고려하지 않으면 의도한 학습목표를 성취하는 것이 어렵다는 것을 명심해야 한다(13장 참조). 매 수업마다 여러분의 가르침이 학습목표 성취에 얼마나 효과적이었는지를 비판적으로 성찰해야 하며, 필요에 따라, 교수학습 방법을 개선하려는 태도를 가져야 한다. 특히 교사 자신이나 교수활동 자체보다는 학생과 학생의 학습활동에 교수의 초점을 맞춰야 한다.

교사가 의도한 학습목표를 달성하지 못하는 데는 여러 가지 이유가 있지만, 일반적으로 적절한 계획 부족이 주요 원인이라고 할 수 있다. 예비교사들 중에는 수업내용을 철저하게 계획하지만, 과제의 조직과 관리, 장비 마련, 학생의 도전기회 등을 계획하는 것을 소홀히 하는 경우가 있다. 이와는 반대로, 학습내용의 적절성, 질, 내용전개 방식은 고려하지 않고, 학급을 통제하는 방식에 대해서만 계획하는 예비교사도 있다. 만약 예비교사가 수업을 조직하고 관리하는 방법을 계획하지 않으면, 학생들은 무엇을 해야 할지, 기대되는 행동이 무엇인지를 정확하게 알 수가 없다. 따라서 교사는 수업을 조직하고 관리하는 데 많은 시간을 할애해야 하며, 그렇지 않으면 의도한 방식대로 수업을 진행할 수 없다. 반면에 예비교사가 수업의 조직과 관리에 너무 집중하게 되면, 학생들의 학업성취 가능성과 수행의 질은 낮아질 수도 있다. 즉 수업을 계획하려면 수업내용과 수업방법 두 가지 모두를 고려해야만 한다(3장 참조)

학생들은 종종 예비교사나 신규교사를 떠보거나 시험해보기도 한다. 따라서 교사는 학생들의 운동수행기준 또는 수업 중 필요한 태도와 행동에 대한 허용 기준을 학생들과 협의할 필요가 있다. 보통 학생들은 교사가 부여한 연습을 잘 하면 게임시간을 늘려달라고 하거나. 친한 친구들과 모둠활동을 하면 더 열심히 하겠다는 약속을 하곤 한다. 각자 체육수업을 하기 전 학생들이 교사와 협상하려고 하는 것들과 처리 방법에는 어떤 것들이 있는지 살펴보고, 동료 예비교사들과 토론해보자. 추후 찾아볼 수 있도록 이 내용을 PDP에 기록해보자.

교사는 수업 초기에 학생들이 인정할 수 있는 운동수행 기준, 태도나 행동 기준을 제시할 필요가 있다. 그렇지 않으면 학생들은 나중에 이를 받아들이기 어려울 것이다. 만약 수업 초기에 교사가 학생들이 자신의 능력보다 수행 수준이 낮거나 최선의 노력을 하지 않는 것을 허용하게 되면, 학생들은 이후 과제를 완수하기 위한 노력을 계속 소홀히 할 수 있다. 예를 들어, 교사가 체조수업에서 학생들에게 구르기, 점프하기, 균형 잡기의 세 가지 기술을 모두 활용하여 5개의 연결동작을 구성하는 과제를 부여하고, 학생들은 적절한 동작의 순서를 구상하고, 연습한 후 수업에서 발표한다고 해보자. 이 때 교사가 학생들이 과제를 수행한 방식에 대해 어떻게 대처하는지가 중요하다. 예를 들어, 학생들이 세 가지 필수 동작을 사용하여 순서를 구성했지만, 이를 함께 연결하거나 효과적으로 연결동작을 완성하려는 노력이 부족한데, 이를 교사가 그대로 허용한다면, 학생들은 자신들이 원하는 방식대로 과제를 수행할 수 있다고 생각할 것이다.

학생들이 교사가 기대하는 것보다 낮은 운동수행 수준을 보이거나 노력하지 않는 이유는 다양하다. 이는 과제가 너무 쉽거나 또는 어렵기 때문일 수도 있고, 과제 자체가 재미없기 때문일 수 있다. 즉 학생들은 동기부여가 되지 않았기 때문이다(동기부여에 대해서는 7장 참조). 교사는 학생들에게 과제를 분명하게 전달하지 못하거나 동일한 수행 결과, 학생의 노력과 행동에 대해 일관성 없게 대응할 때도 있다. 이 때 학생들은 자신이 해야 할 과제에 대해 지루해 하거나 명확하게 이해하지 못하고 혼란스럽게 되면서, 주어진 과제를 좀 더 쉽게 또는 어렵게 수정하거나 때론 아예 과제 자체를 완수하지 않고 거부할 수도 있다. 학생들이 기대수준에 맞게 수행하거나 노력하지 않는 다양한 이유에 대해 생각해보자.

어떻게 유능한 체육교사로 성장하려고 하는가?

예비체육교사는 자신의 교수기술과 전략이 발전하면서 다양한 변화를 경험하게 된다. 많은 연구자들은 교사의 교수기술의 발달을 단계 stages 또는 국면 phases 으로 개념화하고 있다(교사 발달의 국면은 Capel 등(2013)의 1.2 단원 Allen and Toplis 참조). Maynard와 Furlong(1993), 그리고 Perrott(1982)은 예비교사의 발달 단계를 규명하였고, Siedentop과 Tannehill(2000)은 이를 예비체육교사에에 적용하고 있다. Guillaume와 Rudney(1993)는 예비교사는 교사로 성장하는 과정에서 서로 각자 다양한 생각들이 있고, 같은 사안에 대해 서로 다른 견해를 갖고 있다고 하였다. 여러분도 이러한 발달 단계를 이해하고 자신이 교사로서 어떤 단계에 있는지를 탐색하면서, 각 단계에 맞는 다양한 학습기회와 경험을 가져야 한다. 이를 위해서는 경력교사의 수업 관찰, 역할학습, 동료교사 또는 학생을 대상으로 한 소그룹 마이크로티칭, 지도교사와의 팀티칭, 소그룹 또는 학급 전체를 대상으로 수업의 일부 또는 전체 시간 수업해보기 등을 실천해볼 수 있다. 이러한 교수기술의 학습은 순서가 정해진 것은 아니다. 각 교수기술 연습법은 예비교사교육과정에서 특정한 목표를 달성하기 위해 언제든지 활용될 수 있다. 이러한 교수기술의 연습은 여러분이 기본 교수기술을 연습하고, 숙달할 수 있도록 해주며, 다양한 교수 상황에서 교수기술을 발휘할 수 있도록 해 줄 것이다. 이를 통해 여러분은 다양한 교수기술을 세련화하면서 학생의 학습을 촉진할 수 있는 적절한 순간의 적절한 방법으로 교수기술을 적용할 수 있는 능력을 개발하게 될 것이다. 또한 여러분은 자신의 교수기술에 대해 자신감을 갖게 될수록, 수업에서 학생들이 달성해야하는 목적과 목표, 학습결과 대해 비판적으로 반성해보는 것이 중요하다(13장 참조).

학교현장실습 시작해보기

이제 예비체육교사가 실제 학교에서 교육실습을 하게 된다면, 먼저 해당 학교의 교육환경을 파악해야 한다. 자신의 직무를 파악하기 위해 학교의 핵심 정보를 수집하는 것은 가장 필수적인 일이다. 먼저 실제 교육실습에 앞서 사전방문 시, 학교와 체육부서에 관한 정보를 수집해야 한다. 체육시설, 기자재 및 장비 배치 등 체육수업 환경을 관찰하는 등 다양한 곳으로부터 정보를 수집할 수 있다. 또한 지도교사에게 질문도 하고, 학교와 체육부서의 정책과 업무절차에 대해 이야기하면서 실제 자료들을 파악해야 한다. 학교교육계획, 체육교육과정 및 단원계획 등 학교와 체육부서의 문서를 살펴볼 수 있다. 학교교육계획과 같은 문서는 학교와 학생에 대한 중요한 정보를 제공해준다. 학생평가, 기회균등, 과외 체육 활동과 관련된 학교 및 체육 정책은 체육부 업무에 대한 맥락을 파악하는 데 매우 중요하다. 기타 문서들(예를 들어, 학교복장규정)도 여러분이 학교에서 어떻게 행동해야 하는지, 어떻게 학생들과 관계를 맺어야 하는지에 대한 중요한 지침이 될 수 있다. 특히 지도교사는 어떤 정보가 유용한지, 그것이 어떻게 도움이 될 수 있는지에 대해 알려줄 수 있다. 관련 웹사이트 (www.routledge.com/cw/capel)에는 예비교사가 관찰하고 질문하며 중점적으로 살펴야할 학교와 체육부서, 체육시설과 기자재 등에 대한 질문 사례가 제시되어 있으며, 필요하다면 여러분이 직접 이 내용에 대해 지도교사의 조언을 듣는 것이 필요하다.

위의 웹사이트에서는 다양한 교수기술을 실제로 관찰하는 데 도움이 되는 관찰 일정 사례도 제공하고 있다. 이를 활용하여 각각의 교수기술을 관찰할 수도 있고, 특정한 목적으로 예비교사가 수행하는 관찰 일정을 개선할 수도 있다. 4장에서는 학교에서 여러분이 교육실습을 효과적으로 활용할 수 있는 관찰방법과 다양한 정보 수집방법에 대해 다룰 것이다. Metzler(1990)는 지도교사의 지도 행위 tutoring 그 자체가 교수 활동 teaching process 이어야 함을 강조한다. 지도교사는 예비교사의 교사교육 단계에 적합한 상황을 제공하고, 여기에 적용되는 교수기술을 공부하고, 관찰하며 실천할 수 있도록 예비교사교육과정 내내 다양한 학습 경험을 제공해야 한다.

예비체육교사가 학교현장실습을 통해 다양한 학습 경험이 축적될수록 지도교사의 역할도 달라져야 한다. 따라서 여러분은 자신의 교사교육 단계(예를 들어, 직접지도 단계, 안내단계, 협력단계, 자율단계)에 따라 지도교사와 협업할 수 있는 최선의 방법을 모색해보기를 바란다.

추가 읽기 자료

Capel, S. and Whitehead, M. (eds) (2013) *Debates in Physical Education*, Abingdon, Oxon: Routledge.

이 책은 체육교사들이 항상 직면하는 주요 이슈를 탐색하고 논의한다. 예를 들어, 4장은 학생들이 체육수업에서 무엇을 배워야 하는지, 7장은 교사가 체육수업을 가르치기 위해 필요한 지식을 토론하며, 8장은 체육교사가 왜 특정한 교수법을 선택하는지를 살펴본다.

Green, K. and Hardman, K. (eds) (2005) *Physical Education Essential Issues*, London: Sage.

이 책은 체육수업의 다양한 측면에 대한 개요수준의 내용을 제공한다. 특히 7장에서는 내용을 가르치는 방식만큼 중요한 것이 무엇인지에 초점을 맞추고 교사가 가르치는 방식에 영향을 미치는 요인을 살펴본다.

Rink, J.E. (2013) *Teaching Physical Education for Learning*, 7th edn, New York: McGraw Hill Education.

제1장에서는 교사에게 필요한 수업 조직 및 관리의 내용과 기술을 포함하여 교수 절차에 대한 개요를 제공한다.

Siedentop, D. and Tannehill, D. (2000) *Developing Teaching Skills in Physical Education*, 4th edn, New York: McGraw Hill Higher Education.

제1장은 예비체육교사의 발달 단계를 포함하여 체육을 효과적으로 가르칠 수 있는 방법과 관련된 다양한 이슈들을 다룬다. 제5장에서는 관리과제 체제, 지도과제 체제, 학생의 사회적 행동 체제와 상호작용 방식 등 세 가지 과제 체제를 소개한다.

이 장에 대한 추가 자료는 웹사이트(www.routledge.com/cw/capel)에서 얻을 수 있다.

체육의 목적
Aims of PE

Margaret Whitehead

소개

1장에서는 체육 교사의 역할과 그 역할을 성공적이고 자신감 있게 수행하는데 필요한 교수 기술, 지식과 이해에 대한 전반적인 개요를 살펴보았다. 앞에서 살펴본 주제 중에는 체육의 목적과 이를 실현하는데 기여하는 교수방법에 관한 이슈들이 있었다. 특히, 이 장에서는 체육의 목적을 살펴보고 모든 체육의 근원적 목적으로서의 '피지컬 리터러시' PL: physical literacy 의 개념을 소개하고 있다. '목적'을 명확히 한다는 것은 학교수준의 장기 계획 schemes of work, 단원수준의 중기 계획 units of work, 단기 수업계획 individual lesson 을 세우는 기반이 되는 중요한 일이다. 수업 계획에 대한 구체적인 내용은 3장에서 다룬다. 체육의 목적은 내용뿐 아니라 교사가 선정하는 교수 방법에도 영향을 미친다. 체육에서 무엇을 목표로 설정할 것인지에 대한 것을 상기하려면, 아마도 예비교사교육을 받는 동안 자주 1장과 2장을 들춰보게 될 것이다.

본 장을 통해 아래와 같은 내용을 이해하고 적용할 수 있어야 한다.
- 목적(aims), 목표(objectives), 의도된 학습결과(intended learning outcomes, ILO)라는 용어들과 그 개념을 이해한다.
- 교육 전반의 목적과 체육의 목적 간의 관계를 이해한다.
- 두 가지 유형의 체육 목적을 제대로 이해한다.
  - 체육 교과만의 고유한 목적
  - 교육과정에 제시된 타 교과와 공유되는 포괄적 수준의 교육 목적
- 목적, 목표 및 의도된 학습결과가 수업 설계와 전달에 영향을 미친다는 것을 이해한다.
- 피지컬 리터러시의 개념을 이해한다.
- 자신만의 체육의 목적을 세심하게 설정해 본다.
  예비교사교육과정의 요구사항(필수요건)을 확인하여 이번 장과 어떠한 관계가 있는지 살펴보자.

목적, 목표 및 의도된 학습결과

예비교사교육을 받는 동안이나 그 이후에도 목적 aims, 목표 objectives, 의도된 학습결과 ILOs 1) 라는 용어들을 자주 접하게 될 것이다. 이러한 용어들은 서로 취지가 조금씩 다르게 진술되어 있으며 다양한 목적의식 purposes 의 형성에 기여한다.

- 학생이 성취할 것이라고 의도한 것을 확인한다.
- 학교수준 및 단원수준의 내용과 수업계획을 제공하며 어떻게 가르칠 것인지 안내한다.
- 학습을 평가하는 기준점 benchmark 을 제공하며, 계획하고 가르친 것이 의도된 학습결과 ILOs 를 잘 달성했는지 알려준다.

목적은 교육에서의 방향 설정, 계획에 대한 지침, 평가에서의 주안점을 알려준다. 이러한 기능들은 광범위하게 교사가 의도한 긴 여정의 관점에서 볼 때 필수적인 것들로 이해된다. 긴 여정을 계획하고 실행함에 있어서, 어디로 갈 것인지, 그 곳에 어떻게 갈 것인지, 잘 도달했다는 것을 어떻게 인식할 것인지 알아야 한다. 누군가를 가르칠 때 이 모든 것이 중요하다.

○ **목적 aims 과 목표 objectives**

목적과 목표는 교육계획을 위한 기반이다. 목적 aims 은 교육 전반의 목적의식 purpose 과 방향을 함께 제공하므로, 보다 일반적 의도들 intentions 과 관련이 많다. 대부분 국가수준에서는 교육목적을 자세하게 설명하는 교육정책을 갖고, 마찬가지로 각각의 학교에서는 장기적 목적 long-term aims 이나 목적의식 purposes 을 가져야 한다. 목적과 목표는 좀 더 집중적이고 정밀하게 단기적 수준으로 넘어가면서, 달성하려는 도달 지점에 더 근접하게 된다. 그러므로 목적은 교육에서 학교로, 학교에서 다시 교과로 더 구체화되는 것이다. 일반 교육이나 학교

---

1) 목적이나 목표로 번역되는 용어는 많이 있으나, 본 장에서 이와 관련하여 자주 등장하는 몇 가지 용어는 aims, objectives, purposes, ILOs 등으로 꼽을 수 있고, 저자는 이들 간의 미묘한 차이를 구분하고 있다. 이와 관련하여, 역자는 기본적인 영어 표현에서의 맥락과 뉘앙스, 우리나라 교육과정 문서에서 이해되어 왔던 개념들 및 본 장의 내용을 고려하여 몇 가지 용어들을 구분하였다.
   ① aim: 일반적 목표나 성취하고자 하는 방향을 제시하며, 감정적 개입보다 단호한 의지를 강조하고 여기서는 학교수준의 장기 수업 계획과 관련
   ② objective: 격식을 차린 딱딱한 용어로 사람들이 스스로 세우는 목표를 의미하며 여기서는 단원수준의 중기 계획과 관련
   ③ purpose: 삶에 의미를 주는 목적의식과 의지를 포함하며, 특정한 상황에서 무엇을 하려는 의도나 취지 및 용도를 강조
   ④ '의도된 학습결과'(ILOs): 우리나라 교육과정에서의 '성취기준'과 거의 유사한 맥락으로 이해할 수 있으며 '도달하기 위하여 계획된'의 의미를 가진 'intended'의 의미를 살려 직설적 표현을 반영

차원의 목적은 일정 기간 동안(이를테면, 학생들에게 학교에 있도록 요구되는 그 시간 동안)에 학생들이 성취해야 할 것을 명확히 해준다. '목적'은 특정한 성취를 정의하려기보다 교육의 목적의식이나 결과로 나타난 성과 outcome 에 대해서 일반적 지침을 제공하는 반면, '체육'과 같은 교과 목적은 장기적 수준의 포부를 담고 있더라도 상당히 구체적이다.

교과 목적이나 목적의식은 학교수준의 장기 계획을 고안하기 위한 출발점이다. 전형적으로, 학교수준의 장기 계획은 교육이 이루어지는 한 해 전체나 교육의 전 단계에 걸쳐있다. 단원수준의 중기 계획은 반 학기나 학 학기 정도로, 학교수준보다는 비교적 짧은 기간 동안의 계획을 세우는 것이다. 학교수준의 장기 교육과정 계획에서 목적이 필요하다면, 단원수준의 중기 계획에서는 목표를 설정한다. 목표는 보다 구체적 목적의식과 의도된 방향을 담고 있다. 목표는 집을 짓는 구성요소이자 디딤돌이 되고, 이 때 그것들이 함께 합쳐져서 하나의 목적이나 다수 목적과 관련된 성취 결과를 이루어 낸다.

○ **의도된 학습결과** ILOs: Intended Learning Outcomes

위에서 제시한 바와 같이 장기 수준에서 계획이 필요한 학교수준 교육과정의 목적들이 있으며, 이것은 단원수준의 중기 계획을 구성하는 목표들을 생성한다. 그러나 특정 수업을 직접적으로 계획하는데 도움이 되도록 활용될 수 있는 것은 목적도 아니고 목표도 아니다. 그것들은 '운영상' 각각 구체적 초점을 더 갖춘 부분들로 나누어질 필요가 있고, 이것들은 교사수준의 수업계획을 위한 '의도된 학습결과' ILO 이다. 목적과 목표는 상대적으로 학교수준이나 단원수준의 계획에서 의도된 최종 산출물인 반면, '의도된 학습결과'란 학생이 한 특정 수업에서 성취해야 할 것을 확인하는 것이다. 예를 들어, 학교수준의 '체육' 교육과정의 한 가지 목적으로 '학생들이 처음으로 경쟁적 게임에 입문하도록 가르치는 것'을 들 수 있다. 이러한 목적으로부터 파생된 단원계획의 한 가지 목표의 예는, '학생들이 하키에서 5:5 게임을 할 수 있도록 하는 것'이다. 이러한 단원계획 내의 한 차시 수업계획의 의도된 학습결과는 '학생들이 5:5 하키 경기에서 공격과 수비 역할을 이해하고 발휘할 수 있도록 하는 것'이다. '의도된 학습결과'는 해당 수업 종료 시기에 학생들이 무엇을 하고, 알며, 이해할 수 있어야 하는지를 알려준다. 대개 수업 시작 시기에 포함되어 있고 '학생들은 이 수업이 끝났을 때 ...을 할 수 있을 것이다.'와 같은 진술 형태로 소개된다. '의도된 학습결과'는 수업계획의 기본이며 수업계획을 세우기 전에 결정되어야 하고, 교사는 학생 성취를 위한 특정 학습 활동과 교수 전략을 고안해야 한다. 뿐만 아니라, 의도된 학습결과는 개개인의 학생을 위한 특정 과제를 만들어 내고 교수핵심내용 key teaching point 을 처음 접하게 해주며 학생 평가에 초점을 둔다는 점에서 수업 중의 학생과 교사의 주의집중을 강조한다. 게다가 수업의 성공 여부를 평가할 때 진짜 명분을 제공해 주기도 한다.

교육의 목적

Capel 등(2013)의 7.1(Haydon) 장에서는 보다 상세하게 교육의 목적을 숙고한다. 이 단원은 배경지식을 위한 정보를 위해서도 참고할 만한 단원이다. 현장실습학교에서 모든 학교/전체 교육과정의 목적을 이해하는 것은 유용할 것이다. 어느 학교의 목적이든 국가 전반의 교육 철학의 기저를 이루는 현행 일반적인 철학을 반영할 가능성이 클 것이다. 2014 잉글랜드 국가수준의 교육과정(교육부, 2014a)은 다음과 같이 학교에서 제공해야 할 포괄적인 열망으로 시작된다.

'교육과정'은 폭넓고 균형적이며,

- 학교 및 사회에서 학생들의 영적, 도덕적, 문화적, 정신적, 신체적 발달을 고취시킨다.
- 학교에서 학생들이 노후 later life 에서의 기회, 책임감, 경험들을 대비하도록 한다.
(DfE, 2014a: 5)

또한, 교육과정 문서는 다음 내용도 명시하고 있다: '모든 학교는 교육 내용에서 개인, 사회, 건강, 경제 차원 PSHE: Personal, Social, Health and Economic'의 주제를 담아야 하고, 교육과정은 학생들에게 '교육받은 시민이 되기 위한 필수적 지식에 입문'하도록 해야 하며, '인간의 창의성과 성취에 대한 감상'을 발달시키도록 돕고 '세상에서 생각되고 말했던 것 중 최선의 것들'을 알려주어야 한다(DfE, 2014a: 6).

모든 학교와 교사들은 이러한 목적들을 성취하는데 공헌한다. 학교 교육과정은 학생들에게 폭넓고 균형 잡힌 교과 지식의 범위뿐 아니라 범교과적 목적도 경험한다는 확신을 주도록 설계되고 관리될 것이다. 이를테면, 모든 교사들이 자신이 가르치는 교과 지식 내에서 교육이 가능한 사회적 발달 및 노후에 대비한 기회 준비 등을 들 수 있다. 이를 위한 제안으로 교사가 교과 내용을 통해 학생들이 입문하도록 과제를 완수하고, 그 다음은 학생들이 어떻게 배우도록 안내할 것인지 조심스럽게 숙고하며 기대를 달성하는 것이 좋다.

체육의 목적

19세기 후반에 영국에서 학교 교육과정에 체육이 포함된 이래 다양한 형태의 체육이 형성되었다. 초기에는 훈련 drill 이나 체력 단련 physical training 의 형태로 나타났고(Davis 등, 2000), '체육 PE'이라는 용어는 1945년에 '교육부 Department of Education'가 '보건부 Ministry of Health'로부터 해당 교과의 책임을 인계받았을 때 처음 소개되었다. 학교에 체육 교과가 소개된 이후에는, 교과 차원에서 다양한 목적 달성을 위한 많은 노력을 쏟았다. 수년 간 체육을 가르치며 의도했던 방향으로 특정 목적을 자유롭게 선택했다. 초기의 목적들은 건강을 증진시키고, 규율을 개선시키며, 충실함과 팀워크를 발달시키는 내용을 포함했다. 〈표 2.1〉의 목록은 교사가 우선으로 중시한 내용을 조사하여 모아 놓은 것이다.

〈표 2.1〉 교사가 선호해온 '체육'의 목적

1. 신체 기능 발달시키기
2. 자긍심(self-esteem) 발달시키기
3. 피지컬 리터러시(PL) 조성하기
4. 모든 학생들에게 다양한 범위의 활동을 소개하기
5. 학교 졸업 후(after leaving school)에도 신체활동을 지속하도록 고무시키기
6. 창의성(creativity)과 독창성(inventiveness)을 발달시키기
7. 신체활동과 관련된 지식 및 문화적 유형에 대한 이해를 고취시키기
8. 세계 최상급의 선수를 배출하기
9. 청소년들에게 활동을 제공하여 거리에서 방황하지 않으며 범죄와 멀어지도록 하기
10. 스트레스 예방에서 신체활동의 역할에 대한 경각심을 불러일으키기
11. 관절 유연성과 근력을 촉진시키기
12. 환경을 존중하도록 고취시키기
13. 학생이 '경쟁'에 대한 것을 잘 다스릴 수 있도록 하기
14. 협동학습(cooperative learning)을 고무시키기
15. 사회적 기량과 도덕적 기량을 발달시키기
16. 학생들이 식견을 갖춘 관중이 되도록 준비시키기
17. 신체활동과 관련된 경기/행사에서 지원적 역할을 취하도록 준비시키기
18. 국내 문화에서 스포츠/무용의 위치에 대한 이해를 발달시키기
19. 학령기 이후(post-school)의 취업에 대한 가능성을 넓게 열어두기
20. 건강과 신체단련(질환으로부터의 자유, 특히 심혈관계 건강)을 촉진시키기
21. 신체의 성장과 발달을 촉진시키기
22. 독립심 조성하기
23. 인내심(perseverance)을 발달시키기
24. 감성적(emotional) 발달을 고취시키기
25. 학교 간 경기나 토너먼트에서 이기기
26. 언제나 안전을 의식하도록 경각심을 불러일으키기
27. (상대적으로) 덜 학문적인 것에 대한 잠재적 성공 영역을 같이 대비시키기
28. 개인 생존을 고취시키기 위하여 물에 대한 자신감을 발달시키기
29. 심미적 민감성(aesthetic sensitivity)을 발달시키기
30. 움직임을 통해 학생 스스로 표현할 수 있도록 하기
31. 인지적 발달을 고취시키기

이제 〈표 2.1〉의 목록을 반영하여 [과제 2.1]을 수행하라.

> 📖 **과제 2.1 '체육'에서 우선순위가 되는 목적**
>
> 표 2.1에 있는 목록을 공부한 후 가장 중요하다고 느끼는 네 가지 목표를 알아보자. 자신이 꼽은 서로 다른 우선순위들을 논의하고 옹호하면서, 다른 예비교사가 작성한 목록과도 비교해보자. 이렇게 논쟁한 내용을 기록하고 이것을 전문성 개발 포트폴리오(PDP)에 정리하자.

최근 국가수준의 교육과정에서는 각 교과가 무엇을 성취해야 하는지 명백하게 설명하고 있다. 다음은 잉글랜드 국가수준 체육과 교육과정 NCPE: National Curriculum for Physical Education 에 제시된 목적의 내용을 발췌한 부분이다(DfE, 2014c).

'체육'이 추구하는 목적은 다음과 같다.

a. 유능하고 자신감 넘치며 전문적인 테크닉을 갖추며, 이를 다른 스포츠나 모든 신체활동에 걸쳐 적용한다.
b. 경쟁적 스포츠 및 다른 신체적 노력이 필요한 활동을 성공적으로 탁월하게 수행한다.
c. 효과적인 수행이 무엇인지 알고, 이러한 원리를 자신 또는 타인의 수행에 적용하는 방법을 안다.
d. 인격 character 을 형성한다.
e. 공정성 및 존중과 같은 가치들을 잘 내재한다.
f. 건강과 체력을 지원하는 방식으로 신체적 자신감을 갖춘다.
g. 신체활동이 주는 장기적 건강상의 이점을 이해하고 적용한다.
h. 학교 밖이나 노후의 삶에서도 운동, 스포츠, 신체활동에 참여하는 자신감과 흥미를 발달시킨다.

위에 제시되어 있는 체육의 목적에 대한 2가지 목록은 2가지 유형의 포부를 포함한다. 일부 목적들은 체육과 밀접하게 연결되어 있는 것처럼 보이는 반면에, 다른 목적들은 '체육'에 특별히 적용되지 않는 교육목적의 목록에 있는 항목을 대단히 중요하게 강조하며 똑같이 반복하고 있다. 위에서 언급한대로, 목적 유형으로 언급된 둘 다의 방향으로 책임감을 갖고 달성하도록 해야 한다. 폭넓은 수준의 범교육과정 cross-curricular 목적들로부터 나오는 것이 '외재적' extrinsic 목적이라면, 체육만의 특유한 목적들은 '내재적' intrinsic 목적으로 이해될 수 있다.

이제 [과제 2.2]를 완성해보자.

> **과제 2.2 '체육'의 외재적 목적과 내재적 목적의 차별화**
>
> 체육의 목적에 대한 2가지 목록을 검토하고 체육의 내재적 목적과 외재적 목적에 해당되는 것을 확인해보자. 당신이 분류한 것을 다른 예비교사들과 토론해보자. 이러한 논쟁을 기록하고 이것을 전문성 개발 포트폴리오(PDP)에 정리하자.

○ 체육의 외재적 extrinsic 목적과 내재적 intrinsic 2) 목적 aims

[과제 2.2]를 수행하고 외재적 목적을 확인하고자 할 때, 〈표 2.1〉의 목록에서 확인한 6, 13, 15, 22, 23, 29의 내용 및 잉글랜드 교육부(DfE)에서 언급한 국가수준 교육과정에서 d와 e에 포함된 내용이 해당될 확률이 높다. 이러한 목적에 따라, 모든 교과들이 고취될 것이라고 기대되는 범교육과정 쟁점을 다루고 있다. 체육교사는 '외재적 extrinsic' 목적과 '내재적 intrinsic' 목적 모두 유념해야 한다. '외재적 extrinsic' 목적은 교육에서의 교사들의 역할을 충족시키는 데 필수적이고, '내재적 intrinsic' 목적은 체육을 특유하게 만들어 주는 것들로, '체육'이 폭넓고 균형 잡힌 교육과정에서 필수적 요소라는 것을 체육 전공자들이 주장할 수 있도록 발판을 제공한다.

체육은 두 가지 유형의 목적을 향하여 작용할 능력을 갖추게 된다. '내재적 intrinsic' 목적은 주로 광범위한 신체활동에 걸쳐서 움직임이라는 전달 매체로 처음 접하는 학생들과의 맥락에서 실현된다. 반면에, '외재적 extrinsic' 목적은 주로 교육학적으로 교사가 학생들을 학습에 참여시키는 방법을 통해 실현된다. 이를테면, 교사가 학생 스스로 자신의 목표를 설정하도록 책임을 이양하는 수업에서는 체육이 독립성 발달에 공헌을 할 것이고, 교사가 집단 과제를 계획하는 수업에서는 체육이 사회적 기술 social skills 을 발달시킬 수 있다. 그러나 일부 활동들은 이러한 '외재적' 목적의 일부를 성취하는데 그 관련 활동들 자체가 도움이 된다. 예를 들어, 학생들이 '경쟁'을 다루게 도와주는 것은 경쟁적 게임 상황에서 더 성공적일 것이고, '창의성'을

---

2) 외재적, 내재적이라는 용어는 본문의 의미를 미루어볼 때 각각 '수단적', '본질적'인 의미로 이해할 수도 있다. 1997년 제7차 교육과정이 고시되었던 시기에 이미 국내 교육학 용어사전에서는 '본질적' 가치에 대하여, 그 자체가 목적이기 때문에 가지게 되는 가치로 언급하며 '고유성'을 강조하였고, 이 장에서 저자가 강조한 의미나 맥락과 상통한다. 한편, 우리나라의 제7차 체육과 교육과정의 '성격'항에서 체육의 '외재적' 가치와 '내재적' 가치를 확연히 구분하여 제시하였고, 2015 개정 체육과 교육과정에서는 '신체활동'을 본질이자 도구로 표현하고 있다. 본 장에서는 기존에 이해되어 온 우리나라 교육 맥락과 체육과 교육과정 문서상의 표현을 반영하였으나, 듀이(J, Dewey)는 목적과 수단에 대한 구분이 대상을 보는 상황에 따른 구분이지 절대적인 것은 아니라고 언급했다.

촉진시키는 것은 무용을 접하는 환경에서 더 쉽게 성취될 것이다.

단순히 체육 활동에 학생을 참여시킨다고 어떠한 외재적 목적이든 성취를 진척시킬 수 있다는 보장은 할 수 없다. 모든 상황에서, 이러한 목적들을 성취하는 것은 교사가 무엇을 가르치느냐가 아니라 '어떻게 가르치느냐'에 달려있다. 〈표 2.2〉를 보면 어떻게 체육교사가 체육의 외재적 목적이나 범교육과정 목적에 공헌하는지 일부 의견을 이해할 수 있다. 다음 [과제 2.3]을 완성해 보라.

> 과제 2.3 '체육'의 외재적 목적에 대한 긍정적이고 부정적 측면
>
> 다음 절을 읽기 전, 교육에서 체육 역할에 중심을 두고 외재적 목적을 취하는 경우, 체육에 대한 강점, 약점, 기회, 위협을 확인하면서 SWOT 분석표를 완성해보자. (이 표는 다음 동반 웹사이트에서도 활용 가능: www.routledge.com/cw/capel). 자신이 채워 넣은 항목을 다른 예비교사들과 토론해보자. 이러한 내용을 전문성 개발 포트폴리오(PDP)에 정리해보자.

'체육'의 외재적 목적	
강점(Strengths)	약점(Weakness)
기회(Opportunities)	위협(Threats)

○ 교육에서 '체육'의 역할에 중심을 두는 '외재적' 목적

'체육'이 보다 폭넓은 교육의 목적에 공헌할 수 있으며 그래야 한다는 것은 의심의 여지가 없고, 이러한 열망을 다룰만한 강점 strengths 과 기회 opportunities 도 있을 것이다. 그러나 이러한 목적들 중 어디든 존재하는 약점 Weakness 과 위협 Threats 도 교육과정에서 체육이 위치를 점하는 기반이 되는 '존재 이유' raison d'etre 가 된다. 예컨대, 한 가지 중요한 약점으로 체육이 사회적 교육, 인지적 발달, 독립성 육성 등에 실질적 기여를 하고 있다는 것을 증명하는 것은 사실상 거의 불가능하다는 점을 들 수 있다. 이 점과 관련한 효과성에 대한 증거를 보여주어야 하다면, 이를 제공하려고 심리적 압박을 받게 될 것이다. 지나치게 포괄적 목적에 초점을 두고 있는 '체육'의 위협은 두 부분으로 설명된다. 첫째, 체육은 단순히 이러한 목적들에만 공헌하는 교과가 아니고, 이러한 목적들의 성취가 체육의 공헌에 달려 있는 것도 아니다. 둘째, 이러한 목적을 따른다고 체육이 교육에서 고유한 공헌을 한다고 인정받는 것이 아니다. 이러한 논의들은 어쩌면 귀중한 시수가 할애되는 학교교육과정의 일부로 '체육'이 굳이 존재해야 하는지 반문하는 위험한 관점까지 수반할 수 있다.

○ 체육이 교육에 기여하는 고유성을 강조하는 '내재적' 목적

이 장에서 의도하는 것 중 하나는 교사가 체육에 대한 목적에 관한 자신의 관점을 실현하기 시작하도록 돕는 것이다. 선택의 폭은 분명히 넓어지고 이는 교사의 과제를 도전적으로 만들 수 있다.

[과제 2.2]를 수행하고 내재적 목적을 확인하면, 아마도 〈표 2.1〉에서 언급된 1, 4, 5, 11, 20, 21, 29번을 포함할 것이고, 국가수준 체육과 교육과정 목록에서는 a, b, c, f, g, h를 포함할 것이다. 이것들은 '체육'의 특유한 속성들로 이해된다.

보다 폭넓은 교육 목적에 주로 초점을 둔 체육과 결부된 문제들을 고려할 때, 체육의 내재적 목적을 확인하고 지향하는 것은 명백한 이점이 있다. 이러한 것들은 그 교과에 특별하며 다른 교육과정 영역에서는 거의 다뤄지지 않는다. 다음 [과제 2.4]를 완성해보자.

> **과제 2.4 교과 영역 '체육'의 내재적 목적**
>
> 과제 2.2에서 확인한 목적들이 체육의 내재적인 것에 속하는지, 또는 다른 교과 영역에서 실현될 수 있을 것인지에 대하여 비판적으로 숙고해보자. 자신의 생각을 다른 예비교사들과 토론해보자. 이러한 내용을 전문성 개발 포트폴리오(PDP)에 정리해보자.

〈표 2.2〉 체육의 외재적 목적, 목적을 실현시키기 위한 교수법, 목적이 최상으로 성취될 수 있는 신체 활동의 특별한 형태

국가수준 체육과 교육과정에서의 외재적 목적 (DfE, 2014c)	목적 실현을 위한 교수방법	최상 성취 가능 활동 형태
c) 인격 형성 (예: 독립심, 자존감, 인내심, 진취성)	- 학습자에게 책임감 이양 - 응용, 투지, 진취성의 기대에 관한 높은 표준 설정	모든 활동
d) 공정성, 존중과 같은 가치 제시	- 무엇이 옳고 그른지를 다루는 민감한 교사 - 학습자 간 상호 존중 발달	특히 경쟁적 상황에서, 규칙으로 통제되는 어떠한 활동이든 연계 가능
표 2.1에서의 외재적 목적		
6. 창의성 및 독창성	- 학습 발견, 문제 해결	무용, 체조와 같이 연속적 동작으로 되어있는 활동, 경기 전략, 야외에서 가능한 도전들
12. 환경 존중	- 토론, 반성	야외에서 가능한 도전들
13. '경쟁' 다루기	- 학습자 간 상호 존중에 대한 보고받기 (debrief) 및 발달시키기	어떠한 경쟁적 활동이든 가능
14. 협동 학습	- 학습은 학습자 그룹에 위임	모든 활동
15. 사회적, 도덕적 기량	- 무엇이 옳고 그른지를 다루는 민감한 교사 - 학습자 간 상호 존중 발달	규칙으로 통제되는 어떠한 활동과도 연계 가능
22. 독립심	- 학습자가 자기 목표를 설정하기 위한 구조, 격려, 지원을 제공하며 진척 판단 - 학습자가 무엇을 어떻게 배웠는지에 관한 발언 기회 제공	
23. 인내심	- 어려운 과업에 대한 교사의 기대와 인지 및 현재 다루고 있는 문제에 대한 적용	모든 활동
26. 안전에 대한 경각	- 안전한 환경 구성에 대한 교사 본보기 및 학습자 참여	대부분의 활동
29. 심미적 민감성	- 논쟁과 반성을 위하여 교사가 선정한 미적 감상에 대한 기회 제공	특히 무용, 체조, 수중 발레
31. 인지적 발달	- 토론과 논쟁을 병행한 이해 영역 소개	대부분의 활동

체육의 딜레마

보다 폭넓은 교육적 목적을 고취시키는 긍정적이고 부정적인 측면들, 넓고 균형 잡힌 교육과정에 공헌하는 체육의 특유한 속성을 보호할 필요성은 체육을 전공하는 교사들에게 도전적 딜레마를 시사한다. 체육이 왜 그렇게 광범위한 목적들을 실현시키기 위하여 잠재력을 가진

것으로 옹호되어 왔는지 돌아보는 것도 충분한 가치가 있다. 다음 [과제 2.5]를 통해 왜 그럴 수 있는지를 스스로 숙고해보자.

> **과제 2.5 '체육'의 다양한 목적들**
>
> 왜 체육에는 공헌할 수 있는 목적들이 그렇게 많은 것인지 비판적으로 숙고해보자. 이러한 상황과 연관된 이익과 문제에는 어떠한 것들이 있을까? 자신의 생각을 지도교사와 함께 토론해보고, 이러한 내용을 마스터 수준의 작업의 증거로 전문성 개발 포트폴리오(PDP)에 정리해보자.

어떠한 문제를 해결하는 한 가지 방법은 한 발짝 뒤로 물러나 스스로에게 자문해 보는 것이다. 무엇이 학교 체육 교사들에게 종합적 목적의식이 되는가? 교육 전반의 목적들을 조성하는 것과 더불어 한 가지 가능한 대답은, 우리의 사명은 학생들이 학교 밖에서나 학창 시절 이후에도 신체활동에 계속하여 참여하도록 영감을 불어넣는 것이다. 그러므로 체육 교사의 교육 목적은 반드시 모든 학생들이 동기, 자신감, 신체적 유능성, 지식 및 움직임과 건강/체력 원리에 대한 이해를 마치고 학교를 졸업하도록 하는 것, 삶에서 신체활동을 유지하기 위한 책임을 가치 있게 여기고 그렇게 하도록 만드는 것이다. 사실상 이 목적은 피지컬 리터러시의 정의이며, 세계적으로 '체육'의 실행 가능한 하나의 목적으로 이해되기도 한다(Almond and Whitehead, 2012a). 이것이 바로 지금 다루게 될 '피지컬 리터러시'이다.

피지컬 리터러시 Physical Literacy 3)

'피지컬 리터러시'는 누구든 관련되어 있고 어떠한 신체적 재능이든 모두 포함하는, 출생부터 죽음까지 전 생애에 걸쳐 있는 개념이다. 이것은 많은 사람들이 전 생애에서 신체활동 참여를 체육에 대한 근원적 목적이자 근거로 믿고 있다는 것을 확인시켜 준다. 피지컬 리터

---

3) '리터러시'는 상식적 수준에서 문자화된 기록물을 통해 지식과 정보를 획득하고 이해할 수 있는 능력인 '문해력(또는 해독력)'으로 알려져 있지만, 최근에는 '변화하는 사회에서의 적응 및 대처하는 능력'으로 확장되고 있으며 제4차 산업혁명 시대에 들어서 디지털 리터러시, 미디어 리터러시, 네트워크 리터러시 등 다양한 리터러시 영역이 강조되고 있다. Whitehead의 '피지컬 리터러시'는 체육의 본질적 가치를 보다 강조하고, 인간의 전 생애에 걸친 평생교육의 관점에서 볼 때 체육의 정당성을 더욱 견고히 할 수 있다. 다시 말해서, '리터러시'는 '역량'을 뛰어넘어 보다 포괄적이고 총체적인 인간의 능력을 의미하는 것으로 해석할 수 있다. 이 책에서 저자의 구체적인 '리터러시', 학습자 중심의 교수 방향에 대한 구체적 내용은 11장에서 제시된다. 한편, Standal(2015)이 언급한 '무브먼트 리터러시'는 변화하는 환경과 그에 대한 대응을 강조한다는 점에서 현 시대에 상응하는 개념으로 간주되며, 국내에서는 최의창(2018)이 '스포츠 리터러시'를 '스포츠를 향유하는 역량'이자 '게임과 문화로서의 스포츠를 온전하게 습득한 사람이 총체적으로 가지게 되는 종합적인 운동 소양'으로 정의한 바 있다.

러시는 한 번에 성취되어 그 이후에 유지되는 어떤 상태를 의미하지는 않는다. 오히려, 모든 개인이 각자 다른 여행길에 오르면 일정과 과정이 다르듯이, 자신만의 긴 '피지컬 리터러시 여정' physical literacy journey 을 갖게 되는 것이다. '체육'은 분명하게 이러한 그들의 모든 여정을 개인에 맞추어 진척시키는 역할을 한다(피지컬 리터러시에 대한 더 많은 정보는 Whitehead(2010) 참고).

이 개념은 지금까지 수용되어 온 많은 내재적 목적들을 각자의 방식대로 압축한다. 〈표 2.3〉을 공부하는 것은 어떻게 피지컬 리터러시를 고취시키는 것이 국가수준의 교육과정에서 보여주는 본질적 목적의 범위 및 〈표 2.1〉에 나오는 교사들의 관점을 충분히 포함할 수 있을 것인지를 보여준다는 점에서 유용하다. 그러나 그것은 성취하기를 바라는 것에 대해서 명백히 설명하고 있다. 그 개념 표현은 동기나 자신감에 우선권을 부여한다는 점에서 중요하다. 체육교사가 신체적 유능성을 고취하는 것은 효과적으로 해왔는데, 학생이 생활양식의 부분으로 신체활동을 선택하도록 동기를 부여하는 일에는 덜 성공적이라는 견해가 있다. 체육 전공자들에게 있어서 체육 특유의 목적이란 바로 '평생 동안에 걸친 신체활동 기반의 제공'이다.

교육과정에서 체육의 정당성

체육 교육 분야에서는 교육과정상 교과로서의 위치를 뒷받침해주는 외재적 목적을 강조할 준비는 지금까지 잘 해왔다. 이와 관련된 한 가지 명분은, 너무 많은 신체활동이, 그리고 이로 인하여 '체육'은 신체적 잠재성 그 자체를 개발시키는 존재로서의 가치는 경시된 채 상대적으로 덜 중요한 교과로 간주되어 왔다는 점이다.

탄탄한 철학적 법칙에 근거하는 개념으로서의 피지컬 리터러시는, 이미 알고 있는 바와 같이 삶에서 구체적 차원의 중요한 역할을 표면화시킨다. 이 개념은 교육과정에서 체육이 포함되어야 하는 탄탄한 정당성을 제공할 수 있다(Almond and Whitehead, 2012b). 체육이 학교교육에서 학문적 교과들의 하나로 이해되도록 옹호하는 의견을 피력하려고 주조된 용어가 아니라, 학생에게 폭넓고 균형 잡힌 교육과정을 제공하는 교과 영역의 중요한 자리매김을 강조한다. 달리 말하자면, 피지컬 리터러시 개념이 '체육' 교육의 타당성을 부여해주는 잠재성을 가진다는 의미이다. 체육의 고유한 특성이 교육과정상 학교교육에 분명히 공헌하는 점을 분명하게 해줄 수 있는, 체육의 위치를 유지할 수 있다는 점은 말할 것도 없다. [과제 2.6]은 피지컬 리터러시 배후의 근본적인 철학을 소개하고 교육과정상 체육을 지지하는 일부 논의들을 제공하기 위해 설계되었다.

> **과제 2.6 피지컬 리터러시의 정당성과 가치**
>
> Capel and Whitehead(2013)가 쓴 저서의 2장을 읽어보면, 피지컬 리터러시의 정당성과 가치를 피력하고 있다. 이 장에서 제안하는 내용을 비판적으로 평가하는 2,000 단어 정도의 에세이를 써보자. 이 에세이를 마스터 수준의 작업의 증거로 전문성 개발 포트폴리오(PDP)에 정리해보자.

〈표 2.3〉 국가수준 체육과 교육과정에서의 본질적 목적, 목적과 신체적 리터러시와의 관계, 〈표 2.1〉에 대한 교사의 관점

국가수준에 제시된 의도적 목적의식과 목적(DfE, 2014c)	피지컬 리터러시 관련 요소들	표 2.1과 관련된 항목들
• 자신감과 더불어 운동, 스포츠, 학교 밖의 신체활동에 몰두할 만한 흥미를 발달시키기	동기와 자신감	- 자긍심과 자신감 발달
• 유능하고 자신감 있고 숙련된 테크닉과 그것을 다른 스포츠나 모든 신체활동에 걸쳐 적용하기 • 경쟁적 스포츠와 신체적으로 큰 노력이 필요한 활동을 성공적이며 탁월하게 수행하기	신체적 유능성	- 운동 기능 향상 - 신체적 발육발달 고취 - 학습자에게 폭넓은 신체활동 소개
• 무엇이 수행을 효과적으로 만드는지, 어떻게 이러한 원리들을 다른 자신 또는 타인 과제에 적용할 것인지 이해하기	움직임에 대한 지식과 이해	- 움직임의 문화적 형태에 대한 지식과 이해 고취 - 학습자의 경쟁적이고 협동적 신체활동 참여 도모
• 신체활동이 주는 장기적 건강에 대한 이점을 이해하고 적용하기 • 건강과 체력을 지원하는 방식으로, 신체적으로도 자신감을 가지기	건강과 체력에 대한 지식과 이해	- 건강 및 체력 촉진, 질환에 걸리지 않고, 특히 심혈관계 건강 유의 - 관절의 유연성과 근력 촉진 - 학습자들의 스트레스 예방을 위한 신체활동 역할 가르치기
• 자신감과 더불어 운동, 스포츠, 학교 밖의 신체활동에 몰두할 만한 흥미 발달 시키기	책임에 대한 가치화, 책임지기	- 학습자들의 학창시절 이후의 신체활동 지속
• 자신감과 더불어 운동, 스포츠, 학교 밖의 신체활동과 노후에 몰두할 만한 흥미를 발달시키기	평생 참여	- 학습자들의 학창시절 이후의 신체활동 지속

○ 체육의 근본적인 목적으로서의 피지컬 리터러시 함의

체육의 근본적인 목적으로 피지컬 리터러시를 수용하는 것은 학교에서 체육이 수행되는 방식에 대한 다양한 함의를 가진다. 이러한 함의들은 교사와 학습자간의 민감한 상호작용, 적당하게 차별화된 교육, 신중하게 선정된 내용과 관련된다. 그밖에, 평가 전략은 상대평가(규준지향)보다 오히려 절대평가(준거지향)에 근거한 개별화된 학습자 중심으로 지향할 필요가 있다(9장 참고).

교사와 학습자간의 상호작용 및 교육학에 관해서, 교사는 열정적이며 학급의 모든 학생들을 고무시키고, 학생은 진도를 나가고 다음 수업을 기대하는 느낌으로 수업을 마치는 것이 중요하다. 교사는 각각의 학습자들을 개별화된 존재로 이해하며 낙관적이고 공감적인 접근으로 대해야 한다. 교수법은 개별 학생에게 적합하게 준비된 과제를 통해 차별화되어야 한다. 적절하다는 것은, 교사가 학생이 스스로 목표를 설정하도록 참여할 기회를 제공해야 한다는 것이다.

무엇보다도, 신체활동에서의 경험은 잠재성 여부와 상관없이 모든 학습자들에게 참여 동기와 자신감 발달을 조성해 줄 필요가 있다. [과제 2.6]을 보면 이 분야에서 더 읽어야 할 문헌을 알 수 있고, 이러한 함의들을 더 알아보기 위해 학습 동기에 관한 7장, 학습자 중심의 교수법을 다루는 11장도 도움이 된다.

내용과 관련해서는 개별적, 협동적, 경쟁적 신체활동에서의 의미 있는 경험의 맥락에서 움직임 기술 movement skills 을 발달시키는 것이 중요하다. 모든 학생들이 모험적, 심미적, 표현적, 경쟁적, 체력과 건강이나 육상과 관련되는 등 매우 다양한 움직임 형식에 대한 깨달음을 주는 경험들을 하는 것이 중요하다. [과제 2.7]은 이러한 주제에 대하여 추가로 참고할 만한 도서목록을 제공한다.

[과제 2.7, 2.8]은 보다 세심한 함의를 제공할 뿐 아니라, 실행에 옮긴다고 할 때 얼마나 실현 가능성이 있는지 돌아볼 기회도 제공하도록 설계되었다.

과제 2.7 피지컬 리터러시를 수용하는 교육적 함의

체육의 기본 목적으로서의 피지컬 리터러시를 수용하는 교육학적 함의와 관련된 아래 글들을 읽고 비판적으로 논의하자.

Almond, L. with Whitehead, M.E.(2012c). 'Translating physical literacy into practice for all teacher', *Physical Education Matters*, 7, 3, Autumn: 67-70.
Whitehead, M.E. with Almond, L.(2013). 'Creating learning experiences to foster physical literacy', *Physical Education Matters*, 8, 1, Spring: 24-27.

체육 교사가 이러한 교수법 접근을 수용하는 것이 얼마나 실현 가능한지에 대해 숙고해보자. 이러한 기록을 마스터 수준의 작업의 증거로 전문성 개발 포트폴리오(PDP)에 정리하자.

> **과제 2.8 피지컬 리터러시를 수용하는 내용 함의**
>
> 체육의 기본 목적으로서의 피지컬 리터러시를 수용하는 내용의 함의와 관련된 아래 해당 장들을 읽고 비판적으로 논의하자.
>
> Capel, S. and Whitehead, M. (eds) (2013). Debate in Physical Education, Abingdon, Oxon: Routledge, Chapter 3, pp. 37-52.
> Whitehead, M.E. (eds) (2013). Physical Literacy Throughout the Lifecourse, Abingdon, Oxon: Routledge, Chapter 15, pp. 181-188.
>
> 체육 교사가 이러한 교수법 접근을 수용하는 것이 얼마나 실현 가능한지에 대해 숙고해보자. 이러한 기록을 마스터 수준의 작업의 증거로 전문성 개발 포트폴리오(PDP)에 정리하자.

요약과 핵심

교육과 학교교육의 목적, 보다 구체적으로 말하면 교사가 일하는 현장실습학교에서 활용되는 교육과정에서 '체육'을 포함한 교과의 목적은 교사가 성취하는 것을 목표로 하는 것에 대한 지침을 제공한다. 이 장에서는 체육 목적의 범위를 소개하고 있으며, 두 가지의 서로 다른 유형의 목적(체육 특유의 목적, 보다 광범위하게 교육과정에 있는 다른 교과들과 공유되는 목적)을 설명하였다.

현장실습학교에서 활용되는 체육 교육과정의 목적은, 적절한 내용과 교수 접근에 대한 선정은 물론이고, 단원수준의 목표 및 수업수준의 의도된 학습결과에 대한 교사의 결정을 안내할 수 있어야 한다. 초임 체육 교사 발달 시기에 수업에서 포함시켜야 할 중요한 의도된 학습결과들은 체육을 특유하게 만들어주는 것이어야 한다. 이 단계에서 신체 기능 숙달 및 신체활동의 효과적 참여를 확인하는 목적은 계획, 교수, 평가에 대한 주안점을 제공한다. 교과 특유의 의도된 학습 결과를 성취하는데 초점을 두고 있는 단원 계획 및 수업 계획에 대한 도전을 통달하며, 경험과 자신감을 갖게 되기 때문에, 교육에 대한 광범위한 일부 목적들을 처음으로 언급할 수 있다. 위에서 설명된 바와 같이 이러한 광범위한 목적들을 성취하는 것은 교사가 어떻게 가르치느냐와 학생들을 학습에 어떻게 참여시키느냐에 상당 부분 달려있다.

이 장에서는 체육의 기본 목표로서의 피지컬 리터러시의 개념도 중요하게 다루었다. 이 장 앞부분에서 언급된 바와 같이, 체육 대부분의 목적을 포괄하고 있는 이 개념은 일생에 걸쳐 신체활동을 지속하는 인지된 중요성과 가치 및 우리가 길러낼 필요가 있는 신체활동 맥락에서의 동기, 자신감, 신체적 유능성, 지식, 이해를 일생 동안참여하도록 달성하려는 관점으로부터 비롯된다. 피지컬 리터러시를 체육의 목적으로 채택하는 것의 함의는 그 때 언급되었다. 이 장에서 예비교사들이 기본 교수 기능을 숙달해 왔고, 체육의 목적 및 우리가 하는 일의 근본 목적으로서의 피지컬 리터러시를 채택하는 함의를 반성할 수 있을 때, 각자의 예비교사교육과정에서의 다른 주안점을 가지고 이 장으로 돌아와 자신의 예비교사교육의 목적에 상응하는 방향으로 상세하게 그 목적을 숙고하기를 제안한다.

이 장에 지속적으로 언급한 예비교사교육에 대한 필수 요건은 무엇인지 확인해보자.

―――― / 추가 읽기 자료 / ――――

Bailey, R., Amour, K., Kirk, D., Jess, M.,Pickup, I. and Sanford, R. (British Educational Research Association (BERA) Physical Education and Sport Pedagogy Special Interest Group) (2008) The educational benefits claimed for physical education and school sport: an academic review, *Research Papers in Education*, 24, 1, March: 1-27.
상세하기 기술된 이 논문은 특히 신체적, 정의적, 사회적, 인지적 측면과 관련된 체육의 이점의 측면에서 연구를 조명한다. 아래에 있는 글은 동일 주제에 대한 짧은 버전의 글이다.

Bailey, R. (2006) Physical Education and Sport in schools: a review of benefits and outcomes, *Journal of School Health*, 76, 8: 397-401.
이 글은 학교에서 체육이나 스포츠 공헌 및 이점에 대해 지금까지 수집되어 온 과학적 증거들을 분석한다.

Capel, S. and Breckon, P. (2014) *A Practical Guide to Teaching Physical Education in the Secondary School*, 2nd edn, Abingdon, Oxon: Routledge.
이 책에는 '체육의 본질' 및 '목적과 목표가 어떻게 교수에 영향을 미치는가?'와 같은 유용한 장들이 있다.

Capel, S. and Whitehead, M.E.(eds) (2013) *Debates in Physical Education*, Abingdon, Oxon: Routledge.
이 광범위한 책은 체육의 목적을 둘러싼 이슈에 대한 논쟁을 포함하고 있고, 특히 2~4장은 체육의 목적과 피지컬 리터러시 개념과 관련되어 있다.

Whitehead, M.E.(ed.) (2010) *Physical Literacy Throughout the Lifecourse*, Abingdon, Oxon: Routledge.
이 책은 피지컬 리터러시의 배경 및 적용 내용을 제시한다. 웹사이트(www.physical-literacy.org.uk)에서 더 많은 정보와 논문이 제공된다.

이 장에 대한 추가적인 정보는 동반 웹사이트(www.routledge.com/cw/capel)에서 활용 가능하다.

효과적인 교수·학습을 위한 수업 계획과 평가

How planning and evaluation support effective learning and teaching

Jackie Arthur and Susan Capel

소개

효과적인 교수의 핵심은 학생의 학습을 촉진하기 위한 치밀한 수업 계획에 있다. Benjamin Franklin은 계획의 중요성을 다음과 같이 강조했다. "계획을 하지 않는다는 것은 결국 실패를 계획하는 것이다." 가장 먼저 효과적인 지도를 위한 계획의 중요성에 대해 살펴보고자 한다.

다음으로는 장기간, 중기간, 단기간 수업 계획 간의 관계를 다룬다. 각 차시의 수업 계획 lesson plans (단기 수업계획)은 단원계획 units of work (중기 수업계획) 안에서 계획되어야 하지만, 실제 학교현장에 처음 배정 받았을 땐 당장 수행할 수업계획을 마련하고 그에 따라 단원계획에 적합한 일련의 준비를 하는 경우가 일반적이다. 따라서 이번 장에서는 각 차시별 수업계획에 대해 살펴보고, 이후 수업 계획안을 어떻게 학생의 학습에 유익하도록 단원계획 범위에 적합하게 구성할지에 대해 논의하고자 한다. 각 단원계획에 적합한 수업 지도안을 구상하는 것은 학생의 학습 증진을 보장할 수 있는 기술로서 이에 대해 먼저 학습한 후 실전에서 연습해야 한다. 여느 기술들처럼, 더 많이 연습하고, 피드백을 받으며, 상황에 맞게 수정하고 조정해나갈 수록 자신감을 키울 수 있을 것이다. 그러므로 실제 학교현장에서 차시별 수업이나 단원계획을 많이 작성해보는 것은 매우 중요하다.

학생들의 학습 기회를 최대화하기 위해, 각 차시 수업, 단원계획이 장기 계획에 적합하게 구성되어야 한다는 점을 주지해야 한다. 그리고 그 계획안들이 학교수준 체육과 교육과정과 적합한지도 확인해야 한다. 학교 현장에서 학교수준 체육과 교육과정 상의 목표를 설정할 일은 많지 않겠지만, 학교나 학년 단위 교육과정과 전체 부서의 계획이 어떻게 설계되는지를 이해하는 것은 매우 중요하다. 본 장 마지막에는 학교수준 체육과 교육과정이 주기적으로 반복되는 전체적인 계획 수립에 도움이 되도록 살펴보고자 한다.

본 장을 통해 아래와 같은 내용을 이해하고 적용할 수 있어야 한다.

- 장기, 중기, 단기 계획 간의 관계를 이해한다.
- 학교 맥락에서 효과적인 수업 계획의 기본 원칙과 구성요소를 이해한다.
- 포괄적으로 의도된 학습결과(ILO)를 설계할 수 있다.
- 수업 계획은 학생의 요구를 정확히 파악했을 때 가장 효과적이라는 점을 파악한다.
- 평가 과정에서 성찰의 중요성을 이해하고 직접 경험한다. 학생들에게 의도된 학습결과 성취를 위한 도전적인 학습 경험을 제공하고, 이를 평가함으로써 자신감을 기른다.
- 단기, 중기, 장기 계획이 어떻게 학습의 기회를 제공하는지를 이해할 수 있다.
- 초임교사교육의 교육과정을 확인하여 이번 장과 어떠한 관계가 있는지 살펴보자.

계획의 중요성

기간(단기, 중기, 장기)에 맞는 계획을 짜는 것은 학습의 올바른 방향성을 제시한다는 측면에서 매우 중요하다. 계획은 정부에서 고시한 국가교육과정(예: 잉글랜드 체육과 교육과정 NCPE: National Curriculum for Physical Education) 토대로 이루어져야 하지만, 단위 학교에서 목표하고 있는 바에 적합하도록 새롭게 교육과정이나 프로그램을 구성할 수 있다. 학교수준 체육과 교육과정은 일정 학년 혹은 학교급에 해당하는 교육과정 내용을 포함하고 있다(예를 들면 중학교, 고등학교 3년 단위 교육과정이나 각 학년의 교육과정). 단원계획은 교육과정에 포함된 내용을 학생들이 학습하기 쉽도록 나눠서 구성된다. 단원계획은 수업 기간에 따라 한 학기 전체일 수도 있고 2~3주 내외일 수도 있다. 세부적인 학습 내용은 각 수업에 따라 계획된다.

계획이 효과적이었는가는 학생 발달을 위한 일련의 계획이 정해진 시간 동안 얼마나 진전이 있었는지, 즉 학생 성장이 이루어졌는지에 달려 있다. 성장은 '국가수준 교육과정과 학교수준 체육과 교육과정을 토대로 학생들이 이전에 습득한 지식, 기술, 이해와 학습 태도를 더 쌓아갈 수 있도록 하는 것'으로 볼 수 있다(Department of Education and Science(DES). 성장을 위한 계획을 수립하는 교사는 학생들의 사전 학습 수준을 적절히 파악해야 하며, 가르치는 데 있어 무엇이 필요한지 숙지하고 있어야 한다. 단원계획이나 학교수준 체육과 교육과정은 이전의 학습을 토대로 배움이 이어지는 학습의 연속성을 내포한다. 학습의 연속성이라는 것은 '학생들이 한 단계에서 다른 단계로 넘어가면서 경험하게 되는 교육과정의 본질'로 정의된다(DES, 1990:13).

계획은 교사는 물론 예비교사에게도 중요하다. 계획은 학생들의 학습을 증진시킬 수 있도록 생각을 정리하여 수업시간을 가장 효과적으로 활용할 수 있도록 도와준다. 이와 같은 계획이 없다면 교육과정 일부가 누락되거나, 혹은 학생 성장을 위한 좋은 프로그램을 제공할 수 없을 것이다. 계획은 학습의 등대이다. 자신이 어디로 가는지 명확히 알지 못하면 원하는 곳에 결코 도착할 수 없을 것이다.

단기, 중기, 장기 계획의 관계

학교에서 학생의 학습을 위한 계획은 학습 의도에 따라 단기, 중기, 장기 계획으로 나누어진다. 본 장에서(그리고 본서에서)는 다음과 같은 용어를 사용한다. 이 용어가 자신의 예비교사 교육기관 ITE 에서 사용하는 용어와 다를 수 있으므로 확인해볼 필요가 있다.

장기 계획은 학교수준 체육과 교육과정이라고 한다. 이는 보통 포괄적인 성향을 가지고 있으며 주로 국가수준의 교육과정에 근거한다. 각 부서는(예: 학년부, 체육부, 생활지도부 등) 일정 기간의 활동을 계획한다. 잉글랜드에서의 학교수준 체육과 교육과정은 주로 국가교육과정에서 명시한 각각의 핵심 단계 Key Stage 에 맞게 계획된다. 예를 들어, 5~7세 KS1, 7~11세 KS2, 11~14세 KS3, 14~19세 KS4, 그리고 별도의 7~9학년과 같은 특별 학년체계도 존재한다.[1] 학교수준 체육과 교육과정은 전체적인 수준에서 폭넓고 다채로운 학습경험을 포함하고 있다.

목적 aims 은 전체 방향을 제시하며 보편적인 학습의도와도 관련이 있다. 영국은 체육교과의 목표를 국가교육과정인 NCPE에 구체적으로 명시하고 있다.[2] 학교수준 체육과 교육과정은 국가교육과정의 목적에 근거하여 더 구체적인 목적을 설정하고, 단원계획의 목표 objectives 는 학교수준 체육과 교육과정을 바탕으로 마련한다. 단원계획은 학교수준 체육과 교육과정의 맥락 속에서 형성되는 것이다.

중기 계획은 단원계획이라고도 한다. 단원계획은 중등 교육과정 내에서 더 개괄적인 계획안으로 재구성된다. 이는 한 학기, 또는 반 학기처럼 일정 기간 동안 이루어지는 것을 말한다. 보통 부서 수준에서 대략적인 안을 구성하지만, 특정 수업에 적합하도록 수정될 수 있다. 단원계획은 학교수준 체육과 교육과정의 목표를 성취할 수 있는 요소를 구성하며, 교사들이 개별 학생들을 위해 적절히 수정할 수 있는 유연성을 지니고 있다.

---

1) 한국의 경우 3세~5세 누리과정, 초1~2 통합교육과정, 초3~중3 기본교육과정, 고1~3 선택중심교육과정으로 구성되어 있다.
2) 한국의 경우 체육과 교육과정 중 체육교과 성격 항목에 목적을 제시하고 있음.

목적과 의도를 구체화하여 제시한 것이 목표 objectives 라 볼 수 있다. 각 단원계획은 수업에서 의도된 학습결과를 안내하는 일종의 디딤돌 역할을 하는 구체적 목표를 가지고 있다. 이런 목표가 모였을 때 학교수준 체육과 교육과정의 목적을 달성할 수 있다.

가르치는 수업 하나를 위해 준비하는 구체적인 계획을 수업계획 lesson plans 이라고 한다. 수업은 학교 교육과정 계획에 따라 시간이 달라질 수 있다(보통 수업은 60분 혹은 90분 정도 된다).3) 동일 학년을 위한 같은 단원계획 안의 수업계획이라도, 각 학생들의 필요성에 따라, 학업 성취도에 따라, 그리고 단원계획의 목표에 따라 수업 계획안은 달라질 수 있다.

목적은 학교수준 체육과 교육과정에서 의도한 결과물이고, 목표는 단원계획에서 의도한 결과물이지만, 이를 특정 수업계획에 직접 사용할 수는 없다. 의도된 학습결과만이 각 수업마다 학생들이 무엇을 성취해야 하는지를 알려준다. 교사가 직접 '운영할 수' 있는 부분은 의도된 학습결과이다. 이는 학생들이 얼마나 향상되었는지 확인하기 위해 구체적으로 측정할 수 있다는 점에 중점을 둔다.

〈그림 3.1〉은 학교수준 체육과 교육과정, 단원계획, 수업계획안의 관계를 보여준다. 이 그림은 KS3 학생들을 위한 3년 단위의 학교수준 체육과 교육과정이 어떻게 단원계획과 수업을 형성하는지 그 기본적인 과정을 보여주고 있다. 이제 [과제 3.1]을 작성해보자.

 과제 3.1 학습 프로그램 체계화

여러분 학교 현장의 학교수준 체육과 교육과정과 단원계획안 복사본을 마련해보자. 이것들을 분석한 다음, 다른 예비교사와 현장실습학교에서 체육 교육과정이 어떻게 체계화되어 있는지 소규모 모둠으로 나뉘어 논의해보자. 각 학교급 또는 학년을 위한 교육과정 설계의 다양한 접근법을 전문성 개발 포트폴리오(PDP)에 정리해보자. 이는 향후 체육과 교육과정을 설계할 경우 참고가 될 것이다.

---

3) 한국의 경우 초등 40분, 중학교 45분, 고등학교 50분임.

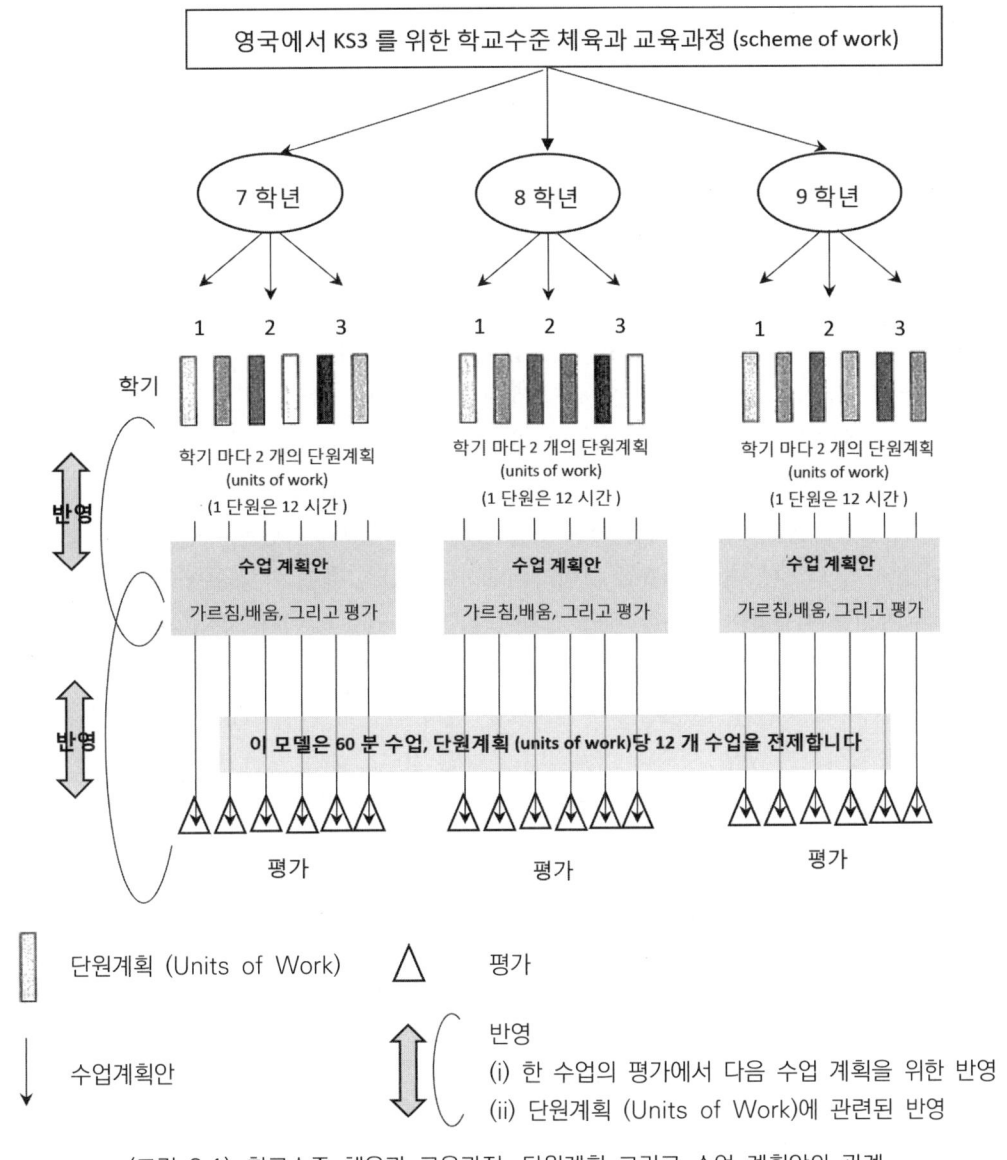

〈그림 3.1〉 학교수준 체육과 교육과정, 단원계획 그리고 수업 계획안의 관계

다음 장부터는 단기 계획, 즉 수업계획에 대해서 구체적으로 살펴보고자 한다. 단원계획에 포함되는 일련의 수업들을 계획하기 보다는 먼저 개별적인 각 차시 수업을 위한 계획을 짜는 기회가 더 많을 것이므로 수업 계획안에 대해 먼저 이야기하겠다. 무엇보다 가장 중요한 것은 각각의 수업 계획안이 독립된 한 차시임에도 일련의 계열성을 간과해서는 안 된다는 점을 명심해야 한다. 각 수업 계획안은 여러 수업의 일부분으로서, 모두 모였을 때 단원계획의 목표 달성을 가능하게 한다. 그러므로 수업 계획은 발전과 성장을 도모하면서도 그 과정에 주목해야 한다.

수업 계획

이 장에서는 수업 계획의 중요성, 수업 계획 전 반드시 알아야 할 필수사항, 의도된 학습 결과 설계, 계획에 있어 모든 학생을 만족시킬 수 있는 방법, 수업의 단계, 훌륭한 수업 계획안의 원칙, 계획안 작성 방법, 그리고 다음 차시 수업계획 방법에 대해 다루고자 한다.

○ 수업 계획의 중요성

철저히 준비된 수업 계획안은 학생들의 학습 성공을 도울 수 있는 첫 번째 조건이라 할 수 있다. Bailey and Nunan(1996:18)은 수업 계획안을 '교사가 수업에서 가고자 하는 목적지를 보여주는 지도'와 같다고 비유했다. 이러한 비유는 교사들이 지도를 매우 명료하고 정확하게 그려야만 모든 학생이 학습 여정을 완수할 수 있으며, 수업 시간에 학생들이 바라는 것을 배울 수 있다는 점을 의미한다(그리고 일련의 수업을 통해 단원계획과 관련된 내용도 배울 수 있다). 학생들이 교사가 의도한 대로 학습할 것이라는 보장은 없다. 다만 학생들이 끊임없이 배울 수 있는 많은 기회를 제공해야 훌륭한 수업 계획이라 할 수 있을 것이다. 수업 계획 시 학생들이 무엇을 필요로 하는지가 가장 중요하다는 점을 기억해야 한다. 그리고 교육적 요구를 가장 우선적으로 고려해야 한다. 활동이나 수업자료는 단지 학습이 일어나게 하는 수단일 뿐이다.

비록 경력 교사들이 수업 계획의 대략적인 윤곽만 잡음으로써 시간 소모를 줄이는 것처럼 보일 수도 있으나, 이제 막 교사를 시작하는 여러분은 수업 계획을 꼼꼼하게 준비하는 것이 중요하다. 다음을 참고해보자.

- 구체적으로 적절히 '의도된 학습결과' 설계하기
- 교수-학습 활동(과 확장활동) 선정하기, 중재(학생 관리) 전략 결정하기
- 수업의 내용과 학습 경험, 발달 과정 설계하기
- 수업 각 단계에게 적절한 수업 시간 할당하기

수업 계획을 세밀하고 구체적인 수준으로 준비했다고 해서 그에 얽매이지 않고, 필요에 따라 학생들의 반응에 맞춰 학습을 더욱 촉진할 수 있도록 수업 중에 유연성을 가질 필요가 있다. 각 차시 수업 전체와 세밀하게 계획된 활동에 학생들이 어떻게 반응하는지 지속적으로 관찰하고 그에 맞게 대응하는 것이 필요하다. Schön(1987)은 이를 수업 중 반성 reflection-in-action 이라고 정의했다. 수업 중 반성은 초기 학습 수준이나 학습 성취를 수업 중에 항상 확인할 수 있도록 하고(Vermette 등 2010), 의도된 학습 결과를 성취하는 것과 관련하여 예상치 못한 일이 일어나도 적절히 대응할 수 있도록 해준다.

○ 수업 계획 전 반드시 알아야 할 필수사항

일련의 수업을 구체적으로 계획하는 데 필요한 배경정보로는 학생에 관한 지식, 차시별 수업이 포함된 단원계획에 관한 지식, 그리고 시설과 장비에 관한 지식 등을 포함한다. 구체적인 예는 아래와 같다.

- 학교급, 구체적인 학년, 학급
- 학급의 학생 수
- 학급 내 학생 성별
- 수업 이전의 경험과 학습 수준
- 수업에서 계획하는 성취 범위
- 계획하고자 하는 수업이 포함된 단원계획
- 한 종목(영역)에 배당된 수업 시수
- 수업 시간
- 필요하거나 혹은 사용 가능한 시설 및 장비

위의 지식들은 특정 학생 혹은 특수한 목적을 위해 수업을 재구성하거나 단원계획의 목표를 달성하고자 할 때 필수적인 항목들이다. 시간과 장소(공간), 시설, 장비와 같은 요소는 언제나 유념해야 할 요소임을 기억해야 한다.

의도된 학습결과[ILO] 계획 방법

앞선 내용을 바탕으로, 다음은 단원계획의 목적 달성을 위하여 의도된 학습결과라는 작은 차시별 수업의 목표를 선정하는 과정에 대하여 살펴보자. 본 단계에서는 한 단원계획 내 일련의 수업을 위한 '의도된 학습 결과'들을 작성한다. 이후 수업에 참여하는 학생들의 특성을 고려하여, 어떠한 학습 결과가 실천하고자 하는 수업에 적절할지 선택한다. 의도된 학습결과에는 학생들이 수업시간에 무엇을 배우게 될지 명시되어야 한다. 의도된 학습 결과가 학습을 유발하기 위해서는 "이 수업이 끝날 무렵 학생들은 '무엇'을 할 수 있게 된다."와 같은 표현을 사용하는 것이 효과적일 것이다. 의도된 학습 결과를 계획할 때의 표현은 가급적 학생들의 잠재적인 학습 능력을 제한하는 부정적 표현보다는 학습증진을 자극할 수 있는 긍정적인 표현이 좋다. 또한 학습결과의 가늠을 위해 측정·관찰이 가능한 학습내용이 될 수 있도록 의도된 학습 결과는 매우 구체적이고 세밀하게 작성되어야 한다.

보통 의도된 학습 결과를 설정하는 방식으로는 활동적인 용어 사용, 예를 들어 수행, 이해, 창작, 또는 움직임 분석 능력과 연관된 단어들로 시작하는 것이 좋다. Bloom 등(1956)은 학습목적에 대해 명사화된 형태로 분류체계를 제시하였다. Bloom의 분류체계는 수업에서 의도된 학습 결과를 구체적으로 명시하는데 자주 사용된다. 명사화된 단어를 활용하는 Bloom과 그의 연구를 활용하는 교육자의 예시는 해당 웹사이트(http://www.routledge.com/cw/capel)에서 찾아 볼 수 있다.

- 의도된 학습 결과의 예시는 다음과 같다.
- 이 수업이 끝날 무렵 학생들은 다음을 할 수 있다.
- 배드민턴 오버헤드 샷을 구사할 때 정확한 타점에서 타구할 수 있다.
- 동료의 (움직임) 정확성을 분석하고 이를 경기상황 파악에 활용할 수 있다.
- 들어오고 나가는 것과 같이 움직임 방향이 격렬하게 변동되는 동작을 수행할 수 있다.
- 동료의 움직임을 분석하고 수행 수준을 향상시킬 수 있는 피드백을 제공한다.

다음 [과제 3.2]와 [과제 3.3]을 완성하라.

 과제 3.2 수업에서 의도된 학습 결과 관찰하기

경력이 많은 체육교사의 수업을 관찰하고, 참관한 수업의 의도된 학습 결과를 작성하자. 그리고 수업을 진행한 교사에게 다음을 확인하자.

- 해당 교사가 계획한 학습 결과가 본인이 발견했던 의도된 학습 결과와 동일한가?
- 의도된 학습 결과(본인이 발견한 것, 교사가 계획한 것 모두)는 수업 중에 달성되었는가?
- 본 차시 수업의 의도된 학습 결과는 단원계획의 목표와 어떻게 연계되는가?
- 완료한 과제는 다음에 여러분이 각자의 수업을 위해 의도된 학습 결과를 작성해야 할 때 도움이 되도록 여러분의 전문성 개발 포트폴리오(PDP)에 정리하자.

 과제 3.3 의도된 학습결과 효과적으로 작성하기

중학생을 대상으로 침범형 게임에 적합하게 의도된 학습 결과를 상세히 작성하자. 그 의도된 학습 결과를 여러분의 지도교사와 상의하고, 대부분의 학생들이 해당 학습 결과를 이해하고 성취할 수 있는 수업활동에는 어떤 것이 있을지 탐색해보자. 이러한 활동은 앞서 언급한 지식을 습득하고 작성요령을 익힐 수 있도록 도와줄 것이다.

이번 과제를 시행하는데 도움이 되도록 다음 사항에 유의하자.

- 의도된 학습 결과는 학생 중심적이었는가?
- 의도된 학습 결과는 측정 및 관찰이 가능한가?
- 목표 내용이 동작의 질적 수준을 파악할 수 있도록 표현되었는가?
- 많은 학생들이 의도된 학습 결과를 성취할 수 있는 수업 활동인가?(난이도 측면)
- 의도된 학습 결과는 단원계획의 목적을 반영하고 있는가?

앞으로의 교육 역량을 위해 위의 과제를 전문성 개발 포트폴리오(PDP)에 정리하자.

○ 계획 과정에서 모든 학생 만족시키기

수업 계획 시 학생들은 모두 각자의 수준에서 성공 경험이 이루어짐을 고려해야 한다. 수업 계획에서는 각자 다른 능력을 가진 학생들을 만족시키기 위해 각 학생들의 요구를 섬세하게 받아들여야 한다. 낮은 수준의 학생을 위한 대안적 과제는 어떻게 제공할지를 포함하여 다양한 학생을 충족시키기 위한 계획은 어떻게 구성할 것인지 고민해야 한다.

모든 학생을 만족시키기 위한 수업 계획에는 두 가지 방법이 있다. 하나는 학생들이 의도된 학습 결과를 더 많이 혹은 더 적게 성취할 수 있다는 사실에 미리 대비하는 것이다. 둘째는 준비하려는 과제의 특성과 관련이 있다. 과제들을 여러 가지 방법으로 다양하게 제공할 수 있다는 점이다. 차별화 전략에 관한 내용은 10장에서 자세히 다루도록 하겠다.

앞서 언급했듯 차별화의 첫 번째 방법은 학생들이 의도된 학습 결과를 더 많이 혹은 더 적게 성취할 수 있다는 사실에 관해 사전에 대비하는 것이다. 수업에 참여하는 학생들 대부분의 예상 성취도와 관련하여 의도된 학습 결과 수준을 예컨대 보통, 우수, 그 이하(미흡)와 같은 용어 사용과 함께 3개의 그룹으로 분류하는 것이다. 앞서 사용했던 의도된 학습 결과를 활용하여 학생들의 다양한 성취도에 따라 준비한 예문은 다음과 같다.

학습 결과(성공 기준)

대부분의 학생은, 의도된 결과(보통)를 성취한다면 다음을 할 수 있다.

- 배드민턴 오버헤드 샷을 구사할 때 정확한 타점에서 타구할 수 있다.
- 파트너의 정확성을 분석하고 이를 경기 상황을 이해하는 데에 활용할 수 있다.

기대 이상의 결과(우수)를 성취한 학생들은 다음을 할 수 있다.

- 오버헤드 샷을 수행할 때 일관적인 정확성과 강한 임팩트를 보여줄 수 있다.
- 경기상황에서 파트너의 샷 정확성을 어떻게 전략적으로 사용할 수 있을지 분석한다.

기대 이하(미흡)의 결과를 성취한 학생들은 다음을 할 수 있다.

- 오버헤드 샷을 수행할 때 정확하게 타구하도록 한다.
- 파트너가 특정한 샷을 할 때 이를 인식한다.

학생들의 학습 결과를 비교했을 때 수준별로 다양한 성취 결과가 나타나고, 그에 따라 다른 교육적 요구가 나타난다는 사실을 주지해야 한다. 이제 다음 [과제 3.4]를 해보자.

> **과제 3.4 차별화를 위한 계획**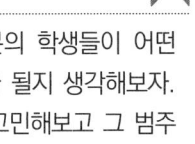
>
> 앞선 과제 3.3의 의도된 학습 결과를 보고 수업 상황을 예상했을 때, 대부분의 학생들이 어떤 결과를 가지게 될지, 우수 또는 그 이하(미흡)를 성취하게 되는 학생들은 얼마나 될지 생각해보자. 이런 다양한 결과를 설명하는 데 사용할 수 있는 표현(예. 우수, 보통, 미흡)을 고민해보고 그 범주를 작성해보자. 기대 이상의 결과를 성취한 학생들과 예상 이하의 결과를 보인 학생들의 차별화된 학습 결과를 예측하자. 각 학생들을 위해서 (수업전체, 그룹, 개인, 또는 2인1조로) 어떻게 다양한 활동을 준비할 수 있는지 지도교사와 상의해보자.
>
> 앞으로의 교육 역량을 위해 위의 과제를 전문성 개발 포트폴리오(PDP)에 정리하자.

차별화의 두 번째 방법은 〈그림 3.2〉에 묘사되어 있듯, 학습 결과, 지도(자극)와 과제, 과제와 결과, 수준별로 제시된 과제와 결과, 그리고 수업 자료와 결과에 따라 다양하게 차별화하는 것이다.

지금까지 수업 계획안을 작성할 때 무엇을 달성하려는지 알아야 한다는 점, 그리고 수업 내 모든 학생들의 수요를 충족할 수 있는 계획을 세워야 한다는 점에 대해 알아보았다. 일반적으로 수업 계획은 몇 가지 단계로 나뉜다.

- 결과에 따른 차별화: 모든 학생들이 동일한 과제를 하고 과제에 대한 반응 수준이나 결과의 질에 따라 차별화하는 방법

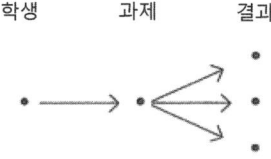

- 지도(or 자극)와 과제에 따른 차별화: 학생들의 능력에 맞는 교수와 과제를 준비하는 방법. 난이도나 활동의 양, 또는 주어진 지시의 양, 그리고 이 세 가지 요인의 조합에 따라서 차별화될 수 있음

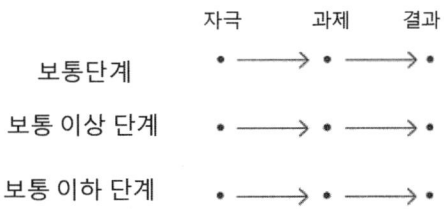

- 과제와 학습 결과에 따른 차별화: 학생들이 공통된 지도(자극)를 받고, 다양한 과제의 선택기회를 제공함으로써 결과가 다양해지는 방법

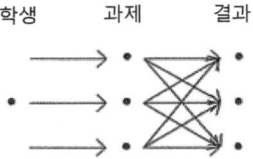

- 수준이 달리 제시된 과제와 결과에 따른 차별화: 학생들이 공통된 지도(자극)를 받고, 일련의 과제를 제시받아 다양한 범위의 결과를 낳을 수 있도록 하는 차별화 방법

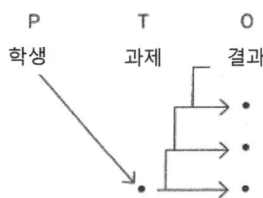

- 수업 자료와 결과에 따른 차별화: 학생들이 다양한 수업 자원들을 사용하여 공통된 과제이지만 결과가 다양해지는 방법

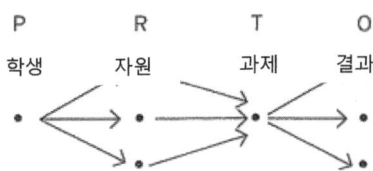

〈그림 3.2〉 수업 교재 차별화 방법(Davies, 1990 재인용)

○ 좋은 수업 계획의 원칙

학생들의 학습 기회를 최대화할 수 있는 수업 계획을 준비할 때 고려해야 할 몇 가지 핵심 원칙이 있다. 이는 다음과 같은 계획을 포함한다.

- 학생들의 학습 촉진을 위한 명료하고 상세한 '의도된 학습 결과' 설정하기(많은 예비교사들이 가장 어렵게 여기는 점)
- 자신만의 루틴을 완성시키고 이를 유지하기. 루틴은 명확한 기준을 제공하는 표지판 역할을 하여 교사와 수업에 대한 예상을 가능하게 하고, 학생들이 교사와 수업에 대해 협상 할 때 (예. 과제 활동 종류, 과제 이행 시간) 준거가 된다(6장 참고).
- 수업 내 적절한 균형 유지: 반복적 기술 연습 시간, 응용 및 적용 시간, 연습시간, 실제 활동(게임) 시간 등
- 일관성 있는 수업. 이는 순차적인 학습을 위해 학생들이 특정 활동에서 다음 활동으로 자연스럽게 넘어갈 수 있도록 도와준다.
- 성장을 위한 수업. 학생들의 이전 습득 경험을 바탕으로 도전적인 활동을 통해서 배움을 향상시키고, 동기를 부여하며 지식, 기술, 이해력을 발달시킬 수 있다.
- 학생들의 흥미와 동기를 자극하는 다양한 내용, 교수학습 활동, 확장/중재 전략과 평가
- 수업 중 학생들의 요구에 대응할 수 있는 다양한 교수방법을 받아들이는 유연성. John (2010: 68)은 '상호작용 구조에서의 교수활동에는 유연하면서도 실제적인 계획을 필요로 한다'고 설명하였다.
- 확장과 중재의 전략을 활용함으로써 더 잘하는 학생에게는 보다 다양한 활동을 제공하고 수업 활동 중 발생하게 되는 어려움은 줄여, 모든 학생들을 만족시키기(앞선 내용 및 10장 참고)
- 적절한 시간 활용. 면밀한 시간 배분은 학습 시간을 최대화하고 수업 각 단계를 효율적으로 진행했다는 확신을 갖게 하는 데 중요한 역할을 한다. 수업시간은 가르치는 각 수업별로 다를 수 있다. 가르치는 시설(혹은 교실)을 바꾸는 데 소요되는 시간, 거리 등도 시간 할당 시 고려되어야 한다(6장 참고).

○ 수업의 단계

수업의 단계는 다양할 수 있지만 대부분 체육 수업에서 진행되는 수업은 도입, 준비, 전개, 정리로 이루어지며, 수업 평가는 수업 중, 그리고 수업 후 이루어진다. 이와 같은 구조를 반드시 따라야 하는 것은 아니지만, 계획을 준비하는 초기에는 위 단계들이 수업 준비에 있어 유용할 것이다.

• 도입

수업 도입 단계 초기에 의도된 학습 결과와 성취 기준을 명확히 하는 것은 학생들이 수업 의도에 집중하고 수업 활동, 즉 그들의 학습에 더욱 관심을 갖도록 한다. 지난 수업의 학습 결과와 평가 결과를 연결시키는 것은 학습을 자극할 수 있으며, 수업 시작에서부터 더욱 의미 있는 차별화 전략이 될 것이다(Ofsted[4], 2013a). 학생들의 성취 수준에 적합한 기대 수준, 사전에 준비한 일련의 질문들은 학습 시간 내 효율성을 증대 시키는 데에 큰 역할을 할 것이다.

• 준비운동

준비운동은 학생들이 수업 중 신체활동을 위해 매 수업마다 하는 매우 중요한 부분이다. 준비운동은 학생들로 하여금 과제활동에 집중하도록 하고, 교사에게는 학생들을 관리하며 본 활동에 유연하게 몰입할 수 있도록 돕는다. 준비운동 중 제시되는 과제는 학생들이 수업 시간에 배울 의도된 학습 결과를 짐작하도록 하고, 일관적인 수업을 진행하기 위한 토대가 된다.

• 전개

학생들이 활발한 움직임을 유지하고 의도된 학습 결과를 향한 명확한 방향성을 잃지 않도록 준비운동과 전개 단계의 전환은 최대한 자연스럽게 이루어져야 한다.

전개 단계에서의 가장 중요한 점은 학생들이 교사가 의도한 학습 결과를 달성하는 데 적절한 향상 수준을 보이고 있느냐다. 수업 중 교사가 의도한 각각의 학습 결과를 학생들이 성취할 수 있도록 도와줄 가장 알맞은 접근법을 선택해야 한다. 예를 들어 수업 전개 단계를 계획 시, '전체 - 부분 - 전체'(일종의 전습법)와 같은 접근 방법을 선택해볼 수 있다. 이는 학생들이 수업 초반에는 전체 활동을 하고, 이후 부분 활동(의도된 학습 결과에 초점을 둔 활동)을 추출하여 이에 대해 좀 더 집중적으로 실시하고 다시 전체 활동으로 돌아가는 방법을 의미한다. 반대로 '부분 - 전체'(일종의 분습법)와 같은 접근법을 사용할 수도 있다. 정해놓은 의도적 학습 결과에 있어 핵심적인 기술이나 개념에 집중해야 할 경우 이를 초기에 언급하고 이후 점차적으로 전체 활동(주로 경기나 일련의 활동)으로 옮겨 가는 것이다.

수업 중 사용하는 방법을 변경하는 것은 무방하다. 다만, 전개 단계 내에서는 어떤 수업 자원이 필요하고 그것들이 언제 필요한지를 감안하여 어떻게 전환할지는 신중하게 계획되어야 한다.

---

[4] Ofsted는 Office for Standards in Education, Children's Services and Skills의 약자로 잉글랜드 교육 기준청을 의미한다. 주로 잉글랜드의 학교(유아부터 고등학교)를 감사하고 이에 따른 결과에 따라 조정하고, 이에 대한 보고서를 작성하는 역할을 한다.

• 정리

Webster 등(2009: 85)은 다음과 같이 강조했다. '전문성을 가진 교사는 수업 분위기 atmosphere or ambience 를 줄이거나 멈추지 않는다. 그들은 수업 목적(의도한 학습의 결과) 도달, 학생의 학습 보장, 그리고 미래 학생들의 성공을 위하여 마지막 순간까지도 수업의 여세를 극대화한다.' 즉, 적절한 시간을 할당하여 의미 있는 정리 시간이 되기 위해서는 수업 동안 학생들이 습득한 새로운 지식, 기술, 그리고 이해력을 통합할 수 있게 해야 한다. 정리의 형태는 수업내용에 따라 다르나, 소규모 또는 대규모 시합, 일련의 동작 또는 루틴 전체, 부분 동작 등을 통해 이루어질 수 있다. 학생들이 부분 동작들을 의미 있게 전체적으로 통합할 수 있는 기회를 제공하는 것은 초임교사에게도 아주 중요하다. 이를 통해 교사는 학생들이 잘못 이해한 부분을 점검할 수 있고, 최종 수업평가에 적절하고 종합적인 방법을 결정할 수 있다(9장 참고).

• 종합평가 Plenaries

종합평가는 학생 전체 및 개개인의 학습을 마무리하기 위해 수업 중에, 그리고 수업 후반부에 전략적으로 실시해야 한다. 종합평가 Plenary 는 학생들의 현재 학습수준을 측정하고, 학습을 형식화하여 통합·확장하도록 해준다. 종합평가를 준비할 때는 그 활용목적을 고려해야 한다.

예)
- 학습을 통합하고 확장한다.
- 교사가 의도한 학습결과 대비 학생들이 얼마나 성장했는지 재확인한다.
- 개인 또는 그룹 단위로 분석한다.
- 학습 성취를 확인하고 강조한다.
- 다음 학습 단계에 관한 흥미, 기대, 호기심을 유발한다.

수업 중이라도 종합평가가 적절한 시점에 시행된다면, 이는 학생과 교사 모두에게 수업이 어땠는지 확인할 수 있을 뿐 아니라 진행 중인 수업에 피드백을 제공할 수 있으며, 다음 단계 활동을 무엇으로 선정할지 조정할수 있는 기회를 제공하기도 한다. 종합평가는 학생 모두가 수업 전체나 각 시점, 혹은 단계에 관련된 정보를 적극적으로 얻고 의견을 개진할 수 있도록 설계되어야 한다. 다양하게 계획한 전략은 학생들이 학습한 내용을 체화시키는 데 도움을 주며, 학습한 바를 맥락과 연관 지어 명확히 표현하고 다른 학습상황이나 일상으로 전이시킬 수 있도록 해준다. 시간적인 제약으로 인해 종합 평가를 너무 서둘러 (대충) 진행하거나 아예 생략하는 경우가 많다. Schempp(2003)의 관찰에 의하면 학생들은 수업 마지막을 가장 많이 기억한다. 그렇기 때문에 종합평가를 통한 학습의 가능성을 극대화하는 것이 매우 중요하다. 이제 [과제 3.5]와 [과제 3.6]을 해보자.

과제 3.5 계획안 작성하기

과제 3.4에서 완성한 의도적 학습 결과를 사용하여 '전체-부분-전체' 스타일과 확장·중재 전략을 활용한 20분 단위 수업 계획안을 작성해보자. 학습을 통합하기 위한 평가를 계획안에 포함시키자. 계획안을 지도교사(tutor)와 논의해보고 이 수업을 가르칠 때를 대비하여 이 과제를 여러분의 전문성 개발 포트폴리오(PDP)에 정리하자.

과제 3.6 학습 통합하기

학교 현장 경력이 풍부한 체육교사의 수업을 많이 관찰하고 그들이 학생의 학습을 언제 어떻게 통합하는지 면밀하게 살펴보자.

- 형식화된 (작은) 종합평가가 수업 전개 단계에 진행되었는가?
  그렇다면 그 종합평가는 어느 정도의 시간이 걸렸으며, 어떤 교수전략이 사용되었는가?
- 종합평가에는 시간이 어느 정도로 할당되었으며, 얼마나 학생 중심적이었는가?

다음 계획 시 참고할 수 있도록 여러분의 전문성 개발 포트폴리오(PDP)에 정리하자.

○ 계획안 작성하기

앞서 언급한 바와 같이, 초임교사에서는 완전한 수업 계획안을 작성하는 것이 좋다. 고등교육기관(대학교) 또는 학교 현장에서는 수업 계획안으로 사용할 수 있는 형식안을 제공해줄 것이다. 그러나 다른 양식을 참고하거나 갖고 있는 형식안을 다른 양식과 비교해보고 싶다면 이 웹사이트에 방문해보자(www.routledge.com/cw/capel).

어떤 양식을 사용하든, 사용할 수업 계획안에는 배경정보를 기입할 수 있는 칸, 수업 활동을 기입하는 칸, 수업 평가를 위한 칸이 포함되어 있어야 한다.

- 배경정보는 수업하는 반, 수업 날짜, 단위계획(예. 영역 혹은 종목)과 그 수업의 교사가 의도한 학습 결과를 포함해야 한다.
- 수업 활동 칸은 각 단계에 할당된 시간, 수업 중 활용할 교수학습 방법, 수행해야할 과제의 특성과 관찰 시 유의사항, 학습 활동과 기대되는 발전 모습, 확장/중재 전략들, 그리고 주의사항(준비물이나 장비들)을 포함해야 한다. (이에 관한 정보를 더 원하시면 다음 웹사이트를 방문하라. www.routledge.com/cw/capel)

- 수업의 평가. 이는 다음 세 가지 질문에 답함으로써 작성할 수 있다.

  1. 학생들은 의도된 학습 결과에 있어 어떤 것을 성취했거나 혹은 성취하지 못했는가?
     (학생들이 무엇을 배웠는가? 혹은 배우지 못했는가?)
  2. 나의 교수법 중 어떤 측면이 학생들의 학습을 촉진시켰는가? 아니면 도움이 되지 않았는가?
     (학습이 왜 일어났는가? 혹은 왜 일어나지 않았는가?)
  3. 다음 주 수업 준비에, 그리고 의도된 학습 결과와 나의 교수학습 활동을 위해 질문 1과 질문 2는 어떤 영향을 미치는가? 다시 말해 '다음 수업에는 무엇을 해야 하는가?'

 다음 수업 계획하기

다음 수업의 준비는 학생들이 이전 수업에서 의도된 학습 결과를 얼마나 성취했는지, 그리고 학생들의 학습 증진을 위해 교수학습 방법에 얼마나 변화를 줄 수 있는지에 따라 달라진다. 두 가지 측면에서 봤을 때, 의도된 학습 결과를 더욱 과감하게 달성하기 위하여 도전하는 것이 좋을지, 그리고 어떤 교수학습 방법이나 접근법이 학생의 학습 활동을 더욱 촉진할 수 있을지를 알아낼 수 있다. 앞서 본 좋은 수업계획안의 법칙들을 이 시점에서 다시 한 번 상기하면서 이 법칙들 중 무엇이 도움이 되는지 살펴보는 것도 좋을 것이다. 모든 교사들에게 교수활동의 발전 가능성은 항상 존재한다. 사용 방법들 중 어떤 한 부분이 특별히 효과적일 수도 있다. 예를 들어 학생들의 이름을 부르는 것과 같은 좋은 방법은 항상 사용할 필요가 있다.

학생의 학습과 자신의 교수학습 방법에 대한 평가는 학생의 학습을 촉진시키고 수업 계획을 배우는 데 있어 매우 중요한 요소이다. 자기성찰 self-reflection 을 통한 배움은 모든 교사들에게 있어 기본적인 전문성 신장 방법이다. [과제 3.7]을 해보자.

> **과제 3.7 수업 평가하기**
>
> 본 장을 통해 구성한 수업계획을 바탕으로 수업을 실시하고 평가해보자. 수업에 참여한 학생들의 수준에 따라 의도된 학습 결과의 효과적인 성취에만 중점을 둔 수업관찰지를 작성하자. (성취 이상 단계(예: 우수)를 이룬 학생, 대다수가 있는 성취 단계(예: 보통)에 있는 학생, 그리고 성취 이하 단계(예: 미흡)에 속하는 학생 몇 명을 정하고 수업 동안 지켜보자. 지도교사(tutor)에게 수업 참관을 요청하고 아래 양식(표 3.1)의 작성을 부탁해보자. 표 3.1은 차별화된 의도적 학습 결과와 관련하여 평가 예시를 제시한다.
>
> 학생들에게 의도된 학습 결과를 성취할 수 있는 기회를 제공하는 측면에서 봤을 때 공통적으로 나타난 점을 논의해보자. 그리고 각 수준의 학생들을 모두 만족시키기 위한 계획에 대해서도 토론해보자. 논의된 사항들은 수업계획 시 스스로 참고할 수 있도록 전문성 개발 포트폴리오(PDP)에 정리하자.

〈표 3.1〉 수업 평가: 학생들의 발전 수준에 중점을 둔다.

수업계획안에 준비된 의도된 학습 결과	• 배드민턴 오버헤드 샷을 구사할 때 정확한 타점에서 타구할 수 있다. • 파트너의 정확성을 분석하고 이를 경기 상황을 이해하는 데 활용할 수 있다.
교사가 의도한 학습의 결과 성취 이상 (우수)	• 오버헤드 샷을 수행할 때 일관적인 정확성과 강한 임팩트를 보여줄 수 있다. • 경기상황에서 파트너의 샷 정확성을 어떻게 전략적으로 사용할 수 있을지 분석한다. - 가장 잘 하는 학생 4명 중 3명이 일관적인 타점에서 샷을 구사한다. 셔틀을 원하는 방향에 정확하게 보낼 수 있다. - 샷의 특성을 잘 파악하고 있으며 타구 시 셔틀이 어디에 떨어질지 알고 있다.
대부분의 학생들 (보통)	• 배드민턴 오버헤드 샷을 구사할 때 정확한 타점에서 타구할 수 있다. • 파트너의 정확성을 분석하고 이를 경기 상황을 이해하는 데에 활용할 수 있다. - 이 그룹에 속하는 학생 10명 중 8명이 적절한 기술과 정확한 타이밍을 보여주었다. - 학생들은 오버헤드 샷을 구사했을 때 그것이 적절하게 수행되었는지 스스로 판단할 수 있다.
교사가 의도한 학습의 결과 성취 이하 (미흡)	• 오버헤드 샷을 수행할 때 정확하게 타구하도록 한다. • 파트너가 특정한 샷을 할 때 이를 인식한다. - 셔틀을 일관적으로 타구할 수 있고, 오버헤드 샷을 실시할 때도 적절한 높이와 거리를 보인다. - 이 그룹의 학생 6명 모두 파트너가 오버헤드 샷을 했을 때 화이트보드에 기록할 수 있다.

다음으로 우리는 단원계획에 관해 알아보고, 개별 단위의 수업계획이 단원계획의 일부로 어떻게 연결되는지에 대해 알아볼 것이다.

단원계획 계획하기

각각의 수업이 일정한 순서와 체계에 따라 계획되고 모이면 이것이 단원계획이 된다. 단원계획은 중기 계획으로 특정 학년 학생들이 1년 이하부터 일정 기간 동안 학습해야 하는 내용을 대략적으로 결정한다. 기간에 따라 조금씩 상이하나 한 학기(약 12주)단위가 될 수도 있고, 더 짧게는 6~10주도 될 수 있다. 단원 목표는 단원 운영 기간과도 밀접하게 연관된다. 그러므로 단원계획에 속하는 수업계획을 위해 의도적 학습결과를 고려할 때 위와 같은 사항이 중요한 요인으로 반영되어야 한다.

소속된 상위교육기관 또는 학교 현장에서 사용하는 단원계획 양식이 있겠지만 앞서 제시하였듯 다른 양식을 사용하고 싶거나 비교해보고 싶다면 해당 웹사이트[5]에 방문하라.

---

5) http://www.routledge.com/cw/capel

애초에 단원계획 전체를 작성해야 한다고 생각하면 고려할 사항이 너무 많아 다소 광범위하게 느낄 수 있다. 그러나 구조에 대해 체계적으로 접근하고 단계별로 차근차근 계획을 준비해나간다면 처음 생각했던 것보다 그리 어렵지 않다는 점을 알 수 있을 것이다. 일정 편성을 위해 단원계획 작성 전 몇 가지 중요한 배경 정보를 기록할 필요가 있다. 단원계획을 계획하는 간단한 방식은 다음과 같다.

- 어느 학교수준 체육과 교육과정에 속하는가?
- 누구를 가르치는 것인가?(학생에 관한 정보)
- 무엇을 가르치는 것인가?(활동과 교재-자료)
- 교육과정 영역 내에서 학생들이 어떤 목표를 성취하길 바라는가?
  (학교수준 체육과 교육과정 목표와 단원계획이 어떻게 연계되는지 고려할 필요가 있음)
- 어떻게 가르칠 것인가?(교수학습 활동, 교수 전략과 구성)

수업을 계획하면서 학생들이 무엇을 필요로 하는지가 가장 중요하게 고려되어야 할 부분이라는 점, 그리고 그와 같은 수요를 항상 우선순위로 염두에 두어야 한다는 것을 명심해야 한다. 활동이나 교재, 수업자료들은 단지 학습을 유발하는 도구일 뿐이다. 효과적인 계획의 핵심은 가르치는 학생들의 이전 학습 경험을 고려하는 것이다. 다음 단계의 학습 계획에 이전 활동에 대한 평가를 고려하지 않는다면, 학급 전체든 개개인이든 학습의 연속성과 (과정중심) 성장을 보장하기 어렵다. 특정 그룹의 학생을 처음으로 가르치게 되었다면, 이전에 이루어진 단원계획 평가 결과, 학생 기록부, 또는 교무실에 보관되어 있는 학생 개인정보나 교육 계획서 등 다양한 자료들을 참고하는 것이 좋다. 이러한 자료들은 전체적인 (때로는 개인적인) 수준과 요구를 파악할 수 있도록 하고, 가르치는 학생의 학습 경험에 알맞게 계획을 짜는 데 유용한 정보를 준다.

학교수준 체육과 교육과정과 학생들에 관한 정보를 얻었고 무엇을 가르쳐야 하는지를 파악했다면, 목표를 설정함으로써 단원계획 수립을 시작할 수 있다. 각 단원계획은 특정 목표를 위한 것(흔히 운동신경 발달)이 아닌 학교수준 체육과 교육과정을 반영한 보다 근본적인 목적을 갖도록 작성되어야 한다. 단원계획의 목표를 먼저 계획해야 단원계획 끝에 학생들이 어떠한 결과를 성취해야 하는가에 대한 개념을 잡을 수 있다. 이것이 선행되어야 단원계획이 운영되는 동안 흔들림 없이 정해진 목표를 향해 나아갈 수 있으며 학생들이 달성하길 바라는 의도적 학습 결과에 집중할 수 있다. 즉 단원계획을 구성하는 토대가 되는 것이다. 단원계획 말미에 성취하고자 하는 것을 설정함으로써 단원계획 작성을 시작하길 바란다. [과제 3.8]~[과제 3.10]을 해보자.

과제 3.8 단원계획 분석

학교에서 이미 사용되고 있는 단원계획의 사본을 요청하여 어떻게 구성되어 있는지 확인해보자. 학교수준 체육과 교육과정과의 연결성을 파악할 수 있는가? 학생들에 관한 정보, 활동과 교재(수업재료), 수업에서의 의도적 학습결과로 분류해보자. 명확한 목표, 수업내용을 가르칠 방법 등이 기재되어 있는가? 다른 단원계획을 담당한 동료 초임교사와 함께 단원계획에 관해 논의하고 분석해보자. 다음 단원계획 작성 시 분석 결과를 참고할 수 있도록 여러분의 전문성 개발 포트폴리오(PDP)에 보관하자.

 과제 3.9 학습활동 구성하기

대부분의 경우 단원계획 첫 수업은 일반적인 여러 수업의 첫 수업과 크게 다르지 않다. 즉, 첫 수업을 실시한 후에야 수업 계획안과 교사가 의도한 학습 결과에서 다른 점을 발견할 수 있다는 것이다. 경력이 많은 교사가 중등학교의 다른 두 학급에서 진행하는 동일 단원계획의 두 번째 수업을 관찰해보자. 두 수업 사이에서 교사가 의도한 학습 결과, 수업 내용, 학습 진도, 교수 활동, 확장/중재 전략, 그리고 그룹이나 개인에 따른 평가방법 등 차이점을 찾아보자. 수업이 끝난 후 그 교사와 다음을 의논해보자.

- 의도된 학습 결과와 비교했을 때 학생들이 얼마나 발전하였는가?
- 이러한 점이 다른 학급의 (단원계획 중) 다음 차시 수업 때 수업계획, 의도된 학습 결과 에 어떠한 영향을 미치는가?

해당 관찰지는 다음에 활용할 수 있도록 전문성 개발 포트폴리오 (PDP)에 보관해놓자.

 과제 3.10 단원계획 반영하기

학교 현장에서 배운 것처럼 단원계획을 반영할 때, 학기 초 또는 수업 초기에 실시한 수업 결과(평가를 통해 얻은 산물)가 후반기에 어떻게 사용되는지를 생각해볼 필요가 있다. 이때 학생들로부터 얻게 된 모든 평가 결과물을 다양하게 활용하고, 이 과정을 전문성 개발 포트폴리오(PDP)에 면밀히 작성해보자.

학교수준 체육과 교육과정 계획을 위한 전체적인 틀

학교 현장에서 학교수준 체육과 교육과정을 작성하는 데 관여하게 되는 경우는 드물겠지만, 학교수준 체육과 교육과정에서 제시하는 보다 큰 그림을 이해하는 것은 매우 중요하다. 이는 준비하고 가르치는 각 차시별 수업 계획과 단원계획이 큰 그림 중 어디에 위치하고 어떻게 연관되는지 이해할 수 있도록 해준다. 잘 계획된 학교수준 체육과 교육과정은 장기적인 교육과정 문서로 한 학교급 또는 1년(이상)이라는 긴 시간 동안 학생들이 배워야 하는 학습내용의 개요를 짜는 데 사용된다. 학교수준 체육과 교육과정은 단원계획의 토대가 된다. 장기 단위의 좋은 교육과정 계획이 어떻게 만들어지는지를 이해한다면, 장기 계획이 중기 단원계획, 그리고 단기 수업계획과 어떤 관계성을 갖는지 이해할 수 있을 것이다.

학교수준 체육과 교육과정은 폭넓고 균형 잡힌 경험을 할 수 있는 다양한 기회를 제공해야 한다. 그리고 이는 학교수준 체육과 교육과정의 기초적인 틀의 구성 조건을 충족시키는 것이기도 하다. 학교급이 바뀌거나 학교급 안에서 학생들이 오랜 시간을 보내는 동안, 연속성과 더불어 학생 성장을 위해 어떻게 계획되어야 하는지에 주목해야 한다. 지속적인 학생들의 성장을 위한 요구와 기대가 계속해서 증가하는 것은 일면 당연하다. 학교 수준 체육과 교육과정 계획 시 다음 네 가지 측면을 고려해야 한다.

1. 움직임의 복잡성 complexity 을 점진적으로 늘릴 것
2. 수행의 질 향상 도모
3. 학습 상황에서의 의존성 줄이기
4. 인지적 연관성이 높은 기술로의 발전

이는 학생 평가를 통해서 확인해볼 수 있다.
[과제 3.11]은 여러분이 학교수준 체육과 교육과정을 조금 더 자세히 볼 수 있도록 만들어졌다.

 과제 3.11 학교수준 체육과 교육과정

학교 현장에서 학교급 또는 한 학년을 위한 학교수준 체육과 교육과정의 사본을 구해보자. 타 학교 초임교사(또는 예비교사)와 함께 학교별로 학교수준 체육과 교육과정이 어떻게 다른지 비교하자. 여러분의 지도교사와 해당 학년(또는 해당 단계(학교급))을 위한 교육과정의 필수 범위에 관해 논의해보자.

마친 과제는 향후 학교수준 체육과 교육과정 안에 있는 단원계획을 작성하게 되거나, 또는 직접 학교수준 체육과 교육과정을 담당하여 작성할 일이 생겼을 때 참고 자료가 될 수 있기에 여러분의 전문성 개발 포트폴리오(PDP)에 정리해두자.

요약 및 요점

보다 유능한 교사로 성장하고자 할 때 계획에 우선순위를 두는 것은 당연한 일이다. 학생의 학습과 성장을 위해 교사로서 책임감을 느끼고 최선을 다하는 것은 꼭 필요한 동시에 마땅히 그렇게 해야 하는 것이다. 본 장은 우리가 가르치는 학생에 대해 잘 알고 있어야 할 필요성과 중요성에 대해 살펴보았다. 더불어 학습을 유도할 때 이전에 습득하고 형성한 지식과 경험을 기반으로 해야 한다는 점도 강조하였다. 단기적인 차시별 수업 계획에 대해서도 자세히 알아보았으며, 일련의 수업들이 어떻게 중기간의 계획인 단원계획에 적합화 되는지도 함께 확인했다. 이번 장을 통해 우리는 단기, 중기, 장기 계획의 관계에 대해서도 집중적으로 검토해 보았다.

처음으로 체육수업을 계획하고 가르치게 될 때 자신의 이전 경험과 더불어 자신보다 경험이 풍부한 분들의 충고와 지도에 의지하고 싶은 것은 자연스러운 현상이다. 다만 그것들도 중요하지만, 학생이었을 때 무엇을 어떻게 배웠느냐를 똑같이 재연하려고 하거나 의도된 학습 결과, 목적, 목표가 어떻게 연관되는지, 즉 기본원리도 파악하지 않은 채 다른 사람으로부터 받은 조언과 지도를 수업에 바로 시행하는 것은 피하는 것이 좋다. 이는 자신의 생각과 철학이 결여된 채 수동적으로 받아들이는 것일 뿐이다.

효과적인 계획은 사전에 충분히 대비하고 모든 학생에게 적절한 학습 기회를 제공하기 위해 항상 주변을 수업과 연관 지어 생각할 때 가능하다. 계획에 그치는 것이 아니라 그 계획을 평가할 수 있어야 한다. 그래야만 학생의 학습이 지속적으로 나아질 수 있을 것이다. 학생이 꾸준히 성장하고 발전하는 데 기여하는 그 중심에 교사가 있다. 계획, 교수-학습, 진단·평가의 순환적 과정을 통한 반성과 성찰은 학생의 학습과 교사의 교수능력을 향상시키는 데에 있어 필수조건임을 반드시 기억해야 한다. 반성과 성찰은 수업과 학생에 대한 기대감을 높이고, 의례적으로 해왔던 수업에 도전하게 하며, 창의적인 대안을 기획하는 원동력이 된다.

경험이 쌓일수록, 반성적 삶은 교사로서의 자세나 태도, 교직의 가치 그리고 신념과 교육관까지 고민하고 탐구하게 할 것이다. Gibbs(1988)에 따르면, 신념은 특히 학생의 성장을 위한 계획, 평가와 같은 전문성 기술을 발전시키는 데 매우 중요한 역할을 한다(신념에 관해서는 16장에서 더욱 자세히 알아보자).

마지막으로 소속 기관(근무 학교, 예비교사교육기관 등)에서 요구하는 필수요건 중 어떤 내용이 본 장에서 언급되었는지 생각해보자.

---------------- / 추가 읽기 자료 / ----------------

Anderson, L.W., Krathwohl, D.R., Airasian, P.W., Cruikshank, K.A., Mayer, R.R., Pintrich, P.R., Raths, J.and Wittrock, M.C. (eds) (2001) *A Taxonomy for Learning, Teaching and Assessing: A Revision of Bloom's Taxonomy of Educational Objectives*, complete edition, New York: Longman.

차별화된 의도된 학습결과 ILO 를 계획하는 것은 반복적인 연습, 반성, 피드백을 필요로 한다. 본 서는 다각도에서 Bloom(Bloom 등 1956)의 분류법에 대해 검토하고 수정함으로써 성취 가능한 형태로의 학습목표를 기술하고 수업을 설계하는 데 큰 도움을 줄 것이다.

Capel, S., Leask, M. and Turner, T. (eds) (2013) *Learning to Teach in the Secondary School: A Companion to School Experience*, 6th edn, Abingdon, Oxon: Routledge.

이 책은 효과적인 교육 계획 설계와 가르치는 활동에 관한 원칙, 교사들에게 필요한 전문적 지식, 교수학습 방법과 기술에 대해 구체적으로 설명하고 있다.

Cohen, L., Manion, L. and Morrison, K. (2004) *A Guide to Teaching Practice*, 5th edn, London: RoutledgeFalmer.

이 책은 가르치고 배우는 활동에 대한 종합적인 이해를 도모하는 책으로서, 구체적인 수업계획 수립에 중점을 둔다.

Grout, H. and Long, G. (2009) *Improving Teaching and Learning in Physical Education*, Maidenhead, Berks: Open University Press.

예비체육교사를 위해 집필된 이 책은 그들이 계획하고 가르치는 '진짜' 체육수업에 중점을 두고 있다. 체육을 가르치는 일을 배우는 데 매우 실용적인 책이라고 할 수 있다.

McGregor, D. and Cartwright, L. (2011) *Developing Reflective Practice: A Guide for Beginning Teachers*. Maidenhead, Berks: Open University Press.

반성적 실천은 교사 전문성 개발의 기본이다. 이 책은 예비교사와 초침교사의 성찰 훈련에 도움을 줄 것이다.

이 장의 추가 자료는 다음 웹사이트를 참고: www.routledge.com/cw/capel

체육 수업 관찰
Observation in PE

Maggie Killingbeck and Margaret Whitehead

소개

'관찰'은 효과적인 체육 교수의 중심에 있으며, 학습을 촉진시키기 위해 발달시켜야 하는 필수적 기술 skill 이다. 관찰은 어떻게 학생이 교사의 가르침에 반응하는지 알 수 있도록 해주며, 피드백과 지침의 기반이 되는 정보를 제공한다. 교수 기술로서의 '관찰'은 경험과 더불어 증진되지만, 결정적으로 학생들이 탐구하는 수업자료의 지식과 이해 및 학생들 자신의 성향에 따라 달라질 수 있다. 관찰은 교사에게 그 다음 수업에 기반이 될 수 있는 정보, 학생의 학습 과정을 기록하는데 필요한 정보, 교수의 효과성에 관한 정보를 제공한다.

본 장을 마친 후 아래 제시된 목표를 달성할 수 있을 것이다.

- 관찰의 중요성을 이해한다.
- 효과적인 학습을 위해 왜 관찰이 필수적인지 이해한다.
- 효과적인 관찰은 학생들이 탐구하는 수업자료의 지식과 이해 및 기본적인 움직임 원리에 달려있다는 것을 이해한다.
- 교사 관찰에 영향을 미칠 수 있는 다른 영향들을 이해한다.

4장과 관련된 내용을 이해하기 위하여 예비교사교육의 필수 요건을 확인해보자.

관찰의 중요성

'관찰'은 체육을 가르치는 수업에서 근본적이며 필수적인 기술이다. 관찰은 정돈되고 안전한 환경의 구축에 관한 교수, 교사의 단기 및 장기 목적을 성취하기 위한 학습 촉진, 가르치는 일에 모두 관련되어 있다(교사의 장기 목적과 신념에 대한 논의는 본 4장과 16장 참고).

체육 수업의 조직, 관리, 안전에 대한 관찰

교사는 과제 행동 및 과제 외 행동, 수업 안전과 관련된 학생 행동에 항상 민감하게 반응해야 한다. 효과적인 수업 계획은 이러한 교수 양상들이 충분히 숙고되어 왔다는 것을 보여주는 반면, 대체로 '수업 중 in-lesson'에 이루어지는 관찰은 모든 것이 잘 되어가고 있다는 것을 확인시켜 주는 역할을 한다. 안전한 환경에서도 효과적인 수업에 대한 관리가 없으면 학생의 학습을 촉진시키는 것이 어렵다. 6장은 수업 조직과 관리에 대한 구체적인 내용들을 다루고, 11장에서는 안전에 대한 논의를 다룬다.

조직과 관리에 대한 관찰이 중요하며, 이와 관련된 아래의 전략들을 활용할 수 있다.

1. 수업 전반을 쉽게 관찰할 수 있도록 항상 교사 스스로 자신의 위치를 확고하게 하라.
2. 학습 관찰을 시작하기 전에, 특히 공간 활용 및 장치/장비의 올바른 조립과 같은 '안전'의 모든 측면이 반드시 수반되는 구조상의 지도사항을 함께 점검하라.
3. 수업이 진행되어 감에 따라, 천천히 시간을 갖고 주기적으로 좀 한 발자국 떨어져서 수업을 관찰해 보라. 이는 안전에 관련한 지도사항이 잘 수반되고 있는지, 학생들이 과제를 잘 하고 있는지에 대해 필수적 정보를 제공할 수 있다. 부적절한 행동에 관한 문제들은, 상황 통제가 불가할 때까지 두지 말고 나타나기 시작할 때 다루는 것이 최적이다.

[과제 4.1]은 얼마나 자주 떨어져서 수업을 관찰하려는지, 이 관찰의 결과로 어떠한 조처를 취했는지에 대하여 관찰자가 정보를 잘 수집하도록 요청한다.

> **과제 4.1 조직과 관리에 관련된 수업 전반의 관찰**
>
> 지도교사나 다른 예비교사에게 다음 사항을 요청하자.
>
> - 자신이 가르치는 수업을 관찰하고, 학생들을 잘 살피기 위해 수업에서 좀 멀찌감치 떨어져서 관찰할 때에도 기록을 남기자.
> - 수업 전반을 관찰한 후에 어떠한 조처를 했는지 기록하자.
> - 귀중한 자료가 될 수도 있는 수업 전반에 대한 추가 관찰의 시기가 언제 이루어졌는지 기록하자.
>
> 지도교사나 다른 예비교사와 이러한 결과를 함께 논의하고, 다른 수업에서도 연습을 반복해보자. 이 과제와 관련한 기록을 전문성 개발 포트폴리오(PDP)에 정리하자.

관찰과 학습 촉진

학습은 학생들과 교사 간 상호작용을 통하여 성취된다. 교사가 수업의 의도된 학습결과(ILOs: intended learning outcomes)를 선정할 것이므로, 수업 계획에 대한 에피소드들은 의도된 학습결과의 성취를 촉진시키고 학생들에게 지침도 제공할 것이다.

교사가 설정한 과제에 학생이 참여하고 본격적으로 학생 학습을 촉진하면서부터 교사의 역할이 시작된다. 중요한 것은 수업 전반 및 학생 개개인의 움직임 반응에 대한 관찰이다. 달리 말하자면, 움직임 활동에 표시된 것처럼 학생에 대한 정보가 교사에게 전달된다. 또한, 학생들이 과제에 대한 진전을 어떻게 보여주는지 살피기 위하여, 주기적으로 교사가 좀 떨어져서 관찰하는 것도 아주 유용하다. 아마도 정보는 과제가 너무 쉽다거나 너무 어렵다거나, 일부 학생들이 특별한 어려움을 겪고 있다는 것을 드러내어 보여주는지도 모른다. 교사가 이해한 것을 토대로, 여러 가지 방법들 중 하나를 선택하여 다음 사례들처럼 적절한 행동을 하게 될 것이다.

- 과제를 반복한다.
- 과제를 간결화한다.
- 움직임의 핵심 특성을 학급 전체에 상기시킨다.
- 과제를 보다 도전적으로 구성한다.
- 다음 과제로 넘어간다.
- 학생들에게 개별화된 지침을 제공한다.
- 기대되는 과제에 적용되는 수준을 학급 전체에 상기시킨다.

[과제 4.2]는 위에서 언급된 항목들 각각을 행동하기 위하여, 스스로 자신이 모아온 정보의 속성을 다른 예비교사와 논의하도록 요청한다. 이를테면, 과제가 너무 쉽다는 이유로 학생이 지루해 한 것이 분명하다면, 여러분은 학생에게 보다 도전적 과제를 소개해 주고자 할 것이다.

> **과제 4.2 교사와 학생간 상호작용**
>
> 다른 예비교사와 활동하면서, 위에서 글머리 기호로 표시한 항목들을 시작하려고 모은 정보의 속성을 논의해보자. 이를 전문성 개발 포트폴리오(PDP)에 정리하자.

위에 언급된 항목들은 학습 촉진에 중요하다. 학생 반응, 교사 관찰, 교사 지도 간의 상호작용이 없다면, 학습은 아마 일어나지 않을 것이다(학습 촉진을 위한 피드백의 중요성과 본질에 대한 자세한 내용은 5장 참고).

○ 효과적인 관찰 및 학습을 돕는 배경지식과 이해

수업에서 어떠한 일이 일어나는지 이해하는 능력은 효과적인 관찰에서 중요하다. 위에서 언급된 바와 같이, 하나의 기술^{skill}이 발달하려면 충분한 시간이 필요하다. 그러나 정확성과 명료성을 갖고 이해하는 능력은 관찰자가 어떤 상황에서 어떠한 지식을 가져오는가에 달려있다. 교수 상황과 좀 동떨어진 다른 예를 들어보면, 한 개인이 나비 관련 '종'이나 '습성'에 대한 광범위한 지식이나 이해가 없는 경우, 관찰자는 크고 노란색 나비가 특별했다고 인식할 수도 있다. 하지만, 오랜 세월 동안 나비들을 연구해 온 어떤 전문가는, 날개 관련 정보나 더듬이 색깔같이 그것만의 독특한 특성을 묘사할 수 있고 특별한 꽃에서 먹이를 먹는 놀라움을 표현할 수도 있다. 신체활동 맥락에서 볼 때, 예를 들어 '럭비' 전문가라면 특별한 테크닉에 대한 흔하지 않은 정보나 효과적 수행에도 즉각적인 관심을 보이겠지만, 럭비 경기를 본 적도 없는 사람은 럭비 규칙에 대한 해석이나 필요한 테크닉의 범위에 대해 이해한 것을 거의 말하려고 하지 않을 것이다. 신체활동의 어떤 영역에 관한 지식과 경험은 보다 더 명확하게 그것을 이해할 수 있도록 할 뿐 아니라, 학생 안내를 위해 추출하는 정보의 저장고 제공을 통해 결과적으로 학습을 촉진시킬 것이다.

○ 관찰, 언어, 학습

교사가 현재 가르치고 있는 것에 대한 지식은, 수행된 활동의 넓고 깊은 이해를 제공할 뿐 아니라 학생들에게 잘 수행되고 있고 좀 더 주의가 필요한 신체활동이나 움직임에 대해 묘사할 언어 표현을 제공하기도 한다. 위에서 언급한 나비의 사례는 이를 아주 명확히 보여준다. 박식한 관찰자는 폭넓은 어휘들과 단어들을 활용하여 나비, 서식지, 구조, 행동을 묘사하고자 할 것이다. 그에 반하여 초보자는 그 표본의 속성들을 묘사할 때 제한된 어휘만을 알고 있을 가능성이 크다. 교수 teaching 는 교사와 학생 간의 의사소통에 근거하고, 과제와 관련된 어휘 없이 학습을 촉진하는 것은 거의 불가능하다. 〈그림 4.1〉에서 논의되는 지식의 4가지 측면은 각각 관찰을 촉진할 풍부한 이해와 필수적인 어휘를 제공할 것이고, 이는 학습 촉진을 보다 효과적으로 만들 것이다.

효과적인 관찰을 지지하는 지식의 4가지 유형

〈그림 4.1〉에서 제시된 네 가지 지식의 유형은 일련의 층을 이루는 구조로 이해될 수 있다. 가장 바깥에 위치한 1층은, 교사가 가르치는 활동 activity 의 본질, 즉 다른 활동들과는 구별되는 한 활동의 특성들을 이해해야 한다는 것을 보여준다. 2층은 교사가 어느 특정 활동의 내용을 구성하는 독특한 테크닉의 본질에 대해 좀 더 박식할 필요가 있다고 제안한다. 아마도 1층과 2층의 두 개의 영역은 교사들이 이미 하고 있는 단계일 것이고, 가장 안쪽에 위치한 3과 4층에 대한 이해는 숙달을 위한 다음 단계이다. 3층은 1층에서 제시한 신체활동의 구성요소들을 세분화하고 있으며, 4층은 2층에서 설정된 테크닉의 분석을 제공한다. 나중에 보면 알겠지만 이러한 층들이 상호 관련되는 더 많은 방식들이 존재한다.

[과제 4.3]은 교사인 여러분이 〈표 4.1〉의 '하키' 활동 사례를 활용하여, 각 지식의 층에 관한 핵심 단어들을 알아보면서 두 가지 활동을 추가로 선정할 것을 요청하고 있다.

> 📖 **과제 4.3 상이한 활동들에서의 이해의 층들을 알아보기**
>
> '하키' 활동을 예시로 보여주는 표 4.1을 활용하여 4가지 지식을 보여주는 각 층별 내용의 일반적 개념을 제공하려면 두 가지 활동을 더 선택해야 하는데, 그 중 하나만 경쟁적 게임이 될 수 있으며, 이러한 활동들과 관련된 핵심 단어들을 표 4.1에 덧붙여 보자. 이를 전문성 개발 포트폴리오에 기록해두자.

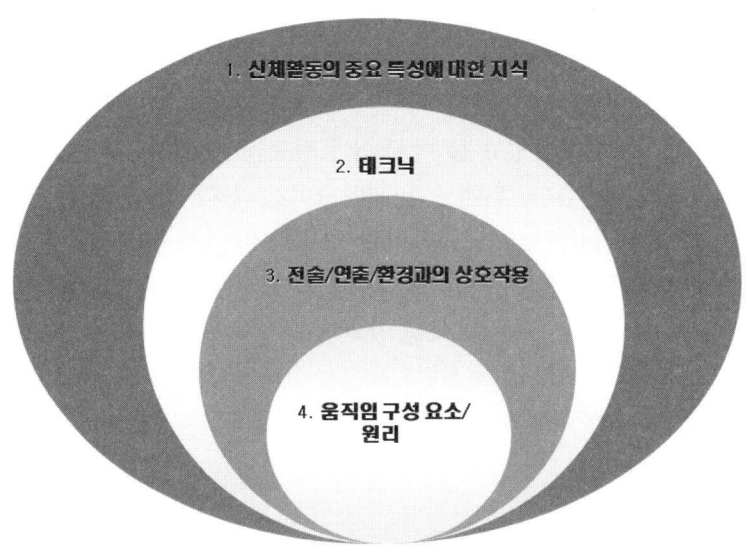

〈그림 4.1〉 효과적인 관찰을 위해 요구되는 지식과 이해

〈표 4.1〉 지식과 이해의 층들을 알아보기

층	하키 (빈 칸별로 두 가지 사례 제시)		
1. 신체활동의 중요 특성, 형태, 절차	• 팀당 11명으로 구성된 침략형 게임 • 위협적인 히팅 규칙		
2. 테크닉	• 히팅　　　　• 드리블		
3. 전술, 연출, 환경과의 상호작용적 요소	• 속도의 갑작스러운 변화 • 후방향 패스		
4. 움직임 구성 요소/원리	• 히팅 수행시 제어 가능한 팔로우스루, 드리블시 스틱을 가까이 두고 공 소유		
층	농구[1] (빈 칸별로 두 가지 사례 제시)		
1. 신체활동의 중요 특성, 형태, 절차	• 팀당 5명으로 구성된 침략형 게임 • 다양한 공격과 방어		
2. 테크닉	• 지공법과 속공법 • 대인방어와 지역방어		
3. 전술, 연출, 환경과의 상호작용적 요소	• 패스, 드리블 중심의 공격(지공법) • 다양한 패스의 활용		
4. 움직임 구성 요소/원리	• 리바운드시 바스켓을 맞은 공의 위치, 수비팀과 공격팀의 위치		

---

[1] 원서에서 '하키' 활동 사례만 제시되고 있어서, 우리나라 체육 수업에서 많이 하고 있는 '농구' 활동 사례를 추가로 표를 통하여 제시해 보았다.

○ 1층(Layer 1): 신체활동의 형태와 절차에 대한 지식 활용

　교사가 가르치는 어떠한 신체활동이든 규칙에 관한 지식은 계획하고 권한을 가지고 다루는 것이 필요하다. 예를 들어, 육상에서 도약/던지기 또는 도약 없이/던지기를 하기 위한 중요한 절차들, 수영에서 필요한 '턴 방식'에 대한 규칙들, 크리켓에서의 보울링 bowling 동작 등이 무엇인지 알 필요가 있다. 어떠한 경쟁적 활동이나 경기를 가르치든 현행 규칙에 대한 자신감이 필요하다. 최신 규칙을 알거나 찾아볼 수 있는 정보들을 가지고 있으면 귀중한 자산이 될 수 있고, 규칙들의 위반 사항을 인식하며 적절하게 다룰 수 있게 된다. 학생들은 종종 공정하게 또는 공정하지 않은 방식으로도 경기에 참여하는데, 교사가 명확하게 규칙을 설명해 주고 관찰도 잘 해준다면 학생은 교사에게 무한한 신뢰를 보여줄 수 있을 것이다. 뿐만 아니라, 트렘펄린 경기나 오리엔티어링과 같은 일부 신체활동에서 수반되어야 할 안전 규칙이 있다. 교사는 위험을 최소화하기 위한 안전 규칙을 잘 의식하고 온갖 수단을 동원하여 안전을 지켜야 한다.

　[과제 4.4]에서는 교사가 익숙하거나 또는 그렇지 않은 않은 신체활동에 대한 현재 시간표를 확인하고, 특히 후자에 대해 더 잘 알 수 있도록 하는 전략들을 검토하도록 요청한다.

> **과제 4.4 신체활동의 형태와 절차에 대한 지식**
>
> 　현행의 시간표와 신체활동 목록을 검토하자. (1) 형태와 절차에 관해 잘 알고 자신 있는 것 (2) 형태와 절차에 관해 덜 알고 알 필요가 있는 것
> 　위의 (2)에서 언급된 신체활동에 보다 익숙하게 될 수 있는 전략들을 확인해보자. 다른 예비교사와 이러한 전략들을 논의해보자.
> 　이 목록을 전문성 개발 포트폴리오에 기록하고, 시간표가 바뀔 때마다 그 목록에 대한 아이디어를 다시 논의해보자.

○ 2층(Layer 2): 테크닉 분해 breakdown 에 대한 지식 활용

　교사와 코치들이 함께 학습할 때, 나름 가르치는 테크닉을 잘 아는 현장실천가들과 같이 수행해 왔을 것이고, 이는 움직임 유형들의 특성에 대한 이해를 명확히 해준다. 이러한 지식 유형은 계획, 효과적인 관찰 및 피드백에 필수적이다. 이 장에서 게임/무용/순서 또는 신체활동 맥락과는 별개로 움직임 유형을 설명하기 위하여 '테크닉' technique 이라는 개념을 사용한다. 이러한 테크닉들이 한 가지 활동에 적용될 때 그것을 '움직임 기술' movement skills 이라고 지칭한다.

크리켓에서 전면까지 깊숙이 들어가 있는 필드의 야수가 위킷키퍼2)에게 팔을 위로 들어 던지기 하는 overarm 예의 활용은, 테크닉을 가르치기 전에 갖추어야 할 바람직한 지식의 간단한 예로 볼 수 있다. 던지기는 준비기간 run-up 을 갖고 시작되어야 하고, 던지는 팔의 반대쪽 발과 함께 던지기하는 방향으로 옆으로 서서 딛는데, 안정감 있게 넓게 벌려 수행한다. 던지는 팔은 뒤에서 가져오면서 뒤쪽 발에서 앞쪽 발로 무게가 전이되도록 하고, 던지는 팔이 던지기를 하는 순간에 공이 빠져나갔을 때 릴리즈 release 가 일어난다. 이러한 릴리즈 후에는 바로 폴로 스루3) follow-through 를 통하여 그 방향으로 팔을 죽 뻗는다.

교사가 익숙해야 할 테크닉 분석의 세부사항의 수준은 그룹에 속한 학생들의 전문지식 여부에 달려있다. 아래의 〈표 4.2〉을 통해 초보자 수준보다 좀 높은 단계의 학생들에게 적합하면서 조금 복잡한 분석을 시작해 보라. 이는 준비, 행동, 회복이라는 테크닉의 3단계 형태로 제시된다. 준비 preparation 단계는 던지는 행동을 수행하기 위해 준비하는 행위자가 있는 곳에서 일어나는 테크닉의 한 부분이다. 이어지는 행동 action 은 행위자로부터 공이 멀리 가도록 추진한다. 일단 공이 던져지면 테크닉은 최종적으로 몸의 균형을 다시 잡으면서 회복 recovery 단계로 마무리된다. 테크닉을 분석하는 이러한 방법은 의도된 학습결과 ILOs , 계획, 과제 설정, 관찰, 피드백의 선택을 이끌어주는데 매우 큰 가치를 발휘한다. 보다 구체적으로는 관찰에 필요한 테크닉의 주요 측면들을 정확히 찾아내기 위한 교수내용 teaching point 을 제공할 수 있다. 특별한 테크닉을 가르치기 전에 〈표 4.2〉와 같은 표를 만들어 보는 것은 매우 의미 있다. 테크닉 분석에 대한 더 많은 사례들은 동반 웹사이트(www.routledge.com/ccw/capel)에서 더 찾아볼 수 있다.

[과제 4.5]는 팔을 위로 들어 던지는 것 overarm 이외의 테크닉과 관련해서 〈표 4.2〉의 형태로 분석 격자표를 만들어 볼 것을 요청하고 있다. 그리고 [과제 4.6]은 테크닉 수행을 하는 학생들을 관찰하고, 교사가 줄 수 있는 지원적 피드백의 특성을 검토하도록 요청한다.

> 과제 4.5 분석 격자표 만들기
>
> 현행의 시간표와 신체활동 목록을 검토해보자. 팔을 위로 들어 던지는 것(overarm) 이외의 테크닉과 관련해서 표 4.2의 형태로 분석 격자표를 만들어보자. 이 목록을 지도교사와 논의하고 전문성 개발 포트폴리오에 기록해두자.

---

2) 위킷키퍼(wicket-keeper)는 크리켓에서 포수처럼 위킷의 후방에서 볼을 잡는 사람을 의미한다. 영국에서는 과거에 영국 및 영국 식민지였던 국가들을 중심으로 활성화 되었던 구기 종목의 하나로 '크리켓'을 꼽는데, 이 경기는 야구와 비슷한 룰을 가진 '야구형' 스포츠이며 18세기 후반에 경기규칙이 만들어졌다.
3) '폴로 스루'는 야구, 골프, 테니스, 배드민턴, 하키, 양궁, 축구, 볼링 등의 다양한 활동에서 볼 수 있으며 특히 타구나 투구 후 팔이 그대로 휘둘러지는 운동이나 그 동작을 의미한다. 예를 들어, '야구'에서는 팔이나 배트의 휘두름을 공이 손에서 떠나거나 배트에 맞은 이후에도 그대로 그 방향에 계속 하는 것을 의미하는 것이고, '하키'에서는 스트로크에서 스틱으로 볼을 임펙트한 다음에도 이어지는 스틱의 스윙을 생각할 수 있다. 또한 '축구'에서도 볼을 찬 방향으로 신체를 이용한 차기 동작을 끝까지 완전하게 하는 것도 가능하다.

<표 4.2> 준비, 행동, 회복: 오버암(overarm) 던지기 분석

	크리켓에서 '위킷키퍼'에게 '오버암'하는 사례
준비 (preparation)	던지기 준비는 준비기간(run-up)을 포함하는데, 이는 던지는 팔의 반대쪽 발과 같이, 던지기하는 방향으로 옆으로 서서 딛고, 안정감 있게 넓게 벌려 수행한다. 몸 또한 뒤쪽 발에 실리는 무게와 함께, 공을 던지려는 방향과 연결하여 옆쪽으로 되도록 어깨가 열려 있어야 한다.
행동 (action)	행동 단계는 뒤쪽 발을 시작으로 고관절을 지나 어깨에 도달하여, 성공적으로 몸통(torso)을 통해 뒤에서 앞으로 무게가 전이되면서 시작된다. 팔이 몸통 뒤로 갔다가 던지기를 하는데, 공을 가장 잘 던졌을 때 어깨와 45도라는 최적의 각도를 이루며 공이 빠져나온다. 공을 던지지 않는 팔은 몸(body)의 균형을 잡는데 활용된다.
회복 (recovery)	회복 단계는 발을 앞으로 끌면서 운동량(momentum)을 잡고, 앞으로 몸이 넘어지는 것을 방지하기 위해 앞쪽으로 무게 전이가 연결되는 것을 포함한다. 상체는 대체로 앞으로 구부려 던지는 팔에서 나온 힘을 흡수하며, 릴리즈 후에는 팔의 팔로스로(follow-through)가 있다. 이러한 회복 단계는 행위자가 균형과 안정을 되찾기 위한 조처를 취함으로써 완성된다.

과제 4.6 테크닉 관찰

오버암 이외의 기술과 관련한 표 4.2 형태의 분석 격자표를 만들어보자. 이 목록을 지도교사와 논의하고 전문성 개발 포트폴리오에 기록해두자.
1. 다른 교사가 가르치는 수업에서, 성공 경험이 거의 없는 테크닉을 수행중인 한 명의 학생을 관찰해보자. 오류를 바로 잡아 도와줄 수 있는 1-2개 정도의 교수내용을 확인하고 기록해두자.
2. 다른 교사가 가르치는 테크닉을 배우고 있는 수업을 관찰해보자. 모든 또는 대부분의 그룹에서 흔하게 나타나는 오류를 확인해보자. 오류를 바로 잡아 도와줄 수 있는 1-2개 정도의 교수내용을 확인하고 기록해두자.

○ 3층(Layer 3): 전술(tactics), 연출, 환경과의 상호작용에 대한 지식과 이해

3층은 주로 게임에서의 전략 strategies 과 전술 tactics 4), 무용과 관련된 연출 형태, 야외 활동에 관한 환경적 특성처럼 가장 바깥층인 1층에서 신체활동들을 구성하는 요소들을 상세하게 나열하면서 만들어진다.

이를테면, 테니스 싱글 경기와 같은 경쟁적 게임에서 의미 있는 전술 tactics 한 가지는, 코트

---

4) 본 장에서 유사한 의미로 활용되는 몇 가지 용어를 구분하여 제시하였다. 대체로 strategy(전략)는 종합적인 준비와 계획, 운용을 포함하는 것이고, tactic(전술)은 전략 목적을 달성하기 위한 행동 계획이나 구체적 방법을 의미한다. 한편, skill(기능)과 technique(테크닉)은 신체활동과 같이 쓰이는 경우가 많은데, skill이 다른 장이나 어떤 맥락에서는 '기술'뿐 아니라, '기능'이나 '기량'으로 이해되는 경우도 있다는 점을 고려하여 technique(테크닉)과 구별하였다.

안에서 상대편 선수의 위치로부터 최대한 멀리 떨어지도록 공을 넘기는 것이다. 여기서 샷을 선택하는 것과 더불어, 학생들이 드롭 샷이나 로브와 같은 것을 수행하기 전 코트에서 상대편의 위치에 방심하지 않도록 해야 한다.

무용에서 연출 기술은 주제 motifs 를 창출해야 한다. 체육 교사로서 학생들이 독창성이라는 요소를 가진 춤의 의도를 표현하는 움직임/춤의 주제를 만들어 낼 수 있는 적절한 기술을 선택할 수 있도록 도와줄 수 있어야 한다. 교사의 연출 및 연출 장치에 대한 지식과 이해는 학생들이 만족감을 느끼고 칭찬해 줄만큼 훌륭한 작품을 성취하도록 관찰하고 안내할 수 있다.

수상 스포츠에서는 바람, 물의 깊이, 물 속 장애물과 같이 지속적으로 변화하는 환경적 특성들이 존재하는데, 교사는 학생이 도전을 수용하기 위해 필요한 기술 skill 을 수행하려면 어떻게 테크닉을 응용할 수 있는지 알아야 한다.

위에서 언급된 사례들과 같이, 3층은 테크닉 수행에서 한 걸음 더 나아간 도전들을 제공하며 이는 2층과도 관련되어 있다. 일단 학생들이 한 가지 활동에 대한 테크닉을 적절히 이해하고 나면, 교사는 이러한 테크닉들을 응용하는 다음 도전으로 옮겨갈 것이다. 이렇게 응용된 테크닉들은 활동의 요구라는 측면과 관련하여 수정되어야 한다는 점에서 '움직임 기술'로 설명될 수 있다. 한 가지 신체활동에 관한 여러 요소들에 대한 지식은 우선 테크닉을 적용함에 있어서 학생들이 어느 범위까지 성공적인지 관찰 가능하도록 하며, 둘째로 적절한 지침을 제공할 수 있도록 할 것이다.

[과제 4.7]은 경력 교사를 보고 이 지식의 층과 관련하여 관찰한 것과 제공된 피드백을 적어둘 것을 요청한다.

과제 4.7 전술, 연출, 환경과의 상호작용에 대한 교사의 관찰과 지침

중등 경력 교사를 주시하자. 배우는 활동에 따라 (1) 수업에서 볼 수 있는 전술적, 연출적, 상호작용적 도전들에 대한 측면을 검토하자. (2) 이러한 것과 관련하여 학생들에게 하는 교사 피드백 사례들 및 학생에게 미치는 피드백의 영향들을 적어보자.

수업 후에는 교사와 함께 노트한 것, 특히 처음 피드백을 개시했던 부분에 대한 관찰내용을 논의하자. 경력교사에게 수업하는 예비교사를 관찰하며, 상황적 차이나 요구사항들에 대해 예비교사인 여러분이 언급한 내용들을 기록해 줄 것을 요청하자. 다시, 이 수업을 그 경력교사와 논의하고 모든 노트 내용을 전문성 개발 포트폴리오에 기록해두자.

○ 4층(Layer 4): 움직임 구성 요소 및 원리에 대한 지식과 이해

4층은 테크닉을 함께 형성하는 움직임을 구성하는 측면들에 대한 상세한 분석을 제공하며, 2층이 보다 발달된 형태로 볼 수 있다.

움직임 분석에 대해서 생체역학적 또는 해부학적 관점들처럼 다양한 접근들이 있지만, 가장 유용한 접근 중의 하나는 바로 Rudolf Laban의 관점이다(Killingbeck, 2012). 라반의 접근은 움직임 원리로 잘 알려진 것들을 만들어 냈는데, 이는 움직임의 4가지 주요 핵심 측면들을 나타낸다.

첫째 측면은, 한 가지 테크닉 내에서 몸 전체나 부분이 수행해야 하는 행위가 무엇인지와 관련되어 있다. 예컨대, 몸 전체나 일부의 움직임으로 이동하는 것, 방향을 전환하는 것, 점프하는 것, 수축하는 것, 이완하는 것 또는 정적으로 가만히 있는 것 등이다. 무게의 전이는 테크닉에서 매우 중요한 요소이다. 몸의 주요 부분의 역할이나 몸의 모양도 큰 의미를 가질 수 있다.

둘째 측면은, 테크닉을 수행하는 공간에서의 몸의 위치, 신체 부분 간 공간적 관계에서 몸이 어디에 있는지 살펴본다. 이를테면, 움직임이 일어나는 수준에서 핵심 특성이 잘 나타나고 있는가? 움직이는 행위자가 이동하여 생기는 경로의 모양이 중요한가? 팔/다리로 만들어지는 공간을 통해 생기는 경로가 중요한가?

셋째 측면은, 움직임의 원동력이나 어떻게 테크닉이 수행되는지 고려한다. 예를 들어, 속력 speed, 가속도, 감속은 움직임에 중요한가? 테크닉이 효과적이려면 얼마나 많은 힘이 필요한가? 움직임이 거침없이 흘러가야 하는가, 아니면 어느 때든 멈출 수 있도록 조심스럽게 통제되어야 하는가?

넷째 측면은, 테크닉에 대한 필수 관계적 측면들과 관련된다. 예컨대, 움직이는 행위자와 공/셔틀콕/리본 사이의 관계는 어떻게 이루어져야 하는가? 경기의 각 단계별로 코트에서 행위자가 어디에 위치해야 할까? 팀 경기에서 선수들 간의 공간적 관계는 어떻게 이루어져야 하는가? 특별한 이미지나 메시지를 전달하기 위한 춤에서는 이상적인 군무 모양이 어떻게 만들어 져야 하는가?

움직임을 이러한 방식으로 보는 것은 어떠한 움직임이든지 특유의 구성 요소들을 쉽게 드러낸다. 포환던지기를 예를 들어 아래에서 제시하는 장면을 묘사하기 위해 라반의 원리를 활용할 수 있다.

- 행위자는 무엇을 하고 있는가? 동작을 하는 행위자는 다리를 어깨 넓이로 벌리고, 포환을 목에 바짝 붙이고 한 손은 높이 들어 두 발로 균형을 잡고 서 있다. 이 위치에서 포환이 직행하여 날아가도록 팔은 앞쪽으로 길게 뻗는다.
- 어디에서 움직임이 일어나는가? 팔의 움직임은 목에서 곧 멀리 떨어져 직진 방향인 앞쪽으로 가볍게 위로 이어진다.
- 어떻게 움직임이 수행되는가? 포환을 손에서 날려 보내기 전에 몸의 일부로 팔을 길게 뻗기 때문에, 움직임은 특히 팔의 최대 강도나 힘을 이용한다. 힘은 다리와 몸통을 거친 확고한 기저에서 어깨/팔에 이르기까지 몸을 통해 성공적으로 생성된다.
- 몸은 다른 사람이나 환경과 어떠한 관계를 형성하는가? 처음 위치는 옆쪽 방향으로 향하도록 하며, 그 다음은 몸 자체를 지정한 방향으로 향하게 한다.

[과제 4.8]은 위에 언급된 내용에 따라 '포환던지기' 활동에 라반의 원리를 활용한 두 개의 기술 분석을 수행하도록 요청한다.

과제 4.8 라반의 원리를 활용한 움직임 분석

지면 위의 한 발에서 다른 발로 뛰어오르기 위한 분석을 수행하자. 그리고는 자신이 선택한 움직임과 함께 반복하자. 분석한 결과를 지도교사와 논의하고 그 내용들을 전문성 개발 포트폴리오에 기록해 두자.

움직임 분석: 한 발에서 다른 발로 뛰어오르기	
무엇을?	
어디서?	
어떻게?	
관계	

라반의 분석에 대한 지식과 이해는 움직임의 측면을 잘 인식할 수 있도록 한다는 점에서 매우 가치 있고, 보이는 것들과 발달시킬 필요가 있는 것들을 말로 표현한다는 점에서도 아주 중요하다. 특히 중요한 것은 분석이 자신의 계획과 수업 중의 관찰을 위한 교수내용을 제공한다는 점이다. 이러한 언어를 배우면 독특하게 구체화한 피드백을 제공할 수 있다. 그렇게 함으로써, 가르칠 때 학생들에게 효과적인 차별화를 확신시킬 수 있도록 도전적 목적들을 구별하고, 지침을 학생에 맞게 개별화할 수 있을 것이다. 위에서 언급된 움직임 구성요소를 이해하지 못한다면, 학습을 촉진할 수 있는 필수적 일부 도구가 없는 것이나 마찬가지이다. 이렇게 자세한 분석은 테크닉이나 움직임을 가르치기 위한 준비에서도 중요하다.

4층은 명확하게 2층에 있는 테크닉에 대한 해결의 실마리를 찾아주는 한편, 3층에서 언급되었듯이 신체활동의 전술적이고 연출적 영역의 맥락에서 발달시킬 필요가 있는 방법들을 보는 직관도 제공한다. 움직임 구성요소와 관련된 4층에서의 지식과 이해가 움직임 맥락에서 교수 teaching 라는 핵심으로 직결된다는 의미이다. 어떠한 맥락에서든, 확인된 움직임 구성요소는 모든 움직임에 관련된 원리들에 근거한다.

위에 제시된 간략한 소개는 라반의 분석이라는 방대한 내용의 일부에 불과하다. 좀 더 구체적인 분석은 <표 4.3>에 제시되어 있으며, 이보다 더 상세한 내용은 동반 웹사이트에서 제공하는 내용을 참고할 수 있다(www.routledge.com/cw/capel).

수업 관찰, 언어, 학생의 학습 이해를 위한 지식의 역할

위의 부분은 교사의 관찰과 이에 따른 교수 및 학생의 학습을 향상시킬 지식과 이해의 총 네 가지의 층을 자세히 알아보았다. 이 층들은 모두 다 중요하며, 이러한 층에 대한 이해 없이는 교사가 가르치는 움직임 활동의 특성들을 인식하고 묘사할 수 없다. 그것 나름의 방식도 각각 아주 중요하다. 1층과 관련하여 한 활동의 형태와 절차에 대한 앎 없이는, 이를테면 경기에서의 규칙 침해나 서로 다른 선수들의 역할들을 인식하지 못할 것이다. 2층과 관련하여 한 활동에 관련된 테크닉의 효과적 수행에 대해 알지 못하면, 학생들이 수행을 향상시키도록 해야 하는 지점을 이해하기 힘들 것이다. 3층과 관련하여 활동들에 대한 전술적, 연출적, 환경적 맥락을 알지 못하면, 특정 상황에서 테크닉을 적용할 때 문제 있는 학생들 상황을 방심하게 될 것이다. 4층과 관련하여 창작된 모든 테크닉들 중에서 움직임 구성요소들을 파악하지 못하면, 움직임에서 특별한 강점과 약점을 가려내거나 적절한 지침을 제공하지 못할 것이다.

〈표 4.3〉 '움직임'에 대한 라반의 분석[5] 내용 개요

움직임 측면	분석의 사례들
몸(body)은 무엇을 하고 있는가?	• 몸과 몸의 부분들은 구부리고, 늘이고, 비틀 수 있다(모든 움직임의 기본). • 전신 동작들: 이동하기, 달리기, 질주하기, 전속력으로 달리기, 단거리달리기 • 돌리기, 중심축 중심의 회전하기, 회전하기, 나선형으로 움직이기, 교대하기 • 점프하기, 깡충깡충 뛰기, 뛰어오르기, (몸을 지탱하며)뛰어 넘기, 튀어오르기 (다섯 가지 각종 풋워크) • 몸짓하기, 수축하기, 길게 뻗기, 나선형을 그리기, 몸을 동그랗게 구부리기 • 몸의 무게를 옮기기, 구르기, 재주넘기, 쓰러지기, 미끄러지기 • 가만히 있기, 멈추기, (얼어붙듯)정지하기, 균형 잡기, 중단하기 • 몸의 부분들이 이끄는 움직임은 몸의 나머지 부분들과는 별개로 활용되거나, 동시에/ 연속적으로 활용 • 몸의 모양은 좁혀지거나, 넓어지거나, 비틀어지거나, 대칭적/비대칭적임
몸이 어디로 움직이고 있는가?	• 일반 공간/ 개인적 공간 • 움직임 규모 • 수준: 낮게, 중간, 높게 • 공간 속 모양: 휘거나 직선 • 방향: 위/아래, 앞쪽/뒤쪽, 오른쪽/왼쪽
몸이 어떻게 움직이고 있는가?	• 시간: 느린/한결같은/오래 끄는, 빠른/갑작스러운/빠른/지체 없이 재빠른, 가속하는/감속하는 • 중량/장력: 강력한/변치 않는/최대 장력, 가벼운/부드러운/가느다란(촘촘한)/최소 장력, 느긋한/장력 없는 • 공간: 직선의/꿰뚫는/초점을 맞추는, 다방향의/유연한/초점이 없는 • 흐름: 튀어 오르는/절제된/멈출 수 있는, 자유로운/절제되지 않는/진행 중인
몸은 다른 것들 및 환경과 어떠한 관계인가?	• 공간과의 관계: 바닥, 벽, 경기장, 공연장, 코트, 무대 • 사물과의 관계: 공, 훌라후프, 목표물, (고정)추, 벤치, 매트, 말, 정글짐 • 사람과의 관계: 파트너/ 팀원들/ 상대팀 선수들과의 관계에서 위치

* 특히, 춤과 관련한 표 4.3의 상세한 내용은 동반 웹사이트에서 제공하는 내용 참고 (www.routledge.com/cw/capel).

위에서 제시된 지식의 범위를 층별로 발달시키는 것은 벅찬 도전이며, 교수 경력이 충분히 쌓일 때까지 모든 층들을 통달할 것이라는 기대도 하기 어렵다. 그 층들은 교사들에게 의도된

---

[5] 라반의 움직임 분석 내용은 체육과 교육과정 모형 중에서 '움직임 분석 모형'을 통해 이미 잘 알려져 있는 부분이지만, 본 장에서는 4가지의 움직임 측면(또는 요소)별로 다양하고 세부적인 신체활동 대하여 미묘한 차이를 고려하여 구체적인 분석 사례들을 함께 제시하고 있다.

학습결과 ILOs, 관찰, 피드백 내용에 대한 정보를 주기 위해 늘어나는 세부사항들을 더 많이 검색하고, 면밀히 살피며, 분석할 가능성을 제공한다. 또한, 이 네 가지 층에서 교수내용의 실체, 모든 학생들의 요구를 충족시킬 수 있는 것을 늘려주고, 각 학생에게 적합한 높은 질의 결과물 달성을 촉진한다. 처음에는 그 층을 구분하는 것이 도움이 될지도 모른다. 1층과 3층은 한 가지 활동에 대한 전반적 형태 및 보다 특별한 요소들에 대해 맨 먼저 익숙해지고, 그 활동의 중요한 특성들을 탄탄하게 이해한 상태에서 수업을 실시할 것을 요구한다. 2층과 4층도 서로 연계되어 있는데, 2층보다는 4층이 보다 상세한 사항을 다루고 있다. 여기서 논리적 접근은 2층에서 '기술 skill' 분석에서 출발하는 것이고 4층에서 제시된 바와 같이 '움직임 movement' 분석으로 옮겨가는 것이다. 그러나 이 층들은 상호 유익한 정보를 제공한다. 대체로 경력 교사는 보다 유연한 방식으로 층 사이를 넘나들 수 있을 것이다. 예컨대, 집단 구성 축소, 부적절한 타이밍, 더 거창한 도구들로 인하여 어떠한 전술이 무너져도 그것을 적어둘 수 있다. 이 경우에 4층은 3층과 관련된 교수내용을 알 수 있다. 다음 〈그림 4.2〉는 층들 간 관계의 복잡성을 도식적으로 표현한 것이다.

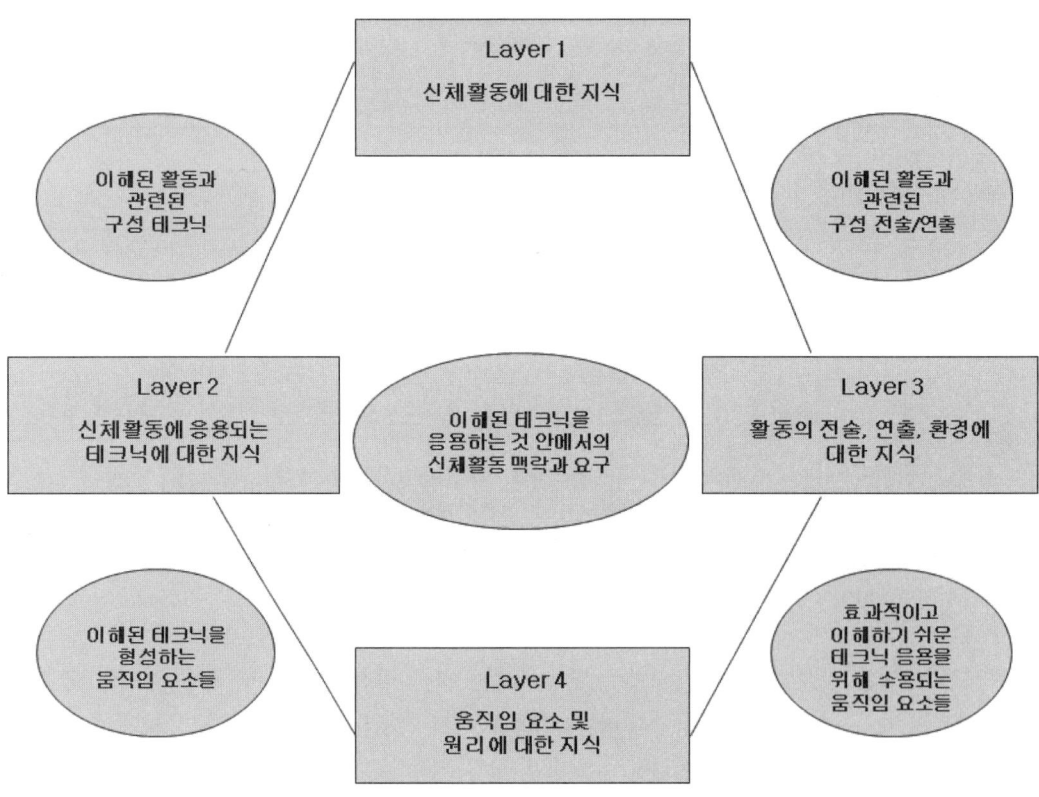

〈그림 4.2〉 식의 층위 간 관계에 대한 도식

관찰 및 수업계획에 필요한 내용

지식, 계획, 관찰은 교수 teaching 와 면밀하게 관련되어 있다. 위의 4가지 층위에서 논의된 자료들은 의도된 학습결과 ILOs 와 교수내용을 확인하는 것과 관련된 수업 계획의 배경이 된다. 수업 관찰의 핵심 과제는, 모든 학생들이 의도된 학습결과를 달성할 수 있도록 하는 교수내용을 선정하고 활용하면서 그 진전 과정을 추적하고 관찰하는 것이다. 무엇이 교사 주의를 돌리게 하고 지침을 제공하는지 확인함에 따라, 교수내용은 계획과 관찰 사이의 가교 역할을 하게 된다. 교사가 가르치기 시작하면서, 다른 교수내용으로 넘어가기 전에 학급에 한 가지 교수내용에 대한 피드백을 제공하고, 한 번에 하나의 교수핵심내용만 관찰하도록 하는 것이 적절하다.

이 단계에서 두 가지의 추가 사항을 고려하는 것이 유용하다.

첫째는 두 명씩 짝을 지어 학생들이 서로 관찰하고 피드백을 주도록 활용하는 것과 관련 있다. 5장에서 설명했듯이 동료 교수를 채택하면서 학생들은 전술이나 전략을 향상시키기 위해 협업하게 되고, 관찰이 바로 교수의 도전적 측면이며 학생들이 상당한 지침을 필요로 할 것이라는 점, 그들이 이러한 과제를 효과적으로 수행하기 전에 실천할 것이라는 점을 기억해 두는 것이 좋다.

둘째는, 학교 전체의 목적 방향에 부합하는 의도된 학습결과의 관찰과 관련된다. 학생의 독립성, 사회적 기술, 의사소통 기술의 발달과 같은 학교 전체의 목적을 촉진시켜야 한다면, 체육 수업에서도 그런 상황들이 올 것이다. 이러한 상황에서 이렇게 의도된 학습결과들이 관찰과 피드백에 중점을 두어야 한다. 이를테면, 협동, 리더십, 창의성은 의도된 학습결과들 중 하나로 확인되며, 수업의 특별한 부분을 형성하고 있는 학생들의 진전 상황을 교사가 관찰하며 피드백을 주는 것이 필요하다. 움직임에 대한 주의는 늦추고 체육 수업에 대한 보다 확장된 열망과 긴밀하게 연결되도록 학생 행동을 주시할 필요가 있다. [과제 4.9]는 직접적으로 움직임 수행과는 관련 없는 의도된 학습결과에 관한 교사 피드백을 기록하도록 요청한다.

> **과제 4.9 움직임 수행과는 관련 없는 의도된 학습결과에 대한 관찰과 교수내용**
>
> 의도된 학습결과인 협동학습을 통해 게임, 야외 활동 또는 모험적 활동을 다루는 경력교사 수업을 관찰해보자. 협동을 촉진시키거나 발달시키려는 시도 속에서 그 경력교사가 수행한 교수내용 목록을 작성하자. 어떠한 학생 행동이 여러분이 확인한 그 피드백을 촉발시켰는지 그 교사에게 물어보자. 목록에 있는 교수내용과 효과성에 대한 견해를 발생시킨 관찰사항들을 기록하자. 기록한 내용을 전문성 개발 포트폴리오에 기록해두자.

관찰에 도움이 될 추가 지식과 이해[6]

관찰에서 중요한 것은 가르치고 있는 신체활동의 본질 및 구성 테크닉에 대한 이해가 되겠지만, 정확성과 공감을 가지고 지각력 있게 관찰하는 능력은 경험과 지식의 다른 영역들에 의해서도 영향을 받을 수 있다. 예를 들어, 생체역학, 심리학, 사회학에 대한 심층적 지식들은 학생 수행의 측면을 특별히 민감하게 만들 수 있다. 개별적 존재로서의 학생들에 대한 탄탄한 지식도 교사가 가치 있는 핵심 정보를 선택하도록 돕는다. 최종적으로, 교사 개인의 체육에 대한 목적과 신념이 관찰에 영향을 미칠 수 있다.

○ 생체역학적, 심리학적, 사회학적 지식을 교사 관찰에 응용하기

생체역학적 지식은 움직임과 테크닉에 대한 관찰에 매우 가치 있는 공헌을 할 수 있다. 이를테면, 균형 잡기에서의 무게 중심 위치의 영향이나 힘을 생성하는데 필요한 안정적 기저(면)의 중요성에 대한 자각은, 왜 기능 skill 이 거의 성공적으로 수행되는지 관찰하는데 도움을 줄 수 있다. 학습에 대한 탄탄한 심리학적 지식은 짧은 주의 지속시간을 갖는 학생들과 과정을 지연시키는 학생들의 동기부족과 같은 가능성을 확실히 의식하게 한다. 대인관계에 대한 사회학적 이해는 다른 사람들을 이해하는 것이 어렵다고 보이는 학생들이나, 협동적 집단 문제를 가진 학생들을 교사가 의식하고 파악하는데 도움을 준다. 이러한 두 가지 경우는 학습자의 움직임 반응뿐 아니라 전반적 행동들이 모두 순조롭지는 못하다는 것을 보여주고 있다. 비언어적 의사소통의 형식에서 학생 행동에 대한 관찰은 '수업/학습 이해'에서 중요하다. 본 장의 읽을거리 목록에서는 생체역학적, 심리학적, 사회학적 지식에 중점을 두고 있는 도서 목록들이 제시되어 있다.

[과제 4.10]은 직접적으로 움직임 수행과는 관련이 없는 의도된 학습결과와 관련된 교사 피드백을 적도록 요청한다.

---

[6] '전통적 관찰'에는 '직관적 관찰'이나 '목견적 관찰'처럼 관찰자의 주관에 크게 의존하는 방법이 있는 반면, '일화적 기록'처럼 비교적 객관적이고 사실적인 현상이나 사건을 중심으로 가치 있는 정보를 수집함으로써 상대적으로 신뢰성을 높이 평가받는 방법도 있다. 또한, '체크리스트'를 이용한 관찰은 운동 기술뿐 아니라 친사회적 행동을 관찰하는데 도움이 될 수 있다.

> **과제 4.10 체육 수업 관찰에서 생체역학적, 심리학적, 사회학적 지식 견인 가치**
>
> 경력교사가 가르치는 수업을 녹화하기 위해 허락을 받자. 수업 후, 위에서 언급된 분야의 한 가지 관점을 선택하여 음향 없이 10분간 지켜보자. 어떠한 분야의 지식이 특별한 명료성을 가지고 관찰하는 데 도움이 되는지 적어보자.
>
> 음향을 들으며 촬영했던 부분을 다시 보고, 교사 관찰의 사례를 어떠한 예든 상관없이 적어본 후, 위에서 언급된 어떤 분야든 상관없이 그 활용을 보여주자.
>
> 그 경력교사와 여러분이 관찰한 내용을 논의해보고 이 연습에서 기록한 내용을 전문성 개발 포트폴리오에 기록해두자.

개별 학생 관찰[7]

모든 학생들은 신체적, 인지적, 사회적 발달에 대해 대체로 유사한 여정에 놓여 있지만, 각자 다른 단계에 있고 나름의 개별별 특성을 갖추게 된다. 교사는 관찰 중에 이러한 차이들을 인식할 필요가 있다. 이를테면, 부끄럼이 많고 불안해하는 학생, 낮은 자존감이나 자신감에 사로잡힌 학생, 급격하게 성장 중인 학생, 부상을 회복중인 학생은 모두 조심스레 장기적 추적 관찰이 요구되며 특정 피드백을 제공해 주어야 할 대상이다(자신감과 자존감에 대한 자세한 내용은 11장 참고). 개별적 차이의 인정과 특별한 요구들은, 학생 관찰에 대해서나 학생 활동에 대한 적절한 반응의 방식에 대한 방향을 제시해 주는 역할을 한다. 대부분의 학교들은 교사가 수업에서 학생들이 보여주는 특별한 신체적, 인지적, 사회적 요구들에 대하여 적절하게 반응을 보이는데 도움이 되는 지침을 제공할 수 있을 것이라고 언급한다(포괄성에 대한 자세한 내용은 10장 참고).

[과제 4.11]은 경력교사를 지켜보고 개별 학생들에게 주는 특정 피드백을 검토하도록 요청한다.

> **과제 4.11 관찰 및 그 이후 개별 학생에게 제공되는 피드백 검토**
>
> 경력교사가 가르치는 수업을 관찰하고, 학생 개개인의 요구에 대한 교사의 지식과 이해를 잘 보여주는 피드백이 제공될 때 녹화하자. 수업 후에는 교사의 관찰에 근거한 정보를 확인하기 위하여 그 경력교사와 같이 여러분이 관찰한 내용을 논의해보자. 이러한 내용을 마스터 수준의 작업의 증거로 기록한 내용을 전문성 개발 포트폴리오에 기록해두자.

---

[7] '루브릭'을 활용한 관찰은 평정척도를 통해 양적으로 운동수행을 평가하지만, 성취목표를 파악한 후 수준을 명확하게 설정하고 그에 따른 점수를 신중하게 검토한 후 부여한다면, 학습자의 운동 수행 능력을 다차원적으로 관찰이 가능하다는 장점이 있다. 물론, '체계적 관찰'에서도 행동의 반복성과 지속성을 전제로 사건 기록, 지속시간 기록, 동간기록 등을 고루 활용할 수 있다.

개인의 신념이 학생 관찰에 영향을 미치는 부분

체육 교사로서 자기 개인의 준거틀이 관찰에 영향을 미칠 수 있다는 것을 알아야 한다. 개인적 경험, 지식, 신념들은 정보를 이해하고 해석하는 방식을 특색 있게 해주고 숙고할 수 있다는 점에서 매우 유익한 일이다. 예를 들어, 성직자, 부동산 중개인, 농부는 제각각 자연 세계의 특별히 아름다운 부분을 다른 관점으로 바라볼 것이다(Best, 1985).

진정으로 알지 못하는 것에 대해 의문을 제기하는 것은 가치가 있다(Sanders, 2012). 이기는 것이 전부라고 생각한다면, 포용력을 우선으로 생각하는 동료 교사들과는 다른 방식으로 수업을 관찰하게 된다. 체육 수업에서 '언제 관찰할 것인가?'를 포착하려는 입장을 심사숙고하는 것은 유익한 일이다. 이러한 입장을 깨닫는 일과 이것이 관찰에 영향을 미친다는 것은 어쩌면 교사에게 놀라운 일일 것이다. 다음 과제를 수행함으로써 다른 관점들의 효과를 이해하고 자신만의 특별한 관점에 대한 감도 잡을 수 있다.

[과제 4.12]는 어떤 특정한 관점들이 관찰에 영향을 미칠 수 있는지 알도록 도와주기 위해, 교사나 예비교사가 가르치는 수업을 10분 정도 녹화한 장면을 지켜보도록 요청한다.

> **과제 4.12 상이한 준거틀에 따른 학생 관찰**
>
> 중등 체육 수업을 10분 정도 녹화한 장면을 여러 번 지켜보자(여러분이 가르치거나, 다른 교사가 가르치거나, 예비교사가 가르치는 수업 모두 가능). 매번 볼 때마다 아래 목록에 제시된 바와 같이 다른 관점에서 관찰해보자. 보는 대로 관찰한 것을 잘 적어보자.
>
> - 좋은 시험 결과에 대한 욕심
> - 특별한 교육적 요구를 가진 학생들에게 관심
> - 규율에 대한 불안
> - 모든 학생의 능력을 시험하도록 도전
> - 학생이 수업을 즐기길 간절히 원함
>
> 예비교사가 여러분과 독립적으로 동일 녹화 장면을 관찰하면서 동일한 과제를 수행하는 것도 유용할 것이다. 검토한 후, 다른 관점에서 관찰한 결과에 대한 기록들을 함께 보면서 토론해보자. 관찰하면서 가장 편안하게 느꼈던 관점의 견지에서 고려해 보고, 왜 그런지, 이 과제의 수행 경험을 2,000개 정도의 단어를 활용하여 써보자. 마스터 수준의 증거로서 이것을 전문성 개발 포트폴리오에 기록해두자.

보고와 기록에서의 관찰

관찰은 대체로 학생에게 즉각적으로 지원하기 위한 대응을 할 수 있도록 수업에서 수행되지만, 평가나 보고를 완성하려고 관찰을 통해 정보를 수집하는 경우도 있다(9장 참고). 이는 부서나 학교에서 연차 보고서를 쓰거나, 시험 상황에서 판단의 결정을 내리거나, 기준에 대한 추적 관찰을 하는 것을 위한 목적일 수도 있다.

이러한 경우에서는 관찰의 중점이 특정 형태의 기준에서 제공되며, 객관적으로 요청되는 것을 관찰하도록 되어 있다. 이럴 때에는 다른 동료들과 같이 하는 것이 유용한데, 학생 능력에 대한 선입관을 가지고 학생 수행에 대한 판단을 쉽게 내리고 특징짓지 않기 위함이다. 모든 것이 너무 쉽다고 해서 스스로 기대하는 것만 볼 수는 없는 것이다(Child, 2007 :160).

교수의 효과성을 추적 관찰하기 위한 수업 평가에서의 관찰 활용

이 장에서는 교수 상황에서 학생 관찰에 중점을 두고 있는 반면, 수업에 걸친 관찰은 수업 평가를 완성하며 교수 전반에 대한 효과성을 판단하기 위한 자료를 제공할 수도 있다.

예를 들어, 아래 질문들에 대해 스스로 자문해 볼 수 있다. 아래 질문들은 구조화 organization 8)에 관한 질문 내용이다.

- 공간을 조직화한 방법은 적절했는가?
- 학생들이 안전하게 활동하는데 충분한 공간이 확보 되었는가?
- 학생들이 사용 방법을 잘 아는 정확한 크기/중량의 기구와 장비가 충분했는가?
- 학생 행동은 적절한 규칙과 루틴이 확립되고 행동 기준의 명확하게 설정되어 왔는지를 보여주는가?

아래 질문들은 의도된 학습결과와 과제의 계획에 관한 것이다.

- 의도된 학습결과는 적절한가? 너무 쉽거나 어렵지 않은가?
- 교사가 설정한 과제는 학생들이 의도된 학습결과를 성취하는데 도움을 주기에 적절했는가?

---

8) 체육 수업 관찰을 통한 수업 이해와 관련된 '구조화' 내용 중, 국내에서 2013년부터 3년간 수행된 김원정(2015)의 연구에서 수업 관찰에 근거한 '체육 수업 비평'의 세 가지 관점이 제시되어 있으며 본문 내용처럼 구체적인 수업 관찰 구조가 제시되어 있다. 이를테면, '과학적-효율적' 관점으로 수업 관찰시 '체계적인 구조를 가지는가?' 라는 질문에 수업의 표준적 틀과 시간 배분, 연습 대형 등에 대하여 언급되었고, '맥락적-실천적' 관점으로 수업을 관찰할 때 '시간과 공간을 고려하여 수업하는가?'와 관련하여 공간 활용 및 안전이 제시, '학생의 다양한 편의와 시설을 충분히 고려하며 수업하는가?'라는 질문에서는 용기구 확보 노력 등이 포함되어 있다.

- 교수내용이 학생 진도에 도움이 되었는가?
- 움직임 분석을 더 할 필요가 있는가?
- 활용한 교수 접근은 의도된 학습결과의 성취를 촉진하는데 효과적이었는가?
- 학생 팀 구성은 효과적이었는가?
- 학생들이 의사 결정할 기회를 너무 많이 또는 너무 적게 주지는 않았는가?

이러한 방법으로 수업을 '이해'함으로써 교사는 자신의 교수와 계획이 얼마나 효과적이었는지 알 수 있고, 교사 활동과 관련된 측면을 개선하기 위한 목적을 스스로 설정할 수 있다. 이러한 관찰은 자신의 수업 평가에서 두드러진 특성을 보여준다(3장 참고). 건설적인 자존감은 개선이 일어나는 플랫폼이며, 관찰은 이러한 발달에 대한 정보를 장·단기적으로 제공한다.

[과제 4.13]은 교사의 발달에 대한 우선순위를 확인하기 위해 수업에 대한 반성을 하도록 요청한다.

 과제 4.13 수업 중 관찰에 대한 반성을 통해 교수에 대한 학습하기

수업 후에 위에 언급된 질문들을 스스로에게 던져보고, 자신이 느끼기에 교수에 대한 개선의 우선 순위가 무엇인지 세 가지 측면을 확인해보자. 비디오나 수업 녹화자료가 도움이 될 것이다. 일주일 후에, 자신이 검토한 세 가지 목적에 초점을 두고 가르치는 수업을 동료 예비교사가 관찰하도록 요청하자. 얼마나 더 진전되었는지 동료 예비교사와 논의하자. 이러한 내용을 마스터 수준의 작업의 증거로 기록한 내용을 전문성 개발 포트폴리오에 기록해두자.

요약 및 요점

이 장에서는 체육 교수에서 '관찰'과 관련된 논의들을 폭넓게 바라보고 있다. 수업 조직화와 관리, 학습과 언어발달에 관한 관찰의 근본적인 중요성의 윤곽이 잘 잡혀 있다. 효과적인 관찰이 교사가 수업에 가져오는 지식의 상당 부분에 달려있다는 점은 자세히 논의된 바 있다. 이는 구조, 가르치고 있는 신체활동의 형식, 움직임의 특성과 구성요소들 모두를 아우르는 4개의 층을 포함하고 있으며, 이와 관련한 생체역학, 심리학, 사회학 등 지식의 추가 영역들이 같이 검토되었다. 개별적 존재로서의 학생을 이해하고, 체육에 대한 신념들이 어떠한가에 따라서 관찰에 미치는 영향은 다르게 나타난다. 체육 수업에서 관찰 기술은 도전하는 것만큼이나 중요하다. 학생들이 넓은 영역에 걸쳐 분포되어 있고 좀처럼 가만히 있지 않으므로 도전적이라는 의미이다. 이는 피드백만큼 중요하고 학습 촉진의 중심에 있다. 관찰은 아주 중대한 숙고를 강조하며 체육 교사에게 기본적인 기술이다.

이 장에서 언급한 자신의 예비교사교육에 대한 필수 요건은 무엇인지 확인해보자.

---- / 추가 읽기 자료 / ----

Gallahue, D.L. and Donnelly, F.C. (2003) *Developmental Physical Education for All Children*, 4th edn, Champaign, IL: Human Kinetics.

16장 '움직임 개념 학습을 통한 움직임 기술 발달'은 체육교사에 대하여 라반의 움직임 분석의 가치를 더 강화시켜 준다. 특히, '라반의 분석'은 움직임을 확인하고 명료화하거나 논의하는 언어 표현의 유용성에 대해서 인정받는다. 또한, 학생 스스로 학습에 책임감을 더 갖도록 만드는 도구(수단)를 제공하여 움직임 분석을 가능하게 만들 수 있는 것으로 알려져 있다.

Observing Children Moving (OCM) CDRom and Observing and Analysing Pupils' Movement(OALM) CDRom. See: The Movement Observation Series OCM and OALM at http://www.tacklesport.com/s/movement-observation/

이 2개의 CD롬은 예비교사에게 아주 유용한 자원이다. 각각에는 유·청소년이 여러 가지 신체 활동을 다양한 움직임 유형으로 수행하는 70개 이상의 비디오 영상이 포함되어 있다. OCM은 어린 학생들 중심으로, OALM은 초등 및 중등의 저학년 중심으로 관찰하는데, 서로 다른 카메라 각도로 촬영하지만 2개 모두 관찰 실습을 하는데 아주 유용하다. 관찰자가 관찰한 것을 기술하고 다른 학생들과 움직임을 비교하며 발달의 영역을 확인하도록 하는 도전 과제가 설정되기도 한다.

Sanders, L.(ed.) (2012) *Dance Teaching and Learning: Shaping Practice Youth Dance,* London: Youth Dance England.

4장에서 보다 구체적인 라반의 움직임 분석을 제공한다. 무용에 대한 사례들이 제시된 반면, 구체적인 추가 내용으로 모든 학생이 인간의 움직임에 대한 가치를 누구와, 무엇을, 어디서, 어떻게 해야 하는 것인가에 대해서 찾고 있다.

아래의 단행본은 생체역학, 심리학, 사회학에 대한 정보를 제공한다.

Barlett, R. (2014) *Introduction to Sports Biomechanics: Analysing Human Movement Patterns,* Abingdon, Oxon: Routledge.

Delaney, T. (2009) *The Sociology of Sports: An Introduction*, Jefferson, NC: McFarland.

Jones, R., Potrac, P., Cushion, C. and Ronglan, L.T.(2011) *The Sociology of Sports Coaching,* Abingdon, Oxon: Routledge.

Tod, D. (2014) *Sport Psychology: The Basics,* Abingdon, Oxon: Routledge.

Watkins, J. (2014) *Fundamental Biomechanics of Sport and Exercise,* Abingdon, Oxon: Routledge.

Weinberg, R.S. and Gould, D.(2011) *Foundation of Sport and Exercise Psychology*, 5th edn, Champaign, IL: Human Kinetics.

이 장에 대한 추가적인 정보는 다음 웹사이트 참고: www.routledge.com/cw/capel

의사소통
Communication in PE

Paula Nadine Zwozdiak-Myers

소개

이 장은 효과적인 의사소통에 대해 다룬다. 의사소통은 수업의 핵심이다. 의사소통 없이는 학습이 일어나지 않는다. 나쁜 의사소통은 애매하거나 불완전한 메시지를 낳고, 이는 결과적으로 부적절한 학습으로 이어진다.

모든 교과는 고유의 의사소통 방법이 있다. 체육교사는 교실, 체육관, 수영장, 운동장 등 다양한 환경에서 학생들과 의사소통해야 한다. 동시에 체육 교과에서만 나타나는 의사소통의 특징을 잘 알고 있어야 한다. 말 spoken language 을 적재적소로 잘 쓰는 것도 중요하지만 너무 많이 얘기하는 것은 학생들의 귀중한 신체활동 참여 시간을 빼앗는 점을 기억해야 한다. 설명과 지시는 간결해야 한다. 여러분은 어떤 활동에 참여하기를 원하는 순간에 교사의 웅얼거리는 소리를 들은 경험이 있을 것이다. 학생들의 대화는 역시 그들의 학습을 심화시키고 확장하는 데 도움이 될 수 있다. 그러나 명심해야 할 점은 학생들의 잡담이 교사의 수업 흐름을 방해해서는 안 된다는 것이다.

다른 교과와 마찬가지로 체육 역시 고유의 기술적인 용어가 있다. 한 분야의 전문가가 된다는 기쁨은 교과와 관련된 구체적인 용어와 표현을 다른 분야의 전문가에게 얘기할 수 있는 것을 의미한다. 그러나 대부분의 학생은 전문가가 아니다. 여러분이 쓰는 언어가 학생들을 혼란스럽게 해서는 안 된다. 물론, 여러분이 만 14-18세(GCSE 또는 A-level[1]) 학생을 가르친다면 학생들은 구체적인 개념을 듣고자 할 수도 있다. 그러나 만 11-12세 학생(year 7)을 가르칠 때는

---

[1] GCSE는 만 14세 또는 만 16세 전후의 학생이 입학(한국 중학교 2-3학년이 고등학교 진학과 비슷)하여 1년 또는 2년과정으로 학생들이 전공을 탐색하는 과정이다. A-Level은 GCSE 과정을 마친 학생들이 대학으로 진학하기 위해 수학하는 2년 과정이다. 한국의 고등학교 2-3학년 과정과 비슷하다.

그들의 발달 수준에 적합한 언어를 써야한다. 어려운 개념을 사용할 때는 학생들이 알아들을 수 있을 정도로 충분하게 설명하거나 해당 상황에 맞는 예시를 함께 제공해야 할 것이다.

본 장을 학습한 후 여러분은 다음과 같은 내용을 이해할 수 있어야 한다.

- 의사소통의 중요함을 이해할 수 있다.
- 내 목소리의 적절함과 유연함에 대해 알 수 있다.
- 교사 언어의 중요성을 이해할 수 있다.
- 질문하기의 핵심 역할을 이해할 수 있다.
- 학습 촉진을 위한 교사 피드백의 중요성을 이해할 수 있다.
- 학생 언어의 중요성을 이해할 수 있다.
- 메시지 전달을 위한 의사소통 방식의 중요성을 인식할 수 있다.
- 시범을 활용하여 효과적으로 의사소통함으로써 학생의 학습을 촉진하는 방법을 이해할 수 있다.

예비교사교육과정의 요구사항을 확인하여 이번 장과 어떠한 관계가 있는지 살펴보자.

체육교사의 목소리

수업을 하다보면 처리하기 곤란한 어려운 상황에 놓일 수도 있다. 체육교사는 그런 어려운 상황에서도 수용될 수 있는 적절한 목소리를 가져야 한다. 이런 측면에서 자신의 목소리를 녹음해서 들어보는 것은 매우 실용적이다. 아래 [과제 5.1]은 자신의 목소리를 듣는 방법이다.

 과제 5.1 자신의 목소리 평가하기

자연스럽게 글을 읽거나 친구와 일상적인 대화를 나누는 장면을 녹음해보자. 지금까지 녹음된 자신의 목소리를 들어본 적이 없다면 그 충격에 대비하자. 기대와는 상당히 다른 목소리를 듣게 될 것이다. 여러분은 여러분의 입에서 나오는 목소리를 '뒤'에서 듣지만 다른 사람들은 '앞'에서 듣는다는 것을 기억해야 한다.

우선 긍정적인 마음으로 자신의 목소리를 듣고 장점을 찾아보자. 말투는 상냥한가? 학생들의 주의를 집중시킬 수 있도록 목소리의 강도를 달리하는가? 친근한 사람의 목소리로 들리는가?

여러분이 가르치는 다양한 장소에서 목소리를 녹음해보자. 교실에서는 어떤가? 체육관은? 수영장은? 운동장은?

자신의 목소리를 듣고 인식한 강점과 약점을 적어보고 이를 여러분의 지도교수와 함께 공유하자. 여러분의 전문성 개발 포트폴리오(PDP)에 포함시키는 것도 좋은 방법이다.

자신의 목소리를 녹음하고 녹음된 목소리를 듣는 것에 익숙해졌다면, 목소리를 다양하게 바꿀 수 있는 방법에 대해 생각해보자. 다음과 같은 다양한 요소를 고려할 필요가 있다.

- 높낮이 pitch
- 속도 speed
- 일시정지(또는 침묵) pause
- 강조 stress
- 음량 volume, 音量
- 발음 enunciation

이제 [과제 5.2]로 넘어가자

 과제 5.2 목소리 변화

목소리 변화 연습은 충분한 가치가 있다. 높낮이와 속도 조절을 위해서 녹음기를 활용해보자. 책의 한 구절을 읽으면서 중간에 일시 정지의 효과를 확인해보자. 특정 단어나 구절을 강조해보자. 아마도 이러한 연습은 유치하게 느껴질지도 모른다. 그러나 연습의 효과는 굉장하다. 이야기를 잘 하는 사람이 좋은 교사가 될 수 있다는 말이 있다. 다소 부풀려진 얘기일 수도 있다. 그러나 표현력이 좋으면서 유연한 목소리는 분명히 교사에게 값으로 매기기 어려운 큰 자산이다.

목소리 연습을 위해서는 반드시 실제 수업을 활용해야 한다는 점을 잊어서는 안 된다. 무선 마이크를 활용하는 것이 효과적이다. 준비하기 어렵다면 지도 교사(tutor)에게 여러분의 목소리를 듣고 피드백을 부탁할 수도 있다. 개선에 도움이 되는 긍정적인 코멘트와 조언을 얻을 수 있을 것이다.

지도교수의 코멘트를 전문성 개발 포트폴리오(PDP)에 포함시키자. 향후 코멘트를 보고 이 과제를 반복한다면 여러분의 교사교육과정(학부과정)동안 분명 도움이 될 것이다.

이상의 목소리 변화는 모두 학생들에게 영향을 미친다. 큰 목소리는 박진감을 불러일으킬 수 있다. 깊은 목소리는 수업을 차분하게 만든다. 특히 규율과 관련된 내용을 전달할 때 효과적이다. 평소의 목소리는 높낮이에서 많은 변화를 줄 수 있다. 낮은 목소리는 실내에서 효과적일 수 있는 반면 실외에서는 큰 목소리가 내용을 전달하는 데 낫다.

말하기 속도는 수업의 페이스를 결정한다. 낮은 속도는 두 가지 다른 효과가 있다. 많은 학생들을 대상으로 좁은 체육관 공간에서 기자재를 가지고 수업을 하는 모습을 가정해보자. 이런 경우에는 안전하고 조심스러운 환경을 만드는 것이 중요하다. 천천히 얘기를 하는 것이 도움이 될 것이다. 반대로 넓은 체육관에서 적은 수의 학생을 대상으로 열정적인 수업 분위기를 형성하고 학생들의 적극적인 반응을 이끌어내기 위해서는 빠른 속도로 얘기해야 할 것이다.

일시정지는 좋은 전략이다. 어떤 교사는 매우 높은 빈도로 잠깐의 침묵을 허용하는 것보다 '음', '흠' 등과 같은 일종의 채우기 filler 방법을 활용한다. 강조를 위해서 많은 체육교사들이 즐겨 사용하는 채우기 중의 하나로 '그렇지'가 있다. 채우기 활용 자체에 잘못된 점은 없다. 다만 같은 채우기를 지나치게 자주 활용하는 것은 적절하지 않다. 학생들은 여러분이 얼마나 자주 '그렇지'를 활용하는지를 셀 지도 모른다. 학생들이 다른 중요한 포인트를 간과하게 되는 결과를 초래할지도 모른다. 일시정지는 또한 규율을 가르치는 과정에서 진중한 방법이 될 수 있다. 중요한 내용을 설명하고 있는데 한 학생이 딴청을 피우고 있는 장면을 가정해보자. 설명을 멈추고 그 학생을 바라보는 것은 일종의 범죄자를 주목시키는 셈이다.

강조는 중요한 정보를 부각시키는 유용한 방법이다. 주목할 점은 너무 자주 써서는 안 된다는 것이다. 너무 다양한 개념을 강조하는 것은 듣는 사람을 피곤하게 만들 수밖에 없다. 안전, 핵심적인 기술 습득과 같은 정보는 평상시의 다소 느슨한 정보 전달 방식과 다를 수 있다. 이와 같은 기준선 baseline 목소리는 학생들이 듣기에 뚜렷하고 상냥하면서도 자연스러워야 한다.

교사가 말하는 내용이 쉽게 들릴 수 있어야 한다. 이는 잘 들리는 가청성 audibility 및 음량 volume 과 관련 있다. 체육교사는 바람 또는 차량 소리가 있는 야외의 넓은 환경에서 수업해야 한다. 쉬운 제안 중의 하나는 학생들이 소리를 잘 들을 수 있도록 큰 소리로 외치거나 고함을 질러야 한다는 것이다. 이러한 방법은 음량을 높인다는 측면에서 필요할 수도 있다. 그러나 가청성은 다양한 요소에 의해 결정된다. 전달해야 할 내용이 많을 때는 학생들을 여러분의 가까운 곳에서 보고 있도록 하는 것이 좋다. 모든 학생들이 여러분의 앞에 위치할 수 있도록 적절한 위치에 자리해야 할 것이다. 누군가의 등 뒤에서 그 사람의 말을 듣기란 매우 어렵기 때문이다. 만약 여러분이 누군가의 뒤에 위치한다면 가청성은 최대 75%까지 하락한다.

가끔은 학생들이 모여 있을 때도 '자 조용 quiet, please'이라는 표현을 사용함으로써 조용한 상황으로 만들 필요가 있다. 조용한 상황에서는 큰 소리로 외치는 것을 피하는 것이 좋다. 이때는 평소의 자연스러운 목소리를 얘기할 수 있도록 조절할 필요가 있다. 매 순간 큰 소리로 의사소통하는 체육교사가 되고 싶지는 않을 것이다, 사회생활에서도 마찬가지겠지만.

발음 역시 매우 중요하다. 학생들이 쉽게 이해할 수 있도록 정확하게 발음해야 한다. 일상적인 대화에서는 정확한 발음을 하기 위한 노력이 크게 필요하지 않을 수 있다. 흩어져 있는 많은 학생들에게 얘기하는 상황은 다르다. 일종의 배려가 필요하다. 영어가 모국어가 아닌 학생들을 가르치거나 가벼운 청각 장애와 같이 특수한 교육적 배려가 필요한 학생 또는 특수학생 disabilities 을 가르치는 경우는 더욱 그렇다. 학생들이 놓치는 단어가 없도록 주의해야 한다. 그렇지 못할 때는 학생들은 여러분이 전달하고자 하는 내용을 완전하게 이해 못할 수 있다.

학생들이 흩어져있는 상황에서 전달하고자 하는 내용이 있다면 반드시 학생들을 조용하게 만들고 주의집중을 하도록 해야 한다. 그런 다음 여러분으로부터 가장 멀리 있는 학생들과 의사소통 할 수 있도록 적절하게 방사 projection 기술을 활용해라. 정확한 발음이 하나의 방법이 될 수 있다. 가장 멀리 떨어져있는 학생에게까지 교사의 열정을 담아 관심을 보내는 방법도 포함된다. 이와 같은 방식은 때때로 고통스러울 때도 있다. 그러나 방사는 일종의 지도 기술이 될 수 있고, 이와 같은 기술을 통해 속삭임 수준의 작은 음량도 멀리 전달할 수 있다.

명심해야 할 점은 여러분의 목소리가 전달하고자 하는 의미를 강화하는 역할을 한다는 것이다. 학생들은 종종 '내용'보다 '어떻게 얘기하고 있는가'에 보다 관심을 기울인다. 학생에게 무미건조하게 칭찬을 한다면, 여러분의 의도는 제대로 전달되기 어렵다. 마찬가지로 누군가를 혼내야 할 때는 그 학생의 부적절한 행동에 대해 엄격한 태도를 취해야 한다. 여러분의 음성을 효과적으로 활용하기 위해서는 몸짓이나 표정 등의 준언어 paralanguage 요소와 비언어적 의사소통 기술이 적절하게 짜여 져야한다. 잘 튜닝 된 기계처럼.

체육에서 기술적 용어

다른 교과와 마찬가지로, 체육은 고유의 용어가 있다. 이 용어는 체육 교과 내 전문가끼리 의사소통하는 데 결정적인 도움을 준다는 측면에서 매우 중요하다. 모든 교과의 발전은 이와 같은 특정 교과 용어의 누적과 함께 한다.

체육교사는 체육에서 쓰이는 단어나 표현에 친숙하다. 그러나 학생들은 체육교사가 쓰는 어휘를 접해보지 않았거나 여러 가지 용어가 의미하는 것에 대해 이해하기 어려울 수 있다. 이와 같은 용어들은 끊임없이 소개하고 설명해야 한다. 더 좋은 방법은 특수한 상황에 빗대어 예를 들어주는 것이다. 레이업 슛을 배우는 상황을 가정해보자. 레이업 슛의 동작과 그 이름이 붙게 된 맥락을 함께 설명하면, 가장 효과적인 방법으로 그 표현과 의미를 이해할 수 있게 될 것이다. 물론 많은 학생들에게 질문과 반복이 필요할 수도 있다. 아래 [과제 5.3]을 통해 체육 수업에서 기술적 용어가 어떻게 활용되는지 분석해보자.

> **과제 5.3 기술적 용어**
>
> 가르치고 있는 신체활동 한 가지를 선정하고(예를 들면 크리켓이나 체조), 해당 신체활동과 관련된 기술적 용어들의 리스트를 만들어보자. 우선, 여러분이 전문가라는 점을 잊지 말자. 여러분에게는 분명하게 의미가 전달되지만 만 11-12세 학생(year 7)의 학생에게는 정확하게 전달되지 않을 것 용어가 있는가? a straight drive(크리켓 타격 기술 중의 하나) 또는 headstand(요가의 머리서기) 등이 예가 될 수 있다. 작성한 리스트 중에서 굉장히 긴 이름을 가진 신체활동이 있는가? 학생들에게 핵심 용어를 어떻게 설명할 수 있을지 고민해보자. 말로 설명해서? 시범을 통해서? 그림을 활용해서? 차트나 표를 이용해서? 동영상을 활용해서? 실제 수업에서 시도해보자.
>
> 해당 수업에서 언어 전달과 관련하여 시도한 노력에 대해 반성하고, 이에 대한 내용을 전문성 개발 포트폴리오(PDP)에 정리해보자.

체육에서 구체적인 형태의 용어 사용

이 절에서는 여러분의 목소리가 '가르치고 있는 장소'와 '가르치고 있는 내용'이라는 두 가지 요소에 의해 달라질 수 있다는 점을 다시 한 번 상기시키고자 한다. 또한 질문하기와 피드백이라는 구체적인 형태의 언어 사용에 대해 살펴본다.

체육은 다양한 환경에서 여러 가지 신체활동을 다룬다. 주목할 점은 특정 신체활동과 환경의 결합은 여러분의 목소리도 영향을 미친다는 것이다. 대표적인 구분 방식 중의 하나는 실내와 실외이다. 추운 겨울 아침에 실외에서 체육수업을 하고 있다고 가정해보자. 학생들에게 지시하는 내용과 설명은 정확해야 된다. 그래야 학생들이 신속하게 실제 활동을 시작함으로써 수업시간 동안 몸을 따뜻하게 유지할 수 있기 때문이다. 학생들이 탈의실에서부터 미리 여러분의 지시사항을 이해할 수 있도록 하면 보다 높은 효과를 볼 수 있을 것이다.

수영은 높은 수준의 기술 기반 skill-based 활동이며 안전사고 위험을 고려해야 하는 신체활동이다. 수영장은 효과적으로 의사소통을 하기 어려운 장소이다. 이에 지시형 스타일 command style 의 의사소통이 활용될 가능성이 높다. 기술 습득 시의 칭찬과 같은 강력한 동기유발 요소 역시 함께 활용될 수 있다.

이와 달리 댄스는 일종의 창의적인 움직임이다. 잘 조직된 체육수업에서에서는 위험 요소가 상대적으로 적다고 할 수 있다. 물론 이것이 여러분이 달변가 verbosity 와 관련된 자격증을 가져야 한다는 것을 의미하는 것은 아니다. 댄스를 가르치는 과정에서는 보다 풍부한 표현력을 구사하거나 다양한 은유를 활용할 수 있는 점을 의미하는 것이다. 흥미를 이끌어내는 설명이나 학생들로 하여금 주어진 과제에 대한 다양한 반응을 이끌어내기 위한 개방형 질문이 활용될 수 있다.

질문하기는 교과를 막론하고 교사가 활용하는 보편적인 의사소통 기술 중의 하나다. 질문하기는 학생들로 하여금 체육에서 쓰이는 용어를 배우는 데 도움을 준다. 학생들의 듣기 기술과 기술에 대한 생각을 함양하는 데도 기여한다. 학생들이 스스로 핵심 개념, 기술, 절차에 대해 얼마나 이해하고 있는지를 점검하는 데도 활용할 수 있다. Brown과 Edmonson(1984)의 연구에 따르면, 교사는 30%의 시간을 질문하기에 할애하고 있었으며 하루에 400개의 질문을 했다. 대부분의 질문은 학생들이 지식을 잘 기억하고 있는지를 확인하는 것이었다. 예를 들면, '배구팀은 몇 명의 선수로 구성되니', '테니스 경기에서 상대가 친 공이 바닥에 닿기 전에 공격하는 것을 무엇이라고 하니' 등과 같은 질문이다.

다음의 질문에 대한 응답은 학생의 움직임 또는 시범과 연결된다. 예를 들면, '패스를 할 때는 보통 발의 어떤 부분을 이용하니' 또는 '멀리 던지기 위해서는 어떤 지점에서 공이 손에서 떠나야 하니'. 위에서 언급한 모든 질문은 수렴형 질문이다. 학생들에게 이미 가르쳐준 오직 하나의 정답만 있기 때문이다. 학생들이 아직 배우지 않은 영역이나 주제에 관한 닫힌 질문을 하는 것은 적절하지 않다.

학생들에게 보다 다양한 응답을 생각하도록 요구하는 질문이 있다. 이를 보통 확산형 질문이라고 한다. 물론 모든 질문을 열린 형태로 하는 것은 적절하지 않다. 학생들이 다양한 질문을 생각하고 이를 듣는 데 많은 시간이 할애되고 결과적으로 수업의 흐름이 지체될 것이기 때문이다. 그러나 단계별로 one-to-one 진행되거나 학생들이 발전하고 상황이라면 학생들이 스스로 생각하고 반성적인 학습자로 성장할 수 있도록 지원해야 한다. 이와 같은 경우에는 평가적인 evaluative 질문을 할 수 있다. 예를 들면, '뒤에 있는 공격수에게 크로스 패스를 주는 것과 앞에 있는 공격수에게 뜬 공을 패스하는 것 중 무엇이 더 효과적이라고 생각하니?'와 같은 질문이다.

또는 다음과 같이 학생의 이해도를 확인하는 질문이 있을 수 있다.

- '왜 발 끝 부분이 아니라 옆쪽을 이용해서 패스할까'
- '팔로우스로우 follow throw 에서 가장 중요한 점은 무엇일까'

[과제 5.4]는 여러분이 수업에서 활용하는 이야기와 질문하기 방식을 분석하는 것이다.

> **과제 5.4 이야기 및 질문하기 분석**
>
> 지도교수나 다른 예비교사 동료에게 스톱워치를 이용하여 여러분의 수업을 관찰하는 동안 얼마나 많은 시간을 이야기하는 데 할애하고 있는지를 점검해달라고 부탁하자. 이것은 다소 명확하지 않은 측정 방법이라고 할 수 있지만, 얼마나 많은 시간을 얘기하는 데 쓰는지 그리고 늘리거나 줄여야 하는지를 판단하는 데 도움을 줄 것이다. 물론 어떤 부분은 일반적인 부분(예를 들면 지시하기)인 반면 어떤 부분은 구체적인 것이다(예를 들면, 과제에 참여하고 있는 학생에게 피드백 주기). 이 두 가지를 구분하게 될 것이다.
>
> 다른 동료에게는 여러분이 수업에서 쓰는 질문의 내용을 모두 적도록 부탁하자. 쉽지 않을 것이고 몇몇 부분은 놓칠 것이다. 몇 가지 부분을 놓치는 것은 그다지 중요하지 않다. 기록된 내용은 여러분이 선호하는 질문하기의 유형을 알려줄 수 있기 때문이다. 얼마나 많은 질문을 하는지, 그리고 어떤 유형이 있는지 점검해보자. 어떤 학생들이 대답을 했는가? 당신? 아무도 하지 않았는가? 몇몇 학생들이 했는가? 오직 한 명 또는 두 명 정도? 수업이 종료되면 동료와 함께 여러분의 질문하기 방법에 대해 논의해보자. 개선해야 할 점은 무엇인지 찾아내자. 이에 대한 내용을 전문성 개발 포트폴리오(PDP)에 정리하고, 예비체육교사(ITE) 기간 동안 반복적으로 연습하자.

질문하기를 효과적으로 활용하는 것은 복잡한 일이다. 아래 〈표 5.1〉은 Bloom(1956)의 교육목표 분류에 근거하여 학생의 고차원적 사고 기술 발달에 기여할 수 있는 질문의 유형을 나타낸 것이다. 웹사이트에서 보다 많은 정보를 제시하고 있다(www.routledge.com/cw/capel).

Black과 Wiliam(2002)은 Bloom의 분류와 질문하기에 대한 보다 구체적인 정보를 제시하고 있으며, Wragg와 Brown(2001)은 질문을 구성하고 있는 내용을 바탕으로 '경험적 질문 empirical questions', '개념적 질문 conceptual question', '가치적 질문 value question' 이라는 세 가지의 유형으로 구분하였다. 보다 구체적인 질문하기의 내용을 위해서는 이상의 문헌을 참고할 수 있다.

인지적 목표	학생들이 다음과 같은 것을 수행해야 할 때	고차적 사고를 위한 질문 활용 방법
지식 (knowledge)	정의, 회상, 기술, 이름 짓기, 파악, 짝 짓기	현재 지식의 양상 및 관련 정보를 과제와 연결하기 위해
종합 (comprehension)	설명, 번역, 묘사, 요약, 확장	현재 가지고 있는 지식을 처리하기 위해
적용 (application)	새로운 맥락에 적용, 시범, 예측, 적용, 해결, 활용	현재 가지고 있는 지식을 활용해 문제를 해결하거나 새로운 상황에 적용하기 위해
분석 (analysis)	분석, 추론, 관련, 지원, 분해, 구별, 탐색	현재 가지고 있는 지식을 분해하거나 (재)조립하는 과정에서 탐구 절차를 활용하기 위해
통합 (synthesis)	설계, 창조, 구성, 인지, 결합	친숙하지 않은 상황에서 관련된 지식을 선택하거나 결합하기 위해
평가 (evaluation)	측정, 평가, 옹호, 정당화	다양한 상황에서 얻은 지식을 비교하거나 대조하여 새로운 관점을 구성하거나 반성하기 위해

DfES(2004a, pp. 13-14)에서 재인용

효과적으로 질문하기는 예비교사교육과정 ITE 에서 개발할 수 있는 일종의 기술이며 여러분의 교직 생애 전반에서 활용될 수 있다. 과제와 관련된 내용을 명확하게 질문하는 것은 매우 중요하다. 잠시 멈춤 pause 을 적절하게 활용하는 것은 학생들에게 정답에 대해서 생각할 수 있는 시간을 줄 수 있다. Muijs와 Reynolds(2011)은 3초 남짓의 시간이 잠시 멈춤을 위해서 적절하며, 개방형 질문이나 높은 수준의 질문은 최대 15초의 시간이 할애되는 것이 적절하다고 제안했다. 폐쇄형 또는 개방형 질문을 모두 활용할 수 있으며, 과제의 성격이나 가르치는 맥락 등을 고려해서 두 가지를 결합할 수도 있다. 사전에 학생들에게 가르쳤던 지식을 확장하고자 할 때는 질문을 나눠서 하는 것도 효과적인 방법이다.

학생들이 질문에 답하는 것을 어려워하면 같은 내용을 다르게 질문할 수 있는 방법을 찾아야 한다. Muijs와 Reynolds(2011) 이를 위한 세 가지 유형의 단서를 제안했다.

1. 언어적 verbal 단서 – 이전에 배운 내용과 관련된 힌트 cues, 회상자료 reminders, 팁 tips, 참고자료 references 나 학생이 답을 할 수 있도록 문장의 일부분을 언급하는 것
2. 몸짓 gestural 단서 – 대상을 가리키거나 행동시범 보이기
3. 신체적 physical 단서 – 학생이 움직임이나 기술을 쓸 수 있도록 도와주기

이상의 단서를 – 단독적으로 또는 결합해서 – 활용하는 것은 학생들이 질문을 이해하고 답을 할 수 있도록 돕는다. 몸짓 단서와 신체적 단서는 비언어적 방법으로서 질문하기의 중요한 요소이며, 질문에서 사용하는 용어들과 직접적으로 관련되어야 한다. 다양한 형태의 단서를 통합하거나 자극을 활용함으로써 학생들은 여러분이 수업에서 사용하는 질문을 보다 쉽게 이해할 수 있다.

대답하는 방식은 명확해야 한다. 어떤 교사는 특정 학생을 지명해서 질문한 후 학생이 대답하지 않았는데 같은 질문을 다른 학생에게 물어보기도 한다. 또 다른 방법은 손을 든 학생에게 질문하는 것이다. 이 방법의 문제는 결코 손을 들지 않는 학생들이 적지 않다는 것이다. 잘못된 대답으로 인해 또래들로부터 비판을 받거나 조롱받을 수 있다는 것에 대한 걱정이 크다는 점에서 기인한 것으로 분석할 수 있다. 반면에 적극적이거나 지적인 학생으로 보이길 원하는 학생들은 정답을 모르면서도 대답을 한다.

학생들 역시 여러분에게 질문할 수 있다. 물론 간단한 대답으로 충분히 해결될 때가 있다. 가끔은 학생의 질문을 학급 전체에게 전달해서 학생들이 답에 대해서 생각할 수 있는 기회를 줄 수도 있다. 가끔은 여러분의 권위에 영향을 미치는 질문을 받는 경우도 있다. 이런 경우에는 유머나 질문의 핵심을 다른 방향으로 가져가는 기술을 사용하는 것이 좋다.

안내된 과제를 점검하기 위해 여러분이 수업 도중에 활용한 질문과 수업을 마무리 짓기 위한 다양한 활동은 여러분과 학생들 사이의 상호작용 기회를 제공한다. 주의할 점은 이와 같은 형태의 상호작용은 긍정적이고 지원적인 수업환경을 조성하는 데 활용되어야 한다는 것이다. 여러분이 채택한 질문하기 기술은 수업에서 모든 학생들의 학습요구를 달성하기 위해 활용하는 교수·학습 방법과 맞물려야 한다.

Bailey(2002)는 '교수 전략으로서의 질문하기'에 대한 심화 내용을 제공하며, Spackman(2002)는 질문하기가 학생들의 학습 평가 과정에서 중요하게 활용되어야 하는 점을 주장하였다. [과제 5.5]는 여러분의 예비교사교육과정 ITE 끝자락에서 수행해야 하는 Master 과제다.

> 📖 **과제 5.5 질문하기 반성하기**
>
> 표 5.1에 제시되어 있는 목적을 이해하기 위해 학생들의 머릿속에서 일어날 것 같은 인지적 절차(cognitive process)를 구체적으로 설명하는 2,000단어 분량의 에세이를 적어보자. 가르치고 있는 한 학급을 선정하고 다음과 같은 요소를 주의 깊게 고려해보자.
>
> 학생들의 고차적 사고 기술 발달을 위해
>
> - 현재 어떻게 질문하기를 활용하고 있는가
> - 앞으로 어떻게 질문하기를 활용할 수 있는가
>
> 두 가지를 비교 분석하는 것이 여러분의 수업 능력에 발달에 어떻게 기여할 수 있을 것인지를 생각해보자. 작성한 에세이를 여러분의 Master 수준 작업의 증거로 전문성 개발 포트폴리오(PDP)에 정리하자.

교사 피드백

피드백은 학습에 있어서 핵심 요소이다. 학생들에게 의도된 학습결과 ILO 에 직접적으로 관심을 가지게 하고, 움직임/기술/게임 등을 배우는 과정에서 그들의 발전 상황을 알려주고 보다 더 관심을 가져야 할 부분을 알려준다는 측면에서 매우 중요하다. 그렇기 때문에 피드백은 의도된 학습결과에 초점을 맞추어서 제공되어야 한다. 여러분이 무용 동작 choreographic skills 을 가르치는 과정을 예로 들어보자. 개별 움직임에 초점을 맞추고 피드백을 제공한다면 목표로 하는 학습결과는 성취되기 어려울 것이다. 반대로 매끈하게 넘어가는 연속 기술 a polished performance of a sequence 의 성취를 바란다면 개별 동작 choreographic 에 초점을 맞춘 피드백은 효과를 보기 어려울 것이다.

피드백은 다양한 상황에서 제공할 수 있다. 학생들을 여러분의 말을 잘 전달할 수 있는 위치로 모이게 하고 전달할 수 있을 것이다. 수업이 진행되는 도중에도 피드백을 제공할 수 있다. 학생 전체에게 제공할 수도 있고 개별 학생에게 전달할 수도 있다. 반드시 기억해야 하는 점은 피드백이 제공되는 매 순간은 '언제', '어떻게', '누구에게'라는 세 가지 요소가 명확해야 한다. 교사는 학생들이 반드시 성취해야 하는 것을 분명하게 알고 있어야 한다. 학습되어야 할 요소를 정확히 알고 있으면 학생의 어떤 측면을 관찰해야 하는지를 알 수 있도록 하고 결과적으로 적절한 용어와 생산적인 피드백을 제공할 수 있다. 이는 매우 중요한 부분이다. 교사가 학생에게 부정확한 정보를 제공하는 것은 학습 촉진이 아닌 저하를 가져오기 때문이다.

가르치는 기술과 학습자의 발달 수준에 따라 특정 형태의 피드백이 보다 효과적이라는 연구결과들이 보고되었다. Mawer(1995, pp. 183-191)의 피드백의 유형에 대해 논의한 구체적인 내용이 주목할 만하다. '좋아' 등과 같은 일반적인 피드백은 학생들에게 구체적으로 관심을 가져야 할 부분에 대한 정보를 제시하지 못하기 때문에 강화 효과가 적다. 학생이 잘 한 부분을 구체적으로 언급하는 긍정적 피드백이 효과적임을 제안하였다. '좋았어 피터, 앞으로 구를 때 등을 동그랗게 유지한다는 것을 잘 기억하고 있었구나' 등이 해당된다. 체육교사로서 부정적이면서 비판적인 피드백 제공을 반드시 지양해야 한다. 학생의 노력이 다른 모든 학생들에게 공개되면서 창피함을 느낄 수 있기 때문이다. 과제 수행에 어려움을 느끼는 학생에게는 건설적임과 동시에 개선에 관한 정보를 담은 피드백을 사용해야 한다. 예를 들면, '좋은 시도였어, 클레어, 평영 팔 동작에서는 손가락을 모아야한다는 점을 기억하면 더 좋았겠구나'가 해당된다. 일반적인 수준에서, 설명을 하거나 시범을 보일 때는 '하지 말아야 하는 것'보다 '해야 하는 것'을 언급하는 것이 낫고, '틀리거나 적절하지 않은 부분'보다 '정확하거나 적절한 부분'에 대해 얘기해주는 것이 낫다. 충분한 주의력을 가지지 못한 학생은 핵심적이지 못한 부분을 놓치기 쉽고 잘못된 예시를 따라해야 할 예시로 이해할 수도 있기 때문이다.

학생에게 무엇인가에 대한 개선 방법을 담고 있는 피드백을 제공하고자 할 때는 학생이 제공한 피드백을 실천하고 실제로 개선되고 있는 과정을 볼 수 있을 때 제공하는 것이 효과적이다. 그런 다음에 개별적인 학생들에게 전반적인 개선에 대한 긍정적 피드백을 줄 수 있다. 이는 학생들의 동기 유발에 매우 효과적이다. 그러나 학생의 숫자가 많은 경우에는 개별 학생에게 피드백을 제공하기 어렵다. 이런 경우에는 학생들이 서로 피드백을 주고 받는 방법을 활용할 수 있다. 이와 같은 접근은 상호교수 스타일에 해당된다(Mosston and Ashworth, 2002). 만약 이와 같이 준비할 것이 많은 스타일을 활용하고자 할 때는 학생들이 동료나 또래의 과제 수행에 직접적으로 언급하는 것을 부담스러워한다는 점을 명심해야 한다. 또래에게 피드백을 제공하는 것은 관찰하는 기술뿐만 아니라 적절한 언어 사용과 관계기술도 요구하는 어려운 과제이기 때문이다. 이에 학생들은 또래 피드백을 활용하는 것에 대해서는 단계적으로 안내를 받을 필요가 있다. 상호교수 스타일이 의도하지 않았던 역효과를 가질 수 있다는 점은 익히 알려진 내용이다. 예를 들면, 피드백 제공을 경험하지 못했던 학생들은 부정적이거나 비판적인 자세를 취하기 쉬우며 피드백 제공 자체를 대수롭지 않게 여길 수 있다.

Mosston과 Ashworth(2002)는 Mawer가 제안한 것과 유사한 네 가지 형태의 피드백을 제시하였다. 아는 가치적 value 진술, 교정적 corrective 진술, 중립적 neutral 진술, 모호한 ambiguous 진술이며, 각 피드백의 장점과 단점을 제시하였다. 예를 들면, 교정적 진술은 학습촉진을 위해서는 효과적인 것처럼 이해되는 반면 모호한 진술은 학습자에게 혼란을 제공한다.

평가개선모임 Assessment Reform Group 2)에 수행한 연구에 따르면 피드백은 학생의 성취수준 평가를 파악하는 데 핵심 요소다. 이 연구에서 특히 강조하고 있는 점은 피드백 제공을 포함한 모든 평가는 형성평가 formative 의 형태로 되어야 한다는 것이다. 다시 말하면 평가는 개별 학생의 학습을 향상하는 데 초점을 맞추고 설계되어야 한다는 것이다. 이는 쉽지 않지만 반드시 추구해야 하는 것이다. 간단히 말하면 학생들에게 '무엇을 성취했고 무엇을 성취하지 못했는지를 알려주는 것'은 추가적인 학습을 이끌어내는 데 어렵다는 것이다(이와 관련된 구체적인 내용은 9장을 참조).

가장 효과적인 피드백은 개인에게 제공하는 형태이며, 학습 참여를 격려하며, 구체적이며, 필요한 정보를 담고 있으며, 건설적인 것이다. 이와 같은 피드백은 반드시 학생의 추가적인 학습을 이끌어낸다. 물론 학급 전체에게 제공되는 피드백이 가치가 없다는 말은 아니다. 그러나 위에서 언급한 형태의 피드백보다 구체적이지 못하며 개별 학생들에게 필요한 정보를 제공하지 못한다는 측면에서 상대적으로 그 효과가 떨어진다.

아래 [과제 5.6]은 예비교사교육과정 ITE 후반기에 수행되어야 하는 master 수준 과제다.

 과제 5.6 피드백 제공의 주요 목적

학습을 위한 평가(Assessment for learning)(DfES, 2004b, p. 12)에서 제시한 바와 같이, 다양한 유형의 피드백을 제공하는 근본적인 목적은 다음과 같다.

- 학생이 배운 것을 확인하고 확장 및 심화학습을 독려하기
- 학생들이 자신이 학습에 대해 반성해야 할 시간이 필요하다는 것을 인정하기
- 학생들로 하여금 추가적인 질문을 하게 하거나 자신의 생각을 발전하는 것
- 학생들에게 다음 단계로 진행될 수 있도록 격려하기

이상의 목적이 여러분의 수업에서 얼마나 반영되었는지를 반성해보자. 보다 발전시키고자 하는 영역을 선정하고 이를 달성하기 위한 적절한 계획을 세워보자. 작성한 반성 내용을 여러분의 Master 수준 작업의 증거로 전문성 개발 포트폴리오(PDP)에 정리하자.

---

2) 영국의 권위 있는 학회 중 하나인 British Educational Research Association(BERA)에서 1989년 평가에 대한 연구를 하기 위해 만든 모임이다. 다양한 활동을 한후 2010년 해체되었다.
참고: https://www.nuffieldfoundation.org/project/the-assessment-reform-group

체육수업에서 활용되는 문자

체육은 매우 많은 종류의 움직임을 교육 내용으로 포함하고 있기 때문에 교사와 학생들로부터 일종의 실용 교과 practical subject 로 이해된다. 그렇기 때문에 상대적으로 이야기를 중요하지 않은 교수기술로 이해할 수 있다. 매우 안타까운 일이다. 실제로 적절하게 활용되는 문자가 학생들의 읽기 기술 개발에 도움이 된다는 많은 사례가 있기 때문이다. 모든 학생들이 쉽게 접근하고 이해할 수 있도록 적절한 문자를 사용하는 일이 매우 중요하다.

체육관에 화이트보드나 OHP 프로젝터가 있다면 핵심 용어, 키 포인트, 과제에 대한 구체적인 설명을 작성해서 학생들에게 보여줄 수 있다. 가시성을 미리 확보하는 것이 중요하며 참고 문헌을 미리 준비할 수도 있다. 수업 시간에 작성하고자 한다면 명확하게 표현하는 것이 중요하다(아래 참고). 그림이나 표 역시 활용될 수 있다. 그림과 디자인을 적절하게 합친 '용어 figurine'를 활용하는 것도 효과적인 방법이다.

물론 교실수업과 같은 경우에는 쓰기가 보다 강조된다. 교사는 적절한 쓰기 기술을 갖추어야 한다. 간결하고 명확하게 쓰는 것이 중요하다. 크기 역시 중요하다. 뒷자리에 있는 학생이나 시력이 나쁜 학생들도 알아볼 수 있도록 작성해야 한다. 맞춤법에 주의해야 한다. 작성한 단어의 맞춤법에 대한 확신이 없다면 수업 전에 반드시 점검해야 한다. 학생들 역시 맞춤법에 유의해서 작성할 수 있도록 지도해야 한다.

많은 체육교사들이 활용하고 있는 카드 역시 훌륭한 교수·학습 자료가 될 수 있다. 표현력이 매우 좋으며 학생 눈높이에 맞추어 제작되었기 때문이다. 오래 유지할 수 있도록 코팅이 되어 있는 점 역시 장점이다. 맞춤법과 문법을 점검해야 한다. 유인물 handout 과 같은 자료는 비가 오는 날씨에 사용하기에 적절하다. 수업에 빠진 학생이나 장기간 학교에 오지 못하는 학생들에게도 효과적으로 활용할 수 있다. 재차 강조하면 문자 자료를 만드는 것은 손쉬운 사용과 지속적인 활용을 위해 매우 좋은 습관이다.

포스터나 공지사항을 제작하는 것 역시 좋은 방법이 될 수 있다. 다시 강조하지만 학생, 동료 또는 장학사와 같이 학교 방문객에게 비언어적인 방법으로 전달하기 위해서는 명확성, 정확성, 가독성이 높아야 한다. 여러분이 전하고자 하는 메시지를 분명하게 전달하기 바랄 것이기 때문이다.

체육부서에서 사용하는 포스터나 공지사항은 활동적이고, 색감이 다양하고, 주제를 잘 표현하고, 주기적으로 업데이트해야 한다. 학생들은 다양한 스포츠 영웅들을 알고 있다. 학생들의 흥미를 이끌어내는 다양한 시각적인 이미지는 그 자체로 활기찬 라이프 스타일 및 신체적 도전을 이끌어내는 자극제로 활용될 수 있다.

ICT는 다양한 형태의 자료를 만들어내는 데 매우 중요한 도구다. 체육수업에서의 ICT 활용과 관련한 세부적인 내용은 8장의 Capel과 Breckon(2014)에서 확인할 수 있다. [과제 5.7]은 전달하고 싶은 정보 쓰기에 가져야 할 관심을 알려준다.

> **과제 5.7 다양한 문자 자료 사용하기**
>
> 실내수업에서 강조하거나 묘사할 수 있는 교수·학습 부분을 화이트보드나 OHP를 이용해서 만드는 방법을 생각해보자. 이를 위해서는 수업에서 다루어야 할 목록을 점검해야 할 것이다. 학생들에게 생소한 적절한 용어를 제공할 수도 있고, 특정 내용을 강조할 수도 있으며, 일부 학생의 아이디어를 게시할 수도 있을 것이다.
>
> 지도교수나 동료 예비교사에게 여러분이 활용한 전략에 대해서 어떻게 생각했는지 물어보자. '문자는 활용하기 편했는가', '내용은 명확했는가', '학생들의 반응은 어땠는가', '뒤늦게 확인하는 학생들이 있었는가', '내용을 확인하는 데 너무 많은 시간이 소요되는 것은 아닌가', '어떻게 개선할 수 있는가' 등과 같은 질문이 활용될 수 있다. 다른 사람으로부터 받은 피드백을 여러분의 전문성 개발 포트폴리오(PDP)에 정리하고 개선을 위한 자료로 활용하자.

학생의 대화

학생들은 모든 수업에서 대화나 잡담을 한다. 이는 사회화 과정의 한 부분이다. 교사가 지켜보지 않을 때는 편한 상태로 대화를 한다. 학생들이 건설적인 채널에서 이야기할 수 있도록 지도하는 것이 중요하다. 침묵 역시 중요하다. 학생들은 침묵 상태에서 교사의 시범을 봐야 한다. 교사가 지시하거나 설명을 할 때는 침묵을 지켜야 한다. 학생들이 들을 준비가 되기 전까지는 말하지 않아야 한다.

체육수업에서의 몇몇 활동에서는 학생들끼리의 대화를 하는 것이 매우 어렵다. 수영 수업 장면이 좋은 예시가 될 수 있다. 차가운 물에 들어갈 때 지르는 소리나 즐거움을 표현하기 위해 큰 소리를 지르기 때문이다. 축구나 하키와 같이 격렬한 활동 역시 대화를 어렵게 만든다. 주로 패스를 요구하거나 우리 편이 보고 있지 못한 상대편을 알려줄 때 얘기한다. 여러분이 학생들이 활동과 직접적으로 관련되지 않은 대화를 얼마나 많이 하는지 알게 된다면, 아마도 학생들의 집중력이나 참여 수준을 끌어올릴 수 있는 게임 환경을 조성하려고 할 것이다. 그러나 학생들의 대화는 체육수업의 양상을 파악하는 데 매우 중요한 요소다. 대화는 학생들의 학습을 지원하거나 깊은 이해를 도와주고 그들이 잘못 이해하고 있는 부분을 확인하는 데 여러 가지로 활용될 수 있다. 학생들에게는 자신의 의견을 표현할 수 있는 중요한 수단이기도 하다.

교사에게 질문하는 것은 학생들이 배울 수 있는 좋은 방법 중의 하나다. 문제는 많은 학생들이 질문하기를 두려워한다는 것이다. 다른 학생들은 질문하는 학생을 멍청하거나 괴짜 같다고 인식할 수 있기 때문이다. 교사의 질문은 학생들의 학습을 촉진할 수 있다. 특히 학생들에게 생각할 수 있는 시간이 충분히 주어지거나 최초 질문이 더 높은 수준의 내용으로 이어질 때 그렇다. 이와 같은 절차는 적지 않은 시간이 소요될 수 있지만, 개별 학생이나 소규모 모둠을 활용할 때 효과적이다. 이런 질문하기는 충분히 장려될 수 있으며 모든 학생은 수업이 흐르는 과정에서 도움을 받을 수 있다. 한 가지 주의해야 할 점은 체육수업은 보통 넓은 공간에서 이루어지며 이는 학생들의 안전 등과 같은 사항에 많은 주의가 필요하다는 것이다. 따라서 이상에서 언급한 형태의 질문은 수업에서 두 번 이상 사용하기 어렵다.

토의/토론은 학생들의 학습을 촉진할 수 있는 가장 실용적인 방법이다. 토의/토론은 학생들의 활동을 보다 풍성하게 만드는 데 활용된다. 체조에서의 모둠 활동 절차 구성이나 야외 활동에서의 문제 해결 problem-solving 활동 등이 예시가 될 수 있다. 이상의 활동을 위해서는 반드시 모둠 내에서의 아이디어와 의견이 교환되는 실질적인 상호관계가 필요하며, 지속적인 토의/토론을 위해서 최초의 내용이 발전되고 다듬어진다. 체육교사로서 여러분이 주목해야 할 점은 토의/토론과 신체활동 참여의 비율을 적절하게 맞추는 것이다. 또한 어디까지나 토의/토론은 과제와 관련이 있어야 한다. 학생들 간의 상호관계를 형성하기 위한 목적으로만 사용되어서는 안 된다.

모둠 구성도 중요하다. 친한 친구들끼리 모둠이 구성되었을 때는 잘 어울리고 토의/토론 역시 생산적일 수 있다. 문제는 과제 수행과 관련 없는 잡담으로 이어질 가능성이 있다는 것이다. 이런 측면에서 기능 수준이 다른 학생들을 모둠으로 구성하는 것이 효과적일 수 있다. 물론 이 경우에는 기능 수준이 높은 학생이 정체되거나 기능 수준이 상대적으로 부족한 학생이 소외될 수 있는 위험이 있다. 목표를 달성할 수 있는 만병통치약은 없다. 그렇기 때문에 여러분은 모둠의 발전 양상을 주의 깊게 살펴보고 적절하게 섞을 수 있어야 한다. 오랜 기간 동안 모둠의 숫자를 고정한다면 이를 바꾸고 싶지 않을 것이다. 물론 어떤 상황에는 적절할 수 있다. Siedentop(1984)의 스포츠교육 모형과 같이 하나의 스포츠 종목을 선택하는 것이 해당된다. 다른 상황에는 적용되기 어려울 수 있다. 모둠 변경과 관련하여 융통성을 발휘하고 싶다면 학생들에게 모둠을 달리하고 싶다는 점을 얘기하고 변화에 필요한 원칙을 설정해야 한다.

좋은 토의/토론 환경을 조성하기 위해 반드시 고려해야 할 점은 명확성과 과제의 본질이다. 정확하게 제시되지 않는 과제는 애매하고 초점이 없는 토의/토론으로 이어진다. 이는 모든 과제가 폐쇄형이어야 하는 것을 의미하지 않는다. 체육에는 개방형 과제로 구성될 수 있는 많은 영역이 있다. 고학년과 같은 경험이 많은 학생에게는 더욱 그렇다. 체조에서의 동작 구성이나 GCE A-level에서의 사회적 양상과 관련된 이슈를 토의/토론하는 것이 좋은 예다. 그러나 개방형 과제도 정확한 용어와 표현으로 설명되어야 한다. 예를 들면, 여러분은 무용 수업에서 다음과 같이 얘기할 수 있다.

"이 음악의 제목은 The Market Place입니다. 음악을 주의 깊게 듣고 이 시장에서 어떤 일이 벌어지고 있는 지에 대해서 모둠과 토의/토론 하세요. 모둠에서 이 음악에 분위기에 대해 이야기한 내용을 바탕으로 짧은 춤을 만드는 데 필요한 아이디어들을 내보세요."

> 📖 **과제 5.8 모둠 내 얘기**
>
> 다음 수업에서 활용할 수 있는 모둠 이야기 활동을 계획하자. 다음 수업에서 할 일은 모둠에서 나타나는 토의/토론 양상을 관찰하는 것이다. '토의/토론을 이끌어가는 특정 학생이 있는가', '무임 승차하는 학생이 있는가', '이야기는 과제 지향적인가', '신체활동은 충분히 있는가', '토의/토론의 질을 향상시키기 위해 모둠을 재조정 하는 방안에 대해서 생각했는가', '향후 어떻게 각 모둠 내에서의 토의/토론의 질을 향상시킬 수 있을 것인가'. 지도교수와 함께 생각해보고, 변화되는 내용이 있으면 수업에서 실천해보자. 이 노트를 여러분의 전문성 개발 포트폴리오(PDP)에 정리하자.

대화는 가설 검증, 전술 제안, 신체활동 결과 탐색 등에 활용된다. 상상력은 매우 중요한 요소다. 기술 습득이 체육수업에서 근본적인 요소 중의 하나라는 사실에는 틀림이 없다. 그럼에도 교사는 학생들이 상상력을 발휘하고 자신들의 아이디어들을 시도할 수 있도록 지도해야 한다.

상호학습은 높은 효과를 위해 활용될 수 있다. 상호학습에서는 두 명의 학생이 짝이 되어 한 학생은 교사의 역할을 맡고 다른 학생은 학생의 역할을 맡는다. '교사 학생'은 어떤 기술을 습득해야 하는지를 정확하게 알고 있어야 한다. 일반적으로 활용되는 방법은 핵심적으로 가르쳐야 할 요소를 알려주는 것이다. 벽에 게시하는 포스터나 과제 카드를 제공하는 것이 효과적일 수 있다. 상호학습에서는 필연적으로 학생들의 대화를 수반한다. '교사 학생'은 설명하고 피드백을 제공하고 가르치는 학생의 노력과 수행에 대해 칭찬한다. 여러분과 학생들의 상호작용은 '교사 학생'의 역할을 강조하는 방식으로 일어난다. 보다 자세한 내용은 13장의 교수 스타일에서 확인할 수 있다.

학생들이 공동의 과제를 수행하기 위해서 무엇을 해야 할 것인지에 대해서 대화를 나눌 때 여러분은 관찰자의 역할을 할 수 있다. 이 때 모둠 스스로가 여러 가지 생각을 나눌 수 있도록 시간을 주는 것이 중요하다. 여러분이 너무 빨리 개입하면 지원보다는 방해에 가까운 결과를 낳게 된다. 여러분의 역할은 모둠이 정체되어 있거나 더 이상 진행하지 못할 때 질문이나 조언을 제공함으로써 지원하는 것이다.

의사소통과 관찰의 연계 예시: 학생 학습을 촉진하기 위한 시범

'하나의 그림은 천 가지의 말을 한다'라는 표현이 있다. 우리는 시각적인 정보를 통해 훨씬 많은 정보를 습득한다는 것을 의미한다. 체육과 같은 실용교과의 경우 시범은 매우 높은 교육 효과를 가지고 있다. 시범이 활용되는 여러 가지 이유가 있다. 설명, 격려 강화 및 평가 등이 좋은 예다. 아래의 예시는 학생들의 학습을 촉진하기 위해서 시범을 활용해야 하는 타당한 이유를 제공한다.

- 과제를 알려주기 위해 사용한다. 시범은 언어적 설명보다 정보 전달과 시간 사용에 있어서 효과적이다. 활용할 수 있는 방법 중 하나는 하나의 모둠과 과제 전달 방법을 설계한 후 모든 학생이 시범을 볼 수 있도록 하는 것이다.
- 새로운 기술을 지도하기 위해서 사용한다. 이때의 시범은 구체적인 내용과 학생들이 반드시 숙지해야 하는 부분을 알려준다. 예를 들면 체조 핸드스프링 동작에서 머리의 위치를 고려했을 때 손바닥을 짚어야 할 위치라던가 하키에서 푸쉬 패스를 할 때 하키스틱과 공이 접촉이 끝나는 지점 등을 시범 보이는 것이다.
- 학생의 이해를 돕기 위해 특정 부분을 강조할 때 사용한다. 속도, 방향, 유연성 또는 세기의 변화를 보여주는 것이 좋은 예다.
- 동작의 질적 수준을 높이거나 성취기준을 보여주기 위해서 사용한다. 시범은 학생들로 하여금 성취해야 할 수준과 각각의 동작 요소를 주의 깊게 볼 수 있도록 도와주고, 이는 원활한 기술 습득으로 이어진다. 체조 동작에서 뛰어넘기 vault 를 위한 신체 균형, 무용에서 유연한 움직임 국면 전환, 농구 드리블에서의 손가락 사용 등이 여기에 해당한다.
- 다양성, 그 중에서도 창의성을 보여주기 위해 사용한다. 학생들은 시범을 통해 주어진 과제에 대한 다양한 반응이 있을 수 있음을 알 수 있다. 체조나 무용에서 공간을 만들기 위한 다양한 전략 등이 여기에 해당한다.
- 잘한 일을 보상하기 위해 사용한다. 뛰어난 수준의 성취를 보이지는 못했지만 주어진 여건에서 최선을 다한 학생이나 모둠을 알릴 때 사용될 수 있다.
- 동기유발을 위해 사용한다. 시범은 학생의 열정 등을 보여줄 때 사용할 수 있다. 학생들이 보다 높은 수준의 목표를 설정하도록 격려하는 데 활용한다. 예를 들면, 테니스에서의 슬라이스 서브를 성공하거나 높이뛰기에서 배면뛰기를 습득할 수 있도록 독려하는 것이다.
- 과제의 전체 내용을 알려주기 위해서 사용한다. 하나의 과제 시범은 개별 학생, 짝, 소규모 모둠 또는 학급 절반에게 숙달해야 하는 내용과 보상을 안내한다. 학생들에게 시범을 보여야 할 수도 있다는 사실을 인지하도록 하는 것은 움직임의 질적 제고를 위해 노력하도록 하는 일종의 동기유발 역할을 한다.

시범을 보일 때 고려해야 하는 요소는 다음과 같다.

- '누가' 시범을 보일 지와 '왜' 시범이 필요한 이유에 대해 고려해야 한다(〈그림 5.1〉). 일반적으로 학생이 시범을 보일 때 학생들은 보다 동기유발이 된다. 그러나 해당 기술을 충분하게 습득한 학생이 없거나 새로운 기술을 지도해야 하는 상황에서는 교사가 시범을 보이는 것이 바람직하다. 따라서 필요할 때는 어떤 학생에게 시범을 부탁할 것인지를 고려해야 한다. 같은 학생에게 반복해서 시범을 부탁해서는 안 된다. 항상 기능이 가장 뛰어난

학생에게 시범을 부탁하는 것은 지양해야 한다. 다른 학생들의 사기를 꺾기 때문이다. 모둠이 시범을 보일 수도 있다. 학급 절반에 해당하는 학생이 시범을 보일 수도 있다. 체조 동작을 보여주는 포스터, 경기 전략을 보여주는 과제 카드, 수영 동작 동영상 등과 같은 시각자료 역시 좋은 자세를 알려줄 수 있는 좋은 자료다.

학생 시범을 활용하고자 할 때는 다음을 고려해야 한다.

- 여러 학생들 앞에서 시범 보이는 것에 대해서 부담스러워 하지 않는지 물어보았는가?
- 학생이 시범을 통해 전달되어야 하는 것이 무엇인지 알고 있는가? 이에 대해 정확하게 알려주었는가? 학생들이 연습을 했는가? 시범에 대해 자신감이 있는가?
- 시범에서 학생이 맡은 역할은 무엇인가? 학생의 강점에 대해서 제대로 알고 있는가? 예를 들면 학생들이 연습 장면에서 단순 보조자의 역할을 맡으려고 하고 있는 것은 아닌가?
- 시범을 보이는 상황과 환경은 안전한가?
- 학생이 실수를 하면 다시 기회를 주고, 다른 학생이나 여러분은 실수에 대해 웃지 말아야 한다.
- 시범을 보인 학생에게 칭찬하고 고마움을 표시해라.

〈그림 5.1〉 누가 시범을 보일 것인가?

○ 어떤 시범에서 학생들은 잘 배우는가

앞 절에서는 시범을 보이는 이유에 대해서 살펴봤다. '보여주기'라는 용어가 표현하듯이, 관찰은 시범에서 매우 중요한 부분이다(자세한 내용은 4장의 학생 관찰하기 참조). 시범을 '보고 있는' 학생은 보는 것과 이해하는 것을 동시에 해야 한다. 다음과 같은 기술은 학생들이 명확하게 관찰하도록 하는 데 도움이 된다.

- 특정한 기술이나 동작에 집중할 수 있도록 하기
- 시범에 대해 구조화된 질문하기
- 시범 동작의 질 quality 에 집중할 수 있도록 하기
- 시범 동작의 유사점과 차이점에 대해 이해할 수 있도록 돕기

〈그림 5.2〉는 학생들이 시범을 관찰하는 장면에서 유의해야 할 요소에 대한 설명이다. 가장 중요한 요소는 안전이다(구체적인 내용은 12장 참조). 학생들이 시범을 보는 데 가장 효과적인 장소에 대해서도 고려해야 한다. 여러 가지 요인이 고려되어야 한다. 예를 들면, '시범을 보이는 사람이 왼손잡이인가 또는 오른손잡이인가', 운동장에서의 수업이라면 '태양의 위치는 어디인가(학생들이 해를 등지고 시범을 원활하게 볼 수 있도록 교사는 해를 마주보고 서야 한다)', '주의력을 떨어뜨리는 요소는 없는가(학생들이 시범 외에 다른 데 관심을 가질만한 요소를 없애야 한다, 다른 학급의 수업 모습은 학생들의 뒤편에 있어야 한다)'. 시범의 속도 역시 고려해야 할 요소이며(천천히 시작하는 것이 좋다) 어떤 학생들에게는 이해를 돕기 위해 시범을 반복해서 보여줄 필요가 있다.

시범을 보여주기 전에 주변 환경을 살펴봐야 한다. 특히 환경적 요소는 학생들이 시범에 대한 설명을 듣는 데 영향을 미친다(〈그림 5.3〉 참조). 바람이 센 날씨인가? 그렇다면 학생들이 여러분 가까이에 위치할 수 있도록 지시하여 설명이 잘 전달될 수 있도록 해야 한다. 시범이 동작을 보여주는 것이라면 핵심적인 요소를 명확하게 전달해야 한다. 뒤따르는 시범에 대한 것을 질문과 답의 형식으로 이끌어내고, 학생들의 수행에 긍정적이면서 건설적인 피드백을 제공해야 함을 명심하라.

반드시 학생들이 시범의 내용에 대해 집중하고 있는지를 확인해야 한다(〈그림 5.4〉 참조). 이후 학생들이 설명을 주의 깊게 듣고 시범 동작을 관찰할 수 있도록 지도해야 한다. 질문하기와 대답하기를 통해 학생들이 지속해서 집중하고 있는지를 확인할 수 있다. 이는 학생들의 기술 숙련도에 있어 매우 중요하다.

해의 위치	안전	떨어지기: 기구로부터
	모두가 볼 수 있도록	위치: 교사, 학급, 창문
		시범 관련 위치: 옆, 뒤, 마주보기
		몇 번 시범을 보일 것인가

〈그림 5.2〉 시범 관찰하기

모두가 들을 수 있도록	교사의 음성: 핵심 부분을 간략하게
	바람 소리, 집중력 저하 요소 제거
	시범 중/후 지도하기

〈그림 5.3〉 시범에 대한 설명 듣기

학생 행동	주의 집중: 바라보기, 듣기
	교사: 학생의 관찰에 대해 집중하기
	학생의 집중도와 이해도를 확인하기 위해 질문하기

〈그림 5.4〉 시범에 대한 학생 관심 환기시키기

과제 5.9 시범 관찰

시범을 확인할 수 있는 관찰일지를 만들어보자. 위에서 배운 효과적인 시범과 관련한 정보 중에서 확인하고 싶은 내용을 포함하자. 추가적으로 살펴보고 싶은 내용이 있다면 추가해보자. 지도교수에게 여러분이 만든 관찰일지를 활용하여 수업에서 시범을 어떻게 활용하는지를 점검해달라고 부탁하자. 수업 이후 지도교수와 함께 시범 활용에 대해 반성해보자. 이 노트를 여러분의 전문성 개발 포트폴리오(PDP)에 정리하자. 이 과제를 통해 배운 내용은 향후 다른 수업에서 실천해보자. 마찬가지로 이 과제를 통해 얻은 피드백을 반영하여 향후에 활용할 관찰일지를 만들어보자.

체육교사로서 어떻게 시범을 보이는지를 잘 알고 실천하는 것은 매우 중요하다. 학생들은 좋은 시범을 따라함으로써 발전하기 때문이다. 이와 같은 절차를 모델링이라고 한다. '연습'이 '지속적'으로 이어짐을 명심해야 한다. 따라서 시범은 '정확해야 한다. [과제 5.10]을 통해 시범을 다시 점검해보자.

과제 5.10 시범 사용 명확하게 하기

시범이 포함된 한 차시 수업을 설계해보자. 시범을 활용할 때 고려해야 할 요소를 아래의 질문을 통해 확인하자.

- 시범의 본질은 무엇인가?
- 어떻게 시범이 학생들의 학습을 촉진하는가?
- 수업 중 언제 시범을 보이는 것이 가장 효과적인가?
- 시범을 보이는 장소는 어디인가?
- 누가 시범을 보일 것인가?
- 내가 이 시범을 활용하는 이유는 무엇인가?

각각의 질문에 대한 여러분의 응답을 지도교수 또는 다른 교생과 함께 논의하자. 이상의 질문을 향후 다른 수업에서의 시범 설계에 활용하자. 이 내용을 여러분의 전문성 개발 포트폴리오(PDP)에 포함시키자.

시범을 보이지 않아야 할 내용도 있다. 때때로 학생들은 자신들이 보고 있는 것을 반드시 해야 하는 것으로 오해한다. 시범을 보이기에 적절하지 않은 시기도 있다. 예를 들면, 학생들이 활발하게 움직이는 수업 초반부나 시범을 지켜보고 있기에 너무 추운 날씨 등이 해당된다.

요약 및 요점

이 장에서는 의사소통과 관련된 언어적 기술에 대해 살펴봤다. 가청성과 다양한 상황에서의 적절한 목소리 사용이 매우 중요하다는 것을 확인할 수 있었다. 기술적 용어를 완벽하게 이해하고 적절하게 사용하는 것 역시 강조되었다. 학생의 학습을 촉진할 수 있는 다양한 질문하기 방법 등에 대해서도 구체적인 상황을 통해 살펴봤다. 피드백이 학생의 학습을 극대화하는 데 매우 중요한 기술임을 확인했다. 모든 형태의 문서 또는 시각자료는 학생에게 좋은 본보기를 제공할 수 있어야 하며 높은 수준이어야 하는 점이 논의되었다. 학생 대화가 무엇인지 그리고 고려되어야 할 요소는 무엇인지에 대해서도 살펴봤다. 이상에서 언급한 기술들을 인지하고 습득함으로써 여러분은 의사소통에 능숙한 교사가 될 수 있을 것이다.

시범이 효과적인 의사소통의 수단이라는 점 역시 논의되었다. 여러분은 목적을 가진 시범이 과제 수행을 원활하게 하고 학생들이 과제를 쉽게 이해하는 데 효과적이라는 점을 알 수 있게 되었다. 학습 절차에서의 시범이 가지는 가치도 강조되었다.

개요에서 언급된 바와 같이, 의사소통은 교수·학습의 핵심이다. 무엇보다 중요한 점은 교사가 의사소통가라는 것이다. 언어는 교사라는 직업을 설명하는 데 가장 중요한 요소 중의 하나다. 의사소통은 지식이 교사로부터 학생들로 전달되는 일종의 통로다. 효과적인 의사소통 없이 의도된 학습결과는 성공적일 수 없다. 우리가 바라는 학습은 일어나지 않을 것이다. 피드백 제공, 수업 조직, 학급 관리 등 모든 교수·학습의 성패는 효과적인 의사소통에 달려 있다. 아래 [과제 5.11]을 통해 의사소통의 중요한 요소를 모두 통합해보자.

이 장을 통해 배운 내용이 예비교사교육과정 ITE 에서 제시된 어떤 요구 사항과 연결되는지 확인해보자.

> **과제 5.11 의사소통의 중요성**
>
> 다음의 주제에 대해 2,000 단어의 에세이를 작성하자.
>
> 주제: '학생의 학습을 위한 교사의 가장 중요한 수단은 의사소통이다'라는 주장에 대해 비판하자.
>
> 이 에세이를 여러분의 전문성 개발 포트폴리오(PDP)에 master 수준의 증거 자료로 첨부하자.

/ 추가 읽기 자료 /

Fisher, R. (2009). *Creating Dialogue: Talk for Thinking in the Classroom*, Abingdon, Oxon: Routledge

이 책은 학생과 학생, 그리고 교사와 학생 간의 질문 및 대화를 통한 비판적이고 창의적인 사고를 함양하는 방법을 다룬다. 흥미로운 점은 의사소통 기술과 총명한 행동 습관을 개발하는 데 도움이 되는 '아이들을 위한 철학(Philosophy for Children)'을 바탕으로 한 구체적인 교수 방법을 소개한다는 것이다.

Muijs, D. and Reynolds, D. (2011). *Effective Teaching: Evidence and Practice*, 3rd edn, London: Sage

이 책의 3장에서는 상호작용 교수법과 학습 효과의 관계에 대해 다룬다. 학급 토의를 위한 효과적으로 질문하는 기술을 강조한다.

Robertson, J. (1996). *Effective Classroom Control: Understanding Teacher-Student Relationships*, 3rd edn, London: Hodder and Stoughton.

이 책의 4장에서는 학생들이 지속적으로 수업에 집중할 수 있도록 강조하는 방법을 다룬다. 구체적으로, 제스처와 말투, 음성 행동(vocal behaviour)과 의미, 시선 마주침과 말투의 활용 방안을 제시하고 있다. 학급 운영과 관련된 다양한 자료가 참고문헌에 제시되어 있다.

Rogers, B. (2011). *Classroom Behaviour: A Practical Guide to Effective Teaching, Behaviour Management and Collegue Support*, 3rd edn, London: Sage.

이 책에서는 교사가 하루동안 교실에서 마주할 수 있는 실제적인 어려움을 묘사하고 학생 및 동료들과 긍정적인 래포(rapport)를 형성할 수 있는 방법을 제시하고 있다. 다양한 사례를 통해 효과적인 (비)언어적 의사소통 기술 개발의 중요성을 강조한다.

Spendlove, D. (2009). *Putting Assessment for Learning into Practice*, London: Continuum.

저자는 '감정 소양(emotional literacy)이 학생들의 취약한 부분 또는 상처를 이해하는 데 도움을 주지 못하고 있다'(p. 10)고 주장한다. 이에 피드백과 학습의 관계(1장)와 질문하기와 대화의 관계(2장)에 대해서 설명하고, 학생들로부터 신뢰를 얻을 수 있는 감정적인 환경을 조성하는 방안을 제공한다.

Other resources and websites

National Association for Language Development in the Curriculum: www.naldic.org.uk

이 웹사이트는 EAL의 교수·학습 관련 포럼을 제공하고 있다. 포럼의 내용은 2개 국어 사용 및 소수 민족 학습자들의 학업 성취를 지원하는 것이다. ITE 링크를 통해 EAL 영국과 전 세계에서 수행된 연구 요약본과 ITE 네트워크 및 관련 행사 정보를 얻을 수 있다.

수업 조직 및 관리
Lesson organisation and management

Julia Lawrence and Margaret Whitehead

소개

학생들은 학습 경험에 적극적으로 참여해야 한다. 학습 경험에 참여한 여부는 과제'에' 참여하는 시간으로 결정된다. 체육수업에서는 교과와 관련된 기술 motor 또는 다른 활동 other activities 에 높은 비율로 성공하는 것이 계획된 학습 결과를 달성하는 데 기여할 수 있다. 그렇기 때문에 수업 조직 및 관리는 효과적인 학습을 보장하는 데 매우 중요한 요소다. 학습 경험의 '관리자 manager'로서 여러분은 수업 계획에 필요한 많은 요소(3장 참조), 채택하고자 하는 교수·학습 방법(13장 참조)과 실천한 수업에 대해 반성할 수 있어야 한다(3장 참조). 수업 환경과 여러분을 지원할 수 있는 사람들에 대해서도 관리할 수 있어야 한다.

수업 조직 및 관리 기술은 장기간에 걸쳐 일어나며(Richardson & Fallona, 2011) 개별 교사의 역량과 밀접한 관련을 지닌다. 다른 수업 상황은 다른 결과를 가져온다는 것을 명심해야 한다. 수업 환경을 효과적으로 관리하는 것은 학생들의 성취도에 결정적인 영향을 미친다는 점 역시 주목해야 한다(Allen, 2013). 이상에서 언급한 영역은 지속적으로 변화하는 것이며 전 교직 생애에 걸쳐 주목할 만한 가치가 있다. 그러나 위에서 언급한 부분은 교사가 처음으로 수업을 준비할 때 주로 걱정하는 부분이기도 하다. 이 장의 목적은 수업 조직 및 관리 기술 함양과 관련된 가이드라인을 제공하는 데 있다. 나아가 수업 조직 및 관리 기술이 언제 그리고 어떻게 활용될 때 효과적일 수 있는지 다양한 사례를 통해 살펴본다.

본 장을 학습한 후 여러분은 다음과 같은 내용을 할 수 있어야 한다.
- 수업 전, 중, 후에 필요한 학생, 공간, 용·기구 및 시간을 관리할 수 있다.
- 수업 규칙과 상규적 활동(routines)을 제정할 수 있다.
- 학생들이 수업 중 과제 활동에 더욱 많이 참여할 수 있는 방법을 이해할 수 있다.

예비교사교육과정의 요구사항을 확인하여 이번 장과 어떠한 관계가 있는지 살펴보자.

수업 환경 조직 및 관리

여러분의 수업 관리 및 조직 기술은 학생들의 학습을 이끌어내는 데 결정적인 영향을 미친다. 효과적으로 수업을 계획하는 것이 핵심이라고 할 수 있다. 3장에서는 수업 계획 원칙 및 절차와 관련된 지원 방안 및 가이드라인이 제공되었다. 이 장에서는 마련된 수업 계획을 적용하고 관리하는 데 필요한 전략과 관련해서 고려할 요소가 제공된다. 기억해야 할 점은 수업 환경을 조직하고 관리하는 일이 수업의 성패를 결정한다는 것이다.

(수업)조직은 단순히 의도된 학습결과 ILO 를 달성하는 데 그치지 않는다. 수업 전, 중, 후에 예상하지 않았던 일이 발생하는 것에 대해서 대비하는 것까지 포함한다. 수업을 잘 조직한 교사는 그렇지 않은 교사보다 다양한 상황에 유연하게 대철할 수 있다. 수업 조직은 사람(학생 및 수업 보조와 같이 여러분을 보조하는 이), 여러분, 공간, 용·기구 그리고 효율적인 시간 사용 등에 초점을 맞춘다.

수업의 처음부터 마지막까지 조직하고 관리하는 일이 중요하다. 그럼에도 세 가지 핵심 요소를 선정하면 '수업 시작 전 준비해야 할 행동', '수업 중 실천되는 활동', '수업을 마치는 장면에서 이루어지는 활동'이다. 핵심 활동 및 영역에 대한 요약은 〈표 6.1〉에 제시되어 있다.

〈표 6.1〉 수업 전, 중, 후에 고려되어야 할 수업 조직 과제

수업 전	수업 중	수업 후
• 수업 계획 • 숙제 확인(mark) • 수업 공간 확인 • 자원(resource) 확인 • 용·기구 확인 • 학생들이 수업 시간에 하지 않는 과제 준비 (set) • 수업 시간에 맡을 역할 및 책임 설정	• 수업 시작 점검하기: 어떤 상규적 활동을 활용할 것인가? • 탈의실 활동 관찰, 귀중품 보관하기, 출석 점검하기: 특정한 역할이나 책임이 있는가? • 수업 공간 조직 • 용·기구 조직 • 수업 과제/활동 제정: 성취기준 포함 • 지도하기 • 모둠 편성하기 • 활동 국면 전환 • 학습 기회 제공 반성하기(review) • 수업 마무리 점검하기	• 수업 평가하기 • 다음 수업 계획하기

○ 수업 전 조직

수업 장소에 도착하기 전에 수업을 어떻게 조직할 것인지 계획하는 것은 매우 중요하다. 지도교수와 수업에서 발생할 것으로 예상되는 문제점을 어떻게 해결할 수 있을지에 대한 조언을 구하는 것이 도움이 될 수 있다. 만약 여러분이 누군가로부터 수업 계획과 관련된 피드백을 구하는 중이라면 그들에게 충분한 시간을 제공하는 것이 중요하다. 무엇보다 중요한 것은 수업에서 다룰 내용과 이것을 어떻게 조직하고 지도할 것인지에 대해 자신감을 가질수록 수업 중에 발생하는 다양한 상황에 유연하게 대처할 수 있다.

수업 계획에는 어디에서 수업 활동이 일어날 것인지를 정해야 하며 해당 장소에서 발생할 수 있는 잠재적인 장애물에 대해 생각해야 한다(안전과 관련된 내용은 12장 참조). 어떤 장소를 활용할 것인지를 동료 교사와 함께 상의하는 것은 언제나 옳은 일이다. 여러분이 운동장 사용 계획을 세웠다고 해서 누군가가 운동장 사용을 원하지 않을 것이라고 단정 지어서는 안 된다. 시험이나 다른 행사(시험이나 학교 축제 등)로 인해 운동장 등의 시설을 사용하는 데 문제가 없는지 미리 확인해야 한다. 마지막으로 모든 형태의 여건을 고려해야 한다. 대부분의 수업은 날씨와 무관하게 진행될 수 있다. 그러나 매우 궂은 날씨 상황에서는 학급을 몇 개의 모둠으로 나누어 실내체육관을 활용할 수도 있다. 수업 준비가 미진하면 학생들은 빠른 속도로 수업에 흥미를 잃을 수 있다. 이는 결과적으로 학생들의 문제 행동으로 연결된다. 장소 사용에 문제가 있을 것으로 예상이 되면 언제나 실내와 실외 수업 두 가지를 염두에 두는 것이 옳다. 최소한의 실내 수업을 해야하는 상황에 대해서 미리 준비해두는 것이 필요하다.

모든 공간 및 시설의 일부가 수업에 활용될 수 있다. 체육관 벽, 선 lines, 마킹 marking, 격자 grids, 용기구 등이 대표적인 예다. 수업이 시작되기 전에 이들에 관한 정보를 최대한 많이 얻을수록 보다 내실 있는 수업 계획이 가능하다(사전 학교 방문에서 이와 같은 정보를 반드시 수집해야 한다. 자세한 내용은 1장 참조). 몇몇 학교에는 마킹 marking 표시를 도와줄 수 있는 운동장 관리자가 있다. 다양한 작업 공간을 수업에서 적절히 활용할 수 있는 방안에 대해서 반드시 계획해야 한다. 예를 들면, 격자를 연습 장소나 하나의 스테이션으로 활용하는 것이다. 용·기구만 사용할 수 있는 매우 협소한 장소만 허용되는 상황이라면 수업 조직 시에 다음과 같은 상황을 반드시 고려해야 한다.

- 수업 환경은 언제나 안전해야 한다.
- 용기구가 벽에 너무 가까이 위치하면 안 된다.
- 잘못 던져진 공이나 셔틀이 도달할 수 있는 영역에 대해 알고 있어야 한다.
- 다양한 활동(예: 배드민턴)이 가능한 장소여야 한다.
- 용·기구를 보관하거나 쉽게 접근할 수 있는 곳이어야 한다.
- 원활한 수업 진행이 가능한 곳이어야 한다.

과제와 무관한 행동 off-task activity 은 과제 간의 이동 간에 주로 일어난다. 수업 계획 단계에서 학습 기회를 극대화하기 위해서 과제와 무관한 행동을 처리할 수 있는 방안에 대해 고려해야 한다. '다음 활동을 설계하기 위해 용·기구를 한 곳에 모아둘 것인가', '해당 스테이션은 다른 방법으로 활용될 수 있는가', '하나의 과제가 수행되는 동안 다음 과제 세팅을 준비할 수 있는가', '과제에 참여하고 있는 학생들을 다음 과제 준비에 관여시킬 수 있는가' 등이 해당된다. 수업 계획 단계에서는 가르치는 내용에 영향을 미칠 수 있는 다양한 요인이 고려되어야 한다. 학생은 총 몇 명인가, 학생이 좋아하는 것은 무엇인가, 성별 구성은 어떻게 되는가, 협동의 정도는 어떤가 등이 포함된다. 이와 같은 요소는 모둠 구성이나 학생들에게 역할을 부여하는 데 영향을 미친다. 특정 활동(예: 럭비, 육상, 하키 등)에 필요한 용·기구의 가용 여부와 이를 조직할 수 있는 방안에 대해서도 고민해야 한다.

결국 여러분의 수업 계획은 학생들이 적절하게 용·기구를 이용할 수 있도록 만드는 것과 연결된다. 수업 전에는 필요한 용·기구를 마련하고 미리 꺼내놓아야 하며, 수업 중에는 용·기구의 사용 방법에 대해 고민해야 한다. 수업 후에는 어떻게 용·기구를 정리할 것인지에 대해서도 계획을 세워야 한다. 추가적으로 용·기구의 배치 및 사용하지 않는 것들의 보관 장소에 대해서도 고려해야 한다. 수업 시작 전에 수업에서 활용될 재료 및 용·기구를 조직함으로써 학생들에게 수업이 충분히 준비되었다는 인상을 줄 수 있다.

다음은 수업 전에 수업 조직 여부 확인을 위해 반드시 점검해야 하는 체크리스트다.

- 계획하고 준비하라. 수업을 잘 하기 위해 가장 중요한 요소다. 이를 통해서 각 수업에서 가르치고자 하는 내용과 목표를 명확히 인지할 수 있다(3장 참조)
- 수업 공간을 확인하라. 안전하게 수업을 진행할 수 있는 곳인가? 수업 공간 확인으로 하루를 시작하는 것은 수업을 유연하게 시작하는 데 큰 도움이 된다. 예를 들면, 특정 공간은 전 날 야간 수업을 위해 활용되고(배드민턴 지주 또는 네트 등) 아직 치워지지 않은 상태일 수 있다.
- 모든 장비를 점검하라. 바로 활용할 수 있을 정도로 잘 정비되어 있는가? 학생들에게 부탁할 수도 있지만 가장 중요한 점은 모든 장비가 준비가 되어 있는지를 확인하는 것이다(예: 농구공의 바람은 충분한가). 매주 이와 같은 점검을 위한 시간을 따로 마련할 필요가 있다.
- 모둠 구성, 번호판, 시각자료, 과제 카드 및 여분의 호각을 준비하라. 실제 게임으로 수업이 진행되는 기간에는 미리 모둠 구성을 구성하고 알려주는 것이 효과적이다. 시각 자료는 학생들에게 보다 많은 아이디어를 제공할 수 있다. 과제 카드는 학생들이 과제를 완수하는 데 도움을 줄 수 있다. 여분의 호각은 학생들이 심판의 역할을 맡을 때 활용될 수 있다. 이상의 준비물은 수업의 국면 전환을 유연하게 만들며 불필요한 시간 낭비를 줄여 준다.

- 질병, 부상 또는 다른 이유로 이해 실제 수업에 참여하지 못하는 학생들을 위한 활동을 준비하라. 이를 위해서는 우선 단위학교에서 실제 수업에 참여하지 못하는 학생들을 지도하는 가이드라인을 확인해야 한다. 일반적으로는 참여하지 못하는 학생들이 단순히 앉아서 수업을 관찰하는 것보다는 수업에 간접적으로라도 참여할 수 있는 역할을 주는 것이 좋다. 피드백 제공하기, 심판 역할 맡기, 점수판 작성하기 등이 예가 될 수 있다. 때로는 수업 관찰 일기 작성을 부여할 수도 있다. 물론 추운 날씨의 실외 수업에서 특정 역할을 부여하는 것이 문제가 될 수 있다. 이런 경우에는 실내에서 인지적 영역의 발달에 도움이 되는 활동에 참여할 수 있도록 지도하는 것이 적절하다. 이와 같은 과제 할당은 학교체육의 폭 넓은 목적 달성에 기여할 수 있기 때문이다.
- 과제에 대해서 채점하라. 제출 기한을 알려주고 과제에 대한 피드백을 제공하는 것은 매우 중요하다. 이는 학생들의 동기유발로 이어질 수 있다(7장 참조).

과제 6.1 수업 전 교사 준비

경력 교사가 아침에 하는 일을 주의 깊게 살펴보고, 교사가 학생이 도착하기 전에 수업을 준비하는 과정을 녹화해보자. 녹화한 내용을 전문성 개발 포트폴리오(PDP)에 첨부하자. 위에서 제시된 체크리스트로 돌아가고 수업에 대해 보다 높은 수준의 책임감을 가져보자.

○ 수업 중 수업 조직 및 관리

수업 중의 수업 조직 및 관리는 탈의실에 학생들이 도착한 순간부터 수업을 마칠 때까지를 포함한다. 이 기간 동안 여러분은 계획하거나 또는 예상하지 못했던 다양한 상황에 대처해야 한다. 여러분과 학생 모두에게 친숙한 상규적 활동을 확립하는 것은 매우 효과적인 방법이다. 우선 학생들은 자신들에게 기대되는 행동, 노력, 과제 완수 등에 대해서 잘 숙지할 필요가 있다. 그렇기 때문에 상규적 활동 제정은 수업의 성패를 결정한다. 학생들에게 규칙, 상규적 활동을 자료와 함께 지시하면, 이를 바탕으로 적절한 행동 범위를 가지게 될 것이다. 적절하지 않은 행동을 규제할 수 있는 금지 규정을 제공하는 것 역시 반드시 필요하다. 금지 규정을 만들 때는 반드시 적절성, 일관성, 강제성을 가져야 한다. 요즘은 대부분의 학교에서 과제 계약이 있다. 과제 계약에는 교사, 학부모, 학생들이 다른 사람으로부터 무엇을 얻을 수 있는지에 대한 정보를 제공한다. 학교에서 게시되어 있는 행동 양식을 보고 놀라지 마라. 교직원과 학생들에게 관리규정 terms of references 을 제공하라. 학생 행동 관리에 대한 구체적인 내용은 8장에 제시되어 있다. [과제 6.2]와 [과제 6.3]을 통해 여러분의 수업에서 활용할 수 있는 기대 행동 및 상규적 활동에 대해 생각해보자.

과제 6.2 기대 행동

학교와 체육부서에서 제공하는 학생 기대행동을 읽고 이에 대해 지도교수와 함께 이야기하자. 여러분이 가르치는 특정한 신체활동과 관련된 추가적인 기대행동이 있는지 물어보자. 이를 전문성 개발 포트폴리오(PDP)에 정리하고 이 노트를 수업에서 활용해보자.

과제 6.3 상규적 활동

상규적 활동은 매우 중요하다. 체육수업에서 활용할 수 있는 장점을 가진 상규적 활동으로는 다음과 같은 영역 등이 있다. 탈의실 입장, 옷 갈아입기, 출석 점검, 수업 장소 입장하기, 설명하기, 용·기구 모으기, 수업 시작하기, 주의 집중하기, 과제 완료하기, 모둠으로 이동하기, 과제 간 이동하기, 용·기구 정리하기, 수업 장소 벗어나기, 탈의실 나가기.

위에서 언급한 영역 이외 생각나는 것이 있으면 적어보자.

재직하고 있는 학교에서 두 명의 체육교사가 수업에서 규칙을 정하고 상규적 활동을 활용하는 방법을 구체적으로 관찰하자. 두 명의 상규적 활동은 어떻게 다른가? 같은 점은 무엇인가? 그 이유에 대해 설명할 수 있겠는가? 여러분의 수업에는 어떻게 적용할 수 있는가? 관찰 내용을 전문성 개발 포트폴리오(PDP)에 첨부하자.

기대행동, 상규적 활동과 절차는 수영, 육상, 캠핑 등과 같은 특정 활동을 위해서는 매우 구체적인 형태로 제공될 때가 있다. 〈표 6.2〉는 특정 활동에 따른 구체적인 규칙, 상규적 활동, 절차의 예시다. [과제 6.4]는 여러분이 추가적으로 탐색해야 할 내용이다.

과제 6.4 특정 활동에서의 기대행동과 상규적 활동

표 6.2는 특정 활동에서의 규칙, 상규적 활동 및 절차와 관련된 내용이다. 여러분이 학교에서 지도하는 세 가지 활동에 대해 규칙, 상규적 활동 및 절차와 관련된 내용을 추가해보자.

- 활동 1
- 활동 2
- 활동 3

지도교수와 함께 논의하고 전문성 개발 포트폴리오(PDP)에 정리하자.

〈표 6.2〉 기대행동, 상규적 활동 및 절차 예시

활동	기대행동, 상규적 활동, 절차
체조	교사가 안전 확인하기 전에 큰 용기구를 이용하지 못하도록 한다. 용기구를 치우거나 분해할 때는 학생들을 뛰지 못하도록 한다.
수영	허락 없이 수영장에 들어가서는 안 된다. 수영장 가장자리에서는 뛰어서는 안 된다. 수영장 안에서 소리 질러서는 안 된다.
하키	짧은 호각 신호: 스틱을 세우고 교사를 바라보고 경청하기
창 던지기	창을 가지고 이동할 때는 반드시 걷는다. 날카로운 부분을 아래로 향하게 한다. 교사의 허락이 없을 때는 절대 던져서는 안 된다.

○ 탈의실에서의 수업 조직

앞에서 설명한 바와 같이, 수업의 성패는 학생들이 수업 장소에 도착하는 순간에 판가름 난다. 학생들이 최대한 빠른 시간에 수업 목표에 집중하도록 만드는 것이 과제와 무관한 행동을 줄이고 실제 학습 시간을 충분히 확보하는 데 도움이 된다. 학생들이 수업에 왔을 때 교사가 자리에 위치해 있는 것은 좋은 인상을 준다. 이는 수업의 분위기를 설정하는 것뿐만 아니라 정시에 수업에 참여하는 것(지각하지 말기)과 학생들이 준비된 상태로 수업에 임하도록 하는 데 도움이 된다. 학교마다 수업(교실)에 도착했을 때 준수해야 하는 것에 대한 지침은 다르다. [과제 6.1]을 통해 여러분이 근무하고 있는 학교에서 쓰는 전략에 대해 살펴봤다.

탈의실에 위치하고 있는 것은 수업 분위기 설정뿐만 아니라 학생들의 부적절한 행동을 예방하고 학생들이 옷을 빨리 갈아입을 수 있도록 만드는 효과가 있다. 탈의실에서 학생 출석 상태를 점검함으로써 보다 많은 실제 수업 시간을 확보할 수 있다. 수업의 목표를 알려줄 수도 있다. 학생들에게 수업에서 강조되는 점, 첫 번째로 참여하게 되는 과제, 또는 수업 진행 절차에 대해서도 알려줄 수도 있다. 예를 들면, 첫 번째 과제를 수행하기 위해서는 몇 명이 하나의 모둠을 구성할 것인지 또는 어떤 학생이 기구실에서 용·기구를 꺼낼 것인지에 대해서 알려주는 것이다. 반드시 기억해야 하는 점은 여러분과 다른 성별의 학생이 쓰는 탈의실에 들어가서는 안 된다는 것이다. 지도교수와 함께 학교에서 제시하고 있는 가이드라인 또는 절차에 대해 알아보자.

언제 그리고 어떤 상황에서 학생들이 수업에서 제외되는지를 명확히 인지하고, 제외된 학생들이 어떻게 수업에 통합되어야 할 것인지를 준비해야 함을 명심해라. 수업에 늦거나 준비물을 가지고 오지 않은 학생들을 어떻게 지도할 것인지에 대해서도 고려해야 한다. 여러분이 일하는 부서에서는 이와 같은 상황에서 적용해야 하는 절차를 가지고 있어야 한다.

아래는 탈의실에서 활용할 수 있는 절차와 관련된 체크리스트다.

- 학생이 탈의실에 입장할 때 준수해야 하는 규칙을 만들어라. 질서정연하고 조용히 입장해야 한다. 학교나 교사 역시 고유의 절차가 있다([과제 6.2]와 [과제 6.3] 참조).
- 학생들의 귀중품과 공결 확인서를 모으고 준비물을 가져오지 않은 학생에게 용·기구를 대여하는 일과 같은 상규적 활동을 만들어라. 상규적 활동은 수업 시작 부분에서 낭비되는 시간을 줄여준다.
- 출석을 확인해라. 많은 시간을 할애하지 않고 학생들이 옷을 갈아입는 동안 가능하다. 물론 수업 장소에서 부르는 것이 보다 적절한 경우도 있다(예: 혼성학급).
- 용·기구를 기구실에서 꺼내는 일을 상규적 활동으로 만들어라. 여기에는 많은 방법이 있다(아래 참고).
- 앞 시간에서 활용했던 활동 등을 이용하여 과제를 미리 알려줘라. 이는 학생들이 신속하게 과제에 참여할 수 있도록 만든다. 하키를 예로 들면, 학생들에게 '지난주에 전방에 상대방이 있을 때 어떻게 경기해야 하는 지에 대해서 배웠어, 오늘은 필드에서 이것을 직접 연습할거야' 등의 내용을 알려주는 것이다. 학생들은 준비가 되는대로 즉시 과제에 참여할 수 있다.
- 모든 학생이 탈의실에서 나가면 문이 잘 잠겨 있는지 확인해야 한다. 대부분의 탈의실은 보안을 위해 잠근다. 모든 학생이 옷을 갈아입고 탈의실에서 나갔는지를 확인하는 것은 여러분의 책임 중의 하나다.

조직 및 관리: 학생, 타인 그리고 당신 yourself

○ 학생

위에서 언급한 바와 같이, 수업 시작과 함께 탈의실에서 학생들을 관리해야 한다. 그러나 수업 중에는 다르다. 과제를 설정하거나 바꿀 때 학생들을 관리해야 한다. 용·기구를 설치하거나 치울 때도, 학생 모둠 구성을 할 때도 그렇다. 모둠을 구성해야 하는 다양한 이유가 있다. 예를 들면,

- 다양한 운동기능 수준: 운동기능의 수준이 다양한 경우에 모둠을 구성할 수 있다. 이와 같은 형태는 리더십이나 협동적인 기술을 함양하고자 할 때 효과적이다.
- 비슷한 운동기능: 수영과 같은 경우에는 비슷한 운동기능을 가진 학생끼리 모둠을 구성하는 것이 좋다.
- 잘 하는 학생과 못 하는 학생: 잘 하는 학생의 강점을 활용해서 못 하는 학생의 수행, 노력, 행동을 긍정적인 방법으로 지원할 수 있다.
- 사회적 우정: 사회적 우정은 고학년 학생들의 동기를 유발할 때 특히 유용하다.

모든 학생들이 모둠에 포함될 수 있는 방법을 만드는 것이 여러분의 임무다. 평소 조용하거나 부끄럼을 많이 타는 학생은 모둠에 포함되지 않았을 때 여러분에게 얘기를 하지 않을 수 있다. 가능한 모둠을 구성하는 데 적은 시간을 할애해야 한다. 가급적 학생들이 모둠을 선택하지 않도록 해야 한다. 많은 시간이 소요될 수도 있고, 몇몇 학생들은 (선택되지 않아서) 낮은 자존감을 느낄 수도 있기 때문이다.

한 차시에서는 모둠을 유지하는 것이 보다 효율적이지만 모둠의 구성을 달리하는 것이 필요한 상황도 있다. 이와 같은 변화를 위해서는 중요한 전환이 필요하며 수업 전에 계획되어야 한다. 한 차시 안에서 모둠을 바꾸고자 할 때는 이 과정이 어떻게 매끄럽게 진행될 것인지에 대해서 계획을 짜야 한다. 가능하다면, 현재의 모둠을 다음에 만들 모둠에 포함하는 방법을 활용하라. 예를 들면, 총 6개의 모둠을 3개 혹은 2개의 큰 모둠으로 합하거나, 12개의 모둠을 3개 혹은 2개의 큰 모둠으로 합하거나, 4개의 모둠을 2개의 큰 모둠으로 합하면 모둠 재구성 과정이 자연스럽게 진행될 수 있다. 추운 날 실외에서 수업이 진행될 경우에는 이와 같은 자연스러운 모둠 재구성이 더욱 중요하다. 모둠 구성에서는 다음과 같은 방법을 활용할 수 있다.

- 탈의실 또는 준비운동 시간에 학생들의 숫자를 미리 세라. 수업 중에 어떻게 모둠을 구성할 것인지에 대해서 미리 설계할 수 있다.
- 키가 비슷한 2명의 학생끼리 할 수 있는 준비운동 과제를 설계하라
- 학생들이 뛰고 있을 때 교사는 특정 숫자(2, 3, 5, 7)를 외칠 수 있다. 학생들은 교사가 말한 숫자만큼의 구성원이 있는 모둠을 만든다. 교사가 외친 숫자는 결국 첫 번째 모둠의 숫자가 된다.
- 학급에 대해 미리 알고 있다면 수업 전에 적절한 모둠을 구성하고 모둠과 리더를 선정할 수 있다.
- 2인 1조로 구성하라. 학생들에게 1과 2의 번호를 부여한다. 2의 역할을 맡은 학생들은 공을 하나씩 가진다. 과제 수행 공간의 중심 지역에서 공을 가진다.
- 위의 연습을 4명이 하나의 공을 가진 과제로 발전시킨다. 다른 2명을 참여시키고 공 하나를 가능한 빨리 제거한다(교사는 학생들에게 번호를 부여하고, 특정 번호(예를 들면 3번)를 언급하면서 남는 공을 치울 수 있도록 지시한다).
- 운동기능이 다른 28명의 학생들로 7개의 모둠을 구성하는 방법 - 파트너를 찾는다(2인 모둠 구성), 다른 2명을 포함시켜서 4인 모둠을 구성한다. 구성원에게 1번에서부터 4번까지 번호를 부여한다. 모든 1번끼리 모인다, 모든 2번끼리 모인다, 모든 3번끼리 모인다. 이와 같은 방식으로 7개의 모둠을 구성할 수 있다.
- 가능하다면, 신체활동 간의 조직 및 관리는 최소화되어야 한다(〈그림 6.1〉의 연속적인 모둠 구성 및 공간 활용 방법 참고). 다른 신체활동에서도 적용될 수 있다.

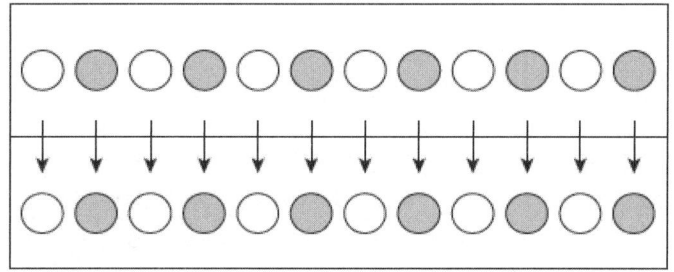
1대 1 준비운동 활동 – 배구장 중간에서 네트 넘어 파트너에게 보내기

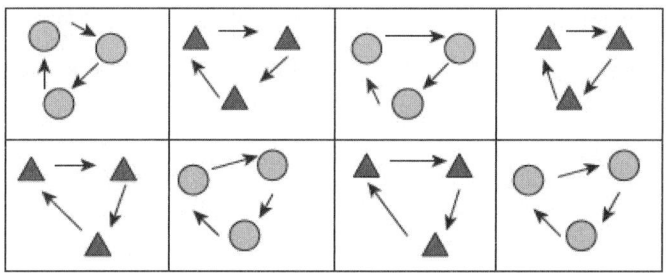
3명 – 공간을 균등하게 나누어, 발리, 디그 등을 연속적으로 연습

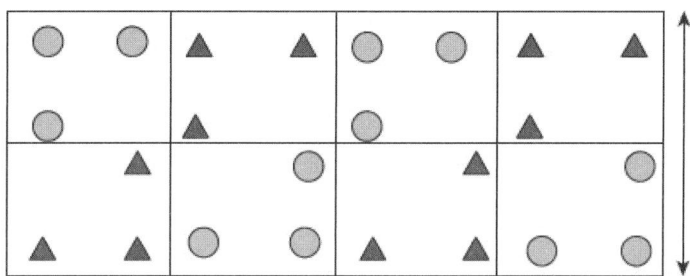
3 대 3 – 조건부 게임 – 서브, 받기, 스파이크 등

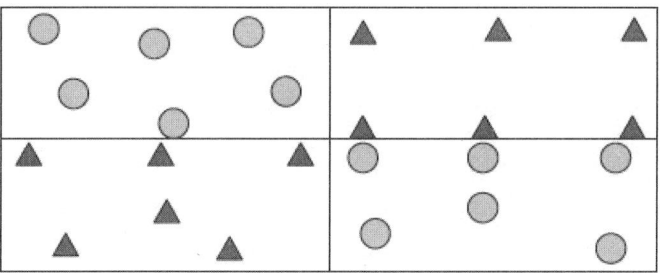
6 대 6 – 다른 3명과 한 팀을 이루어 게임 실시

〈그림 6.1〉 배구에서 연속적인 모둠 구성 및 공간 활용 방법

○ 타인

수업이 진행되는 동안 몇몇 학생들은 수업 보조 teaching assistant 로부터 추가적인 지원을 받을 수 있다. 이는 여러분으로 하여금 지원을 제공받을 학생이 누구이며, 그 학생들이 도움을 받음으로써 무엇을 달성할 수 있을지에 대해서 생각할 수 있는 기회를 제공한다. 지원을 효과적으로 적용할 수 있는 방법을 창의적으로 생각하는 데도 도움을 준다. 지원 인력 staff 은 경험 정도에 따라 매우 다양할 수 있다. 반드시 기억해야 하는 점은 지원 인력은 수업 도중에 자신이 해야 할 일을 반드시 인지하고 있어야 한다는 것이다. 그렇기 때문에 반드시 수업 전에 그들이 해야 하는 일을 알려줘야 한다. 이는 수업이 진행되는 그들의 역할과 임무에 대해서 명확히 이해할 수 있도록 해준다. 시간이 지나면 그들은 특정 학생(들)을 지원할 수 있는 방안을 계획하는 과정에서 도움을 줄 수도 있다. 다음은 타인의 도움과 관련해서 고려해야 할 점이다.

- 수업 계획
  - 수업을 계획하는 과정에서 보조원 support staff 과 함께 일할 수 있는가?
  - 혼자서 한다면, 수업이 시작되기 전에 수업 계획을 보조원과 어떻게 공유할 것인가?
- 학생의 학습 지원하기
  - 수업이 진행되는 동안 보조원의 역할은 무엇인가?
  - 어떤 학생(들)이 보조원의 도움을 받을 것인가?
- 학생 평가
  - 보조원은 학생들의 발달을 어떻게 평가(측정)할 것인가?
- 수업 평가
  - 학습 달성도 또는 수업의 성패를 평가하기 위해서 보조원을 어떻게 활용할 것인가?
  - 보조원이 여러분의 수업을 평가하도록 활용할 수 있는가?
  - 보조원은 다음 수업 계획을 어떻게 지원할 수 있는가?

○ 당신 yourself

대부분의 교사는 교실에서 앉아서 일한다. 그래서 업무를 효과적으로 볼 수 있는 앉은 자세에 대해 고민해야 한다. 이와 달리 체육교사는 학생들이 앉아서 있는 상태에서 일하지 않는다. 교사의 적절한 위치 선정과 움직임은 학습, 규율, 안전을 위해서 매우 중요하다. 학생들이 여러분의 목소리를 잘 들을 수 있는 공간에 위치하고 있어야 한다. 수영장, 바람이 세게 부는 날의 운동장, 음향 장치가 좋지 않은 체육관 등과 같은 곳에서는 적절한 성량 역시 매우 중요하다. 언제나 학급 전체 학생이 어디에 위치하고 있는지를 알고 있어야 하며, 학생들에게 등을 보여주지 않도록 해야 한다. 학생 모둠의 중간에 위치하게 되면 일부 학생은 여러분의 등을 바라보게 될 것이다. 좋은 위치 선정은 관찰을 용이하게 해준다. 학생들의 발달 및 행동을 보고 피드백을 주는 것이 대표적이다(관찰과 관련된 자세한 내용은 4장 참조). 교실에서 이론 수업을 하는 경우에도 동일한 원리가 적용된다. 수업이 진행되는 동안 한 지점에서만 위치하고 있는 것을 피해야 한다. 이동하면서 학생들이 과제를 수행하는 모습을 보고 피드백을 줄 수 있어야 한다.

실기 수업을 할 때는 수업 환경 및 과제의 목적(예: 과제 세팅(또는 준비, 설계) 또는 시범 보이기)에 따라 지속적으로 위치를 바꿔야 한다. 교사의 위치는 학급과 밀접하게 관련된다는 점을 잊지 말아야 한다. 모둠 구성, 태양의 위치 등 다양한 요소 역시 영향을 미친다. 예를 들면, 맑은 날에는 해를 바라보는 위치에 있어야 학생들이 여러분을 볼 수 있다. 다음은 위치 선정과 관련된 다양한 상황이다.

- 용·기구를 치울 때는 상규적 절차를 설정하고 학생들에게 명확한 지침을 줘야 한다. 이를 통해 학생들에게 책임감을 줄 수 있다. 모든 학생들이 책임을 다 하고 있는지를 볼 수 있는 곳에 위치해야 한다. 필요한 경우에만 도움을 줘라.
- 시범을 보일 때: 5장 참조
- 학급 전체에게 과제를 제시할 때는 모든 학생들을 볼 수 있는 곳에 위치하고, 모든 학생이 여러분을 보고 여러분의 목소리를 들을 수 있도록 해야 한다. 좁은 실내에서 가르치는 경우가 실외의 경우보다 쉽다. 실외에서 수업을 하는 경우에는 학생들의 활동 공간을 지정해줘야 한다. 운동장 위에 선을 긋는 것이 대표적인 방법이다. 이를 통해 학생들과 계속적으로 상호작용 할 수 있다.
- 학급을 관찰할 때. 주변에서 시작하는 것이 가장 효과적이다. 예를 들면, 실내 공간이라면 구석일 수 있고, 테니스나 배드민턴 코트라면 전체를 볼 수 있도록 뒤편에 있어야 한다. 이와 같은 관찰을 통해 전체 학생들이 과제를 제대로 이해하고 수행하고 있는지를 확인할 수 있다. 학생들이 특정 동작을 제대로 수행하고 있지 않거나 또는 과제가 너무 쉽거나 어려우면 학급 전체를 중단시키고 추가적인 설명을 제공해야 한다.
- 소규모의 아이들을 도와줄 때. 체조수업에서는 개별 학생을 지원할 수 있으며, 4대 4 미니 축구게임을 하고 있는 경우에는 관심을 여러 곳으로 분산시킬 수 있다. 주의할 점은 어떤 학생(들)을 지원하는 경우에도 나머지 전체 학급을 보고 있어야 한다는 것이다. 이는 학급 전체를 볼 수 있는 외곽 지점에서 관찰을 함으로써 가능하다.
- 경쟁적인 상황을 전개하고자 할 때는 여러분이 위치해야 할 지점을 미리 선정해야 한다. 모든 학생을 관찰할 수 있고 누가 이기는지를 확인 가능한 곳이다.
- 문제행동을 일으키는 학생(들) 주변에 있어야 한다. 문제가 발생할 수 있는 지역을 순환하고 가급적 가까이 있는 것이 중요하다. 학생들과 그들의 이름을 알고 있는 것은 잠정적인 방해를 예방하는 데 효과적이다(8장 참조). 학생들의 이름을 숙지하면 여러분이 어떤 공간에

있더라도 학생들과 의사소통 할 수 있다(8장 참조, 특히 [과제 8.8]에서 학생들의 이름을 숙지할 수 있는 정보를 확인할 수 있다).
- 특별한 교육적 조치가 필요한 학생과 그들의 구체적인 요구를 인지하고 있어야 한다. 보거나 듣는데 어려움이 있는 학생들이 대표적이다. 이와 같은 학생들에게는 좋은 자리를 제공할 수 있다(10장 참조).

[과제 6.5]에서는 지도교수나 동료 예비교사들이 여러분의 수업을 관찰하고 효과적인 위치 선정과 관련된 내용을 기록한다.

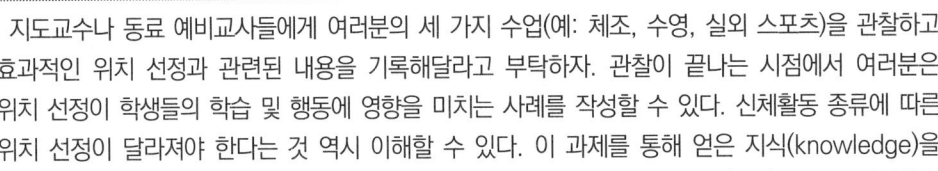

과제 6.5 교사 위치 선정

지도교수나 동료 예비교사들에게 여러분의 세 가지 수업(예: 체조, 수영, 실외 스포츠)을 관찰하고 효과적인 위치 선정과 관련된 내용을 기록해달라고 부탁하자. 관찰이 끝나는 시점에서 여러분은 위치 선정이 학생들의 학습 및 행동에 영향을 미치는 사례를 작성할 수 있다. 신체활동 종류에 따른 위치 선정이 달라져야 한다는 것 역시 이해할 수 있다. 이 과제를 통해 얻은 지식(knowledge)을 다음 수업의 위치 선정 개선에 활용하자. 이를 여러분의 전문성 개발 포트폴리오(PDP)에 이를 정리하자.

공간 조직 및 운영

체육교사는 다양한 공간에서 일한다(예: 체육관, 운동장, 수영장, 교실). 여러분은 예비교사 교육과정 ITE 동안 각 공간에서 요구되는 건강/안전 관련 사항과 각 공간에서의 수행해야 할 위험도 평가와 관련된 지식을 배운다(12장 참조). 이와 관련된 내용은 반드시 숙지하고 있어야 한다. 대부분의 공간 운영은 수업 시작 전에 수행되며(이와 관련된 내용은 이 장의 초반부에 제시되었다) 반드시 수업 설계 과정에서 반영되어야 한다. 수업 공간을 효율적으로 운영/관리함으로써 안전과 학습 효과를 극대화할 수 있다.

활동 공간을 구분하는 다양한 방법이 있다. 체육관 또는 운동장에 선 긋기가 효과적이다. 콘 cone 을 활용하는 것 역시 좋은 방법이다. 주의할 점은 위험 관리 및 안전을 위해서 어떤 형태의 콘을 쓸 것인지에 대한 고려가 필요하다는 것이다. 가능하다면 콘은 과제가 수행되기 전에 설치되어 있어야 한다. 학생들이 준비운동을 하는 시간에 설치할 수 있다. 과제에 참여하지 않는 학생이 설치할 수도 있다. 시범을 보고 난 다음 학생들이 자신의 활동할 공간에 콘을 설치하도록 하는 것도 가능하다.

효과적인 공간 활용 예시는 〈그림 6.2〉에서 확인할 수 있다. 넷볼을 예시로 제작되었으나 다른 스포츠에도 적용될 수 있다. [과제 6.6]은 공간 운영에 초점을 맞춘 것이다.

과제 6.6 활동 공간 조직하기

실내에서 30명의 학생들에게 순환식 과제(indoor circuit)를 제시하는 수업을 설계해보자. 특정 의도된 학습결과(ILOs)의 달성하기 위한 계획을 활용할 수 있다. 수업을 계획하는 동안에 안전, 활동 수준(activity level), 학생 결과를 기록할 수 있는 방법을 고려하자. 수업 설계가 완료되면 수업을 실천하자. 공간 운영/관리가 계획한 의도된 학습결과(ILOs) 목적을 달성하는 데 어떻게 기여했는지를 평가해보자. 개선해야 할 점을 기록하고 이를 순환식 과제를 세련화하는 데 활용하자. 이를 여러분의 전문성 개발 포트폴리오(PDP)에 첨부하자.

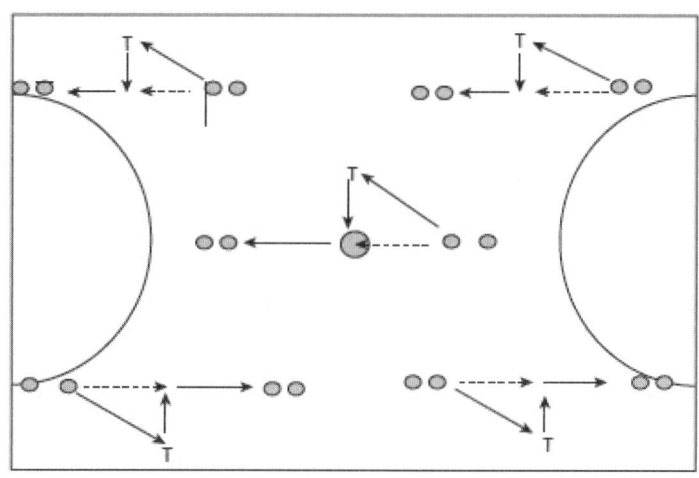

넷볼 코트에서 조직: 5명 선수로 구성된 5개 그룹

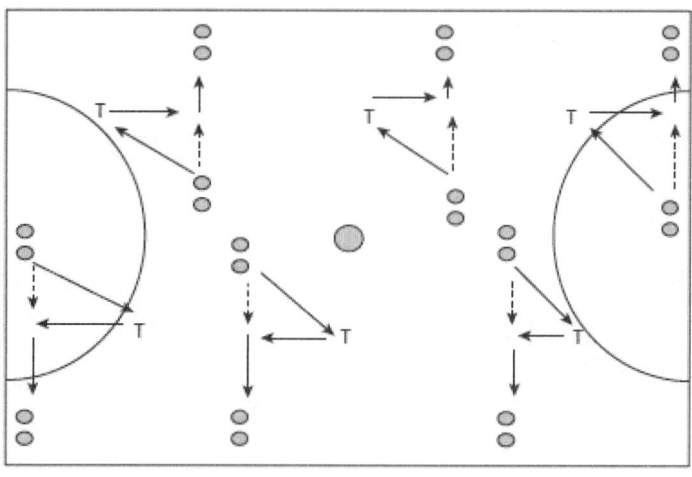

넷볼 코트에서 조직: 5명 선수로 구성된 6개 그룹

〈그림 6.2〉 넷볼에서 효과적인 공간 활용 예시

○ 용·기구 조직 및 운영

체육수업에서 용·기구 사용은 수업 조직에 있어서 매우 중요하다. 학생들의 의도된 학습결과 ILOs 달성을 위해 어떤 용·기구를 사용할지 결정해야 한다. 가능 여부도 확인해야 한다. 소개 introduction 에서 언급한 바와 같이, 학생들은 과제에 적극적으로 참여할 때 많은 것을 배운다. 따라서 학습효과를 극대화하기 위해서는 가능하다면 개별 학생들에게 용·기구를 제공해야 한다(예: 축구나 농구의 개별 기술들을 가르칠 때). 이는 학생들에게 보다 많은 기회를 제공하게 하고 결과적으로 기술의 발달로 이어진다. 모둠으로 과제를 수행하는 경우에는 가급적 되도록 모둠의 크기를 작게 하고 충분한 용·기구를 각 모둠에게 제공함으로써 학생들이 적극적으로 과제에 참여할 수 있도록 해야 한다. 소규모 small-group 과제 활동은 기다리는 시간을 줄여줌으로써 실제 과제에 참여하는 시간을 늘려준다. 축소게임 small-sided game 역시 학생들이 연습과제를 통해 배운 기술을 적용할 수 있는 기회를 충분히 제공할 수 있다. 위에서 언급한 모든 전략들은 학생들의 적극적인 참여, 충분한 기회 제공, 부적절한 행동 감소에 도움을 준다.

용·기구를 치웠다가 다시 설치하지 않도록 수업이 진행되어야 한다. 일반적으로 고려해야 할 점은 '용·기구를 어디에 보관할 것인가'와 '어떻게 효과적으로 설치하고 정리할 것인가'와 관련되어 있다. 아래와 같은 방법을 활용할 수 있다.

처음으로 들어가는 학생들이 용·기구를 꺼낼 준비를 한다. 모든 용·기구의 개수를 파악하고 있어야 한다.

- 학생들은 창고 밖에서 개별 또는 모둠으로 줄을 선다. 준비가 되면 용·기구를 든다.
- 특정 모둠은 항상 용·기구를 정리하고, 다른 모둠은 설치한다.
- 모둠 구성이 바뀌면 안전을 위해서 모든 용·기구를 정리한다. 컨테이너 container 를 활동 장소 부근에 위치시켜야 한다. 누가 그리고 어떻게 용·기구를 컨테이너에 넣을지를 결정해야 한다.
- 수업이 끝나면 다시 용·기구의 개수를 확인한다. 용·기구 정리하는 작업에 학생들을 참여시킬 수 있다.

위의 내용은 용·기구 관리의 일반적인 지침이다. 여러분은 용·기구 관리를 위해서 별도의 규칙이나 루틴을 만들 수 있다([과제 6.4] 참조). 예를 들면, 체육관에서는 학생들을 두 줄로 세워서 매트 운반 수레를 이동하게 할 수 있다. 이와 같은 방식으로 첫 번째 매트는 가장 먼 쪽에 위치시켜야 한다. 학생들은 용·기구를 책임감 있게 사용해야 하며 언제나 안전수칙을 준수해야한다.

동일한 규칙이 책과 다른 수업 교구 등이 활용되는 교실에서도 적용될 수 있다. 교실 수업에서도 수업 조직은 매우 중요하며, 엉성하게 계획된 수업 교구 관리 방안은 학습효과를 손상시킨다. 교과서가 없거나 온라인 자료에 대한 접근이 불가능하다면, 어떤 의도된 학습결과 ILOs 달성은 불가능할 것이다.

○ 수업 후 조직

수업이 끝나면 가급적 빨리 수업에 대한 평가를 해야 한다. 최초에는 여러분의 수업을 관찰한 동료들과의 대화로 시작될 수 있다. 그러나 반드시 글로 작성되어야 한다. 이를 통해 언제든지 자기 평가 self-assessment 내용을 확인할 수 있고 자신이 배운 내용에 대해 반성할 수 있다. 평가의 초점은 학생들의 학습 및 발달과(수업을 계획할 때 학생들의 학습을 어떻게 평가할 것인지 포함해야 한다, 구체적으로 교사가 보고, 읽고, 들을 수 있는 내용이 포함되어야 한다) 구체적으로 여러분이 설정한 달성하고자 했던 목적(예를 들면, 목표로 했던 교수 수준)에 있어야 한다. 수업 조직 및 관리 기술이 개선되었는지를 반성하는 것 역시 매우 중요하다. 특히 학습 시간을 보다 확보했는지를 살펴보는 것이 중요하다(이것을 중요한 목적으로 설정할 수도 있다). 이에 대한 평가는 다음 수업을 설계하는 데 도움을 준다. 3장의 수업 계획 및 설계에서 보다 자세한 내용을 확인할 수 있다. Capel과 Breckon(2014)의 활동 12.3 이 이 장에서 현재까지 배운 내용을 보충하는 데 도움이 된다.

시간 관리

지금까지 이 장에서 자주 언급된 것은 효율적으로 설계된 수업 조직은 시간을 잘 활용할 수 있고, 이는 학생들의 학습을 촉진하고 과제에 참여하지 않고 이동하는 시간을 줄여준다는 것이다. 시간 관리는 교수의 핵심요소이다. 시간 관리는 학생 및 교사 모두에게 해당된다 (Capel 등(2013)의 책에 Green과 Leask1.3장을 참고).

이상적인 경우, 체육수업은 대부분의 학생이 활동적이다. 그러나 교과의 성격으로 인해, 학생들이 적극적이지 못한 시간이 할당될 수밖에 없다. 학생들은 다음과 같은 경우에 적극적이지 않다.

- 수업 전/후 옷을 갈아입을 때
- 출석 점검
- 설명을 듣고 있을 때, 시범을 볼 때, 피드백을 받을 때
- 용·기구 사용 기회를 기다리고 있을 때
- 또래의 과제 수행을 관찰하고 있을 때
- 수행해야 하는 과제를 알려주는 과제 카드 또는 학습 영역을 읽고 있을 때

- 문제해결 방법을 고민하고 있을 때
- 모둠에서 함께 계획을 세우고 있을 때

물론 수업 중에는 학생들이 신체적으로 적극적이지 않지만, 여전히 과제에 참여하고 있는 경우가 있다. 위에서 언급한 세 번째 및 마지막 경우가 그렇다. 그럼에도 가능하면 학생들이 수업의 대부분의 시간에 활동적일 수 있도록 해야 한다. 효과적인 시간 관리의 핵심 비활동적인 non-active 시간(수업 조직 포함)을 최소화하는 데 있다. 너무 긴 시간이 비활동적인 시간으로 할당된다면 학생들의 관심이 떨어질 수 있다. 이는 방해 행동으로 이어질 수 있다. 이와 같은 문제를 해결하는 데 쓰이는 시간은 적절하게 활용된 것이다. 이 장에서 지금까지 다룬 모든 지침은 학습 효과를 극대화하기 위한 시간 관리다.

수업 시간은 보통 35분에서부터 70분이다. 더 긴 경우도 있다. 어떤 학교에서는 외부에 있는 시설까지의 이동 시간을 수업 시간의 일부에 포함시킨다. 이동 시간을 학생들로 하여금 시설에 도착하고 최대한 빨리 수업을 시작할 수 있도록 준비시킬 수 있다는 점에서 생산적으로 활용할 수 있다(예: 전 차시에서 배운 내용을 상기시키고 새롭게 배울 내용에 대해서 설명할 수 있다). 수업은 물 흐르듯이 진행되어야 한다. 국면 전환은 자연스러워야 하며 특정 과제에 지나치게 많은 시간을 할애해서는 안 된다. 경력교사가 아니라면 하나의 과제에 책정해야 하는 시간을 결정하는 것이 어려울 수 있다. 이는 전적으로 학생들의 과제 및 교사에 대한 반응에 달려있다. 학생들은 각기 다른 흥미로 과제에 참여한다. 학생들이 만족스러운 상태로 과제에 참여하고 있는지 살펴봐야 한다. 학생들이 적극적으로 참여하고 있지 않다면 이는 설명이 불충분했거나 과제의 난이도가 너무 높아서일 수 있다. 이를 '수업 읽기' reading the class 라고 한다. 학생의 반응을 읽기 위해서는 적절하게 반응해야 한다. 아무 것도 하지 않기, 과제 다시 설명하기, 과제 수정하기, 모든 학생들에게 피드백을 제공하기 등이 여기에 해당될 수 있다. 수업 중에는 학생들의 움직임, 소음 및 행동 등에 대해서도 관리해야 한다.

다음과 같은 내용을 위한 시간을 책정해야 한다.

- 학생들의 과제 완수 및 교사로부터의 피드백 수용
- 학생들에게 용·기구 사용 및 정리하는 시간이 필요하다. 체육관 수업에서 용·기구를 안전하게 정리하는 데 필요한 시간이 확보되어야 한다.
- 학생들이 기술 및 축소게임을 배웠다면 정식 게임을 할 수 있는 시간이 필요하다. 학생들이 전 차시에서 배운 내용을 적용할 수 있는 기회를 제공해야 한다. 이를 위해서는 학생들의 과제 이해 정도를 알고 있어야 한다.
- 학생들에게 순환형 과제를 완수하고 점수를 획득할 수 있는 시간이 제공되어야 한다.
- 학생들에게 피드백을 줄 수 있는 시간을 확보해야 한다. 수업에서 여러분이 목표로 하는

점에 대해서 강조해야 한다(예: 질문과 대답 활용).
- 수업을 매끄럽게 마무리 할 수 있는 시간이 필요하다.
- 수업 후의 학생들이 씻고 옷 갈아입는 시간.
- 학생들이 다음 시간에 늦지 않도록 얘기할 수 있는 시간.

[과제 6.7]은 수업에서 학생들이 어떻게 시간을 보내는지를 알려주는 것이다.

> **과제 6.7 학생들의 시간 활용 관찰하기**
>
> 동료 예비교사의 수업에서 한 학생을 관찰하자. 학생이 언제 활동적이고 그렇지 않은지, 이것이 생산적인지 또는 비생산적인 활동인지 기록하자. 수업이 끝나면 교육실습생과 관찰 내용에 대해서 얘기하고 활동적인 시간을 늘릴 수 있는 방법에 대해 논의하자. 동료에게 여러분의 수업을 관찰해 주길 부탁하자. 관찰 내용에 대해 논의하고 이를 향후 수업 개선을 위해 활용하자. 두 가지의 기록을 전문성 개발 포트폴리오(PDP)에 정리하고 향후 학생들의 생산적인 활동 참여 시간 증대를 위해서 활용하자.

실제학습시간

활동적인 시간의 중요성을 고려하면, 학습시간과 관련된 연구가 상당히 많이 진행된 것은 당연하다. 실제학습시간(Siedentop, 1982)은 학습시간과 관련하여 잘 알려진 개념이다. 해당 연구에서는 활동적인 시간을 다음과 같은 두 가지로 구분하고 있다.

- 학생이 학습 주제 subject matter 와 관련된 운동기능 motor 또는 다른 신체활동에 높은 성공 비율로 참여하는 시간으로서 수업의 의도된 학습결과 ILOs 가 달성된다. 과제 참여 시간 또는 기능 시간이다. 이 시간은 효과적인 수업의 척도로 활용된다.
- 학생이 신체활동에 참여하고 있지만 실제로 과제에는 참여하지 않는 시간이 있다. 예를 들면, 과제가 너무 어렵거나 쉬워서 학생들에게 학습이 일어나지 않는 시간이다(예: 배드민턴 수업에서 셔틀콕을 치고 있지만 특정 스트로크 또는 전략 사용이라는 의도된 학습결과 ILO 달성에는 아무런 기여를 못하는 것이다).

Siedentop과 Tannehill(2000)은 위에서 언급한 두 가지 시간이 평균적으로 수업의 25~30%를 차지한다는 연구결과를 보고하였다. 그러나 Metzler(1989)의 연구에 의하면 과제에 참여하는 시간은 오직 10-20 퍼센트일 수도 있다고 하였다. Siedentop과 Tannehill 역시 신체활동이 달라지면 과제에 참여하는 시간이 달라진다는 점을 확인하였다. 체조나 단체 경기에서는 가장 적은 과제 참여 시간이 할당되었다. 반면에 개인 운동에서 과제 참여 시간이 증가하였고, 무용이나 체력 운동에서 가장 높은 과제 참여 시간을 확인할 수 있었다. 최근 Greece (Derri 등, 2007)의 연구에 따르면, 실제학습시간은 기술의 향상에 초점을 맞추는 반면 성공의 여부는 수업 조직 및 운영 전략의 효과적인 사용에 달려있다.

[과제 6.8]은 [과제 6.7]을 정교화한 것이다. 관찰자는 수업에서 학생들이 구체적으로 어떤 행동을 하는지 관찰해야 한다.

 과제 6.8 학생이 다른 과제에 참여하는 시간

지도교수나 동료 예비교사에게 수업을 관찰하는 동안 아래에 해당하는 시간을 기록해달라고 부탁하자.

1. 적극적으로 운동 기능 과제에 참여하는 시간(예: 기술 연습, 게임 참여)
2. 적극적으로 비 운동 기능 학습 과제에 참여하는 시간(예: 친구와 안무 짜기, 기술 학습 관련 동영상 시청하기, 수업의 포괄적인 목적 달성을 위한 활동)
3. 친구의 운동 기능 학습 지원하는 시간 (예: 용·기구 잡아주기, 파트너(짝) 지원하기)
4. 다른 과제로 이동하는 시간
5. 기다리는 시간
6. 정보 또는 지시를 받는 시간
7. 다른 조직적인 과제에 참여하는 시간
8. 수업의 의도된 학습결과(ILO) 달성과 무관한 다른 과제 또는 활동에 참여하는 시간

실제학습시간 관찰 목록은 12장의 154-157쪽 참조. Capel과 Breckon(2014) 에서도 확인할 수 있다. www.rotuledge.com/cw/capel 에서도 참조할 수 있다.

위에서 제시한 각 여덟 가지의 유형에 얼마나 많은 시간이 할애되었는가? 그리고 A그룹(1-3번)과 B.그룹(4-8번)에는 각각 얼마나 많은 시간이 할애되었는가? 수업의 의도된 학습결과와 직접적으로 관련된 시간(1-3번)과 다른 과제(4-8)에 대한 비율은 어떻게 되는가? 비율은 적절하다고 생각하는가? 관찰자와 함께 논의해보자. 가능하다면 수업의 시간 할당 비율을 바꿔보자. ITE 과정에서 반복하고 시간 분배가 바뀌었는지 확인해보자. 이 관찰 노트를 전문성 개발 포트폴리오(PDP)에 정리하자.

[과제 6.8]은 수업의 서로 다른 양상 간의 관계에 대해서도 다뤘어야 한다. 예를 들면, 수업에서 조직과 관련된 활동에 많은 시간이 쓰일수록 실제 학생의 과제 참여 시간을 줄어들 수밖에 없다. 효율적인 수업 조직 없이는 과제 참여 시간의 증대를 기대할 수 없다. [과제 6.8]은 교사의 수업 관리와 행동이 학생들의 과제 참여 시간에 미치는 영향에 대해서도 알려줬다. [과제 6.9]는 서로 다른 수업에서의 과제 참여 시간을 비교하는 것이다.

과제 6.9 서로 다른 수업에서의 과제 참여 시간 관련 정보 수집하기

지도교수나 동료 교육실습생에게 여러분의 서로 다른 두 가지 수업을 관찰하는 동안 실제학습시간 관찰 목록을 작성해달라고 부탁하자. 이를 통해 과제 참여 시간에 차이가 있는지 확인해보자. 수업이 끝나면 관찰자와 함께 결과에 대해 얘기하자. 이를 토대로 수업에 대해 평가하고 과제 참여 시간을 증가할 수 있는 방안을 찾아보자. 개선 여부 확인을 위해 관찰자에게 동일한 관찰을 부탁하자. 모든 관찰이 끝나면 결과를 비교해보자. 전문성 개발 포트폴리오(PDP)에 정리하자.

체육수업에서의 시간 관리는 매우 중요하다. 효율적인 시간 활용 없이는 의도된 학습결과는 성취되기 어렵다. 이제 [과제 6.10]을 완수하자.

과제 6.10 실제학습시간 원리 적용하기

Derri 등(2007)은 실제학습시간과 운동기능 발달과의 관계를 살펴보는 연구를 수행했다. 실제학습시간이 기능 발달 및 유지 측면에서는 개선되었다는 점은 명백했으나, 실제학습시간의 최대 한도가 확인되었다는 것이다. 효과적인 수업 조직 및 관리 기술이 여기에 영향을 미치는 요인으로 분석되었다. 이와 같은 결과는 교사가 수업에서 활용할 수 있는 전략이 매우 중요하다는 것을 시사한다. 논문에서 나온 결과를 바탕으로 실제학습시간을 늘리는 데 초점을 맞춘 소규모의 실험을 해보자. 수업에서 활용할 전략을 세우고 실제 수업 실천에서 나타나는 변화를 확인해보자. 수업에서 나타나는 변화가 학생들의 학습의 어떻게 영향을 미쳤는지를 생각해보자. 이 노트를 전문성 개발 포트폴리오(PDP)의 심화 수준 과제 자료로 첨부하고 결과를 학생들의 과제 참여 시간 증대를 위해 활용하자.

요약 및 요점

수업을 운영(또는 관리)하는 방법은 인격체로서의 여러분뿐만 아니라 학교와 같이 일하는 곳을 반영한다. 모든 교사는 수업을 조직하고 운영해야 한다. 그러나 체육수업에서의 조직 및 운영은 보다 구체적인 고려사항을 필요로 한다. 학생들이 넓은 공간에서 수업을 받고 주어진 시간 안에 다양한 용·기구를 사용하기 때문이다. 잠시 어떤 측면의 운영이 보다 중요한 것인 한 번 생각해보자. 생각이 빨리 끝나면, 적용하고 되새겨보자. 그리고 보다 쉬운 방법을 찾으면 된다. 이는 자신감으로 이어지고 결과적으로 여러분의 최고를 이끌어내 준다.

이는 마찬가지로 수업에서의 여러분의 역할과 책임감에 대해 알려준다. 그 결과로 학생들은 자신의 학습에 대한 책무감을 가질 수 있게 된다. 학생들은 과제에 대해 분명히 알게 되고 결과적으로 학습 목표가 달성된다. 모든 교사들이 학생들에게 명확한 지시와 설명을 제공해야 한다는 주장은 조금의 틀림도 없다. 그러나 체육교사는 가까운 곳에 앉아 있지 않은 학생, 책상 뒤에 있는 학생, 넓은 공간에서 움직이고 있는 학생, 가끔은 상당히 멀리 있는 학생들을 관리해야 한다. 이와 같은 측면에서 체육교사에게 효과적으로 수업을 조직하고 운영하는 것은 상당히 중요하다. 안전 문제와도 깊은 관련이 있기 때문이다.

학급을 조직하고 운영하는 것은 연령, 경험 정도, 신체활동의 종류에 의해 영향을 받는다. 효과적인 수업은 최소한의 시간이 수업 조직 및 운영에 할당되어야 한다. 효과적인 수업 조직 및 운영이 수업 성패의 핵심이지만, 충분조건은 아니다. 그것만으로는 부족하다. 수업 조직 및 운영은 효율적인 학습에 필요한 시간과 환경을 만들어낼 수 있지만, 시간을 효율적으로 이용해야 한다. 효과적인 수업은 학생들이 과제에 참여하는 시간이 최대한 많이 확보된 수업이다. 교사는 '무엇을 가르칠 것인가'와 함께 '어떻게 수업을 운영하고 조직할 것인가'(수업에서 발생 가능한 문제를 예측하고 예방하고 대응할 것인지에 대한 계획을 세워야 한다)를 계획해야 한다. 교사는 효율적인 수업 조직 및 운영에 대해 많은 관심을 기울여야 한다(초임교사일 때는 더욱 그렇다). 효과적인 교수 및 학습을 위한 기회를 제공하는 것으로 삼을 수 있다.

수업을 조직하고 및 운영하는 일은 일종의 교사 스타일이다. 조직 및 운영 기술은 명확한 수업 목표와 상규적 활동을 기반으로 형성된다.

이 장의 목적은 수업 조직 및 운영 기술을 함양하는 개괄적인 방법을 제공하는 데 있다. 수업 조직 및 운영 기술은 교육실습생에게 매우 중요하다. 문제는 이 기술은 반복과 오랜 경험을 통해 발달된다는 것이다. 경력 교사도 여전히 지속적으로 바뀌는 교실을 효과적으로 다루기 위해 새로운 기술을 배운다. 여러분의 교수 기술을 되돌아보는 시간을 가질 필요가 있다. 이를 통해 보다 적절한 다른 접근 또는 기술에 대해서 고민해야 한다. 수업 계획과 준비하는 과정에서 일관성을 유지해야 한다. 항상 자신감을 가진 상태로 수업에 임해야 한다. 무엇보다 중요한 것은 확고한 수업의 목적을 가지고 있어야 한다는 것이다. 학생들이 이것을 인지하면 긍정적인 유대관계가 형성되고, 이는 학습 향상으로 이어진다.

───── / 추가 읽기 자료 / ─────

Lawrence, J. (2014). Creating an effective learning environment, in S. Capel and P. Brecton (eds) *A Practical Guide to Teaching Physical Education in the Secondary School*, 2nd edn, Abingdon, Oxon: Routledge.

교수실천 반성을 지원하는 관찰과 관련된 내용을 담고 있다. 12장은 심화 내용을 제공하며, 8장에서는 수업 분위기, 학급 운영, 경력 교사의 교수 실천과 관련된 내용을 제공한다.

Mawer, M. (1995). *The Effective Teaching of Physical Education*, Harlow: Pearson Education.

6장과 7장에서 수업 조직 및 운영 관련 내용을 제공한다. 6장에서는 효과적인 수업 환경을 조성하는 방법을 다루고 있는데, 특히 새로운 학급과의 상호작용 방법을 강조한다. 7장에서는 학생 행동 관리 전략을 활용함으로써 효과적인 수업 환경을 유지하는 방안을 제공한다.

Siddentop, D. and Tannehill, D. (2000). *Developing Teaching Skills in Physical Education*, 4th edn, New York: McGraw Hill Higher Education.

4장과 5장에서는 예방적인 수업 운영과 규율 지도 및 전략과 관련된 내용을 제공한다.

The Education Endowment Foundation (2014) Sutton Trust - EEF Teaching and Learning Toolkit (available online at: http:// educationendowmentfoundation.org.uk/toolkit/).

이 웹사이트에서는 지금까지 교육학 분야에서 수행된 연구 요약본과 학생의 학업 성취를 위한 전략들의 효과와 관련된 요약본을 제공한다.

학습을 위한 학생 동기부여
Motivating pupils for learning in PE

Kevin Morgan, Dan Milton and Julia Longville

소개

 교사의 교수 행동과 동기부여 전략은 체육수업에서의 학습목표 달성, 수행의 질 향상에 매우 중요한 역할을 한다(Reeve, 2009; Valler and Losier 1999). 학생들이 체육수업에 더 열심히 참여하고 잘 배울 수 있도록 도전적이고 재미있는 학습 기회를 제공하는 것은 체육교사의 교육 철학만큼이나 중요하다. 동기부여가 잘 된 학생들은 열심히 하고자 노력하고 집중하며 힘든 과제도 쉽게 포기하지 않고 성공하고자 끈기 있게 긍정적으로 활동들을 즐긴다. 학생들의 신체적 활동을 촉진시켜야 하는 체육의 특성상, 체육교사의 학습 목표는 학생이 신체활동에 적극적으로 참여할 수 있도록 기대감과 같은 긍정적인 반응을 조성할 수 있어야 한다. 이는 결코 쉬운 과제가 아니다. 왜냐하면 보통 체육교과에 대해 상반된 반응을 보이는 경우가 많고 모두를 만족시킬 수 있는 분야가 그리 많지 않기 때문이다(Biddle, 2001). 어떤 학생들에게 체육은 하루 수업 중 가장 즐겁고 재미있는 시간인 반면 어떤 학생들에게는 굉장한 스트레스와 불안감을 주는 수업이기도 하다. 이런 다양한 학생들의 태도나 반응에는 가정환경, 교우관계, 과거 수업 경험, 학교 풍토 그리고 체육교사 등 다양한 요인이 작용한다. 여러 요인 중에는 통제할 수 없는 것도 있지만 교사의 교수 행동, 교수 전략, 태도, 특히 열정과 같이 직접적으로 관리할 수 있는 부분도 있다. 본 장의 목표는 학생들의 학습 촉진과 관련된 동기부여의 역할을 소개하고, 다양한 종류의 동기와 동기 이론을 이해하며 동기를 유발할 수 있는 효과적인 학습 분위기를 조성하는 교수 방법을 제안하는 것이다.

본 장을 통해 아래와 같은 내용을 이해하고 적용할 수 있어야 한다.

- 동기의 중요성, 동기가 학생의 학습에 미치는 영향을 이해한다.
- 학생 개개인의 동기유발에 차이가 있다는 점을 인지한다.
- 체육교육에서 동기부여에 관련한 가장 중요한 두 가지 이론(자기결정 이론, 성취목표 이론)을 이해하고 그 이론들을 바탕으로 교수 전략을 사용할 수 있다.
- 교수 행동이 효과적인 동기부여 환경을 만들 수 있다는 점을 알 수 있다.
- 동기의 중요성, 그리고 동기유발 촉진에 있어 학생 목소리의 역할에 대해 이해한다.

여러분의 예비교사교육과정 내 필수요건 중 어떤 것들이 이 장과 연관 되어있는지 확인해보자.

동기와 학습

동기는 행동의 이유와 연관되어 있다. "왜" 하는가가 중요하다. 오랜 시간에 걸쳐 행동을 일으키고 안내해주며 그 활동을 유지하게 만드는 주체의 내적 과정이라고 정의된다(Schunk, 2000). 즉, 동기는 '무언가를 하도록 하고, 무엇을 하려는지를 결정하도록 하며, 지속적으로 하게 한다'는 의미이다(Slavin, 2003: 329). Gervis과 Capel(2013: 148)은 다음 세 가지를 동기의 요인이라고 밝혔다.

1. 방향성(활동의 시작 시점)
2. 강도(활동에 쏟는 노력의 정도)
3. 지속성(활동이 이어지는 정도)

학생들이 더 열심히 수업에 참여하도록 유도하기 위해서는 동기부여가 필요하다는 점과 더불어 학생들은 각자 다른 동기를 가지고 있다는 점을 이해해야 한다. 여기서 구분해야 할 중요한 점은 본질적(내재적) intrinsic 동기와 도구적(외재적) extrinsic 동기의 차이점이다. 본질적 혹은 내재적 동기는 사람의 내면으로부터 나오는 것으로, 참여과정에서의 순수한 기쁨과 만족을 위해 활동하는 것 그 자체와 연관되어 있다. 체육수업에 참여하고 노력하고자 하는 내재적 동기는 관심, 흥미, 즐거움 그리고 기능을 배우고 향상시킬 수 있는 열의 등을 포함한다(Deci and Ryan, 1985). 반대로 외재적 동기는 친구들이나 선생님들로부터의 인정, 학급이나 학교에서 차지하게 되는 사회적 지위, 외부에서의 시상 등으로부터 오는 보상과 연관된다. 체육수업에서의 외재적 동기는 실재적 또는 사회적 보상을 얻고자 하는 것이 대표적이다. 타인으로부터의 부정적 평가를 회피하려는 의도 또한 외재적 동기라고 할 수 있다.

이후 진행된 연구에서 외재적 동기의 요소를 활용하여 내재적 동기를 더 적극적으로 유발할 수 있음이 밝혀졌다(Deci and Ryan, 1985). 하지만, 보통 기대와 달리 이 방법이 항상 좋은 것만은 아니다. 사실 학생들이 이미 내재적 동기를 갖고 과제에 임할 때의 외적 보상(외재적 동기 부여 요소)은 오히려 학생의 내재적 동기를 저하시킬 수 있다. 이 현상을 설명하기 위해 Deci와 Ryan(1985)은 보상은 통제나 관리를 위한 것과 정보를 제공하기 위한 것 두 가지로 분류될 수 있다고 설명했다. 관리를 위한 보상은 칭찬이나 포상과 같은 가시적인 보상을 말하며 학생 행동에 영향을 미치기 위해, 즉 통제하기 위해 주어지는 것을 의미한다. 반면, 교사의 피드백과 같은 정보적인 보상은 특정 과제나 활동 능력에 대해 자료를 제공한다. Deci와 Ryan(1985)에 따르면 제공된 보상을 받아들이는 학생이 통제로 인식할 경우 내재적 동기를 저하시키는 반면, 정보적인 보상으로 인식하게 되면 내재적 동기를 증가시킨다. [과제 7.1]은 보상과 관련하여 교사를 관찰해보도록 구성되었다.

 과제 7.1 통제·정보 보상

교육실습 지도교사의 허락 하에 수업을 참관해보자. 학생 행동에 영향을 미치기 위해 사용된 통제적인 보상(예. 칭찬과 포상)과 정보적인 보상(예. 학생의 능력, 활동 전개 또는 들인 노력의 정도에 관한 피드백)을 찾아보자. 발견한 사실에 대해 교육실습 지도교사와 논의하고 이 두 가지 보상 유형을 활용하여 어떻게 학생들의 내재적·외재적 동기에 영향을 미칠 수 있는지 생각해보자. 차후의 활용을 위해 이를 여러분의 전문성 개발 포트폴리오(PDP)에 정리하자.

모든 학생이 체육수업에 참여해야 하지만 수업에 참여하고 배우고자 하는 학생의 동기가 내적이거나(예: 체육수업은 재미있다) 외적일 수 있으며(예: 보상을 받는다), 혹은 애매모호할 수도 있다. '체육수업에 참여하면 체중조절, 외모관리에 도움이 된다.'라고 생각하는 동기는 어떻게 분류하는 것이 좋을까. 이는 언뜻 보기에는 외적이기 보다는 내적으로 보일 수 있겠지만 수업 참여 이유가 재미나 즐거움 또는 학습 그 자체에 있는 것이 아니기에 100% 내적이라고 할 수는 없다. 이런 이유로 Deci와 Ryan(1985)은 동기를 오직 내적 또는 외적으로만 구분하는 것은 이를 너무 단순하게 표현한 것이라 보고 이를 설명하기 위해서 "자기결정 이론 Self-Determination Theory"에서 동기연속체 continuum motivation 개념을 제시했다.

자기결정 연속체

자기결정 연속체는 행동을 통제하는 다양한 방법으로 동기가 없는 상태(무동기), 외재적 동기 그리고 내재적 동기로 구별한다. 연속체의 한 끝단에 있는 학생은 동기가 없다(내적으로나 외적 양측 모두 동기부여가 되지 않아 무능력함을 느끼고 자신이 통제할 수 없다는 감정을 갖게 된다). 한편 연속체 반대 측 학생을 보면 순수한 즐거움과 기쁨을 위해 배우고자 하는 본질적 의욕이 가득하다. 학생은 자신의 자율성(자발성)에 따라 양극단 사이에 위치하게 된다. 여기에는 외적으로 조정하려는 동기요소에도 영향을 미친다(〈그림 7.1〉 참고). 외적 규제는 행동이 보상이나 제한과 같은 외적인 요소에 의해 조정될 때 생기는 외재적 동기의 일종의 아웃라인(예외 상황)이다. 무의식적으로 받아들이는 규제 또한 통제적인 것으로 간주된다. 학생들이 다른 사람들에게 강한 인상을 주기 위해서(소위 말하는 센 척하기 위해서)나 질책을 피하기 위해(예를 들면 부모님이나 선생님의 만족을 위해서, 친구들에게 잘 보이고 싶어서) 참여할 때 주로 나타난다. 비록 외재적 동기의 통제적 형태가 체육수업의 단기적 참여는 높일지라도 장기간 동안에 이를 유지하기는 매우 어렵고, 신체활동 참여에 대한 학생들의 동기부여 측면에 부정적인 영향을 미칠 수 있다(Teixeira 등, 2012). 그렇다고 해서 모든 외재적 동기가 통제적인 것은 아니다. 예를 들어, 학생들이 그 과목이나 결과(예를 들어 신체활동의 건강 증진 효과)에 가치를 두고 수업에 참여하고자 노력한다면, 학생들은 외부적 동기의 자율적인 형태인 확인된 규제 identified regulation 를 체험하고 있는 것이다. 마지막으로 본래 가진 기질이나 신념에 중요하다고 생각하여 수업에 적극 참여하고자 하는 학생(예를 들어, 학생선수가 운동을 해야 한다고 생각하는 경우)은 통합된 규제 integrated regulation 라는 동기를 갖고 있다고 할 수 있다. 이러한 자기결정 연속체는 수업 중 학생이 보여주는 동기가 질적 수준별로 차이가 있음을 드러내는 데 사용된다.

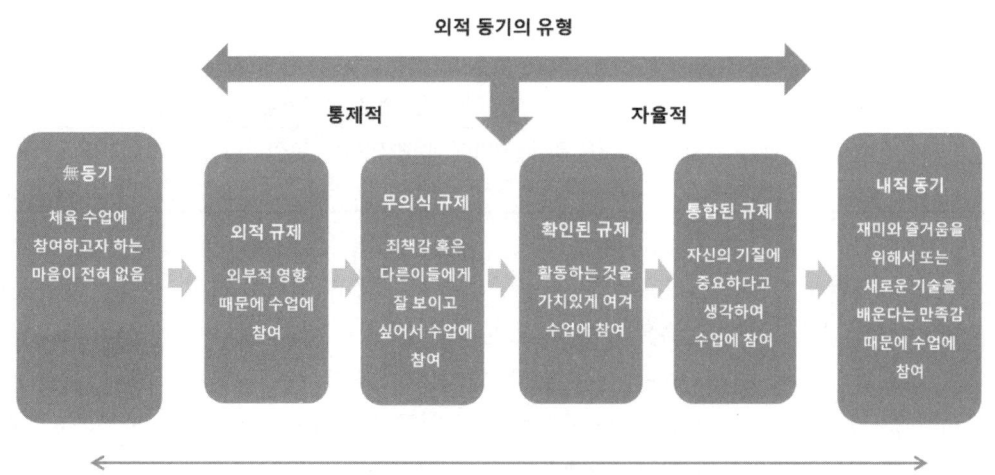

〈그림 7.1〉 자기 결정의 단계들

학생이 이 연속체라는 선상 어디에 위치하고 있는지는 신체활동 종류, 교사와 학생 간 관계, 학생과 학생의 관계, 과거의 경험, 건강 상태 등 매우 다양한 요인에 따라 달라진다. 즉 교사가 학생을 얼마나 잘 알고 있는지가 매우 중요하다. [과제 7.2]는 학생들이 자신들의 동기에 대해 이야기하도록 도와줄 것이다.

> **과제 7.2 동기의 유형**
>
> 교육실습 지도교수의 도움을 받아서 자기결정 이론(그림 7.1)을 간단히 설명하고 6단계의 동기 예시를 작성하자. 학생들에게 6단계에 대해 간략하게 알려주고 자신의 체육수업 참여 동기가 어느 단계에 해당하는지 질문해보자. 수집한 정보를 교육실습 지도교사와 논의하고 수업을 할 때 이처럼 다른 단계의 동기를 어떻게 다룰지 생각해보자. 완성 후 여러분의 전문성 개발 포트폴리오(PDP)에 정리하자.

자기결정 이론은 사람의 행동에 동기를 부여하는 데에는 세 가지 심리적 욕구가 있다는 전제에 기반을 둔다(〈표 7.1〉 참조). 세 가지 욕구를 만족시키고 교사가 지원 환경을 만들어준다면, 학생들은 자기결정 연속체에서 보다 자결성 있고 내적인 동기 쪽으로 나갈 수 있다(Reeve, 2009).

〈표 7.1〉 심리적 욕구

자율성	자율권을 갖고자 하는 정도, 즉 스스로 결정을 하고 자신의 행동을 자신이 통제할 수 있는 것 (예. 누가 시켜서 하는 것이 아닌 자기가 스스로 하고 싶어서 운동하는 것)
유능성	잘 하고 있다고 생각하는 정도, 즉 무언가를 이루어낼 수 있다고 판단하는 정도 (예. 운동 기능에 숙달하거나 또는 어떤 활동에 관한 전문성을 향상시키는 것)
관계성	다른 사람과 관계를 가지려는 마음, 즉 어딘가에 속해 있다는 느낌 (예. 수업의 일부가 된다는 것, 다른 학생들과 교사로부터 받아들여졌다는 느낌이나 가치를 인정받는 것)

자기결정 이론의 기본원리 적용은 교수 방식에 영향을 주고, 학생들의 자율성을 증대시켜주는 동기유발 환경 조성에 도움을 준다(Van den Berghe 등, 2012). 자기결정 이론의 연구결과에 따르면 자율성을 지원하는 동기유발 환경은 내재적 동기 촉진에 매우 유용하다(Ntoumanis, 2012). 그러나 자율성을 지원하는 동기 환경에 대한 장점들에도 불구하고, 체육교사들이 세 가지 욕구(〈표 7.1〉)를 방해하는 통제 행동을 한다는 사실을 알고 있어야 한다. Reeve(2009)에 의하면 교사들이 그러한 행동을 하는 이유는 다음과 같다. 1) 이 방법이 더욱 효율적이라는 믿음, 2) 이 방법이 교사의 우월한 능력을 보여준다는 생각, 3) 통제 없이는 수업을 효과적으로 구성할 수 없다는 생각이 그것이다. 효과적인 학습 환경 조성을 위해서는 교사의 통제와 학생의 자율성 사이에 균형이 있어야 한다. [과제 7.3]을 수행해보자.

> **과제 7.3 자율성 지지 행동과 통제적인 교사 행동의 균형**
>
> 수업을 비디오 혹은 오디오로 녹화/녹음 하자. 수업이 끝난 후 녹화/녹음된 것을 보고 자율성 지지 행동(예: 학생 선택권 이양)했는지, 했다면 어떻게 사용했는지를 찾아보자. 또 수업 중 통제적인 행동(예: 교사 명령, 보상)을 사용했다면 언제 어떻게 사용했는지 찾아보자. 수집된 정보를 다른 교육실습 지도교사와 함께 토론해 보고, 자율성 지지 행동의 사용을 더 증가시키고 싶으면 어떻게 해야 할지도 생각하자. 과제 완성 후 여러분의 전문성 개발 포트폴리오(PDP)에 정리하자.

자기결정 이론과도 가깝게 연결되어 있지만 동기유발 환경의 바탕에는 성취목표 이론 AGT: Achievement goal theory 과도 더 깊이 연관되어 있다. 다음 절에서는 성취목표 이론(Nicholls, 1989)의 이론적인 배경을 먼저 이해하고 체육수업에서의 동기유발 환경에 대해 다루고자 한다.

성취목표 이론

성취목표 이론에 따르면 체육과 같이 무언가를 성취해야 하는 상황에서 학생들은 자신이 할 수 있다는 모습을 보여주어야 한다는 걱정이 있다. 다른 친구들이나 교사 앞에서 못하는 모습을 보여주게 될까봐 부담을 느끼는 것이다. 그러나 능력이나 성공에 대한 인식은 학생이 설정하는 목표에 과제 task 와 자아 ego 가 어느 정도 포함되는가에 따라 다양하게 나타날 수 있다. 즉 지향하는 목표가 어디에 치중되는가에 따라 달라지는 것이다. 학생이 과제 task 에 몰두하게 되면 개인의 발전을 위하여 새로운 기술을 배운다는 사실, 노력을 기울여야 한다는 점, 숙련된 기술 습득에 중점을 두게 된다. 반대로 학생들이 자아 ego 에 몰두하게 되면 상대방보다 우월함을 보여주려 하거나 어떻게 하면 최소한의 노력으로 다른 학생들보다 더 잘할 수 있을 지에 집중한다(Nicholls, 1989). 이제 [과제 7.4]를 해보자.

> **과제 7.4 목표 몰입**
>
> 교육실습 지도교사의 도움을 받아서 과제에 집중하는 경향이 있는 학생 두 명과 자아에 집중하는 경향이 있는 학생 두 명을 추천받자. 그룹별로 각각 짧게 토론을 진행해보자. 학생들로 하여금 무엇이 체육시간에 열심히 하도록 만드는지 이야기해보도록 하자. 다양한 활동 시에 그들이 같은 관점을 갖고 있는지 아니면 다른 관점을 갖고 있는지, 그리고 관점이 어떻게 같고 다른지 물어보자. 그 내용을 토대로 여러분이 체육을 가르칠 때 어떻게 과제에 몰입할 수 있는 환경을 조성할 수 있을지 교육실습 지도교사와 의논하자. 완성된 과제는 여러분의 전문성 개발 포트폴리오(PDP)에 보관하자.

Nicholls(1989)에 따르면 수업 중 학생이 설정하는 목표는 학생의 성취 목적(목표 지향성)과 상황적 요인(동기적 환경)이 조합된 결과물이다. 목표 지향성은 학생들이 '과제'에 몰입하려 하는가 혹은 '자아'에 몰입하려하는가에 해당하는 개인적인 차이이다. 이는 가정에서 이루어진 유년기 사회화, 학교생활과 같은 기존 학습 경험으로부터 형성된 것이다. Nicholls(1989)는 약 11세 이후, 즉 중학교 생활을 시작할 즈음, 과제중심 목표 지향성과 자아중심 목표 지향성이 구분된다고 주장한다. 즉, 학생들이 두 경향 모두에서 다 높을 수도, 둘 다 낮을 수도, 하나는 높고 다른 하나는 낮을 수도 있다는 것이다.

Elliot과 Church(1997)는 목표 달성과 관련하여 '접근'(성취하고자 열심히 시도하는)행동과 '회피'(실패하기 싫어서 시도를 하지 않은) 행동을 집중적으로 연구하였다. 이들은 목적 중심에 관하여 세 가지 모델과 '2:2' 모델을 개발했다. 세 가지 모델은 목표를 세 가지로 분류했다. 과제 접근, 자아 접근, 그리고 자아 회피이다. '2:2' 모델은 과제와 자아의 목적 두 가지 모두를 접근행동과 회피행동 두 가지로 나눈다. [과제 7.5]를 통해 학생들의 접근 행동과 회피 행동에 관한 정보를 수집해보자.

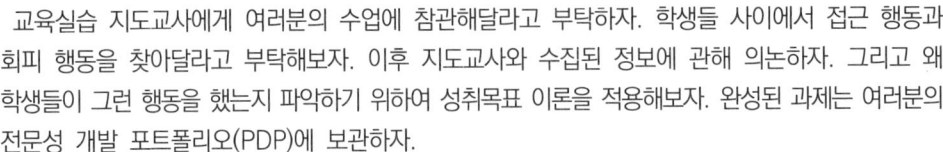

> **과제 7.5 접근 또는 회피 행동**
>
> 교육실습 지도교사에게 여러분의 수업에 참관해달라고 부탁하자. 학생들 사이에서 접근 행동과 회피 행동을 찾아달라고 부탁해보자. 이후 지도교사와 수집된 정보에 관해 의논하자. 그리고 왜 학생들이 그런 행동을 했는지 파악하기 위하여 성취목표 이론을 적용해보자. 완성된 과제는 여러분의 전문성 개발 포트폴리오(PDP)에 보관하자.

학생의 과제 혹은 자아중심 목표 지향성이 학생의 개인적인 차이라는 것을 부정할 수는 없다. 한 연구(Dorubantu and Biddle, 1997)에 따르면 오히려 교사가 만들어낸 동기부여 환경이 동기를 결정하는 데 더 강력한 영향을 미친다.

동기부여 환경

동기부여 환경은 특정한 행동을 유발하기 위한 심리적인 환경으로 정의되며 상황에 영향을 받는 특징이 있다(Ames, 1992). 학습 자체가 강조될 때, 자신을 근거로 성공가능성을 고려한 목표 설정 self-referenced goal, 더 많은 노력을 쏟고 숙달에 목표를 두는 과제지향 환경 조성이 용이해진다. 이러한 환경에서는 학생들은 더 열심히 노력하고자 하고, 난이도가 더 높은 과제를 선택하거나 어려움 앞에서도 꾸준히 성공하려고 하는 등의 긍정적인 행동을 보일 가능성이 높아진다(Ames, 1992). 반대로 비교와 경쟁에서의 승리를 강조하면, 성과에 목표를 두는 자아 지향 환경이 조성된다. 이런 경우(특히 학생들이 자신이 잘 못한다고 생각하고 있을 때) 학생들은 일종의 자기 보호 행동으로 노력하려고 하지 않는다거나, 못하는 모습을 보여주지 않으려고 반항과 같은 더욱 부정적인 행동을 취하게 된다(Ames, 1992).

Epstein(1989)의 연구를 토대로 Ames(1992)는 동기부여 환경에 영향을 미치는 성취 상황의 기본 구조를 형성하는 6가지 요인을 발견했다. 과제 Task, 권한 Authority, 인정 Recognition, 모둠 Grouping, 평가 Evaluation 그리고 시간 Time 으로, 각 단어의 스펠링을 따서 TARGET 전략이라고 부른다. 좀 더 과제 달성을 지향하도록 할 때, 노력과 능력이 성공의 요인이라는 믿음을 가질 때, 학생들의 내적 동기가 발전했을 때, 더 긍정적인 태도와 더 큰 만족감을 느꼈을 때, 지루함을 느끼지 못할 때, 모두에게 인정받을 수 있는 능력을 함양했을 때 그리고 더 어려운 과제를 하고자 하는 성향을 가질 때 TARGET 전략을 활용한 숙달중점 수업 환경 조성이 성공적으로 이루어졌다(Morgan and Carpenter, 2002). 이러한 사항들은 학생들이 더 좋은 학습을 할 수 있게 해준다. 반대로 수업 환경을 동기를 고취시키기 위한 것이 아닌, 수행력을 증대하기 위한 환경으로 인식할 때 학생은 더 강한 자아중심적 지향성, 노력과 상관없이 타고난 능력이 성공을 좌우한다는 믿음, 활동에 대한 더욱 부정적인 태도가 강해지면서 흥미를 잃고 지루함을 느낀다.

그러므로 체육교사로서 숙달 중심적인 환경을 이해하고 이를 조성해 주는 것이 학생들의 학습과 동기 부여에 매우 중요하다. 다음은 체육수업에서 숙달 환경을 촉진할 수 있도록 TARGET의 각 구조를 응용한 구체적인 교수 전략에 관한 개요이다.

〈표 7.2〉 TARGET 구조

TARGET 구조	숙달 위주 환경	성과 위주 환경
과제	• 자기 자신을 근거로 설정된 목표 (개인별로 상이한 목표) • 수준에 적합한 과제들 • 다양하고 다차원적인 과제들	• 비교 가능한 목표 • 일관된 과제들(수행 수준 고려 부족) • 단편적인 과제들
권한	• 학생들에게 결정권이 있고 학생들이 주도적인 역할을 함	• 교사가 모든 것을 결정함
인정	• 노력을 기울이고 발전했을 때 이를 달성한 학생(개인)을 인정	• 능력이 다른 학생 앞에서 성취를 인정하고 다른 학생들과 서로 비교함
모둠	• 협력을 추구하는 그룹(개별 능력은 상이함)	• 능력 향상을 추구하는 그룹
평가	• 자신의 수준에 맞는 평가 (개별 평가, 발전의 정도 확인) • 발전 정도와 투입 노력을 토대로 한 개별적인 피드백	• 타인과 비교를 중점으로 한 공동의 피드백
시간	• 과제를 완성하는데 허용되는 시간이 유연함	• 과제 달성을 위한 시간이 제한적임(과제 수준과 무관하게 일정한 시간이 주어짐)

○ 과제 구조

체육수업에서 교사가 의도한 학습 결과는 사전 학습 경험을 토대로 명확하게 정해져 있어야 하고 학생은 교사가 어떤 활동에서 어느 수준을 요구하고 있는지 정확하게 이해해야 한다. 수업 활동 내용을 주체적으로 해석하여 수업에 자율성을 가지고 주도적으로 참여하도록 해야 한다(교사가 의도한 학습의 결과에 관한 자세한 내용은 3장 참고). 게다가, 교사가 의도한 학습을 달성하는 데에 적절하게 설계된 과제의 구조는 학생들로 하여금 수업에 적극적으로 참여하도록 하고, 타인과 자신의 수행을 비교하기보다 과제 자체에 집중하도록 하며, 개인의 역량 신장을 위해 노력하여 학습의 효과를 극대화한다. 이를 위해 학습활동(연습 내용)은 개별 학습, 다양한 활동 설계, 재미와 흥미, 신체활동 내적 가치의 매력 등을 이끌어낼 수 있도록 설계되어야 한다. 만약 각 학생의 실력, 경험, 지식, 이해력의 차이가 극명하면 각 학생에게 적합한 개별화된 전략을 구상하기 매우 어렵다. 그러므로 계획된 과제가 각각의 학생들 모두에게 도전적 수준에서 적합하게 느끼게 하려면, 학생이 자신의 수준에 맞게 목표를 설정하게 하고, 그 목표 달성을 가시적으로 확인할 수 있도록 도와 자신의 성장·발전을 지속적으로 확인할 수 있도록 해야 한다. 이를 위해 자기 성과 평가를 토대로, SMART 목표 설정 기술(구체적이고 Specific, 측정가능하며 Measurable, 성취 가능한 Achievable, 관련성 있는 Relevant, 시간제한이 있는 Time-bound 과 같은 간단한 기술)을 활용할 수 있다. 이제 [과제 7.6]을 완성하자.

> **과제 7.6 학습 목표와 차별화(개별화)된 과제들**
>
> 수업 중에 학생들과 교사가 의도한 학습의 결과를 공유하고 자신만의 학습 결과를 세우도록 하자. 수업 종료 후 그 수업이 어땠는지 생각해보고, 이 수업이 학생의 학습과 동기에 어떤 영향을 끼쳤는지 질문해보자. 여러분의 생각과 학생들의 응답을 기록하자. 수집된 정보를 교육실습 지도교사와 의논해보자. 만약 이것이 학생들에게 긍정적인 영향을 미쳤다면 앞에서 언급된 교수 측면에서 어떻게 앞으로 활용할 수 있을지 계획하자. 완성된 과제는 여러분의 전문성 개발 포트폴리오(PDP)에 보관하자.

○ 권한

권한 구조는 수업 중 결정권이 누구에게 있는가와 깊은 연관이 있다. 즉, 교사와 학생 사이의 수업 결정권 균형에 관한 것이다. 숙달 mastery 에 강조를 둔 환경을 조성하고자 한다면, 학생이 무엇인가를 결정하는 데에 참여하도록 하고 주도하는 역할을 할 수 있는 기회를 제공해야 한다. 한 연구에서는 학생들이 의사 결정에 참여하는 정도가 자기 능력, 책임감, 독립심 그리고 학습에 관한 적극적인 참여와 같은 긍정적인 동기 반응에 직접적인 영향을 준다고 설명한다(Ames, 1992). TARGET 전략에서 이 측면은 앞에서 언급했던 자기결정 이론의 '자율성 (Deci and Ryan, 1985)'과 잠시 후 다룰 '학생들의 목소리'와 함께 밀접하게 연결된다.

Moston과 Ashworth의 스펙트럼(2002) 내 여러 교수 스타일은 수업 상황에서 학생과 수업 내 의사결정권을 나눠 갖도록 한다. 이 스펙트럼은 활동 전, 중, 후에 따라 일어나는 학생과 교사 간 의사결정권에 따라 구분되는 교수 전략(스펙트럼에서 스타일로 불리는)의 연속체이다. 스펙트럼의 한 쪽 끝은 지시형 스타일이다. 이는 교사가 활동 전, 중, 후 모든 결정권을 가지고 있다. 반대 측 스펙트럼에서는 학생 주도 스타일(자기학습형)로, 학생들이 거의 모든 결정을 하고, 교사는 도우미 역할만 한다. 이 스타일은 학교 현장에서는 거의 사용되지 않으며, 엄밀히 말하면 거의 사용될 수 없다. 왜냐하면 학생들이 자기가 참여하고 있는 활동을 구성하고 선택하는 것이 현 교육과정 상에서 거의 불가능하기 때문이다. Moston과 Ashworth(2002)는 이러한 두 양극 스타일 사이에 존재하는 교사와 학생의 의사결정권에 따라 다른 여러 스타일을 규정했다. 상호학습형, 포괄형, 유도발견형 그리고 문제해결형 등과 같은 스타일들은 학생의 의사결정권(권한)에 중점을 둔다. Morgan 등(2005)의 연구에 따르면 이런 스타일들이 전통적인 교사 중심 수업보다 숙달 지향 수업환경을 조성하는데 더 도움이 될 수 있다는 것을 밝혔다. [과제 7.7]을 통해 수업 중 학생의 의사결정권에 대해 관찰하고 의논해보자.

> **과제 7.7 수업 중 학생 의사 결정**
>
> 교육실습 지도교사에게 여러분의 수업에 참관해달라고 부탁하자. 그리고 여러분이 학생들이 결정권을 가질 수 있도록 권장했는지, 만약 그렇다면 어떻게 했는지 관찰해달라고 부탁하자. 결과에 대해 지도교사와 의논하고 어떻게 하면 학생들이 더 많은 결정권을 가질 수 있는지 생각해보자. 완성된 과제는 여러분의 전문성 개발 포트폴리오(PDP)에 보관하자.

○ 인정

다양한 종류의 인정과 같은 보상을 학생에게 제공하는 이유는 학생의 학습, 흥미, 정신적 만족감, 그리고 자아존중감에 지대하게 긍정적인 영향을 미치기 때문이다. 숙달 동기를 촉진하는 환경 조성을 위해서 인정과 같은 보상은 학생을 비교하기 보다는 개인의 노력과 성장에 초점을 두어 제공해야 한다. 이와 같이 이전의 수행이나 성취를 비교하여 실시하는 평가는 성과가 높은 학생들뿐만 아니라 모든 학생들이 달성한 자신의 성취에 대해 인정받을 수 있는 평등한 기회를 제공한다. 모든 학생이 더 발전할 수 있는 여지가 있기 때문에 더 열심히 하려고 노력하는 것이다.

비록 보상이 그 의도는 좋았던 것일지라도 공공의 장소에서 차별된 기준으로(상대와 비교를 통해서) 제공되었다면, 이는 오히려 사회적 비교를 유도하여 목표를 달성하는 데에 치중하는 숙달 동기 환경보다는 결과 동기 환경을 만들게 된다. 숙달 동기 환경을 조성하기 위해서는 학생을 개별적으로 인정해주어야 한다. 그러면 다른 사람보다 잘 한다는 사실보다 개인 기준의 향상에서 만족감을 갖게 될 것이다. 체육수업에서 개별적인 피드백을 모든 학생에게 공평하게 제공하는 것은 매우 어려운 일이다. 그러나 그럴 수 있도록 노력해야 한다. 1:1 피드백을 제공함으로써 비로소 교사는 얼마나 개별적인 피드백이 중요한지 깨달을 수 있다. 개별 피드백은 학생의 자신감과 역량을 증대시키는 데 기여한다. 다음 [과제 7.8]은 개별적 피드백에 대해 생각해볼 수 있는 과제이다.

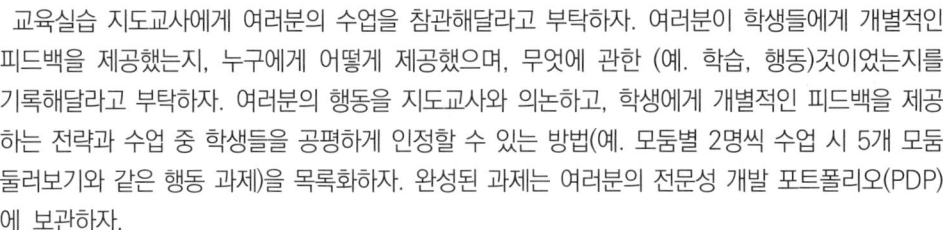

과제 7.8 학생 발전에 대한 개별적인 인정

교육실습 지도교사에게 여러분의 수업을 참관해달라고 부탁하자. 여러분이 학생들에게 개별적인 피드백을 제공했는지, 누구에게 어떻게 제공했으며, 무엇에 관한 (예. 학습, 행동)것이었는지를 기록해달라고 부탁하자. 여러분의 행동을 지도교사와 의논하고, 학생에게 개별적인 피드백을 제공하는 전략과 수업 중 학생들을 공평하게 인정할 수 있는 방법(예. 모둠별 2명씩 수업 시 5개 모둠 둘러보기와 같은 행동 과제)을 목록화하자. 완성된 과제는 여러분의 전문성 개발 포트폴리오(PDP)에 보관하자.

○ 모둠

학생 전체를 어떻게 소집단으로 나눌 것인가 또한 동기부여를 위한 환경 설정에 있어 중요한 대목이다. 기술 혹은 수행능력을 기준삼아 모둠을 편성하면 물론 기술력이나 수행능력의 발전 정도를 비교하기에는 편리해진다. 그만큼 성과 동기 환경을 만들게 된다. 반면 다양한 역량을 고려하여 모둠을 편성하게 되면 그 성과를 상대적으로 비교하거나 활동 효과의 종합적 해석은 어려워지지만 숙달 동기를 고취시키는 데에는 더 유리하다. 수업을 진행하다 보면 어쩔 수 없이 주어진 활동의 특징 때문에 능력이나 수행력을 중심으로 모둠 편성해야하는 상황이 있다. 예를 들어, 장거리 달리기 활동에서 능력수준이 다른 학생들이 섞인 그룹으로 실시하게 되면, 유산소 기능이 낮은 학생들은 더 잘 하는 학생들과 같은 페이스를 유지할 수 없어 추월당하는 경험을 겪게 된다. 이는 더 직접적인 결과 동기 환경에 노출되어 자신과 타인을 비교하게 되는 것이다.

숙달 동기 환경을 조성하기 위해 모둠 내에서 강조하고 목표로 삼아야 할 것은 바로 협동 요소이다. 학생은 교사에게서 배우는 만큼 동료 학생을 통해 학습하며, 특히 모둠 내에서 다양한 경험을 할수록 많은 학습을 경험하게 된다. 그러나 이러한 학습 환경이 저절로 만들어 질 것으로 막연히 기대해서는 안 된다. 교사가 심사숙고하여 구체적이고 세밀하게 계획하고 구상해야 한다. 모둠 내에서 대표를 선발하거나, 서로의 장·단점을 보완하는 잘 어울리는 학생들을 한 모둠으로 나누는 등의 방안은 앞서 말한 학습 환경을 조성하는 데 도움을 줄 수 있다.

'스포츠 교육(Siedentop, 1994)'은 이러한 집단화 전략을 효과적으로 사용한 구체적인 체육 교수(수업) 모형의 예시이며, 상호적 교수 스타일(Moston and Ashworth, 2002) 사용 또한 그와 같은 예시이다. 다음 [과제 7.9]를 해보자.

> **과제 7.9 효과적인 학습을 위한 모둠 편성 전략**
>
> 체육수업 중 다양한 모둠 편성 방법의 리스트를 작성하자. 어떤 상황에서 종합 능력을 고려할지, 특정 능력을 기준으로 어느 시점에서 모둠을 편성하는 것이 좋을지 생각해보자. 학생이 서로 협동하면서 배울 수 있는 방법을 구상해보고, 그 방법이 어떤 과정으로 서로의 학습에 영향을 미칠지 생각하자. 향후 계획된 수업이나 활동 3개에서 모둠 편성할 여러 다양한 방법을 사용하고 모둠의 편성이 학생 학습에 어떤 영향을 미쳤을지 분석하자. 완성된 과제는 여러분의 전문성 개발 포트폴리오(PDP)에 보관하자.

○ 평가

평가는 수업의 가장 중요한 요소 중 하나이다. 동기는 평가를 어떻게 실시하는가에 따라 크게 좌우된다. 규준지향 평가(소위 말하는 상대평가)는 결과를 중심으로 하는 동기 환경과 깊은 연관성을 가진다. 이는 학습의 성취도를 소속 집단을 기준으로 비교하는 방식의 평가로, 학생의 내적 흥미를 자극하지 못하고 자신의 가치를 낮게 평가하도록 한다(Nicholls, 1989). 문제점은 타인과 비교하는 정보(자신의 학습 결과)가 존재한다는 그 자체보다도, 자신의 수행 결과가 비교를 위해 활용될 때 내적 동기를 약화시킬 수 있다(Treasure, 2001)는 것이다. 반대로 학생 평가가 개별적 성장을 확인하는 것을 목적으로 할 때, 그리고 개인의 참여와 노력을 얼마나 기울였는지와 그에 따른 향상도를 확인하고자 할 때 학생 모두가 성취를 위해 도전하도록 하며 평가가 공평하다고 생각하도록 할 것이다.

보상 구조와 비슷하게, 숙달 동기 환경을 강조하기 위해서 평가는 다른 사람과 비교하지 않고, 개별적인 소통과 피드백이 제공되어야 한다. 더욱이 노력에 대한 보상이나 인정은 반드시 있어야 하며, 실수는 실패의 의미가 아닌 학습과정 중 빈번하게 일어나는 자연스러운 현상으로 안내되어야 한다. 숙달 동기 환경을 조성하는 데 효과적인 평가 전략은 학생들에게 평가 받을 사항이나 조건에 대해 설명해 주고, 비디오 분석이나 개인일지 등을 통해 학생이 자기평가를 할 수 있도록 하는 것이다. Moston and Ashworth(2002)의 상호학습형 스타일에서와 같이 학생이 다른 학생을 평가(또래평가, 동료평가)하도록 하는 것도 한 가지 방법이다. 자기 자신과 친구의 장단점을 더 잘 알게 됨으로써 학생은 자신의 성취결과를 더 잘 이해할 수 있으며, 더욱 발전할 수 있는 목표를 세울 수 있다. 이는 '학습을 위한 평가 assessment for learning'라 불린다. 이제 학습을 위한 평가에 관한 [과제 7.10]을 해보자.

> **과제 7.10 학습을 위한 평가**
>
> 교육실습 지도교사에게 수업을 참관하고 다음을 기록해달라고 부탁하자:
>
> (1) 학생의 개별적 성장과 노력을 유도하기 위한 평가를 실시하였는가?
> (2) 자기 평가 또는 또래 평가를 권장했는가?
>
> 이러한 방법이 어떻게 학생의 학습을 촉진했는지에 초점을 두고 지도교사와 수집된 정보에 관해 토론해보자. 반성적인 논의를 통해 수업 중 어떤 점을 변화시킬 수 있을지 지도교사, 동료 예비교사와 토론해보자. 완성된 과제는 여러분의 전문성 개발 포트폴리오(PDP)에 보관하자.

평가에 대한 보다 자세한 설명은 Capel and Breckon(2014)의 9장과 16장, 그리고 Capel 등(2013)에 있는 6.1(Haydn)단원을 참고하라.

○ 시간

수업 속도와 더불어 과제 달성에 할당된 시간은 동기에 많은 영향을 미친다. 숙달 동기 환경을 촉진하는 전략의 핵심은 과제를 일찍 끝낸 학생들에게는 확장(추가) 과제를, 시간이 더 필요한 이들에게는 더 많은 시간을 제공함으로써 모든 학생들이 자신의 잠재력에 적절한 속도의 학습 진도를 갖도록 하는 데 있다. 그러나 학생들의 숙련 정도나 사전 경험의 수준에 따라 과제를 완성하는 데 시간제한을 두지 않으면 집중력이 급격히 떨어질 수 있고, 수업 속도 또한 흐트러져 학습 효과를 극대화할 수 없게 될 가능성이 있다. 따라서 무제한의 시간을 제공하는 활동이나 과제를 실시할 경우 교사는 학생이 주어진 활동에 집중하여 참여하고 있는지, 적절한 속도로 학습하는지 등을 엄밀히 관찰해야 한다. 시간에 관한 내용은 Capel and Breckon(2014)의 4, 5장 그리고 12장에서 자세히 논의된다. [과제 7.11]을 해보자.

> **과제 7.11 학습을 위한 자유시간 제공**
>
> 자신의 수업을 녹화/녹음하자. 수업이 끝난 후 촬영된 수업을 보고 학생들이 각자에게 적합한 속도로 배울 수 있도록 자유로운 시간을 주었는지, 그랬다면 어떻게 했는지 찾아보자. 과제를 일찌감치 쉽게 해결한 학생들에게 확장 과제를 주었는지 주의 깊게 살펴보자. 다음 같은 반 수업 계획 시 이를 감안하자. 그리고 다음 수업에는 교육실습 지도교사에게 참관을 부탁하여 이 측면에서 얼마나 효과적인지 관찰해달라고 부탁하자. 지도교수와 의논하고 완성된 과제는 여러분의 전문성 개발 포트폴리오(PDP)에 보관하자.

숙달 동기 환경(Ames, 1992)과 자기결정 이론(Deci and Ryan, 1985)의 내용과 마찬가지로, 청소년은 성인으로부터 독립적이고 자율적으로 자신의 학습에 스스로 통제권을 갖고자 한다. 이 장의 마지막 부분인 '학생들의 목소리'는 체육수업 중, 효과적인 동기 환경을 만드는 측면에서 이러한 측면을 특히 강조하고 있다.

체육 수업에서 학생들의 목소리

다양한 맥락에서 학생의 말에 귀 기울이는 것이 중요하다는 점은 여러 연구를 통해 이미 확인 되었다(Sandford 등, 2010). 이전 세대에 비해 학생들은 자신의 의사를 더욱 명확하게 표현할 수 있게 되었다(Christensen and James, 2008; Heath 등, 2009). 학생들이 내는 소리를 경청함으로써 학생들의 관심사가 무엇인지를 파악할 수 있다. 학생의 목소리가 중요한 정보의 근원인 것이다(Alderson, 2008). 학생의 목소리에 귀 기울이는 것은 일종의 학습 과정을 선택할 수 있는 자율권을 주는 것이다. 교사는 학생들이 직접 결정한 그 선택을 존중해야 한다. 이는 매우 중요하다. 그 이유는 선택권을 주고 이를 수업에 반영함으로써 학생들에게 책임감과 학습에 대한 주인의식을 심어주고, 동료뿐만 아니라 교사를 포함한 성인과의 건강한 관계 형성을 경험 할 수 있기 때문이다(Davies, 2013). 자신이나 타인의 수행을 돌아보는 토론에 참여하는 것이 매우 효과적인 학습 방법이라는 사실은 널리 알려져 있다(Sandford 등, 2010). 그 과정에서 동료학생의 다른 의견을 경청하고, 반하는 의견에 대해 논의하며 서로 협력하여 가장 합리적인 결정을 내리거나 선택하는 경험하기 때문이다(Davies, 2013). 학생들의 말을 경청하는 것은 체육수업에서 바라는 것이 무엇인지를 알게 하고, 그들의 의견을 반영한 수업을 만드는 문화 형성까지 연결된다. 이것이 잘 형성되면, 수업 상황에서 발생되는 다양한 활동에 주체적으로 인식하여 더 열심히 참여하며, 더 소중하게 생각하게 된다. 수업 출결이, 활동 참여 태도나 행동에 긍정적 변화가 일어나고 자신감과 함께 높은 수준의 향상도를 보이게 된다(Davies 2013). 체육수업에서 학생 의견을 수업에 반영해서 학생 자신과 그 의견을 소중히 다룬다고 느끼게 하는 것은 매우 중요하다.

Xiang 등(2003)의 연구에 의하면, 학생들은 언제 어떤 활동을 할 것인지에 대한 선택의 견이 체육교사에게 받아들여지는 경우는 거의 없다. Prusa 등(2004)는 체육수업에서 결정권이 주어진 그룹과 그렇지 않은 그룹의 자기결정력 self-determination 에 차이점이 있다는 점을 발견했다. 선택권이 주어진 그룹은 동기가 낮은 비율이 낮았고, 낮은 외재적 규제와 높은 내재적 동기를 보여주었다. 즉, 체육수업을 할 때 교육과정 범위 내에서 학생 선택권을 넓힌다는 것은 학생의 동기에 긍정적인 영향을 미친다는 것이다(Ntoumanis, 2001). 이뿐만 아니라 학령기 이후로 신체적 활동이 줄어든다(Sallis 등, 2000)는 사실만으로도, 수업 중 학생들이 선호하는 활동에 귀 기울이는 것은 너무나도 중요하다(Graham, 1995; Hopple and Graham, 1995). 결국 학생들의 목소리에 귀 기울이고 행동을 유심히 관찰하는 것은 학생이 체육수업 중 어떤 경험을 어떻게 겪을지 정확히 이해하는 데 소중한 정보원이 된다(Bernstein 등, 2011). 다음 [과제 7.12]를 해보자.

> **과제 7.12 학생들의 목소리 키우기**
>
> 수업 중 학생들이 자신의 의견을 낼 수 있는 방법들을 작성해보자. 여러분이 수업을 하게 되면서 작성한 방법을 사용할 수 있도록 하자. 그리고 이를 시도했을 때 학생의 반응, 특히 학생의 참여도에 변화가 생겼는지 기록하자. 발견한 점에 대해서는 교육실습 지도교사나 동료 예비교사와 논의해보자. 사용한 방법이 어떤 이유에서 효과가 있었는지 논의해보고, 어떠한 다양한 방법을 함께 사용할 수 있을지 생각해보자. 다른 방법도 계속 사용하고 이와 관련된 자신의 경험과 성장에 관해 1,000 단어 내외의 에세이를 써보자. 이러한 과정을 여러분의 전문성 개발 포트폴리오(PDP)에 면밀히 작성해보자.

O'Sullivan and MacPhail(2010)은 체육에서 학생들의 목소리를 반영할 수 있는 사진, 개인 전기, 자유롭게 글쓰기, 학생들의 그림, 스크랩북, 비디오 일기, 포스터 발표, 그리고 운동 기록지 등의 혁신적인 방법을 찾아냈다. 이들은 관행처럼 이루어지는 수업의 행태에 반하는 새로운 교육과정을 만들기 위해 변화를 시작해야 한다고 강력하게 주장하였다. 이들은 학생들 의견에 귀 기울이고 학생과 협력하는 것이야말로 학생의 관점을 이해하는 것과 더불어 학습과 참여를 방해했던 불평등을 변화시키는 데 도움이 된다고 주장했다. 이런 협력적인 학습 환경으로의 개선은 학생을 더욱 운동하고 싶게 만들자는 주된 목적을 달성할 수 있게 한다. 무엇보다도 학생을 동기부여하여 배우고 싶도록 하고, 운동을 평생 하고자 하는 습관을 갖도록 해준다(O'Sullivan and MacPhail, 2010). [과제 7.13]은 학생이 여러분의 수업을 평가하기 위한 것이다.

> 📖 **과제 7.13 학생들의 피드백 받기**
>
> 수업 후 학생들에게 익명으로 다음 7.3 표와 같은 수업 평가안(http://www.routledge.com/cw/capel)을 작성해 달라고 하자. 수업 평가지에는 학생들이 체육수업에서의 자기 경험에 관해 피드백을 작성할 수 있도록 하고 완성된 평가지는 수거하자. 이 응답들을 여러분의 수업방법이나 내용 결정 시 반영하자. 일정한 메시지, 혹은 상반된 메시지가 나왔다면 그 이유에 대해 고민해보자. 이를 통해 여러분이 무엇을 배웠는지 1,500 단어로 된 에세이를 써보자. 이는 여러분의 교수 방법이나 소통방법 중 바꿔야 할 점이 무엇인지 발견하는 데 중요한 정보를 제공할 것이다. 이 과정을 여러분의 전문성 개발 포트폴리오(PDP)에 면밀히 기록해두자.
>
> 표 7.3 과제 7.13을 위한 수업 평가
> - 이 수업의 어떤 면이 재미있었는가?
> - 이 수업에서 무엇을 배웠는가?
> - 이 수업의 어떤 면을 바꾸고 싶은가?
> - 이 수업이 어떻게 나아질 수 있는가?

요약 및 요점

이번 장은 동기부여를 위해 학생의 자기결정성을 독려하고 TARGET 전략을 응용하여 긍정적인 동기 환경을 만드는 것에 대해 알아보았다. 나아가 체육수업에서 숙달 동기 환경을 만드는 것이 얼마나 중요한지, 학생의 의견을 경청하고 수업에 반영하는 것 얼마나 중요한 지에 대해서도 살펴보았다. 숙달 동기 환경을 조성하는 것이 학생의 학습 동기를 증가시키는 데 유용하다는 점도 확인하였다. 마지막으로 이 장을 통해서 배운 동기 이론과 전략들을 이용하는 것도 중요하지만, 교사로서 어떤 교수-학습 방법을 활용하는지, 학생과 어떤 관계를 어떻게 형성하는지와 같은 사회적 기술도 학생의 학습 촉진에 중요하다는 것을 배웠다. 결국 긍정적이고 열정적으로 학생을 가르치고, 먼저 다가가며 함께 활동하며, 즐거운 참여를 유도하는 교사의 마음과 전략들은 학생들과 함께 수업하고 학교 생활하는 데, 더욱이 체육을 좋아하게 만드는 데 매우 중요한 요소이다(Almond and Whitehead, 2012c; Gano-Overway and Guivernau, 2014). [과제 7.14]를 해보자.

> 📖 **과제 7.14 교수 행동 관찰하기**
>
> 예비교사 동료에게 자신이 학생들과 상호작용하는 모습을 볼 수 있도록 수업 녹화/녹음을 부탁하자. 수업 중 TARGET 전략뿐만 아니라 교수-학습 방법 그리고 학생과의 관계 형성 기술(사회적 기술)에 집중하자. 본 장에서 언급했던 여러 측면을 고려하여 2,000 단어 내외의 에세이를 작성해보자. 그리고 여러분의 교수-학습 방법 혹은 수업의 발전계획을 작성해보자. 이 과정을 여러분의 전문성 개발 포트폴리오(PDP)에 면밀히 기록해두자.

여러분의 예비교사교육기관에서 필요로 하는 요구사항 중 어떤 것들이 이 장에서 언급되었는지 확인해보자.

---- / 추가 읽기 자료 / ----

Ames, C. (1992) Achievement goals, motivational climate, and motivational processes, in G.C. Roberts (ed.) *Motivation in Sport and Exercise*, Champaign, IL: Human Kinetics, pp. 161-176.

소개된 책의 해당 장(pp. 161-176)은 교사가 조성하는 동기부여 환경에 특히 주의를 기울일 필요가 있으며, 숙련 동기부여 환경 조성은 학생이 더 잘 학습할 수 있는 방법을 스스로 선택하게 한다고 설명한다.

Biddle, S.J.H. (2001) Enhancing motivation in physical education, in G.C. Roberts (ed.) *Advances in Motivation in Sport and Exercise*, Champaign, IL: Human Kinetics, pp. 101-128.

소개한 책의 해당 장(pp. 101-128)은 유럽의 체육수업 환경과 관련된 일련의 연구를 소개하며, 체육수업에서의 동기부여 강화를 위한 환경의 중요성을 강조한다.

Morgan, K. (2011) *Athletics Challenges*, 2nd edn, Abingdon, Oxon: Routledge.

이 책은 육상 수업에서의 TARGET 전략(Ames, 1992) 적용 사례를 제시함으로써 숙련 mastery 동기부여 환경, 수용적 분위기, 개인의 도전을 장려하는 분위기 조성을 강조하고 이를 달성하기 위한 방안을 제시한다.

O'Sullivan, M. and MacPhail, A. (eds) (2010) *Young People's Voices in Physical Education and Youth Sport*, Abingdon, Oxon: Routledge.

이 책은 학생이 체육, 스포츠, 신체활동을 어떻게 경험하고 이해하는지를 이해하는 데 있어서 그들이 내는 목소리의 중요성을 강조한다.

이 장의 추가 자료는 다음 웹사이트를 참고: www.routledge.com/cw/capel

효과적인 학습 환경 개발하고 유지하기
Developing and maintaining an effective learning environment

Kerry Whitehouse, Lerverne Barber and Vanessa Jones

소개

효과적인 학습 환경을 개발하고 유지하는 것은 수업의 여러 가지 측면을 지원한다. 학생의 학습을 촉진하고 부적절한 행동을 예방할 수 있는 최적의 환경을 제공하기 때문이다. 이 장은 학생들의 학습을 위한 최적의 학습 환경을 개발하고 유지하는 데 필요한 정보를 제공한다.

학생의 긍정적인 행동을 이끌어내는 최적의 학습 환경은 우연히 만들어지는 것이 아니다. 고려해야 할 다양한 요소가 있다. 이 장은 아래에서 제시하는 ART 모델의 세 가지 영역으로 구성되어 있다.

- 인식 awareness : 자신을 드러내는 방식에 대해 알기, 수업 분위기 감지, 학생들이 부적절한 행동을 하는 이유에 대해 알기
- 관계 relationships : 개별 학생에 대해 알기, 효과적으로 의사소통하기, 교사와 학생 또는 학생 간의 긍정적인 유대관계 형성하기, 칭찬/보상의 효과와 학습 환경의 효과 이해하기
- 세심한 계획 thoughtful planning : 효율적으로 시간 활용하기, 학생들의 동기를 유발하고 계획된 학습 달성하기, 수업 공간 관리하기

최적의 수업 환경을 조성하고 학생들의 긍정적인 행동을 촉진하는 것은 쉬운 일이 아니다. 경험과 다양한 연습이 필요하다. 학생들을 이해하고 그들과 신뢰 있는 관계를 형성함으로써 강화된다.

영국 정부는 교사들이 학생들에게 긍정적인 행동을 하도록 장려하고 학생들의 용납할 수 없는 일을 할 경우 이에 대한 제재 또한 적극적으로 지지한다(Dfe, 2014d). 즉, 단위학교는 학생에 대한 긍정적인 보상 정책과 강력한 제재 정책을 동시에 가지고 있기 때문에, 여러분은

해당 학교의 학생 행동 school behaviour 과 관련된 정책을 미리 인지하는 것이 매우 중요하다. 그러나 학교의 그런 정책은 큰 그림의 작은 부분임을 기억해야 한다. 최적의 학습 환경 조성이 본질이다.

비언어적 non-verbal 의사소통은 최적의 학습 환경 조성에서 매우 중요한 요소다. 효과적인 학습 환경을 조성하고자 할 때 다른 장 chapter 에서 제안된 몇 가지 기술들을 활용할 수 있을 것이다. 다른 장을 적극적으로 활용할 필요가 있다.

본 장을 통해 아래와 같은 내용을 이해하고 적용할 수 있어야 한다.

- 최적의 학습 환경 조성과 긍정적인 수업 분위기의 중요성을 이해할 수 있다.
- 자기표현(self-presentation)을 이해할 수 있다.
- 학생들과 신뢰 있는 관계를 형성하는 일에 대한 중요성을 이해할 수 있다.
- 목적과 부합하는 수업 실천의 중요성에 대해 이해할 수 있다.
- 모든 학생의 동기를 유발할 수 있는 시간 및 공간 활용 방법에 대해 알 수 있다.
- 학생의 부정적인 행동을 예방하고 긍정적인 행동을 촉진하는 학습 환경의 역할에 대해 이해할 수 있다.
- 최적의 학습 환경 조성을 위한 비언어적 의사소통의 중요성을 이해할 수 있다.

예비교사교육과정의 요구사항(필수요건)을 확인하여 이번 장과 어떠한 관계가 있는지 살펴보자.

ART: 인식하기 Awareness

이 절에서는 자신을 드러내는 방법, 수업 분위기, 학생들이 부정적인 행동을 하는 이유에 대해 인식하는 방법을 다룬다.

○ 자기 인식 self-awareness : 어떻게 나를 나타낼까? 학생들은 나를 어떻게 받아들일까?

[과제 8.1]은 교사가 적절한 지도를 통해 학생들에게 보낼 수 있는 메시지에 대해 생각하는 것이다.

과제 8.1 교사는 무슨 메시지를 전달하고 있는가?

아래에 나와 있는 내용을 읽고 체육교사가 어떤 메시지를 전달하고 있는지 생각해보자.

- 교사는 학생들이 탈의실에 도착하기도 전에 학생들을 맞이했다.
- 학생들이 수업 장소에 도착하기 전에 모든 용·기구가 설치되어 있다.
- 입장하는 모든 학생들의 이름을 부르면서 반갑게 맞이한다.
- 교사는 오늘 가르치는 활동에 적합한 복장을 착용했다. 예를 들어, 체조수업에서는 맨발을, 교실수업에서는 깔끔한 복장(smart clothes)을 착용했다.
- 탈의실과 수업 장소는 잘 정리되어 있으며, 벽에는 학습을 지원하는 다양한 자료가 게시되어 있다.
- 실제로 과제에 참여하지 못하는 경우에는 다양한 형태로 수업에 참여할 수 있다. 예를 들면, 코치, 수행 분석가, 안무가 등
- 경기 기록은 다양한 채널을 통해 공유되고 축하된다. 교무실 벽에 게시, 학교 조례에서 안내, 뉴스레터, 홈페이지 등을 활용할 수 있다.

각각의 장면에서 교사는 학생들과 어떻게 의사소통하고 있는가? 이는 학생들이 여러분을 이해하는 데 어떤 영향을 미칠 것이라고 생각하는가? 위에서 언급한 좋은 사례는 여러분이 목표로 하고 있는 교사를 반영하고 있는가? 지도교수 또는 동료 예비교사와 논의해보고, 이 논의 내용을 전문성 개발 포트폴리오(PDP)에 정리하자.

위에서 언급된 내용들은 모두 수업을 잘 준비하는 교사와 관련된 내용이며, 이는 결과적으로 긍정적인 수업 환경 조성으로 이어진다. 유능한 교사의 자질인 셈이다. [과제 8.2]는 유능한 교사의 다른 자질에 대해 생각하도록 한다.

과제 8.2 유능한 교사를 나타내는 키워드

효과적인(좋은) 교사를 나타내는 12-15개의 형용사 또는 구(句, 또는 표현)를 적어보자. '인내심이 있는' 또는 '계획성 있는'이 예가 될 수 있다. 여러분에게도 해당된다고 생각하는 키워드에 밑줄을 치자. 다른 예비교사와 이 작성한 것과 비교해보자. 이 내용을 전문성 개발 포트폴리오(PDP)에 정리하자.

교사의 자질은 한 개인의 성격과 관련 있다. 그럼에도 불구하고, 여러분이 작성한 좋은 교사의 자질이 다른 사람이 작성한 것과 판이하게 다르다면 이는 놀라운 일이다. 이는 체육교과의 특수한 본질과 관련된 것이다. 달리 말하면 성공적으로 체육수업을 실천하려면 핵심 자질 및

성격(characteristics 또는 인성)을 갖추어야 한다는 것이다. 핵심 자질 및 성격을 통해 학생들의 존중을 얻을 수 있다. 학생들을 동기를 유발하고 그들의 학습을 촉진할 수 있다. 결과적으로 핵심 자질 및 성격은 긍정적인 행동을 촉진한다.

열정적이고 헌신적인 교사로서 여러분은 모든 수업을 알차게 준비해야 한다. 수업의 목표는 도전 의식을 불러일으키면서도 학생들이 의도된 학습결과 ILOs 를 달성할 수 있을 정도로 적절한 난이도로 설정되어야 한다. 개별 학생의 요구를 충족시킬 수 있을 정도로 다양한 수업 과제를 준비해야 한다. 수업이 시작되기 전에 수업 장소에 도착해야 한다. 빠른 속도로 수업을 진행하고, 수업을 방해하는 학생들의 사소한 간섭 행동 minor interruption 도 허용해서는 안 된다. 긍정적인 교수 스타일을 갖추어야 한다. 자주 웃기, 학생들의 노력과 성취에 대해 칭찬하기, 가급적 구체적이고 긍정적인 피드백을 제공하기, 학생들이 의도된 학습결과 ILOs 를 성취할 수 있도록 격려하기 등을 통해 밝은 수업 분위기를 형성할 수 있다. 나아가 학생들이 여러분 역시 열정적으로 신체활동에 함께 참여하고 있는 것과 같이 느낄 수 있도록 적절한 복장을 착용하고 행동해야 한다. 교사가 운동을 잘하는 것 역시 매우 큰 장점 중의 하나다. 교사의 시범이 학생들의 동기를 유발하는 데 효과적이기 때문이다. 아래는 효과적인(좋은) 교사가 갖추어야 하는 세 가지 근본적인 수준의 자기표현과 관련된 특징이다.

첫째, 항상 자신감에 차 있고, 권위를 가지고 있어야 하며, 상황을 적절하게 제어할 수 있어야 한다. 이상의 세 가지 자질이 중요한 이유는 여러분이 넓은 장소, 학생들과의 물리적인 거리, 안전사고 위험성(12장 참조)이 있는 환경에서 수업을 하기 때문이다. 권위를 유지하기 위해서는 뚜렷하면서도 효율적으로 의사소통해야 한다. Kyriacou(2009:103)에 의하면 교과에 대한 관심과 열정을 나타내는 '교과 지식'과 효과적인 학습 환경을 조성할 수 있는 능력이 교사의 권위를 나타내는 요소이다. 적절하고 깔끔한 복장 역시 핵심 요소다. 수업을 조직하고 안전한 학습 환경을 조성해야 하는 교사로서 이상에서 언급한 세 가지 자기표현을 강화해야 한다.

둘째, 활기차고 열정적이어야 한다. 모든 학생들에게 관심을 가져야 한다. 그중에서도 학생들이 수업에서 최대한 많은 것을 배워갈 수 있도록 동기를 유발하는 것이 중요하다. 무기력한 교사는 역동적인 수업을 펼쳐낼 수 없다. 어떤 일을 할 때도 활기차야 한다. 학생들에게 체육수업에 대한 여러분의 높은 열정 및 학생들과 그들의 노력 및 성취에 대한 높은 관심을 보여주었는가? 어떻게 하면 이를 보여줄 수 있을까?

물론 열정을 보여준다는 것이 무엇인지 정확하게 정의하긴 어렵다. 모든 사람마다 다르기 때문이다. 그럼에도 열정적이고 헌신적인 스포츠 지도자는 학생들에게 열정을 보여줘야 한다. 열정적인 교사는 '목소리, 제스쳐, 표현의 변화 폭이 크다', '쉴 새 없이 움직인다', '빠른 흐름으로 수업을 진행한다', '학생들과의 상호작용이 많다'라는 특징을 가진다는 점을 기억할 필요가 있다.

셋째, 체육교사의 자기표현은 운동을 잘하는 기능인 authoritarian, able sports person 의 것으로 국한되어서는 안 된다. 수업의 핵심인 운동기술은 결국 학생들이 배우는 것이다. 문제는 학생들의 발달 수준이나 운동 기능이 다르다는 것이고 수업에서 관찰 및 평가가 이루어지기 때문에 운동을 잘 못한다는 것에 대한 수줍음이 있을 수 있다는 것이다. 체육교사의 일은 학생 개인의 특성을 고려할 수밖에 없는 것이다. 그렇기 때문에 '이해'와 '섬세함'이라는 자기표현 기술을 갖추어야 한다. 학생들에게 쉽게 말을 붙일 수 있는 사람, 공감을 잘 해주는 사람, 배려가 있는 사람이라는 인상을 심어줘야 한다. 학생들에게 그들 각자의 노력이 수업의 핵심이라는 점을 언어적으로 그리고 비언어적으로 보여줘야 한다.

배려는 교사와 학생, 그리고 학생과 학생 사이에서 나타난다. 배려 교육학 a caring pedagogy (Noddings 1992, Siedentop and Tannehill 2000에서 재인용)은 학생의 개인적/사회적 성장과 '체육수업의 학습 목표와 사회적 목표의 시너지를 만들기 위한 노력'(Siedentop and Tannehill 2000: 106)을 포괄한다. 교사는 학생들의 학습과 성장을 위해 배려해야 한다. 이는 '학생이 교사 및 또래들로부터 존중받고 받아들이고 있다고 느낄 때보다 더 잘 배운다'라는 것을 전제로 한다. 아래는 배려 교육학의 특징이다.

학생들은 다음과 같은 특징을 가진다:

- 지원적, 책임감 있는, 협동적인, 서로 신뢰하는, 자율적인 권한을 가지는, 학급을 자신과 동일시하는, 공정성과 배려를 중요하게 생각하는.
- 목적을 공유하고 협동적인 학습 공동체 learning communities 가 있다. 이 학습 공동체는 상징과 의식이 있으며, 공정성과 배려를 중요하게 생각한다.
- 공정성과 배려를 유지하는 데 도움이 되는 전략이 있다. 함께 개발된 학급 규칙 및 절차, 문제 해결을 위한 학급 모임, 존중을 강조하는 활동 개발하기, 서로에 대해 아는 기회 가지기, 교육과정에 포함되어 있는 가치 value 받아들이기 등이 그것이다.
- 학생의 성장을 위한 투자가 지속되고 학생들의 친구에 대한 관심 및 권리를 보호하기 위한 환경을 유지한다.
- 교사는 학생 배려를 지속적으로 연습한다. 도움 주기, 학생 중요하게 생각하기, 학생 존중하기, 인내심 가지기, 격려하고 지원하기 등이 대표적이다.
- 배려하는 교사는 흥미 있으면서도 효과적인 신체활동을 개발하고 학생들이 중요한 목표를 달성하도록 돕는다.
- 배려하는 교사는 다양한 이슈 및 자신이 가르치는 내용과 관련 있는 기술과 지식을 갖추고 있다.

(Siedentop and Tannehill 2000: 115에서 발췌)

여러분의 자기표현은 언제나 학생에 대한 관심을 표현해야 한다. Capel 등(2013)의 1. 2장(Allen and Topils)과 3.1장(Zwozdiak-Myers and Capel)이 자기표현과 관련된 세부 내용을 제시하고 있다. [과제 8.3]은 자기표현에 초점을 맞춘 것이다.

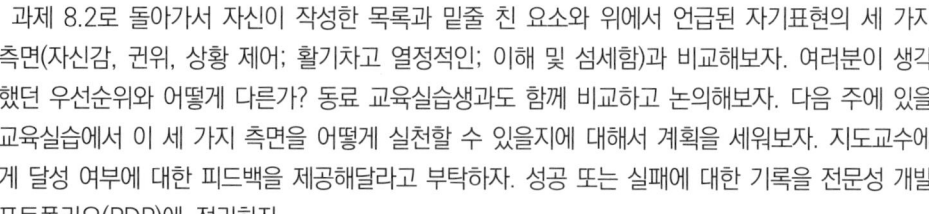

과제 8.3 효과적인 자기표현

과제 8.2로 돌아가서 자신이 작성한 목록과 밑줄 친 요소와 위에서 언급된 자기표현의 세 가지 측면(자신감, 권위, 상황 제어; 활기차고 열정적인; 이해 및 섬세함)과 비교해보자. 여러분이 생각했던 우선순위와 어떻게 다른가? 동료 교육실습생과도 함께 비교하고 논의해보자. 다음 주에 있을 교육실습에서 이 세 가지 측면을 어떻게 실천할 수 있을지에 대해서 계획을 세워보자. 지도교수에게 달성 여부에 대한 피드백을 제공해달라고 부탁하자. 성공 또는 실패에 대한 기록을 전문성 개발 포트폴리오(PDP)에 정리하자.

자기표현과 관련된 비언어적인 의사소통 방법에 대해 점검하는 것은 매우 중요하다. 목소리(5장 참조), 복장, 자신감, 수업의 동선 등이 대표적인 예다. 다른 측면에 대해서도 관심을 가질 수 있다. 습관이 대표적이다. 예를 들면, 특정 표현(오케이) 자주 사용하기, 머리 뒤로 넘기기 등이 여기에 해당된다. 이러한 습관은 효과적인 학생들과의 의사소통에 부정적인 영향을 미친다. 학생들은 여러분이 오케이를 얼마나 많이 말하는지 또는 얼마나 머리를 얼마나 많이 뒤로 넘기는지를 세는 데 더 많은 시간을 할애할 지도 모른다. [과제 8.4]는 여러분의 습관을 살펴보는 것이다.

과제 8.4 습관

지도교수나 동료 교육 실습생에게 여러분의 수업 장면을 녹화해달라고 부탁하자. 녹화된 영상을 보면서 수업의 흐름에 방해되는 습관이 있는지를 찾아보자. 찾았다면, 그 습관을 줄일 수 있는 방법을 찾아보자. 같은 과제를 반복해보고 개선 여부를 평가해보자. 습관을 얼마나 줄이거나 없앴는지를 전문성 개발 포트폴리오(PDP)에 정리하자.

○ 수업 분위기 인식하기

효과적인 학습 환경은 좋은 분위기로 이어진다. 분위기는 수업의 전반적인 기분 mood 을 언급할 때 쓰는 표현이라고 할 수 있다. 학생과 그들의 학습은 수업을 계획하고 실천하는 과정에서 늘 중심에 있어야 한다. 수업 분위기는 편안하면서도 명확한 목적을 가지고 있어야 한다.

이러한 분위기가 학생들이 의도된 학습결과 ILO 를 명확하게 이해할 수 있도록 한다. 학생들은 과제에 적극적으로 참여해야 하며(6장 참조), 열정적이면서 배려 있는 교사로부터 지원받아야 한다(위 참조). 교사는 긍정적인 교수 스타일을 사용해야 한다. 적절한 성취에 대한 피드백을 제공하고 긍정적인 강화를 통해 학생의 학습을 독려하고 그들의 자존감을 향상시킬 수 있다 (7장과 11장 참조, Caper 등(2013)의 3.2장(Gervis and Capel)과 4.2장(Jepson and Walsh) 참조). 긍정적인 분위기 속에서 학생들의 성취에 대해 구체적인 형태의 피드백을 - 격려하고 지원적인 방법으로 - 제공하는 것은 학생들의 동기 유발에 도움이 된다. 대부분의 상호작용은 긍정적이고 효과적인 유대관계 형성으로 이어진다. 주목할 점은 위에서 언급한 모든 요소가 충족된다고 하더라도 실제로 배움이 없다면 긍정적인 분위기는 형성될 수 없다. 의심할 여지없이 여러분은 '바쁘고 행복하다'라는 기분을 가지지만 실제로 학습은 일어나지 않은 그런 수업을 경험한 적이 있을 것이다.

- 여유 가지기

긍정적인 수업 분위기에서는 교사가 여유를 가질 가능성이 높다. 교사가 여유를 가지면 학생들도 그럴 가능성이 높다. 학생들이 여유를 가지면 보다 자신감을 가지게 되고, 과제에 집중하고 보다 적절한 행동을 하게 된다. 교사는 여유를 가지게 되면 보다 많이 웃게 된다. 웃음은 교사가 자신감이 있고 가르치는 것을 즐기고 있다는 인상을 줄 수 있다. 유머를 효과적으로 활용할 때 그 효과는 배가 된다.

- 유머 사용하기

다른 수업 기술과 함께 유머 역시 적절하게 사용되어야 한다. 초임 단계에서는 유머를 사용해야 할지, 또는 언제 그리고 어떻게 사용할 지에 대해서 걱정할 수 있다. 가르치는 경력이 쌓이면서 자신감이 생긴다. 유머는 교사가 우스꽝스러운 말이나 행동을 함으로써 활용될 수도 있다. 이는 학생들로 하여금 편안한 분위기를 느끼게 해준다. 잠재적인 갈등 상황을 없애고자 할 때도 사용할 수 있다. 때로는 학생들이 재미있는 경우를 발견하면서 웃을 수도 있다(적절한 경우에만 해당). 예를 들면, 또 다른 하키볼을 경기장에 집어넣어서 학생들이 어떤 공을 쳐야 할지 모르는 경우를 만드는 것이다. 이와 같은 경우는 충분히 활용될 수 있는 유머이며 여러분의 인간적인 면을 보여주는 것이다.

주목할 점은 유머가 부적절하게 활용되면 수업의 분위기가 잘못될 수 있다는 것이다. 결코 학생을 이용한 유머를 써서는 안 된다. 비꼬는 말을 해서 창피감을 주는 것이 대표적인 형태다. 학생들에게 지나치게 많은 유머를 쓰면 학생들은 자신들과 친해지기 위한 것이라고 이해할 수 있다. 이는 학생들과 지나치게 친해지는 결과로 이어진다(아래 참조). 수업과 학생의 학습이 덜 중요하게 보인다는 인식을 줄 수 있다. 효과적인 유머 사용은 따뜻하고 긍정적이고 지원적인 분위기를 형성하지만, 잘못된 사용은 학생과의 관계 형성 및 여러분의 권위를 무너뜨린다. 따라서 유머는 배려와 함께 사용되어야 하며, 함양되어야 하는 일종의 교수 기술로 이해되어야 한다.

[과제 8.5]는 수업 분위기 형성에 초점을 맞춘 것이다.

 과제 8.5 수업 분위기

각기 다른 교사가 가르치는 수업 2-3개를 관찰하자. 어떻게 교사가 긍정적인 수업 분위기를 형성하고 유지하는지에 초점을 맞추고 관찰하자. 좋은 사례를 전문성 개발 포트폴리오(PDP)에 정리하고 적용 가능한 사례를 실제 수업에 포함시키자.

○ 학생의 부정적인 행동 인식하기

학생들의 부적절한 행동을 야기하는 여러 가지 상황과 이유를 인지하는 것은 매우 중요하다. 이를 통해 최적의 학습 환경 조성을 위해 무엇을 바꿔야 하는지 알 수 있다. 학생들의 부정적인 행동을 줄이는 데도 도움이 된다. 계속하기 전에, [과제 8.6]을 통해 여러분의 과거 수업에서 학생들이 왜 부정적인 행동을 했는지를 생각해보자.

 과제 8.6 왜 학생들은 부정적인 행동을 하는가

학생들이 수업에서 부정적인 행동을 하는 이유를 최소 10가지 적어보자. 아래에 있는 제목을 활용하거나 자신만의 제목을 만들어서 범주화해보자.

- 교실 밖, 가정, 점심시간이나 휴식시간에 벌어지는 일
- 학급 조직 또는 학습 환경
- 수업 내 과제 설계
- 수업 내에서의 학생들간의 관계
- (비)언어적 의사소통

작성한 목록을 동료 교육실습생과 비교해보자. 목록을 전문성 개발 포트폴리오(PDP)에 첨부하자.

학생들과의 의사소통은 교사의 기대를 바탕으로 실천된다. 그리고 이는 결과적으로 학생들의 반응에 영향을 미친다. 만약 학생들이 부정적인 행동을 할 것으로 기대한다면, 그것이 교사의 과거 경험 또는 다른 교사가 해준 얘기에 따른 것이든, 학생들은 교사의 기대대로 반응할 것이다. 교사가 긍정적인 기대를 한다면 학생들의 높은 성취 및 바람직한 행동으로 이어질 가능성이 높다. 달리 말하면 기대라는 것은 자기 예언 self-fulfilling 과 밀접한 관련을 지니는 것이다. 교사는 다음과 같이 행동해야 한다.

- 일관성 있으며 현실적이지만 높은 수준의 기대를 가지고 있어야 한다. 도전적이지만 학생들이 적절하게 성취할 수 있는 의도된 학습결과와 과제를 설정해야 한다.
- 학생들의 과거 수행보다는 현재하고 있는 과제에 초점을 맞춰야 한다.
- 다른 학생의 성취와 비교해서는 안 된다.
- 긍정적이고 생산적인 피드백을 제공함으로써 모든 학생들의 동기를 부여한다.

교사의 기대와 관련된 보다 많은 내용은 Capel 등(2013)의 3.2장 (Gervis and Capel)을 참조할 수 있다.

마찬가지로, 교사의 적절한 언어적 의사소통은 학생들의 긍정적인 행동으로 이어진다. 긍정적이고 효과적인 유대관계 형성을 위해서 다음과 같은 전략을 사용할 수 있다.

- 질책하지 말고 편안하게 얘기해라. 예를 들면, '이번 게임에서 세 개의 농구공이 필요한지 몰랐어. 그렇게 바꿔주겠니?'
- 부정적인 행동을 발견했을 때 Rogers(2000: 27)가 제안한 네 가지의 질문하는 방식을 활용할 수 있다.
    - 구체적으로 무엇이 문제니?
    - 이 행동은 어떤 규칙 또는 권리와 관련 있니?
    - 왜 이 행동이 발생했다고 생각하니?
    - 이 문제를 해결하기 위해 무엇을 할 수 있겠니? 또는 내가 무엇을 도와줄까라고 물어볼 수도 있다.
- 규칙을 상기시킬 수 있다: 예를 들면, '수업시간에 껌을 씹는 것은 위험하다는 것을 다시 얘기할게요. 아직 껌을 뱉지 못한 사람은 지금 휴지통에 버려주세요'
- '만약 그렇다면' 진술 방법을 활용할 수 있다. 학생들에게 자신들의 행동에 따른 결과를 생각할 수 있도록 한다는 측면에서 큰 도움이 된다. 예를 들면, '만약 네가 심판의 정당한 지시를 따르지 않는다면 퇴장시키고 규칙 인식하기 과제를 줄 수 있어'라고 얘기할 수 있다.

- 부분 동의를 활용할 수 있다. 동의(또는 약속)는 갈등을 줄이거나 없애는 데 활용할 수 있는 전략이다. 이는 학생과의 논쟁에서 교사가 최종적인 결정을 내리거나 권위를 내세우지 않아도 된다는 것을 의미한다.
  - 예시 학생: 잡담하고 않았어요. 과제하고 있었어요.
  - 교사: 오케이. 괜찮아. 단지 나는 지금 네가 과제 끝내는 데 집중했으면 좋겠구나.

ART: 관계 relationships

이 절에서는 관계에 대해 다룬다. 학생을 개별 인격체로서 아는 것, 효과적으로 의사소통하기, 교사와 학생간의 긍정적인 상호관계 촉진하기, 학생 간의 긍정적인 상호관계 형성하기, 학생의 행동에 대한 칭찬과 보상의 효과 등에 대해 구체적으로 살펴본다.

○ 긍정적이고 신뢰 있는 상호관계 형성하기

관계는 최적의 환경을 조성하고 긍정적인 행동을 이끌어내는 데 핵심 요소이다. 좋은 행동을 기대하기 위해서는 좋은 관계가 뒷받침되어야 한다. Rogers(2011)가 '다지기 단계 establishment phase'를 언급한 바와 같이, 학생들과의 긍정적인 관계를 형성하기 위해서는 시간이 필요하다. 이는 보통 학급을 알아가는 초기 몇 주에 형성된다. Rogers는 '이 기간이 매우 중요하다'라고 했다. 70% 이상의 학생들은 호감 있고, 자신감 있으며 존중하는 교사와 함께하기를 원한다. 학생들은 처음 교사를 만나는 순간 교사가 그들을 어떻게 대하는지를 관찰한다. Rogers는 이를 '처음으로 교사를 맞이하는 순간 early defining moments'라고 했다. 달리 말하면, 학생들과의 최초 상호작용은 향후 교사와 학급관의 관계 형성에 결정적인 역할을 한다. 이 과정에서 비언어적 의사소통 역시 매우 중요하다. 눈 맞추기(아이컨택), 얼굴 표정, 학생과의 물리적 거리 조절, 문제 행동이 일어날 것 같을 때 학생 가까이 가기 등이 대표적으로 활용할 수 있는 방법이다. 교사의 관심을 얻으려고 하는 학생의 부정적인 행동은 의도적으로 무시하는 전략을 쓸 수도 있다. [과제 8.7]로 넘어가자.

📖 **과제 8.7 처음으로 교사를 맞이하는 순간**

여러분의 첫 번째 수업이 끝나면 '처음으로 교사를 맞이하는 순간'과 관련하여 수업 초반부에 학생들이 보여준 행동에 대해서 적어보자. 긍정적인 것과 부정적인 것 모두 적어보자. 이제 거기에 여러분이 어떻게 대처했는지를 생각해보고, 향후 이를 반복할 것인지 수정할 것인지에 대해서도 생각해보자. 아래 〈표 8.1〉이 이 과제를 수행하는 데 도움이 될 것이다.

〈표 8.1〉 관계 형성을 위해 '처음으로 교사를 맞이하는 순간'

학생들의 행동은?	당신의 대응에 대한 반성은	무엇을 배웠는가?
첫 번째 수업에서 학생들의 사전 학습을 점검할 수 있는 활동을 설계했다. 학생들은 내가 화이트보드에 작성한 질문에 대한 답을 쓰는 것이었다. 이는 모든 학생들이 체육관에 도착하기 전에 예전에 배운 것들을 생각할 수 있도록 했다. 몇몇 학생들은 이 활동에 참여하지 않고 체육관에 있는 용기구를 가지고 부적절하게 행동했다.	그 학생들을 불러 모으고 용·기구를 안전한 장소로 되돌려 놓을 것을 단호하게 얘기했다. 그리고 과제에 참여하라고 얘기했다. 과제와 내가 바라는 기대에 대해 다시 설명하고, 안전한 용기구 사용과 학습시간의 중요성에 대해서 추가적으로 설명했다. 학생들은 과제를 다 끝냈다는 말로 응답했다.	첫 번째 과제와 학생들에 대한 기대가 명확하지 않았던 것 같다. 과제를 끝내는 데 지나치게 많은 시간을 줬다. 다음에는 학생들이 한 과제를 마치면 다음 과제가 무엇인지 명확하게 알 수 있도록 해야겠다. 과제 완수에 걸리는 시간도 적절하게 배분해야겠다.

표와 다음에도 반복하고자 하는 행동 목록을 보관하자. 즉, 학생관의 관계 형성에 도움이 되었다고 생각한 것과, 향후 개선을 위해 어떻게(그리고 왜) 행동을 바꿀 것인지에 대해서 알고 있어야 한다. 이를 전문성 개발 포트폴리오(PDP)에 첨부하고 나중에 활용하자.

○ 학생 알기

학생의 이름을 아는 것은 관계 형성에서 매우 중요하다. 학생의 이름을 빨리 외우면 그들에게 관심이 많다는 것을 보여줄 수 있다. 문제는 교실 상황과 다르게 체육수업에서는 학생들의 이름을 외우기가 쉽지 않다는 데 있다. 처음으로 학교에 가면 학생들의 이름을 외우기 위해서는 특별한 노력이 필요하다. 대부분의 학교는 학생들의 사진이 포함된 출석부를 제공한다. 학생들을 만나기 전에 이름을 외울 수 있는 좋은 수단인 셈이다. 수업의 시작 및 마무리 시점에 학생들과 대화를 나누면서 이름을 외울 수도 있다. 적절한 전략을 활용하는 것도 도움이 된다. 예를 들면, 학생들에게 얘기를 할 때는 자신의 이름을 말하고 얘기하라고 주문하는 것이다. 학생들과의 대화 내용 중 절반을 학생의 이름으로 채운다거나 한 시간에 여섯 명의 학생 이름을 외우는 목표를 정하는 것도 도움이 된다. 물론 어려운 점 역시 있다. 수영장이나 학생들이 넓게 흩어져 있는 공간에서는 학생들의 대화를 듣기가 어렵다. 그렇기 때문에 상황에 적합한 기술을 활용할 수 있어야 한다. 어떤 기술을 활용하던 간에 학생의 이름을 외우는 것은 중요하다. [과제 8.8]은 학생의 이름을 외우는 기술과 관련된 것이다.

> 과제 8.8 학생 이름 외우기
>
> 가급적 빨리 모든 학급의 출석부를 구하자. 경력 있는 교사들에게 학생들의 이름을 외우는 데 쓰는 기술을 물어보자. 모든 학생의 이름을 외울 수 있도록 노력하자. 특정 기술이 잘 통하지 않는다면, 여러분에게 적합한 다른 기술을 시도해보자. 특정 기술이 왜 잘 통하는지 또는 잘 통하지 않는지 생각해보자.

학생과의 관계형성을 위해서는 학생을 이해해야 한다. 개별 학생의 정보를 아는 것이 도움이 된다. '관심사는 무엇인가', '무엇을 자랑스러워 하는가' 등이 대표적인 예가 될 수 있다. 이와 같은 정보는 그 학생과의 의사소통에서 고려해야 할 점을 알려준다. 학생들의 요구를 needs 아는 것도 도움이 된다. 높은 성취욕을 가진 학생, 배우는 데 어려움을 느끼는 학생, 감정 표현에 어려움을 겪는 학생 등 다양한 형태의 요구를 이해할 수 있어야 한다. 학교는 이와 같은 학생들과의 관계 형성에서 반드시 고려해야 할 점을 제공한다.

교사와 학생은 반드시 상호 존중해야 한다. 서로를 받아들이고 상대방의 관점을 존중해야 한다. 가르치는 모든 양상 aspect 은 학생을 소중하게 생각한다는 것을 보여준다는 측면에서 중요하다. 질문하기 기술이 대표적이다. 개방형 질문 open-ended 은 학생의 고차원 higher-order 사고를 함양하는 데 도움이 될 뿐 아니라(Bloom 등(1956)의 3장과 5장 참조, website: www.routledge.com/cw/capel 참조), 학생의 응답을 소중하게 생각한다는 느낌을 줄 수 있는 기술이다. '어떻게 발을 뜀틀 위에 올리지 않으면서 넘어갈 수 있을까?'와 같은 질문을 던졌다고 가정해보자. '손 짚고 넘기'와 같은 대답만을 원한다면, 다른 대답을 한 학생을 무시할지도 모른다. 그러면 학생의 대답은 쓸모없어진다. 결과적으로 그 학생은 수업에 기여할 수 있는 기회를 잃게 되는 것이다. 한 가지의 대답만을 원할 때는 다른 답을 제시한 학생이 무안하지 않도록 해야 한다. 다시 생각할 수 있는 시간을 주고 정답을 대답할 수 있도록 도와줘야 한다. 그 전에 질문이 명확하게 제시되었는지 그리고 한 가지 이상의 다양한 응답이 나올 수 있도록 격려했는지에 대해서 생각해야 한다.

학생과 그들의 반응에 대해서 아는 것은 최적의 학습 환경 조성과 학생의 바람직한 행동을 촉진하는 데 매우 중요하다. 학습은 다차원적이고 상황 맥락적이다. 학생들은 참여하고 있는 신체활동과 속해 있는 모둠에 의해 다르게 반응할 수 있다.

교사의 언행, 보디랭귀지, 언어적 의사소통, 학생에 대한 기대 등은 모두 학생이 교사를 대하는 방식에 영향을 미친다. 교사는 모든 방법을 동원해서 교사가 학생들을 아끼고 있으며 학생의 노력이 수업의 핵심이란 점을 보여줘야 한다. [과제 8.9]를 통해 학생과의 의사소통을 반성해보자.

> 과제 8.9 긍정적/부정적 의사소통
>
> '무엇을 얘기하는가', '왜 그것을 얘기하는가', '언제 그리고 어떻게 얘기하는가' 등은 모두 수업 분위기와 학생들의 학습에 직접적인 영향을 미친다. 수업 한 차시를 녹화해보자. 녹화한 영상을 보면서 자신이 다음의 질문에 대해 생각해보자.
>
> - 의사소통은 대체로 긍정적이었는가? 또는 대체로 부정적이었는가?
> - 특정한 양식(pattern)이 있는가? 예를 들면, 전체 또는 많은 학생에게 긍정적/부정적 피드백을 제공하는가? 학생의 수행에 대해서는 긍정적이지만 행동에 대해서는 부정적인가? 학생의 능력에 따라 다르게 대하는가? 남학생과 여학생을 다르게 대하는가?
> - 학생들은 어떻게 반응하는가?
>
> 지도교수와 함께 언어적 의사소통, 학생의 반응, 두 가지가 시사하는 점에 대해서 논의해보자. 가능하면 긍정적인 의사소통 증진 방법을 찾아보고 이를 전문성 개발 포트폴리오(PDP)에 정리하자. 또한, 다음 차시 수업을 위해 활용하자.

'다른 사람의 행동을 조종할 수 없다. 자신의 행동만 바꿀 수 있는 것이다. 그러나 이를 통해 학생의 행동에 영향을 미칠 수 있다'(Whitehouse 2014: 174). 모든 교육실습생은 학생들과 좋은 관계를 형성하고 싶어한다. 그래서 초기에 '친구 같은 교사' 접근을 채택한다. 이 접근의 문제점은 교사의 권위를 세우지 못할 수도 있다는 것이다. 교사로서의 지위를 반드시 유지해야 한다. 교사로서의 권위가 손상 받아서는 안 된다. 학생들이 교사에 대한 존중을 유지할 수 있도록 해야 한다. 학생들과 바람직한 관계를 형성하면 교사가 원하는 순간에 권위를 행사할 수 있다. Siedentop(1991: 132)은 다음과 같이 바람직한 관계의 구성 요소를 도출하였다.

- 학생 알기
- 학생 인정하기
- 학생의 노력 인정하기
- 귀 기울여 듣기
- 학생을 의사결정 과정에 참여시키기

- 필요한 경우에는 양보하기
- 항상 학생들에게 존중을 보여주기
- 정직과 성실을 보여주기
- 유대감과 학급에 대한 소속감 발달시키기

그렇기 때문에, '학급을 통제하고 벌을 주는 형태'와 '학생들과 지나치게 친하게 지내서 교사와 학생 간의 경계가 허물어지는 형태'라는 두 가지의 중간 지점을 찾는 것이 중요하다. 학생들과 좋은 관계를 형성했다는 것은 학생들과 함께 합의한 의사 결정을 내릴 수 있고 평등한 분위기가 형성될 수 있음을 의미한다. 이는 학생들이 제멋대로 행동하는 것을 내버려 두는 것을 의미하지 않는다. 학습이 진행되는 과정에서 학생들이 담당할 수 있는 부분을 지원한다는 것을 의미한다. Roffey(2011: 103-104)은 이를 가능하게 하는 몇 가지의 절차를 제시했다.

- 학생들을 반갑게 맞이하고 이름을 불러주고 밝은 미소를 보여라. 학생들을 환영한다는 것을 보여줘야 한다.
- 관심을 보여라. 학생의 일상에 대해서 궁금해하고 질문하라(취조 형태의 질문 금지).
- 공통의 관심사를 찾아라. 좋아하는 스포츠나 응원하는 팀 등이 예가 될 수 있다.
- 진정으로 칭찬할 수 있거나 긍정적으로 얘기할 수 있는 부분을 찾아라.
- 짧지만 구체적이고 진심 어린 긍정적 피드백을 제공하라.
- 교사가 학생들을 위해 끊임없이 노력하고 있다는 점을 알도록 하라.
- 끊임없이 학생의 성취, 안전, 웰빙이 교사의 관심사임을 보여줘라.
- 바른 예의의 본보기가 되어야 한다. 학생들을 위해 문을 열어줘라. '부탁해', '고마워' 등과 같은 표현을 써라.
- 학생들을 가르치면서 느끼는 즐거움에 대해서 얘기해줘라.

(Roffey(2011)에서 재인용: 103-104).

다른 일과 마찬가지로 학생들과의 관계 형성에 대해서도 점검할 필요가 있다. [과제 8.10]을 수행하자.

> 📖 **과제 8.10 학생과의 관계**
>
> 다른 교사의 수업을 관찰하자. 그리고 지도교수에게 여러분의 수업을 관찰해달라고 부탁하자. 이때 수업의 초반부와 마지막 부분에서 학생이 어떻게 반응하는지에 초점을 맞춰서 관찰해달라고 부탁하자. 다음의 질문에 대해 답해보고 예시를 들어보자.
>
> - 학생들은 일찍 왔는가? 옷을 빨리 갈아입었는가? 열의에 찬 모습인가?
> - 학생들은 신속하게 행동하고 자진해서 움직이는가?
> - 학생들은 보다 잘 배우기 위해서 질문을 했는가?
> - 학생들은 상규적 활동 및 규칙을 준수했는가?
> - 학생들은 교사 및 친구들을 존중했는가?
> - 학생들은 망설이지 않고 다른 학생들을 도와줬는가? 학급 정체성(class identity)에 대해서 긍정적으로 느꼈는가?
>
> 여러분이 관찰한 내용과 지도교수가 관찰한 내용에 대해서 반성해보자. 학생들과의 긍정적인 관계 형성을 위해 활용할 수 있는 점에 대해 생각해보자. 자신의 수업에서 좋아진 점에 대해서 생각해보자. 이 과제에서 얻은 내용을 전문성 개발 포트폴리오(PDP)에 첨부하고 향후 학생들과의 관계를 발전시키는 데 활용하자.
>
> 지도교수와 함께 언어적 의사소통, 학생의 반응, 두 가지가 시사하는 점에 대해서 논의해보자. 가능하면 어떻게 긍정적인 의사소통 증진 방법을 찾아보고 이를 전문성 개발 포트폴리오(PDP)에 정리하자. 또한, 다음 차시 수업을 위해 활용하자.

○ 보상 Rewards

학생들은 칭찬받길 좋아한다. 비판받길 좋아하는 학생은 없다. 칭찬은 긍정적 강화를 제공한다. 학생들은 좋은 기분을 느끼고 보다 충실히 과제에 참여하여 성취로 이어진다. 교사는 학생들이 무엇인가를 잘 했을 때, 보다 노력할 때, 지속적으로 바람직한 행동을 보여줄 때 반드시 칭찬해야 한다. 반드시 기억해야 하는 점은 성취뿐만 아니라 노력에 대해서도 칭찬해야 한다는 것이다. 칭찬은 긍정적이고, 격려하고, 구체적일 때 효과적이다. 칭찬을 지나치게 자주 사용해서는 안 된다. 그러한 칭찬은 의미 없게 받아들여질 수 있기 때문이다. 칭찬은 어떤 내용에 대한 결과물이어야 한다. 그래서 믿을만 하고 정말로 칭찬하는 것처럼 보여야 한다. 노력이나 바람직한 행동에 대한 칭찬이나 바람직하지 않은 행동을 무시하는 것 모두 일종의 보상이다. 교사가 기대하는 행동을 강화하는 긍정적인 수업 환경을 조성하고 학생들로 하여금 바람직하지 않은 행동에서 벗어날 수 있도록 한다(Kyriacou 2009). 그렇기 때문에 학생들에 적절한 행동을 했을 때는 칭찬을 함으로써 긍정적인 분위기를 조성하는 것이 중요하다. 물론 용납할 수 없는 행동에 대해서는 단호하게 제지해야 한다. [과제 8.11]은 수업에서 활용할 수 있는 칭찬에 대한 것이다.

> **과제 8.11 칭찬 활용하기**
>
> 지도교수나 다른 교육실습생에게 여러분의 수업을 관찰하고 여러분이 수업에서 활용하는 칭찬이 무엇인지 파악해달라고 부탁하자. 개인, 모둠, 학급 전체에게 사용하는 칭찬이 적절하게 분배되어 있는지를 알아보자. 노력, 성취, 행동의 세 가지 비율에 대해서도 살펴보자. 누가 칭찬을 받았고, 얼마나 많이 받았으며, 또 왜 받았는가? 어떻게 효과적으로 칭찬을 활용할 수 있을 것인지에 대해서 논의해보자. 다음 차시에서 효율성을 증진시키기 위해서 할 수 있는 일이 무엇인지에 대해서 살펴보자. 전문성 개발 포트폴리오(PDP)에 정리하고 향후 칭찬하기 기술 발달을 위해 활용하자.

ART: 세심한 계획 Thoughtful planning

이 절 section 에서는 효율적인 시간 활용, 모든 학생에게 동기를 부여함으로써 수업 목표 달성하기, 수업 공간 운영 등에 대해서 다룬다.

○ 시간 계획

교사는 한 차시에서 가능한 학습 시간을 확보해야 한다(6장 참조). 이를 위해서는 관리 및 조직 기술이 요구된다(6장 참조). 수업 속도를 조절함으로써도 가능하다. 아낄 수 있는 시간이 무엇인지에 대해서 고려할 수 있다. 학생들이 옷을 갈아입을 때 출석을 점검하는 것이 예가 될 수 있다. 수업은 가능한 지체 없이 곧바로 시작될 수 있도록 해야 한다. 수업 조직은 각각의 과제 전개가 물 흐르듯이 흐를 수 있도록 해준다. 옷을 갈아입는 것에서부터 하나의 과제에 참여하고 다른 과제로 넘어가는 것이 부드럽고 효율적이어야 한다. 지체 없이 깔끔하게 시작되는 수업은 최대한의 학습 시간을 확보하게 해준다. 학생들은 수업에 대한 집중도가 수업 시작부터 확보되는 것이다. 동시에 바람직하지 않은 행동으로 이어질 수 없는 모든 요소를 제거할 수 있다. 학생들이 늘어진 상태가 아닌 빠르게 과제에 참여할 수 있도록 하는 일종의 긴박감을 활용할 수도 있다. 실외에서 준비운동을 위해 가볍게 달리기를 해야 하는 상황이라면 걷거나 옆에 있는 친구와 잡담하지 않도록 해야 한다. 당번 표를 활용하여 각 모둠 내에 수업 용·기구를 꺼내는 일을 맡을 학생을 조직하는 것도 좋은 방법이 될 수 있다. 학생들에게 의무감을 부여할 수 있기 때문이다. 용·기구는 바로 과제에 활용될 수 있는 형태로 설치되어야 한다.

모든 수업의 시작을 동일하게 시작하는 것은 학생들로 하여금 오늘 수업에서 배울 내용이 무엇인지 그리고 어떻게 신속하게 반응해야 하는지 알 수 있도록 한다. 명확한 기대는 최적의 수업 환경을 조성하고 수업 시간을 극대화하는 데 도움이 된다. 수업이 진행되는 동안 학생들이 교사 주변에서 서성거리는 상황을 만들지 않아야 한다. 수업의 속도가 늦어지도록 하면

안 된다. 학생들이 해야 할 행동에 대해 지나치게 길게 설명하거나 하나의 과제에 지나치게 많은 시간을 책정하는 것은 지루한 수업으로 이어질 수 있다. 모둠을 구성할 때는 어떤 방식으로 묶을 것인가를 미리 설정하는 것이 좋다. 2, 4, 8과 같은 모둠 인원을 점진적으로 증대하는 것을 활용할 수 있다. 반대로, 3명으로 구성된 모둠에서 2명으로 나누는 경우에는 시간이 오래 걸리고 모둠이 새로 구성되는 과정에서 친한 친구들끼리 흩어지는 문제점 등이 도출될 수 있다(6장 참조).

[과제 8.12]는 목적과 부합하는 수업(합목적성, purposefulness)과 관련된 것이다.

> **과제 8.12 목적과 부합하는 수업(합목적성)**
>
> 합목적성에 초점을 맞춰서 경력교사의 수업 2-3개를 관찰해보자. '학생들이 옷을 갈아입는 데 얼마나 많은 시간이 걸렸는가', '교사는 어떤 기술을 활용하고 있는가', '수업 속도를 위해서 어떤 방법을 쓰고 있는가', '수업 방해 행동을 어떻게 처리하는가', '각각의 과제에 학생들은 얼마나 많은 시간을 할애하고 있는가', '과제에서 다른 과제로 이동하는 데 얼마나 많은 시간이 걸리는가', '교사는 이 시간을 최소화하기 위해서 무엇을 하는가' 등을 살펴보자.
>
> 이상의 내용들은 여러분의 수업과 비교해서는 어떤가? 지도교수나 동료 교육실습생에게 같은 내용으로 여러분의 수업을 관찰해달라고 하자. 보다 계획성 있는 수업 실천을 위해 바꾸거나 개선해야 된다고 생각되는 부분이 있는가? 잘 하고 있는 부분은 무엇인가? 개선해야 할 부분을 찾아보고 다음 차시에서 실천해보자. 관찰한 교사와 여러분의 기술을 전문성 개발 포트폴리오(PDP)에 정리하고 향후 수업을 위해 활용하자.

○ 모든 학생을 위한 수업 계획

잘 조직된 계획은 세 가지 층위 level 를 고려해야 한다. 구체적으로 짜여진 수업 계획(단기 계획), 단원계획(중기 계획), 장기계획 schemes of work 이 그것이다. 이는 학생들이 의도된 학습 결과 ILO 를 성취할 수 있도록 많은 기회를 제공할 수 있도록 한다. 의도된 학습결과 ILO 는 명확해야 한다. 수업 초반부에 학생들이 수업 시간에 완수해야 하는 것을 명확하게 제시해야 한다. 수업은 일주일 단위로 계획되어야 한다. 각 수업에서 얻은 결과는 다음 수업 계획을 위한 평가 자료로 활용되어야 하며, 다양한 학생의 요구를 반영해야 한다. 수업 계획은 부족한 것보다 지나친 것이 낫다. 한 차시가 끝나면 비판적으로 해당 수업에 대해 반성하고 이를 통해 다음 수업을 계획해야 한다. 주의해야 할 점은 학생들의 성취도와 요구를 반영할 수 있도록 수업 계획은 탄력적이어야 한다는 것이다. 이 때는 단원계획의 수정을 통해 가능하다. Capel 과 Blair(2013)는 지나치게 경직된 수업 계획의 위험성에 대해 보고하였다. 융통성 없는 수업 계획 접근은 학생들의 성취도나 요구를 반영하는 데 한계점이 있기 때문이다. 수업 계획과 관련된 보다 구체적인 내용은 본 책의 3, 4, 5장과 Capel과 Berckon(2014)에서 확인할 수 있다.

모든 학생의 성취를 위해서는 적절하고 시도해 볼 만한 의도된 학습결과 ILO 가 설정되어야 한다. 이 때 의도된 학습결과는 성취 가능한 것이어야 한다. 보다 중요한 것은 학생들이 달성해야 할 의도된 학습결과가 다르게 설정될 필요가 있다는 것이다. 학생들의 요구가 모두 다르고 학생들이 갖는 성취의 의미 역시 다르기 때문이다. 교사는 모든 학생들에게 높은 수준의 성취를 설정해야 한다. 성취도가 높은 학생을 위해서는 심화 과제를 제시할 수 있어야 한다. 반대로 성취도가 낮은 학생들 또는 사회경제적으로 어려움을 겪는 학생들에게는 다른 성취 수준을 제시할 수 있어야 한다. 교사는 학생들의 동기 유발을 위한 참신한 평가 방법 역시 준비해야 한다('통합'과 관련된 내용은 10장을 참조).

학생의 학습은 다양한 요소에 의해 영향을 받는다. 사전 지식, 신체활동 경험, 개인의 흥미, 교사가 조직한 수업 환경 등이 대표적인 예다. Piaget(1960), Vygotsky(1962), Bruner(1966)가 제안한 학습 이론은 학생들의 학습 요구를 반영할 수 있는 과제 개발에 활용할 수 있다. Capel 등(2013)의 5.1장(Burton)과 5.2장(Lowe)에서 제시된 내용을 적용할 수도 있을 것이다. 학습 이론과 실제로 여러분이 적용하고 있는 교수·학습 전략의 연결고리를 생각하고 향후 다양한 학습 요구를 충족할 수 있는 흥미로운 과제를 개발할 수도 있다. Kolb(1984)의 경험적 학습 순환(Jones and Barber(2014)에서 재인용: 137)을 활용할 수도 있다. 본 책에서는 학생들이 적극적으로 참여하는 교수·학습 전략을 적용하는 것을 제안한다(13장 참조). Capel과 Breckon(2014)의 11장에서 구체적인 사례를 확인할 수 있다.

적절하고 시도해 볼 만 하고 성취 가능한 수준의 의도된 학습결과 ILO 를 설정하는 것의 중요성은 강조해도 지나침이 없다. 특히 체육수업에서의 의도된 학습결과는 수행이며, 이는 관찰 가능한 것임을 의미한다. 그렇기 때문에 체육수업에서 의도된 학습결과를 달성하지 못했다는 것은 명백하게 관찰 가능하다. 누군가의 성취는 다른 학생들에게 즉각적으로 보여진다. 너무 쉽거나 너무 어려운 과제 및 의도된 학습결과는 학생의 성취에 영향을 줄 수밖에 없다. 배우고자 하는 기술이 너무 어렵거나 너무 쉬우면 학생들은 쉽게 흥미를 잃을 것이다. 학생들은 노력하지 않거나 과제에서 이탈할 것이며, 이는 결국 수업 방해 행동으로 이어질 수 있다. 지금까지 기술 지도에 활용할 수 있는 수업 방법을 다룬 많은 연구가 진행되었다. 수업에서 충분히 활용할 수 있다. 지금 수업에서 벌어지고 있는 일을 '읽고 read' 수업 환경을 수정할 수 있는 유연성이 매우 중요하다(4장 참조). 수업이 진행되는 동안 기존 수업 계획을 수정하는 일은 학습 환경을 개선하는 데 매우 중요하다. 구체적으로, 수업 전략, 수업 내용, 용·기구, 학생 학습을 이해하는 접근 등을 수정할 수 있다. 학생들의 긍정적인 행동을 위한 계획 역시 매우 중요하다. 이는 협력, 일관성 그리고 결과에 의해 가능하다.

- 교사/학생: 상호 합의된 적절한 행동의 체크리스트를 작성하는 것이 도움이 된다. Capel과 Breckon(2014) 11장에서 활용할 수 있는 전략 등을 제시하고 있다.
- 교사/교사: 학교에서는 보통 학생 행동 정책을 제공한다. 따라서 교사가 학생의 부적절한 행동 문제를 처리할 때는 해당 정책과 일관성을 가져야 한다. 교사는 학생 행동 정책을 충분히 이해하고 이를 지속적으로 강화해야 한다.
- 부정적인 행동에 따른 결과를 언급할 때는 언행이 일치 되어야 한다. 부적절한 행동의 결과가 점심시간의 5분을 잃는 것이라면, 실제로 그렇게 될 수 있도록 준비 해야 한다.

○ 수업 환경 계획

활동 공간은 수업 계획에서 중요하게 고려되어야 할 요소이다. 시설 및 용·기구 및 공간이 학생들의 학습에 큰 영향을 주기 때문이다. 활동 공간의 일반적인 모습은 효과적인 수업 환경 조성에 있어서 매우 중요하다. 공간은 깨끗하고 정리정돈 되어 있어야 한다. 학생들의 안전 및 학습 능률을 고려하여 설치되었다는 느낌을 줘야 한다. 물론 많은 수의 교사와 학생들이 사용하는 공간을 늘 깨끗하게 정리하는 것은 쉬운 일이 아니다. 공간이 점심식사 또는 무용 및 체조 수업의 공간으로 쓰여지는 이른바 다목적 시설이면 더욱 그렇다. 무용이나 체조 수업에서는 학생들이 맨발로 수업을 듣는다. 그렇기 때문에 청결 및 정돈 상태는 안전과 건강을 위해서 매우 중요할 수밖에 없다. 실외 공간에서의 위험 용소에 대해서도 고려해야 한다. 멀리뛰기 착지 부분의 웅덩이가 음료수 캔이나 깨진 유리 조각으로 어질러진 상태라면 큰 부상으로 이어질 수 있다. 이와 같은 상황은 외부 사람이 해당 공간을 사용할 수 있는 경우 더욱 심각해질 수 있다. 활동 공간이 청결하지 않고 정리되지 않았다면 수업 시작 전에 정리해야 한다. 지도교수나 부장 교사에게도 현재의 상황을 알리고 같은 일이 다시 반복되지 않도록 해야 한다. 활동 공간을 이용할 때는 언제나 안전 관련 사항을 점검해야 한다(12장 참조). 용·기구가 잘 정리되어 있도록 유지해야 한다. 어떤 용·기구도 활동 공간 주변에 어지럽혀진 상태로 있어서는 안 된다. 수업이 진행되는 동안에도 사용된 용·기구는 안전하게 정리되어야 한다. 수업이 종료되면 용·기구는 언제든지 다시 꺼내서 활용할 수 있는 상태로 깔끔하게 정리되어야 한다. 탈의실은 다른 학생들이 사용할 수 있도록 정리되어야 한다. 학생들로 하여금 수업 환경을 정리하는 일에 대해 책임감을 가질 수 있도록 지도해야 한다.

포스터 또는 공지사항과 같은 시각적 자료를 활용함으로써 공간을 개선할 수 있다. 가능하면 많은 최신의 정보가 담겨 있는 것이 좋으며, 모든 학생들에게 의미가 있을수록 좋다. 예를 들면, 시즌별로 서로 다른 문화적 배경을 가진 남성 또는 여성 롤모델이 게시될 수 있도록 바꾸는 것이다. 포스터는 체조장이나 체육관에서 스포츠 기술을 보여주는 시각적 자료로 적극 활용될 수 있다. 동작 또는 몸의 균형을 보여주는 시각 자료는 체조 동작 등을 소개할 때 특히 유용하다. 수업에서 다루는 특정 개념이나 동작과 관련된 키워드를 제시하는 것은 리터러시

기술 literacy skills 을 함양하는 데 도움이 된다. 이와 같은 정보는 활동 또는 수업의 초점에 따라 수정되어야 한다. 시각적 자료 개발과 관련된 다양한 서적 및 웹사이트를 참조할 수도 있다. 이상에서 언급한 모든 자료는 학생들의 긍정적인 기분 형성 및 학습 환경 조성에 도움이 되며 결과적으로 학생들의 학습 촉진으로 이어진다.

[과제 8.13]은 체육수업 공간을 살펴보는 것이며, [과제 8.14]는 최적의 수업 환경 조성을 위한 방법과 관련된 것이다.

> **과제 8.13 체육수업 공간**
>
> 체육수업 시설 및 용·기구는 매력적인가? 깨끗하고 잘 정리되어 있는가? 좋은 상태를 유지하고 있는가? 학생들의 참여를 잘 이끌어내고 있는가? 지금 있는 학교에서 어떤 시설 및 용·기구를 사용할 수 있는가? 어떻게 매력적이고 학생의 동기를 유발할 수 있는 환경을 조성할 수 있겠는가? 활동 또는 행사와 관련된 시각 자료를 생성할 수도 있을 것이다. 이상의 질문을 통해 생성된 정보를 향후 처음으로 근무하는 곳에서 활용할 수 있도록 전문성 개발 포트폴리오(PDP)에 정리하자.

비언어적 의사소통

지금까지 최적의 수업 환경을 조성하는 과정에서 비언어적 의사소통이 가지는 중요성에 대해서 언급했다. 비언어적 의사소통은 단어나 연설과 같은 언어적 의사전달 수단을 활용하지 않고 메시지를 주고받는 행위이다. 외모, 제스처, 자세, 표정, 습관, 보디 랭귀지, 신체접촉, 학생 말 듣기, 거리, 시간 활용, 깨끗하고 정리된 활동 공간 등 비언어적 의사소통에는 많은 유형이 있다. 목소리 역시 여기에 포함된다(5장 참조). 시선 마주침, 말하거나 들으면서 상대방을 쳐다보는 행동, 흘깃 보는 것의 빈도, 시선 고정의 패턴, 동공 확장, 눈 깜빡임의 비율 정도 등으로 구성된 비언어적 의사소통이다. 비언어적 신호는 좋은 의사소통과 학급 관리 및 통제에 있어서 매우 중요하다. 그렇기 때문에 교사가 보내는 비언어적 메시지가 무엇인지, 학습 환경에 어떤 영향을 미치는지, 실제로 전달하고 싶은 메시지를 전달하고 있는지를 명확히 알고 있어야 한다.

비언어적 의사소통은 언어적 의사소통이 없는 상태에서도 최적의 수업 환경을 조성하거나 학생의 학습을 촉진할 때 강력한 효과를 지닌다. 잡담을 하고 있거나 부적절한 행동을 하고 있는 학생을 지긋이 바라보는 것이 평상시의 의사소통보다 효과가 있을 수 있다. 학생의 관심을 수업으로 전환하는 데 매우 효과적이기 때문이다. 언어적 의사소통과 비언어적 의사소통이 서로 잘 맞을 때 보다 강력한 효과를 낼 수 있다. 어떤 학생에게 지속적으로 칭찬하고 웃는 메시지를 보내고, 어떤 학생에게는 근엄한 표정으로 잘못한 일에 대해 질책을 하면 학생들은 교사를 진실된 사람으로 여길 것이다. 반대로, 웃는 얼굴로 질책하고 지루한 표정으로 칭찬을 한다면 학생들은 혼동스러워 할 것이다. 탈의실의 상태 또는 벽에 게시된 포스터 역시 일종의 비언어적 의사소통이다. 탈의실이 지저분하고, 벽에 게시된 포스터의 내용이 오래 되었거나 찢어진 상태라면 학생들은 어떻게 생각할까?

최적의 수업 환경을 조성하는 ART 모델에서 비언어적 의사소통이 핵심적인 역할을 한다는 점을 기억해야 한다.

요약 및 요점

긍정적인 수업 분위기는 학생들의 학습을 촉진하고 교수·학습 행동을 지원한다. 다양한 형태의 메시지가 긍정적인 수업 분위기를 조성하는 과정에서 전달된다는 것을 기억해야 한다. 자신 드러내기 또는 수업의 합목적성 등이 그것이다. 명확한 목표를 가지고 밝은 분위기를 가진 수업에서는 학생들이 적극적으로 과제에 참여한다. 적절하고 재미있으며 성취 가능한 의도된 학습결과 ILO 는 학생들이 성공을 경험하도록 하고 결과적으로 학생들의 자존감 향상으로 이어진다. 적절한 칭찬, 피드백, 정보 제공은 학생의 추가적인 학습을 지원한다. 이를 위해서는 다양한 학생들의 요구를 파악하고 교수·학습 방법을 다양하게 하고 모든 학생들의 성장에 관심이 있다는 것을 보여줘야 한다(10장 참조). 최적의 수업 환경을 조성하기 위해서 열정적이고 헌신적인 교사가 되어야 하며, 다음과 같은 일을 수행해야 한다.

- 모든 수업을 미리 계획하고 미리 준비해야 한다.
- 적절하고 재미있으나 성취 가능한 의도된 학습결과를 설정하고, 모든 학생들의 요구를 반영하여 다양한 수준의 학습 과제를 준비해야 한다.
- 일찍 도착하고 수업 속도를 빨리 가져가야 된다. 수업 속도를 느리게 하는 사소한 방해 행동도 허용해서는 안 된다.
- 긍정적인 접근을 취해야 한다. 학생들의 성취와 노력에 대해 칭찬해야 한다. 언제든지 학생들이 의도된 학습결과를 달성하는 데 도움이 되는 긍정적이고 구체적인 피드백을 제공해야 한다.
- 열정적이고 체육을 사랑하는 교사처럼 행동하고 옷을 입어야 한다.
- 가능하면 기술 및 움직임 시범을 보임으로써 롤모델이 되어야 한다.
- 비언어적 의사소통의 효과에 대해 알고 있어야 한다.

/ 추가 읽기 자료 /

Marland, M. (2002) *The Craft of the Classroom*, 3rd edn, London: Heinemann Educational.

학급 상호작용에 대해서 다루고 있다.

Whitehouse, K. (2014) Teaching to promote positive behaviour, in S. Capel and P. Breckon (eds) *A Practical Guide to Teaching Physical Education in the Secondary School*, 2nd edn, Abingdon, Oxon: Routledge, pp. 166-179.

이 장에서는 체육수업에서 학생들의 긍정적인 행동을 촉진하는 데 활용할 수 있는 전략을 제공한다.

체육수업평가
Assessment for and of learning in PE

Angela Newton and Mark Bowler

소개

평가는 가르치고 배우는 과정에서 필수적이라는 점에서 여러분에게 매우 중요한 부분이다. 여러분은 학생의 학습 상태를 인지하고, 학생의 강점과 학습에 필요한 부분에 대해 학생과 의사소통을 해야 하며 보다 나은 성장을 위해 필요한 단계나 절차를 규명할 필요가 있다. 평가는 체육수업에서 학생의 수행능력 performance 평가 또는 의사결정 역량과 같은 보다 넓은 측면에서 학습에 대한 평가와 학생 자기 평가 또는 동료 평가를 포함한다. 평가의 사례로 '잘 했어'와 같은 비공식적 의견에서부터 시험과 관련된 보다 공식적인 평가에 이르기까지 다양하다.

평가는 크게 두 가지 유형으로 분류할 수 있다. 첫째는 형성평가 formative assessment 이다. 형성평가는 수업과정에 대한 평가로 학생의 학습 발달에 도움이 되도록 설계된다. 두 번째 평가의 유형은 총괄평가 summative assessment 로 단위 수업 또는 학기말에 학생의 성취여부를 평가하기 위해 실시한다. 이러한 점에서 형성평가는 앞을 바라보는 반면, 총괄평가는 뒤를 돌아본다. 이러한 점에서 형성평가는 '학습을 위한 평가 assessment for learning'이며 총괄평가는 '학습에 대한 평가 assessment of learning'이다. 이번 장에서는 이러한 두 가지 평가유형에 대해서 전반적으로 다루고자 한다.

최근 대다수의 교육자는 '학습을 위한 평가'에 더 많은 관심을 기울여야 한다는 것에 동의를 한다. 예를 들어, 멀리뛰기에서 학생에게 '공중 자세가 좋다'와 같이 말하는 것은 그들의 학습을 강화하는 데 도움이 되는 정보를 거의 제공하지 못한다. 따라서 '체공시간을 늘리기 위해 발구름을 할 때 무릎을 좀 더 높게 들어.'와 같은 풍부한 정보가 담긴 피드백을 통해 보다 많은 정보가 제공되어야 한다. 유사하게, 시험에서 몇 개가 맞고 틀리다는 정보는 학생이 그들의 학습을 어떻게 향상시킬지에 대한 지침을 거의 제공하지 못한다. 특정 학습영역에서 학생의 강점과 보완해야 할 점을 서면으로 피드백을 제공하는 것이 훨씬 더 효과적이다. 이러한 피드백을 '학습을 위한 평가'라 할 수 있다.

영국의 교육기준청(Ofsted, 2003)은 예비체육교사의 체육 수업평가 역량이 부족하다고 지적하였다. 이를 극복하기 위해 교육기준청(Ofsted, 2008; 2013b)은 평가 실습이 예비체육교사 교육 개선을 위한 주요 영역이라 제안하였다.

이번 장에서는 평가의 이유와 방법에 대하여 살펴보고자 한다. 보다 구체적으로 이번 장은 '학습을 위한 평가'와 '학습에 대한 평가'의 원리를 활용할 수 있는 능력을 향상시켜 모든 학생의 잠재력을 발휘할 수 있도록 하는 것을 목표로 한다. 이를 위해 9장 전반에 걸쳐 체육수업 평가에 대해 반성적이고 비판적으로 분석할 수 있는 기회를 제공하고자 한다.

본 장을 통해 아래와 같은 내용을 이해하고 적용할 수 있어야 한다.

- 체육평가의 전반적인 원칙과 목적을 규명한다.
- 체육수업에서 교수와 학습의 향상을 위한 '학습을 위한 평가'의 역할에 대해 이해한다.
- 수업에 공유된 의도된 학습목표, 질문, 피드백, 자기평가와 동료평가를 활용할 수 있다.
- 학생들이 그들의 잠재력을 발휘하는 데 평가가 효과적으로 도움을 주었는지 비판적으로 평가한다.
- '학습에 대한 평가'의 역할을 이해한다.

예비교사교육과정의 요구사항(필수요건)을 확인하여 이번 장과 어떠한 관계가 있는지 살펴보자.

평가의 원칙과 목적

평가는 교수와 학습과정에서 필수적이라는 점에서 교사는 '학습을 위한 평가'와 같은 형성평가와 '학습에 대한 평가'인 총괄평가에 집중하게 된다. 평가는 체육수업의 모든 영역과 연계되어 있기 때문에 효과적으로 이루어져야 한다. 특히, 학생과 학부모는 평가가 엄격하고 공정하게 이루어지는 것에 관심이 있다. 평가의 엄격성과 공정성은 수업 전반에 걸쳐 이루어지는 비공식적인 평가와 수업 성적을 부여하는 가장 공식적인 평가 모두에 적용되어야 한다. 학부모는 그들의 자녀가 칭찬을 받지 못하고 비판만 받는 등 교사에 의해 불공정하게 평가받았다고 느낄 때 불만을 토로하게 된다. 또한 학교 공식적인 시험 성적의 결과에 대해 이의를 제기할 수도 있다. 좋은 평가는 아래와 같은 원칙들을 준수해야 한다.

- 평가는 명확한 목적을 가져야 하며 그 목적에 적합하게 수행되어야 한다.
- 실기나 기술 평가는 어떠한 성취를 측정하고 있는지 분명해야 한다.
- 평가는 신뢰할 수 있어야 한다.

평가의 목적

평가는 다양한 기능과 역할에 대해서는 다음 장에서 논의하고자 한다. 일부 연구자는 평가의 기능을 형성평가와 총괄평가 등 크게 두 가지로 분류하였다. 형성평가의 목적은 현 단계에서 학생의 이해와 숙달 수준이 다음 단계로 어떻게 이동할지에 대한 지침을 제공하는 데 있다. 통상적으로 형성평가는 수업이 진행되는 동안 지속적으로 제공되고 공식적으로는 기록되지는 않는다. 또한, 형성평가는 학생의 과제나 답안에 제시된 교사의 의견 등으로 제공된다. 반면 총괄평가의 목적은 일반적으로 단원, 학기, 학년의 마지막의 학생의 성취를 기록하는 데 있다. 총괄평가는 대체로 공신적인 과정이며, 평가 결과는 학생종합기록부 등에 점수나 성적으로 기록된다.

아래에 제시되는 내용들을 참고하여 특정 평가의 목적이 형성평가 또는 총괄평가에 해당하는 지 생각해보라. 이를 위해 평가가 학습을 촉진(학습을 위한 평가)하는 지 또는 단지 현재 학습 수준을 평가하는 지(학습에 대한 평가)를 반드시 고려할 필요가 있다.

○ 안내 또는 피드백

학생은 평가를 통해 그들의 성취에 대한 정보를 획득함으로써 교사가 수업에서 달성하고자 하는 성취에 대해 이해할 수 있으며, 나아가 각자 보다 나은 성취에 도전하도록 하는 등 수업에 대한 동기를 얻을 수 있다. 피드백은 교사가 학생 보고서나 서술형 시험에 서면 형태로 주기도 하지만 대부분 구두의 형태로 학생들에게 제공되는 경우가 많다.

○ 진단과 평가

학기가 시작될 때 교사는 진단의 목적으로 학생의 강점이나 그들의 요구를 알아보기 위해 예비 평가를 하고자 할 것이다. 진단 평가의 정보는 교사가 향후 수업 계획을 세우는 데 도움을 준다. 교사는 학생이 의도한 학습 목표를 얼마나 성취하였지 평가하여 이를 기초로 다음 수업 계획을 수립하기 위해 수업별로 학생이 얼마나 그리고 '어떻게' 수업에서 '무엇을' 배웠는지를 파악하길 원할 것이다. 이러한 경우 교사는 학생의 학습 결과에 대한 평가에 대한 평가를 실시하게 된다.

○ 등급(성적)과 예측

교사는 학부모에게 매년 학생의 성적이 포함된 보고서를 제공해야 할 수도 있다. 학생의 성적 체계는 학교나 교육청에 의해 고안된다. 이에 따라 교사는 시험을 거쳐 정해진 규정에 따라 성적을 부여해야 한다. 한편, 많은 고등학생들은 대학 지원을 위해 성적이 필요하다. 따라서 교사는 학생의 대학 지원에 앞서 예상되는 등급을 제공하기 위해 성취도를 평가해야 하며, 학생이 선택한 진로에 참고할 만한 정보를 제공할 필요가 있다. 즉, 등급과 예측을 위한 평가인 것이다.

○ 동기

평가의 성격과 그것이 학생에게 전달되는 방식은 그들의 동기 부여에 상당한 영향을 미칠 수 있다. 특히 공개적으로 평가가 제시될 때 그 효과가 크다. 더 유능한 학생은 가장 빨리 달리거나 멀리 뛰는 것으로 인정받아 동기가 부여될 수 있지만, 능력이 부족한 학생에게는 다른 학생들과 비교하여 그들의 성취를 다른 학생들이 주목하는 것은 결코 적절하지 않다. 학생에게 동기를 제공하는 대안적인 방법으로 과제에 대한 반성, 리더십 기술, 팀원과의 협력과 같은 보다 광범위한 목적에 집중하는 것이 있다. 모든 학생은 노력과 과정에 대한 긍정적인 피드백과 이전 성취에 비해 얼마나 향상되었는지에 대한 인정으로부터 동기부여를 받는다. 정해진 기준에 의한 평가가 아니라 이전 대비 학생의 성취도를 측정하는 것은 내준 평가라 하며, 뒤에서 보다 구체적으로 다루고자 한다.

교사는 학생 개개인이 피드백에 따라 다르게 반응한다는 것을 깨닫게 된다. 예를 들어, 일부 학생은 도전을 즐기고, 일부는 그들의 잠재력을 충분히 발휘하지 못하고 있다는 것을 상기시킬 필요가 있는 반면, 일부는 비판적인 의견에 매우 민감할 수 있다. 수업에 기반을 둔 비형식적 피드백은 학생들이 매 차시 수업에서 지속적으로 평가가 이루어지는 과정이라는 것을 알도록 한다. 학생의 성취와 그들의 평가에 대한 반응에 대한 교사의 관찰과 피드백 방식은 수업을 모니터링 하고 학생의 동기와 학습을 극대화하기 위한 교수과정의 핵심적인 요소이다.

○ 학생 선발

학교와 교육청의 체육 관련 정책 중 학생의 능력에 따른 선발이 필요한 경우가 있다. 따라서 교사는 선발해야 하는 그룹에 대한 적절한 정보를 제공할 필요가 있다. 이러한 평가는 선발의 목적에서 이루어진다.

체육교사에게 요구되는 다른 형태의 평가도 있다. 예를 들어, 체육교사는 학교 운동부나 학교 밖 야외활동과 같은 정과 외 활동에 참여할 학생을 선발하기 위한 평가를 의뢰받을 수 있다. 체육교사는 선발을 위한 특정 기준을 활용하기도 하지만 학생의 상대적인 능력과 기술을 비교하여 판단하기도 한다. 특정 기준을 활용하는 것은 준거지향 평가 criterion-referenced assessment 이며, 학생의 상대적인 위치를 평가하는 것은 규준지향 평가 norm-referenced assessment 이다. 이러한 평가에 대해서는 뒤에서 다루기로 한다. 팀 선발 기준을 적용할 때 비록 시즌 초반에 두각을 나타내지 못하거나 팀에 필요한 신체적 자질을 가지고 있지 않지만 정말 뛰어난 럭비 선수가 선발에서 제외될 수도 있다. 따라서 체육교사는 팀 선발의 기준을 어떻게 정당화 할지 분명히 해야 한다. 예리하지만 선발되지 않는 선수는 선발 결과에 따라 동기나 자아존중감이 상실될 수 있을지도 모른다는 점에서 교사는 선발을 위한 평가를 신중하게 진행해야 한다.

○ 공식적 보고

학위 수여 기관 awarding bodies 에서는 일반적으로 교사에게 학생에 대한 공식적인 평가를 요구한다. 시험 위원회에서는 실천적·이론적 측면이 모두 반영된 수업활동 평가 지침이나 요소를 가지고 있을 것이다. 이러한 평가는 계획적이어야 하며, 체계적으로 수행되어야 하고, 기준은 매우 명료하게 정의되어 활용되어야 한다. 또한, 모든 학생에 대한 주의 깊은 평가의 결과는 반드시 기록되어야 한다. 단위 수업과 수업 전반에 걸쳐 특정 간격에 맞춰 이루어진 평가는 평가기준에 의해 진행되어야 하며 학생 평가에 대한 판단 근거가 함께 제공되어야 한다. 이러한 작업은 학부모에게 전달되는 학기 또는 학년 평가보고서의 기초를 이룬다.

[과제 9.1]은 다양한 맥락에서 펼쳐지는 수업에 대해 관찰하고, 관찰 결과를 분석하는 데 도움을 준다.

> **과제 9.1. 수업 관찰 평가**
>
> 최소 2번의 체육수업에서 지도교수나 동료 예비교사를 관찰하자. 각 수업에서 평가와 관련된 사례를 모두 기록하자. 관찰을 하면서 아래 질문에 답해보자.
>
> - 학생들을 평가하기 위해 어떠한 방법을 활용하였는가? 즉, 학생들이 어떻게 평가 되었던가를 기술하자. 예시: 교사 또는 동료 관찰, 질의응답, 점수기록, 학생과제에 피드백 제공 등
> - 교사는 무엇을 평가하였는가? 예시: 태도, 계획, 성취, 지식, 이해, 협력 등
> - 누가 평가에 관여하였는가? 교사에 의해서만 평가가 이루어졌는가? 또는 학생이 평가 과정에 관여하였는가?
> - 평가의 목적은 무엇이었는가? 학생, 학부모, 학교, 교육청 등에 피드백을 주기 위해서인가? 동기 부여를 위해서인가? 가장 뛰어난 학생을 선발하기 위해서인가? 다른 이유는 없는가?
> - 평가의 결과는 어떻게 학생들에게 제공되었는가? 건설적인 피드백을 주기 위해 간단한 코멘트와 같이 비공식적으로 제공되었는가? 아니면 특정한 성취나 평가 기준에 의해 제공되었는가? 다른 방법은 없었는가?
>
> 관찰한 사례들이 학습을 위한 평가(assessment for learning)인지 학습에 대한 평가(assessment of learning)인지 구분해보자. 어떠한 사례는 양쪽 모두에 해당할 것이다. 이러한 결과를 전문성 개발 포트폴리오(PDP)에 기록하고 향후 수업을 계획하고 평가하는 데 참고하자.

학생의 성취 측정

평가를 수행하는 목적은 학생의 성취를 측정하는 데 필요한 판단척도를 결정하기 위해서이다. 모든 평가는 비교를 포함하고 있으며 평가와 관련하여 크게 3가지 유형의 비교가 있다.

1. 다른 학생의 성취와 비교(규준지향 평가)
2. 정해진 기준에 의한 측정(준거지향 평가)
3. 같은 활동이나 과제에 있어 이전의 성취와 비교(내준 평가)

경주 race 는 규준지향 평가를 이해하는 데 좋은 사례가 된다. 각 주자의 성취는 다른 경쟁자의 경주 결과와 비교되기 때문이다. 마찬가지로 많은 학교에서 학생들의 순위를 결정하기 위해 규준지향 평가를 활용한다.

학위 수여 기관 awarding bodies 은 학생의 성취를 평가하기 위해 고등학교 졸업 자격에 필요한 정교한 기준을 제시한다. 이러한 기준들에 일치하는 평가는 최종 성적에 반영될 수 있다. 이러한 기준은 학생의 성취를 판단하는 근거로 작용한다는 점에서 준거지향 평가이다. 정부기관이 제공하는 수상(예. 체조협회 최우수상) 역시 기본적으로 준거지향 평가에 기반을 두고 있다.

학생 또는 학생선수가 점프, 달리기, 수영 등에서 기존의 기록과 비교하여 '개인 신기록'을 평가하는 것은 내준 평가에 해당한다. 교사가 수업에서 학생에 대한 비공식적 평가가 많이 이루어지는 것은 자연스러운 것이다. 예를 들어 교사는 지난 수업에 비해 학생의 성취가 높아졌을 때 그들을 칭찬한다. 이러한 평가는 학생의 활동이나 행동 측면에서 이루어진다. 내준 평가의 실제는 다음과 같이 이루어질 수 있다. 교사는 학생에게 '너는 이번 학기를 통틀어 오늘 수업에서 가장 잘 했어.' 라고 말하거나 학생이 보고서에 '오늘 수영수업에서 처음으로 멈추지 않고 레일 전체를 완주했다.'라고 적는 경우는 내준 평가라 볼 수 있다.

학생을 선발하거나 특정 기회를 누구에게 제공하기 위한 결정을 위한 평가, 즉, 학생의 미래 성취를 예측하기 위해서는 학생들 간 성취도를 비교해야 한다는 점에서 규준지향 평가가 활용된다. 학생의 요구와 강점을 진단함에 있어 그들의 수준을 결정하기 위한 기준이 필요하다면 준거지향 평가가 가장 유용하다. 학생들은 교사의 인정 acknowledgement 에 의해 동기 부여를 받으며 이를 위해서는 내준 평가가 적절하다. 교사가 학생이 본인의 학업성취를 높이기 위해서 무엇을 해야 하는 지 안내하는 것은 향후 학생의 기술과 태도의 발전을 돕는 일이다. 이것이 '학습을 위한 평가'의 핵심적인 본질이다. 평가의 형태나 방법은 무엇을 측정하고 왜 측정해야 하는 지와 일치해야 한다. 이것이 평가의 목적을 적합하게 한다.

타당도와 신뢰도

교사가 원하는 것을 평가하지 못하는 평가는 가치가 없다. 만약 교사가 농구의 규칙과 전략에 대해 학생들이 얼마나 알고 있는 지를 필기시험으로 평가하고자 할 때 평가의 내용은 규칙과 전략에 대한 것이어야 한다. 만약 평가에 학생의 게임 능력에 대한 내용이 없다면 이러한 평가는 학생이 시합 맥락에서 그들의 결정력이나 경기력을 알아보는 데에는 도움이 되지 않는다. 즉, 평가자가 원하는 정보를 제공하지 않으면 타당한 평가가 아니다. 그러나 평가는 신뢰할 수 있을지도 모른다. 예를 들어 필기시험은 다른 교사에 의해서 평가가 진행되어도 결과는 동일하기 때문이다. 교사가 다른 공간에서 필기시험을 채점하거나 다른 교사가 채점하더라도 각 학생의 결과는 동일할 것이다. 좋은 평가는 타당도와 신뢰도를 모두 가져야 한다. 농구의 사례에서 알 수 있듯 신뢰도를 가지더라도 타당하지 않은 평가가 가능하다. 마찬가지로 고등학교 체육수업에서 다루지 않는 뼈와 근육 체계에 대한 시험은 신뢰도는 높아도 타당하지 않다. 한편 신뢰도가 낮은 평가는 타당도도 낮을 수밖에 없다. 예를 들어, 동료 평가에서 학생들이 명백한 기준 없이 평가한다면 타당할 가능성이 있을 뿐이며, 그 평가는 학생의 지식과 이해에 따라 변화기 때문에 신뢰할 수 없을 것이다. 이렇게 평가의 타당도와 신뢰도는 평가 기준을 이해하고 향상하는 데 도움을 준다.

'학습을 위한 평가 assessment for learning'는 일상적인 수업활동과 긴밀히 관련된다는 점에서 필수적이다. 교사는 수업에서 학생을 관찰하고 그들과의 언어적 상호작용을 바탕으로 비형식적 평가를 매우 빈번히 한다. '학습을 위한 평가'는 교실 전반의 반응과 성취에 대한 정보를 모은다는 점에서 수업에서 핵심적이며, 교사의 모든 가르침을 통합한다(4장과 6장에서 관찰과 조직에 대해 각각 다루었으니 이를 참고). 그러나 이러한 방법들은 학생의 수행의 일시적인 스냅샷에 의존하기 때문에 학생의 학습발달 과정을 평가하는 데 신뢰성이 높지 못하다. 즉, 점수를 부여하기 위해서는 훨씬 더 체계적인 평가가 필요하다. 객관식 항목을 포함하고 전체 학생이 같은 공간에서 동일한 지시를 받는 공식적인 평가인 필기시험이 신뢰할 수 있는 결과를 이끌어 낼 가능성이 훨씬 높다. 그러나 객관식 시험의 용도는 제한적이다. 이렇듯 평가 유형은 평가하려고 하는 것과 반드시 일치해야 한다.

완벽한 평가는 아직 개발되지 않았다. 직접 관찰, 비디오 녹화, 필기시험 같이 다양한 평가를 활용하는 것은 평가의 타당도를 높인다. 교사가 생각하고 있는 평가 목적에 최대한 적합할 수 있는 평가를 위해 타당도와 신뢰도를 지닌 평가를 만들어볼 필요가 있다. 이러한 평가는 기술, 전략, 구성, 의사결정의 원자화된 요소보다는 진정한 학습 맥락을 포함한다. 예를 들어, 시합에 대한 평가에 있어서 교사는 게임과 동떨어진 학생의 기술보다는 게임의 맥락에서 학생의 수행 능력을 평가해야 한다. [과제 9.2]는 체육수업 평가에 대한 교사의 경험을 뒤돌아보고 체육수업 평가의 신뢰성과 타당도를 고려할 수 있도록 한다.

> 과제 9.2 관찰 경험에 대한 반성
>
> 학생의 입장에서 체육수업 시간에 받은 평가를 생각해보자. 과거에 체육수업에서 어떠한 평가가 이루어졌는가? 평가 받는 다는 것을 알고 있었는가? 평가는 일반적인 수업 활동과 관련이 깊었는가? 어떤 근거로 과제에 대한 성적이나 코멘트가 부여되었는지 알고 있는가? 체육수업에서 경험했던 공식적이고 비공식적인 평가방법이 신뢰하고 타당하다고 생각하는가? 여러분의 경험을 토대로 아래 다이어그램에 표시해보자.
>
>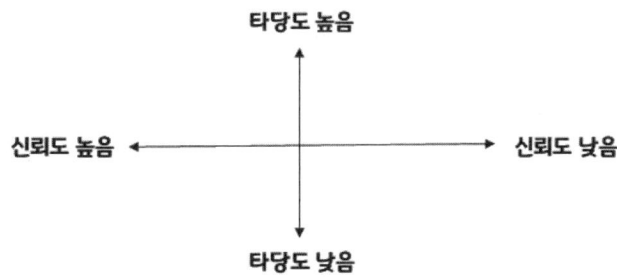
>
> 다이어그램의 결과를 전문성 개발 포트폴리오(PDP)에 기록하고 향후 수업을 계획하고 평가하는 데 참고하자.

'학습을 위한 평가' 구성요소

'학습을 위한 평가'에 대해 9장 초반에 언급한 적이 있다. 여기에 대해 좀 더 자세히 알아보도록 한다. 기존 연구(Black & William 1998; ARG,1999)를 바탕으로 영국의 평가 개선 그룹이 2002년에 진행한 연구에 따르면 '학습을 위한 평가'를 실천하기 위한 10가지 원칙은 다음과 같다.

평가는 다음과 같아야 한다.
1. 교사의 계획의 일부가 되어야 한다.
2. 학생의 학습에 중점을 둬야 한다.
3. 평가는 수업의 핵심이 되어야 한다.
4. 교사 전문성 개발의 핵심적인 영역으로 간주되어야 한다.
5. 학생 감정에 미치는 영향에 민감해야 하며 건설적이어야 한다.
6. 학생에게 동기를 부여할 수 있어야 한다.
7. 평가의 기준과 달성해야 할 목표에 대한 학생의 헌신을 이해하도록 촉진해야 한다.
8. 학생의 학습을 어떻게 증진할지 안내해야 한다.
9. 학생이 스스로 자신을 돌아보고 평가하여 그들이 독립적인 학습자가 되도록 도와야 한다.
10. 모든 학생을 교육적 성취를 포괄해야 한다.

위의 연구 결과는 영국을 배경으로 진행되었다. 그것은 10년 이상 동안 학교의 평가와 관련 정책에 상당한 영향을 미쳤다.

'학습을 위한 평가'의 역할

위에서 언급하였듯 '학습을 위한 평가'는 학생의 학습, 이해, 성취를 촉진하는 평가 유형이다. 이러한 평가는 학생이 현재 숙달 수준을 바탕으로 피드백을 제공하고 향후 더 발전할 수 있는 방법을 제시한다. 이는 본질적으로 건설적이고 미래지향적이다. 교사의 역할 중 중요한 부분이다. '학습을 위한 평가'를 효과적으로 활용하기 위해서는 학생들에게 효과적인 피드백을 제공하고 정교한 평가를 위해 훌륭한 관찰 기술이 요구된다. 심판, 코치, 안무가 등 다양한 역할을 수행하면서 이루어지는 관찰의 대부분은 학생의 성취와 관련된 행위나 성과에 집중되어 있다. 교사들은 아마도 체육이 기여하는 교육의 광범위한 목표를 달성하기 위한 학생의 성과에 집중할 것이다. 이러한 평가의 대부분은 짧은 시간에 이루어지며, 동시에 즉시 관찰하고 판단하는 능력에 의존하게 된다. 이러한 기술들은 예비교사 기간은 물론 교사가 되어서도 발전시켜야 하며 수업에서 학생의 과제 맥락과 교사의 지식과 이해를 연계하도록 노력해야 한다. 교사는 학생의 성취를 무엇으로 보아야 할지 알아야 하며, 교사가 관찰한 것과 학생의 실제 성취를 비교할 수 있는 능력을 개발해야 한다. 수업 전반을 살피고 교사가 적절한 위치에 있는 것은 교수기술과 관련이 깊다(4장의 관찰 방법을 참고). 교사가 훌륭한 관찰 기술을 가지게 되면 '학습을 위한 평가'는 학생 스스로 본인의 학습이 얼마나 발전했는지 파악하도록 하고, 학생의 강점과 약점을 나타내며, 학생의 미래 요구를 파악하는 데 도움을 줄 수 있다.

Black과 그의 동료는 구체적인 평가 전략이 학생의 학습과 수업에 대한 열정과 동기를 크게 증가시킨다고 보고하였다(Blace et al., 2003). 이러한 전략들은 '학습을 위한 평가'를 위한 유용한 틀을 제공한다. Spackman(2002)은 체육에 적용할 수 있는 '학습을 위한 평가' 전략으로 '의도된 학습결과 ILOs 공유', '질문', '피드백', '동료 및 자기평가' 등 4가지를 제시하였다.

 과제 9.3 여러분이 활용하는 평가의 본질 탐색

동료 예비교사에게 Spackman이 제시한 4가지 평가 전략을 사용한 사례를 기록하는 수업 관찰을 요청하자. 수업이 끝나고 4가지 평가 전략이 제대로 활용되었는지 교사와 함께 토론하자. 이러한 과제를 반복하면서 평가 전략에 대한 생각을 정리하고 전문성 개발 포트폴리오(PDP)에 기록하자.

○ 의도된 학습결과 공유

의도된 학습결과 ILOs 는 학생이 배워야 하는 것과 배우는 이유에 대해 명확히 알 수 있도록 학생과 공유되어야 한다. 학습결과에 대한 진술은 학생이 무엇을 배우는 지 예상할 수 있도록 안내해야 한다. 예를 들어, 체조 수업에서 의도된 학습결과를 공유할 때 교사는 다음과 같이 말할 수 있다.

> 오늘 수업을 마치면서 너는 마루운동과 기계체조에 이르기까지 수업에서 배운 움직임을 연속적으로 적용할 수 있고 속도와 방향의 형태와 변화를 정교하게 다듬어 보다 유창한 시퀀스를 수행할 수 있을 것이다. 오늘 수업은 독창성을 가지고 정밀하고 통제된 시퀀스를 만드는 데 도움을 줄 것이다.

의도된 학습결과를 공유함에 있어서 학습결과가 명확하게 정의되는 것이 중요하다. 단순히 학생들이 수행해야 할 과제를 제시하기 보다는 학생이 무엇을 알고, 이해하며 할 수 있는지에 대한 것을 의도된 학습결과에 담아야 한다. 또한 의도된 학습결과는 수업이 진행되면서 적절한 평가를 통해 수정되어야 한다. 의도된 학습결과를 점검할 때 교사는 학생의 의도된 학습결과 달성여부와 추가적으로 그들의 학습 개선을 위한 잠재력을 이해해야 한다. 3장에 의도된 학습결과 기술 방식을 안내하고 있으니 참조하고, 16장에서 학습결과를 계획하고 평가하는 데 유용한 활동(16.1, 16.2, 16.3 등)들을 함께 활용하라.

○ 질문

효과적인 질문 기술은 학생의 지식과 이해도를 정확하게 평가하는 데 매우 중요하다. 학생 성취가 그들의 지식과 이해를 보여준다면, 질문은 수업 관련 쟁점이나 문제점에 대한 학생의 지식을 드러나게 해줌으로써 좀 더 종합적이고 철저한 평가를 가능하게 한다. 예를 들어, 체조 수업에서 교사는 질문을 활용하여 학생이 특정 자세에 영향을 미치는 속도나 방향 전환의 효과 등과 같이 현재 배우고 있는 것에 집중하도록 할 수 있다. 즉, 수업 시간에 잠시 멈춰서 '언제 속도를 올리는 게 적절하지?' 어떠한 지점에서 동작을 전환하는 게 좋을까?'와 같은 질문을 던질 필요가 있다. 이러한 질문들은 신중하게 계획되어야 하며 학생에게 대답할 시간을 충분히 제공해야 한다. 때로는 다른 학생들과 함께 의논하며 질문에 답하도록 할 수도 있다. 탐구적이고 학습을 촉진하는 토론 질문은 학생들이 좀 더 깊게 본인의 답을 생각하도록 한다(5장의 질문을 위해 교사가 사용하는 언어에 대한 논의를 살펴보라). 질문과 답변 과정에 모든 학생의 참여를 위해서 손을 들고 대답하는 방식은 피하는 것이 좋다. 대신 교사는 모든 학생에게 질문에 대해 고민하게 하고, 무작위로 학생을 지목하여 답변하도록 한다. 학생들이 부정확한 답변도 학습의 과정이라고 이해하도록 만드는 지지적 환경 supportive environment 을 조성하는 것 역시 중요하다.

질문은 학생이 배우는 것과 직접적으로 관련되어야 하며, 그들의 인지 수준에 적합해야 한다. 또한, 질문의 목적이 명확해야 한다. 열린 질문의 경우 학생들이 과제를 분석하도록 요구하거나 학생들에게 혁신적인 제안을 할 수 있는 기회를 제공한다. 열린 질문이 고차원적 사고를 요하는 다양하고 구체적인 답변을 가능하게 하는 반면 닫힌 질문은 한 가지 정해진 답을 요구한다(3장 1절 Zwozdiak-Myers & Capel의 내용을 참조). Bloom의 학습영역 분류(Bloom외, 1956)는 저차원적 사고와 고차원적 사고를 구분해준다는 점에서 학생 학습을 설계하고 평가하는 틀을 제공한다. 저차원적 사고는 일반적으로 닫힌 질문에 대한 답변을 요구하는 반면, 고차원적 사고는 열린 질문에 의해 발달된다. 교사는 학생이 달성해야 하는 학습의 본질에 따라 적합한 학습영역을 활용하며 적절한 방식으로 질문을 활용해야 한다.

Anderson 등은(2001) 명사로 제시한 Bloom의 분류를 동사로 바꿔서 수정하였다. 이러한 표기는 측정을 보다 용이하게 하여 평가에 대한 계획과 실행에 도움을 준다.

예를 들어, 저차원의 질문(기억)은 학생들이 허벅지 앞에 있는 근육에 대한 명칭이나 운동기술 또는 전략의 일반적인 내용에 대해 상기시키도록 할 것이다. 고차원적 질문은 근육의 효과적 사용을 요구하는 움직임이나 창의성 있는 운동기술을 발달시키기 위한 훈련 설계에 대해 알아보도록 할 것이다.

〈표 9.1〉 Bloom과 Anderson의 분류 비교

Bloom 분류	Anderson 분류	
평가(Evaluation)	창안하다(Creating)	고차원적 ↑
종합(Synthesis)	평가하다(Evaluating)	
분석(Analysis)	분석하다(Analysing)	
적용(Application)	적용하다(Applying)	
이해(Comprehension)	이해하다(Understanding)	저차원적
지식(Knowledge)	기억하다(Remembering)	

과제 9.4 관찰 및 분석 질문

교사 수업을 관찰할 때 다음을 고려하자.

1. 교사가 20분 동안 물어본 모든 질문을 기록하라.
2. 교사가 수업 동안 사용한 질문이 얼마만큼 개방형이고 폐쇄형인지 숫자로 기록하라.
3. 폐쇄형 질문을 살펴보고 개방형으로 고쳐보라.
4. Anderson의 분류를 활용하여 질문을 차원을 분류해보라.
5. '기억' 또는 '이해' 단계의 질문을 선택한 후 고차원적 질문으로 수정이 가능한지 검토하라.

이 과제의 결과를 수업에서 보다 효과적인 질문을 던질 수 있도록 전문성 개발 포트폴리오(PDP)에 기록해두자.

○ 피드백

피드백은 학습 요구에 중점을 맞춘다는 점에서 '학습을 위한 평가'의 가장 효과적인 방법 중 하나이다(Black 등, 2003). 피드백은 학생의 학습에 도움을 주는 정보를 제공하는 데 초점을 맞춰야 하며, 이를 통해 학생의 현재 학습 수준과 달성해야 할 또는 학생이 요구하는 수준 간의 격차를 줄여야 한다. 피드백은 효과적인 교사의 관찰을 포함하고 있다. 또한, 모든 피드백은 의도한 학습 결과에 초점을 두어야 한다.

체육수업에서 대부분의 피드백은 구두로 전달된다. 구두에 의한 피드백은 '서술적 descriptive'인 것과 '처방적 prescriptive'인 형태로 구분된다(Schmidt & Wrisberg, 2008). 서술적 피드백은 학생이 해야 할 것을 서술하는 것인 반면, 처방적 피드백은 향상을 위한 방안을 제시한다. 예를 들어, '발의 안쪽 면으로 볼을 차라.'는 서술적 피드백이며, '안정적으로 볼을 차려면 안쪽 면으로 차고, 좀 더 힘을 실으려면 발등으로 차라.' 는 처방적 피드백이다. 피드백은 또한 동기 부여에 강력한 도구가 된다(7장의 동기 부분과 3.2장의 내용을 참고).

긍정적이고 격려하는 피드백은 학생이 더 노력하여 현재 수준을 향상하고자 하는 동기를 부여한다. 한편 부정적이고 무시하는 피드백은 학생의 사기와 과제를 지속적으로 하고자 하는 의욕을 떨어트린다. 따라서 가능하면 학생의 특성과 요구에 맞게 긍정적이고 건설적인 피드백을 주는 것이 중요하다. 또한, 학생을 객관적으로 관찰하는 것이 중요하다. 기존의 학생의 수행 능력이 현재의 교사 판단에 영향을 미치지 않도록 해야 한다. 교사는 학생에게 기대하는 것을 보고자 하는 측면이 있으며, 이것이 학생에 대한 인식에 영향을 미치게 된다. 이러한 현상을 자기 충족적 예언 self-fulfilling prophecies 이라 한다(3.2장의 Capel 등, 2013 참고).

학생의 에세이나 프로젝트에 대한 서면 피드백 역시 필요하다. 서면 피드백은 단순히 점수에 대한 진술로 그쳐서는 안 된다. 학생이 어떠한 부분을 잘했으며, 학습을 향상시키기 위한 안내와 무엇이 필요한지에 대한 내용을 제시해야 한다. 더불어 학생들이 주어진 피드백을 바탕으로 상호작용을 할 수 있도록 토론과 피드백에 대한 설명 등이 수업에서 이루어지도록 계획해야 한다. 7장과 8장에서 피드백에 대한 설명이 포함되어 있으니 참고하라.

과제 9.5 피드백 연구에 대한 비판적 검토

Hattie와 Timperley (2007)의 연구를 너의 경험과 실천과 관련하여 연구 결과를 검토해보자. 연구에서 제시한 피드백 전략 중에서 체육교사에게 가장 중요한 것이 어떤 것인지 살펴보자. 피드백 전략을 정리하여 전문성 개발 포트폴리오(PDP)에 기록해두자.

Hattie, P., & Timperley, H. (2007). The power of feedback. Review of Educational Research, 27(1), 53-64.

○ 동료 및 자기평가

교사가 평가에서 가장 중요한 역할을 수행하는 반면 교육 관련 지침이나 연구에서는 일반적으로 학생 스스로 그들의 성과나 성취에 대해 판단하도록 권장하고 있다. 동료 및 자기평가는 교사가 제시하는 피드백에 추가적인 정보를 제공하는 데 유용하다. 이러한 평가의 핵심은 학생들이 자신과 동료에 대해 비판적인 태도를 지니기 어렵다는 점에서 자신과 동료를 평가할 수 있는 능력을 학습해야 한다는 점이다.

동료평가는 평가에 있어 매우 가치 있는 작업이며, 자기 평가에 앞서 실시되어야 한다. 동료평가에서 평가기준표 criteria sheets 는 학생들이 무엇을 평가해야 하는지 알도록 도움을 준다. Mosston과 Ashworth(2002) 연구에서는 동료평가가 포함된 상보적 교수에 대한 내용이 있으니 이를 참고하라. 학생들은 동료 및 자기평가를 위해 필요한 신뢰와 자신감을 키워야 한다. 이를 위해 치밀한 계획이 필요하고 학생에게 평가에 대한 책임을 이양할 수 있어야 한다. 동료 및 자기평가에서 교사는 학생의 성취에 대한 직접적인 피드백을 주는 것이 아니라 학생들이 평가 과정이 어떻게 진행된다고 느끼며 그리고 평가 개선을 위해 취해야 할 다음 단계가 무엇인지 물어보는 역할을 수행해야 한다. 앞에서 다루었듯 적절한 질문을 활용하는 것이 좋다. 또한 교사는 학생들이 엄정한 평가를 하도록 지시하고 평가 기술을 어떻게 발전시킬 수 있는지 안내해야 하는 역할을 맡아야 한다.

실기 능력을 평가할 때 축구에서 득점을 성공한 것처럼 특정 활동을 '성공적으로' 했는지 평가하는 것은 쉬운 일이다. 그러나 그것이 왜 성공적인지 알기는 쉽지 않다. 비디오로 본인의 동작을 다시 보지 않는 한 자신의 동작을 볼 수 없다는 점에서 동료평가를 할 수 있는 능력은 자기평가 이전에 향상되어야 한다. 동료를 관찰하여 진행되는 평가는 과제나 활동에 대한 이해를 깊게 하여 학생 자신의 성과를 높이는 데 긍정적인 효과를 준다. 영상 소프트웨어의 발달은 즉각적인 시각적 피드백을 제공함으로써 학생들이 자신과 동료의 성과를 보다 빠르게 평가하도록 도움을 준다. 동료평가에서 단지 상대방을 평가하는 것에만 목적을 두어서는 안 된다. 동료평가의 과정은 학생이 운동에서 요구하는 것을 반성적으로 바라볼 수 있는 기회를 제공해야 하며 움직임의 본질과 구성요소를 음미 appreciate 하는 것에서 시작해야 한다. 이것은 학생 본인을 평가함에 있어서 자신이 어떠한 동작을 하고 있는 지 감각적으로 아는 고유수용성 피드백 proprioceptive feedback 과 연결되며, 이를 개발하기 위한 충분한 시간과 지원이 요구된다.

동료 및 자기평가를 발전시키기 위해서는 세밀한 계획, 시간, 인내가 요구된다. 학생들에게 이러한 평가를 연습할 충분한 기회가 제공되어야 한다. 학생의 성과에 대한 평가와 건설적 피드백을 줄 수 있는 능력은 점진적으로 발달하기 때문이다. 이러한 점에서 처음에는 학생들에게 카드나 기준표를 가지고 평가를 하도록 하여 평가 시 확인해야 할 기본적인 기준을 제공할 필요가 있다. 이후 학생들이 평가의 개선과 효과적 수행을 위해 무엇이 필요한 지 스스로 결정을 내리도록 한다.

○ 수업에서 학습을 위한 평가 활용

여러분은 '학습을 위한 평가'를 의도한 학습 결과에 대한 적절성을 판단하는 데 활용할 수 있다. 이를 위해서는 훌륭한 관찰 기술과 평가에 대한 명료한 지식이 요구된다. 만약 수업 내 평가에서 의도한 학습 결과가 지나치게 많다면 이를 조절할 필요가 있다. 목표를 지나치게 많이 세우는 것은 경험 있는 교사에도 흔한 일이다. 수업은 예상대로 흘러가지 않기 때문이다. 만약 학생들이 의도한 수준의 성취를 도달하기 힘들다면 기존 계획을 유지할 필요는 없다. 이러한 경우 의도한 학습 결과 하나를 줄이거나 성취 수준을 낮출 필요가 있다.

> **과제 9.6 수업 개선 연구(Action research)**
>
> Spackman(2002, 위에 참고)이 제시한 '학습을 위한 평가'의 4가지 특성 중 하나를 골라 수업 개선에 적용해보자. 선택한 특성과 관련하여 2-3가지 목표에 초점을 맞춰보자. 예를 들어 질문을 선택하였다면 개방형 질문 사용 능력 향상, 모든 학생이 질의 과정에 참여하도록 하기, 더 뛰어난 학생을 위한 고차원적 질문 적용하기 등과 같은 목표를 설정하자.
>
> 수업 향상에 목표를 두고 4차시 수업을 계획하여 소규모의 연구 프로젝트와 같은 수업 개선 연구를 활용해보자. 이를 위해 이 책의 15장이나 Capel과 Breckon(2014)의 활동 20.1a, 20.1b, 20.2a, 20.2b, 20.3a, 20.3b, 20.3c, 20.3d를 참고하자. 관련 연구를 통해 수업 목표를 명확하게 하고 수업 개선 연구에 대한 이해를 넓힐 필요가 있다.
>
> 매 수업 신중하게 검토하고 수업 목표를 성취하는 지 과정을 평가하여 수업 계획을 가능한 조정해 보자. 일부 연구자는 이를 '계획-실행-검토'라 정의한다(Elliott, 1991). 수업 개선 연구에 있어 지도교수나 동료 학생교사가 관찰자의 역할을 한다면 보다 용이하다. 연구 결과를 평가하여 어떻게 수업 개선을 위해 적용할지 알아보자.
>
> 15장에 보다 자세한 내용이 담겨져 있으니 참고하고, 수업 개선 연구에 대한 내용을 정리하여 전문성 개발 포트폴리오(PDP)에 정리하자.

학습에 대한 평가

이장의 앞부분에 언급하였듯 '학습에 대한 평가' 또는 총괄평가의 목적은 주로 학기 중간이나 학기말과 같이 특정 시기에 달성한 학생의 성취를 기록하는 것에 있다. 이러한 평가는 주로 공식적인 과정으로 진행되고 학점이나 성적을 부여하기 위해 기록이 유지된다. 마찬가지로 총괄평가는 대체로 학교생활기록부에 제시된다. 이러한 평가는 학생의 후속 학습(예. 대학진학 후 학습 등)에 주로 관심이 있다.

'학습에 대한 평가'는 성취도 측정, 채점, 예측, 선발이나 공식적 보고를 위해 수행된다.

공식 평가기관들은 교사에게 구체적인 평가 기준을 가지고 평가하도록 한다. 고등학교 내신이나 정부 기관 승진과 같은 경우가 이에 해당된다. 교사는 학점이나 수준, 또는 목표 달성을 위한 진척이 얼마나 되었는지 제시하기 위해 학생의 학습에 대한 판단을 내려야 한다. 즉, 수업 목표 달성을 위해 요구되는 학생의 학습 과제에 대해 평가를 해야 한다. 나아가 단위 수업의 의도된 학습 결과를 성취하였는지 개인, 소그룹, 학급 전체에 대한 평가가 수행될 필요가 있다.

비록 총괄평가가 학습을 확인하는 데 우선순위를 두기는 하지만 이러한 평가는 교사의 수업을 되돌아보게 하고 학생들의 변화하는 요구에 비추어 향후 수업을 개선할 수 있는 기회를 제공한다. 수업 중 필기시험과 같은 총괄평가는 학생들이 향상시킬 필요가 있는 학습영역을 드러내고 이를 위한 수업 계획 수립에 도움을 주기 때문이다. 총괄평가를 잘 활용한다면 교사의 반성적 학습을 촉진하고 학생이 본인이 향상해야 할 학습영역의 우선순위를 정하는 데 도움을 줄 수 있다. Black 등(2003)은 이 과정을 '총괄평가의 구성적 활용 formative use of summative assessment'으로 언급하였다. 학생들이 평가 기준을 토대로 자신과 동료를 평가하거나 질문을 통해 그들만의 평가 기준을 개발하는 것 등을 총괄평가의 구성적 활용의 예로 들 수 있다.

평가와 수업계획

이 장에서는 평가는 단지 정해진 특정한 절차이기 보다는 교사의 효과적 교수와 학습의 통합적 과정이라는 것을 역설하였다. 따라서 체육교사의 일상적인 수업에서 평가는 다양한 방식으로 적용될 수 있다. 예비교사는 체육수업 전반에 걸친 평가를 설계하는 일을 하지는 않지만, 평가에 대한 명료한 이해가 필요하다. 우선 학생이 배워야 하는 것이 무엇인지를 명확하게 해야 한다. 이것은 수업 목적에 반영된다. 이어 교사가 가르치는 맥락을 고려해야 한다. 즉, 계획 단계에서 교사가 평가하고 학생 개인의 평가와 밀접한 수업의 목적을 명료히 해야 한다. 이러한 계획이 교사의 평가의 초점이 되어야 한다. 이어 각 목적에 대한 평가 전략을 고민해야 한다. 교사가 실행하고자 하는 평가는 체육수업 전반 또는 각 차시 수업의 구조나 틀에 포함되어야 한다.

체육수업의 목적은 학생의 성취와 관련한 교사의 교수의 질을 평가하기 위해 학급의 관점에서 평가되어야 한다. 이는 의도한 학습 결과를 평가하는 과정과 동일한 것이며, 학생의 성취와 그들이 다음단계로 성장하기 위한 도전과 교사의 가르침이 학생의 학습에 어떤 영향을 미쳤는지 평가하는 것이다.

요약 및 요점

우리는 이 장을 통해 평가의 신뢰도와 타당도를 포함하여 다양한 평가의 목적과 원칙들에 대해 이해해야 한다. 또한 체육 교수와 학습의 질을 향상시키기 위한 평가의 역할을 이해하고 체육수업에서 평가를 제대로 할 수 있는 역량을 확보해야 한다. 이를 위해 학생의 수행은 물론 교육의 보다 큰 목적을 평가할 필요가 있다. 무엇보다 학생의 학습을 강화하고 교사의 교수를 증진하는 의도된 학습 목표의 공유, 질문, 피드백, 동료 및 개인 평가와 같은 학습을 위한 평가에 초점을 맞추어야 한다.

이 장에서는 공식적 또는 비공식적 평가에서 적절하고 구체적인 평가 지표의 필요성을 강조하였다. 평가 지표가 만들어져야 교사가 보다 명확한 판단을 내릴 수 있고 학생의 학습을 진전시키기 위한 피드백을 제공할 수 있기 때문이다. 학생의 학습은 물론 교사의 수업 계획과 교수에 대한 이해를 높이기 위해 단위 수업 목표나 수업 전반에 걸친 의도된 학습 결과에 대한 평가에 대해 익숙해질 필요가 있다. 평가는 교사와 학생의 학습 과정의 핵심이기 때문이다.

---- / 추가 읽기 자료 / ----

Black, P., & William, D. (2002). *Working inside the black box: Assessment for learning in the classroom*. London: Kings College.

Black, p., & William, D. (1998). *Inside the black box: Raising standards through classroom assessment*. London: Kings College.

위의 책들은 비록 체육의 맥락은 아니지만 '학습을 위한 평가'에 대한 구체적인 정보를 제공하여 평가에 대한 이해를 높이고 교수와 학습 향상을 위한 평가의 활용 방법을 제시하였다.

Black, P., Harrison, C., Lee, C., Marshall, B., & William, D., (2003). *Assessment for learning: Putting it into practice*. Maidenhead, Berks: Open University Press.

이 책은 학교 교사의 2년간 연구를 중심으로 작성되었다. 이 책에서는 평가 전략의 시행과 관련된 연구들을 리뷰하고 수업에서 평가 전략을 평가하고 안내하는 방안을 제시하였다.

Gardner, J.(ed.)(2012). *Assessment and learning*, 2nd edn. London: Sage Publications.

이 책은 학습을 지원하는 평가의 사용에 집중하여 실천을 기반으로 하는 평가 이론을 제공하고 학습 이론과 관련된 동기와 평가의 발달에 대하여 다루었다.

Wragg, E.C. (2002). *Assessment and learning in the secondary school*. London: RoutledgeFalmer.

이 책은 평가의 다른 목적에 대해 들여다보고 목적에 따른 평가 과정을 분석하였다. 이 책은 교사가 본인의 평가 방법에 대해 반성할 수 있도록 도움을 주며 수업에서 교수와 학습을 증진시키기 위한 평가 방법을 제공한다.

통합교육을 위한 교수·학습 계획
Planning for an inclusive approach to learning and teaching

Philip Vickerman, Barbara Walsh and Julie Money

소개

교사는 모든 학생의 학습을 최대한 증진시켜야 하는 기본적인 책무성을 지닌다. 따라서 교사는 모든 학생의 학습을 촉진하는 학습 환경을 유연하고 창의적으로 설계해야 한다. 이를 위해 교수·학습 및 평가에 잠재적으로 방해가 되는 것을 살피는 것과 동시에 학생들이 체육 수업에 온전히 참여할 수 있는 권리를 제공하기 위한 전략을 활용해야 한다. 따라서 공정한 체육수업 참여를 위해 학생, 학부모, 교사, 외부 기관들과의 파트너십을 형성하는 전략을 활용해야 하며, 학생과의 적극적인 면담을 통해 학생의 체육에 대한 관점, 의견, 인식 등을 알아볼 필요가 있다.

이번 장은 통합교육과 밀접한 이슈에 대해 전반적으로 살펴보고 공정한 체육수업을 위한 전략을 실천하고 배우는 기회를 제공한다. 최근 영국에서는 통합교육과 다양성 교육이 주목 받으면서 이와 관련된 정책과 법률, 지침 등에 반영되었다. 교육과정에서는 통합교육을 위해 모든 학생에 대한 교육적 성취나 기대를 높게 설정하도록 하였다. 평균보다 실력이 월등한 학생을 위한 계획 수립은 물론 낮은 수준의 성취도를 보이는 학생 또는 사회적 배려 학생 vulnerable children 을 위한 수업 계획 수립에 대한 의무가 더해졌다.

영국에서 통합수업은 〈Special Educational Needs (SEN)〉, 〈Disability Right Act〉, 〈Equality Act〉와 같은 법률과 정책에 의해 뒷받침되고 있다. 최근 〈Children and Families Act〉에서는 모든 학생이 출발선과 상관없이 그들 스스로 최선을 다할 수 있도록 공평한 교육 기회를 제공하는 측면에서 사회적 배려 학생을 위한 서비스를 확대하고자 한다. 이러한 법률들은 모든 학생들이 현대사회에 중요한 구성원이라는 신호를 제공하여 불평등의 확산을 막고자 한다. 이러한 점은 당연하게도 체육교사가 학생들의 다양한 요구를 충족해야 함을 시사한다.

영국 교육부조사(DfE, 2013d)에서 19%의 학생이 사회적 배려 대상(SEN)에 해당하였으며,

이 중에서 53%가 일반학교에 재학하고 있었다. 그러나 이 수치는 〈Children and Families Act〉(UK Legislation, 2014) 도입으로 기존의 사회적 배려 대상 분류가 확장되어 이에 해당하는 학생 수가 증가한 것으로 보인다. 따라서 인종, 젠더, 계급, 소득, 언어 등 사회적 배려 또는 소외 그룹에 대한 데이터를 통합한다면 통합교육을 위한 근거가 보다 명확해질 수 있다. 통합교육은 교육과정에서 개인 특성에 대한 관심 증가, 개인화 학습(Lewin & Solomon, 2013)에 대한 집중과 일맥상통하며, 모든 학생의 체육수업 참여기회를 극대화하고 그들의 잠재력을 최대한 끌어내기 위한 교사의 교수·학습 및 평가 전략을 포괄하고 있다. 통합교육과 관련된 정책의 한 가지 예로, 체육교사는 모든 학생의 학습과 성장을 위해 학습 목표, 활동의 성격, 평가 전략이 적합한 지 검토할 의무가 있다.

10장을 통해 아래와 같은 내용을 이해하고 적용할 수 있어야 한다.

- 학생 개인이 존중되는 통합 체육수업의 철학과 실천에 대해 이해한다.
- 통합 체육수업을 위한 교사의 계획 및 수행의 핵심 가치를 알고, 통합수업 전략을 검토한다.
- 통합 수업과 관련된 교육과정의 핵심 원칙을 이해하고, 체육수업에 적용한다.
- 효과적인 통합 체육수업 계획과 수행을 위해 필요한 지식, 기술, 이해를 담고 있는 다양한 교수·학습 및 평가 전략에 대해 이해한다.

예비교사교육과정의 요구사항(필수요건)을 확인하여 이번 장과 어떠한 관계가 있는지 살펴보자.

체육수업에 모든 학생 참여

Runswich-Cole(2011)는 통합이 모든 시민의 사회적·도덕적인 권리로, 그들의 삶의 모든 측면에서 평등한 기회가 제공되어야 한다는 점에서 현대사회에서 전 세계적인 아젠다의 일부가 되고 있다고 주장하였다. 또한, 학교가 다양성에 대한 존중과 상호이해를 가르칠 수 있는 이상적인 기회를 제공하는 곳이라고 제안하였다. 체육교사가 통합수업을 계획하고자 할 때 학생들은 근본적으로 법률과 지침에 의해 통합교육에 대한 권리가 있다는 것을 분명히 하는 것이 필수적이다. 즉, 통합수업의 성공 여부는 교사의 열린 마음, 긍정적인 태도, 교수·학습 및 평가 전략과 실천을 수정하고 적용하고자 하는 의지에 달렸다는 것을 명심해야 한다(Morley 외, 2015).

통합교육은 단지 모든 학생을 같은 방식으로 지원하는 것을 의미하지 않는다는 것을 이해하는 것이 중요하다. Rogers(2007)가 제안하였듯, 체육교육과정에서 통합교육을 실천하기 위해서는 교사가 개별 학생의 요구를 알기 위한 기술을 개발해야 하고, 학생 개개인의 특별한 환경을 고려하여 수업계획을 수정할 수 있어야 한다. 마찬가지로, Mouratidis 등(2008)과 Vickerman(2007)는 기회의 평등과 통합은 학생들을 평등하게 그러나 각각을 다르게 대우하는 수업을 해야 하는 것처럼 학생의 차이점에 주목해야 한다고 강조하였다. 학생의 요구를 반영하는 것은 체육수업 뿐만 아니라 학교스포츠클럽과 같은 방과 후 체육에도 동일하게 적용되어야 한다.

통합수업을 계획할 때 Goodley(2014)는 장애의 사회적 모형 social model of disability (Watermeyer, 2012)의 입장을 지지하는 데 이모형은 사회적 배려 학생 보다는 교사와 비장애 학생의 역할에 중심을 두기 때문이다. 장애의 사회적 모형에서는 체육교육과정에서 통합수업의 가장 큰 저해요인으로 학생의 다양성에 대한 인식 부족뿐만 아니라 기존의 학교와 교사에 의해 관행적으로 진행된 체육수업의 융통성과 실행력이 부족하다는 점을 지적한다. 유사하게, Kelly 등(2014)은 온전한 통합수업을 위해서는 학교 풍토와 체육수업의 유연한 전환이 요구된다고 주장하였다. 예를 들어, 휠체어에 앉은 학생이 농구 슛을 하는 데 어려움을 겪고 있다면 학교는 높낮이를 조절할 수 있는 농구 골대 구매를 고려해야 한다. 또 다른 예로, 문화적 신념으로 강도가 높은 신체활동에 참여 할 수 없는 학생이 있는 경우 체육교사는 그런 학생에게 심판이나 진행요원과 같은 역할을 부여하여 체육수업에 참여할 수 있도록 해야 한다. 따라서 통합적 체육교육과정을 운영하기 위해서는 다양성에 대한 존중(Rink & Hall, 2008)과 학생들이 다양성에 대한 가치를 배울 수 있는 기회를 제공해야 한다.

통합수업 계획을 위해 체육수업에서 모든 학생의 연속적 학습과정을 인식하는 대응적이고 유연한 접근 방식이 요구된다(Vickerman & Coates, 2009). Vickerman과 Blundell(2012)는 학생의 학습 잠재력을 극대화를 위한 교사의 반성적 기술은 물론 동료 교사와 외부 기관과의 협력을 근거로 통합수업을 새로운 방식으로 바라볼 것을 제안하였다. [과제 10.1]에서는 동료교사를 관찰하고 학생의 특별한 요구가 충족되는 방식에 대해 알아보도록 한다.

> **과제 10.1 동료교사 관찰**
>
> 동료교사의 수업을 관찰하여 도움이 필요한 학생의 필요나 요구가 충족되는 방식에 대해 기록하자. 이러한 방식에는 과제 또는 체육기자재의 수정, 배려가 필요한 학생에 대한 추가적인 시간 할애 등이 있을 것이다. 기록을 바탕으로 토의를 진행하고 내용을 정리하여 전문성 개발 포트폴리오 (CPD)에 정리해두자.

사회적 배려 학생에 대한 평가는 활동의 종류, 수업 환경, 기자재, 동적인 수업형태, 그룹별 조직 등을 모두 함께 고려해야 하는 등 체육교사에게 많은 쟁점을 던질 것이다. 통합수업 평가에서는 다양성을 포용하고 학생의 성취와 발전을 인정하는 것이 중요하다. 따라서 교사는 유연한 교수 및 평가 전략을(Cole, 2008)을 적용하여 모든 학생이 본인의 지식과 이해 정도를 보여줄 수 있는 기회를 제공해야 한다. '학습을 위한 평가 assessment for learning'은 특정 기간에 학생이 성취한 것에 대한 정보를 수집하도록 하여 교사에게 학생의 학습 상태에 대해 알려주고, 이에 따라 다음 수업을 계획하는 데 도움을 준다. 물론 '학습을 위한 평가'와 '학습에 대한 평가 assessment of learning' 모두 학생의 성취를 지원하는 교육적 기능을 가능하게 한다. 그러나 교사는 의도된 학습 결과와 수업의 목적은 물론 학습자에게 가장 적합한 평가 방법을 결정해야 한다(9장 참고). 예를 들어, 뇌성 마비 학생에게 공을 굴리기 위해서는 플라스틱 거터와 같은 개조된 장비가 필요하다. 이 상황에서 교사의 평가는 해당 학생에게만 해당되며, 다른 학생의 평가와 비교할 수는 없을 것이다. 체육 수업에서 개별적 평가는 사회적 배려 학생이 개인별 성과와 성취를 가능하게 한다(Hutzler & Levi, 2008). 예를 들어, 체조에서 변형된 수업의 일환으로 전체 학습의 연속성이 유지된 상태에서 동작의 순서 당 움직임 횟수를 줄이거나 증가시킬 수 있다. 이러한 과제의 평가는 학생 개인별 도전 과제를 반영한다.

나아가 통합 체육수업의 체계적 적용의 일부로 학교와 교사는 교육과정에서 사회적 배려 학생이 발달할 수 있는 학습영역을 식별하는 한편 현재의 실천에 대한 평가를 해야 한다. 〈Equality Act〉(UK Legislation, 2010)은 학생들이 교육과정에 얼마나 온전하게 참여하도록 학교와 교사가 이에 대해 검토하고 평가하도록 하였다. 이러한 맥락에서 통합 체육수업은 학생의 목소리를 듣는 것이 강조되는 것(Coates & Vickerman, 2008, 2013) 즉, 교사의 수업 계획에서 학생이 포함되는 것을 말한다. 따라서 학생의 흥미와 요구가 교육과정 개정과 수업개선에 당연히 반영되어야 한다. [과제 10.2]는 지금까지 내용을 반성적으로 살펴보고 통합체육 관련 주요 문서에 익숙해지도록 하며, 향후 체육수업에 주는 시사점에 대해 고려하도록 도와준다.

과제 10.2 통합의 기본

지금까지 읽은 내용을 토대로 체육수업에 영향을 주는 통합수업 관련 정책과 실천에 핵심적인 요소에 대해 작성해보자. 정부와 학교의 정책에 익숙해지자. 체육에서 모든 학생의 다양성이 온전하게 반영되도록 이를 막는 장벽을 허물기 위한 중요한 전략이 무엇인지 고민해보자. 이를 위해 다음과 같은 질문에 답해보자.

- 통합 관련 핵심적인 정부 법령 또는 지침 관련문서를 읽었는가?
- 통합에 대한 학교정책은 무엇인가?
- 통합에 대한 체육정책은 무엇인가?
- 장애 학생을 위해 체육은 다른 과목보다 어떤 면에서 도움이 되고 도움이 되지 않는가?

학교에 사회적 배려 대상 또는 소외계층 코디네이터(SENCO)를 만나보면 도움이 될 것이다. 통합에 대한 내용을 정리하여 전문성 개발 포트폴리오(CPD)에 정리해두자.

학생 요구의 다양성

〈사회적 배려 대상 실천 강령〉(DfE 2014e)에서는 사회적 배려 청소년에 대해 기술하고 있다. 이것은 〈Education and Health Care Plan〉과 마찬가지로 2001년에 수정되어 0-25세 연령에 해당되는 젊은이에게 명확한 초점이 맞춰져 있다. 교육영역에서 개별화된 실천을 고려한 이러한 법령을 확실히 이해하고 법령에 담긴 철학을 이해하는 것이 중요한 반면, 이것은 통합교육의 첫 단계에 해당할 뿐이다. 모든 학생에게 적용하는 것은 모든 학생의 필요와 요구를 고려한 교사의 실천에 달려있다. 이는 장애인 체육의 엘리트 선수 발굴 및 육성을 포함한다. 따라서 잠재력이 뛰어난 사회적 배려 학생은 교육과정 안과 밖에서 적절한 안내와 지원이 필요하다. 수업에서는 이러한 학생들은 좀 더 도전적인 과제가 요구되고 보다 높은 수준의 성취수준을 요구받아야 할지 모른다. 교육과정 외에서 교사는 그들의 잠재력이 발현될 수 있도록 지역사회 클럽이나 전문적 코치들과 뛰어난 재능을 지닌 사회적 배려 학생을 연계해줄 필요가 있다(보다 자세한 내용은 11장과 15장을 참고하라).

특별한 도움이 필요한 또 다른 학생 집단은 한국어를 모국어로 사용하지 않는 학생이다. 이러한 학생에게는 특별한 주의가 필요하다. 언어를 지원하는 봉사자 또는 학생의 도움이 필요하다. 만약 교사가 수업에서 언어 지원을 받지 못하는 경우 수업에서 달성하고자 하는 의도적 학습결과를 설명하는 시각적 이미지나 포스터 등을 활용할 수 있다. 듣거나 보지 못하는 학생들에게도 체육수업의 맥락에서 그들이 최대한 참여할 수 있도록 지원해야 한다. 사회적 배려 학생이 있는 학교는 교사가 이런 학생들을 지원할 수 있는 가이드라인을 제공하여 추가적인 도움을 줄 수 있도록 해야 한다. 교사가 고려해야 할 또 다른 학생그룹은 다문화 가정, 여학생, 여행자들이다. 통합교육과 관련하여 Evans(2014)는 다문화와 여학생, Daniels(2008)은 여행자, Bhopal(2004)는 무슬림 여학생에 대한 연구를 수행하였다.

통합 체육수업의 핵심적 가치

기회의 균등과 관련하여 핵심적인 가치 4가지는 자격 entitlement, 접근성 accessibility, 통합 integration, 고결 integrity 이다(DES/WO, 1992). 이러한 원칙은 체육교육과정 구성의 기본 원리로 작용해야 한다.

'자격' 개념은 모든 학생이 체육교육에 접근할 수 있는 근본적인 권리를 의미한다. 사회적 배려 학생이나 장애 학생들은 이러한 권리가 법령이나 지침 등에 의해 뒷받침된다. 게다가 통합수업 및 통합 체육수업을 실행하는데 있어 학교의 역할이 더욱 중요해지고 있다. 더욱이 모든 학생의 수업 참여 권리를 보장하기 위한 일환으로 모든 학교가 통합 교육을 위한 계획을 수립해야 할지도 모른다. 이는 상담과 교수·학습 및 평가의 개선으로 수업 참여에 대한 잠재적 장벽을 최소화하는 것처럼 긍정적 태도와 열린 마음을 가지는 것이 체육교사가 되기 위한 전제

조건이라는 것을 인정해야 한다는 것을 의미한다(Vickerman & Blundell, 2012).

'접근성'은 학생의 다양성에 맞게 체육수업 참여 장벽이 없도록 하는 체육교사의 책무성이다. 장애의 사회적 모형 social model of disability (Watermeyer, 2012)에서 알 수 있듯 교사는 학생을 참여의 장벽으로 보는 것이 아니라 개별 학생의 필요나 요구를 수용할 수 있도록 교수방식을 조절할 책임이 있다. 예를 들어, 한국어가 불편한 학생에게는 의사소통에 도움을 주어 수업에 온전히 참여하도록 해야 하며, 학교와 체육부에서 미리 도움을 요청해야 한다.

세 번째 원칙인 '통합'은 통합교육의 이점에 대해 인지하는 것으로 통합수업을 통해 모든 학생이 긍정적인 결과를 얻는다는 입장이다. 통합은 시민권 citizenship 개념과 연계될 수 있다. 즉, 학생들은 상호이해에 대한 능력을 개발해야 하며 사회적 포용 사회(Lambe & Bones, 2006)의 측면에서 개인의 다양성을 존중할 필요가 있다. 예를 들어, 문화적 배경이 다른 학생들은 댄스 수업을 통해 다양한 문화와 사회적 관습에 대해 이해할 수 있다. 마찬가지로 체육수업에서 팀워크, 협력, 상호이해, 다름에 대한 존중과 동감 등을 배울 수 있어야 한다.

나아가 모든 학생이 체육수업에 통합될 수 있도록 기존의 수준별 수업을 확장하는 차원에서 사회적 배려 대상을 대할 필요가 있다(Vickerman & Blundell, 2012). 따라서 체육교사가 되기 위해서는 통합 체육수업 운영 여부를 떠나 통합적 체육수업을 촉진할 수 있는 기술을 개발할 필요가 있으며, 필요한 경우 특별한 조언과 지침을 요청할 필요가 있다. 이러한 점에서 성공적인 통합의 핵심적인 요소는 교사의 긍정적인 태도와 개별 학생의 필요에 충족하도록 수업을 개선하고 수정할 수 있는 준비성에 있다.

마지막으로 '고결'은 교사가 모든 학생이 수업에 효과적으로 참여할 수 있는 계획 수립과 통합수업 실천을 스스로 높이 평가함으로써 본인의 통합 수업을 지지하는 것을 의미한다. 개인적 헌신의 일환으로 교사는 사회적 배려 학생을 비난하지 않고, 통합 체육수업의 평등 가치에 대해 존중하며, 통합 체육수업이 도전할 만한 것이라 여길 필요가 있다.

[과제 10.3]은 통합체육의 핵심적 갖에 대해 생각해볼 기회를 제공한다.

과제 10.3 통합체육의 핵심적 가치

통합체육의 핵심적 가치 4가지를 다시 살펴보자. 이러한 원칙이 수업에 반영되기 위해서 교수, 학습, 평가에 있어 중점적으로 무엇을 해야 하는지 분류해보자. 특정 도움이 필요한 학생 또는 수영과 같이 특정 종목을 상정하면 과제를 수행하는 데 도움이 된다. 통합 체육의 핵심적 가치에 대한 내용을 토론해보고 내용을 정리하여 전문성 개발 포트폴리오(CPD)에 정리해두자.

교육과정과 통합수업

영국의 국가 교육과정에서는 통합교육과 관련하여 교사가 모든 학생이 높은 수준의 학업 성취를 달성할 수 있도록 '적절한 도전과제'를 제공하도록 하고 있다. 교육과정에 따르면 교사는 학업 성취도가 낮은 학생이나 사회적 배려 학생을 위한 수업을 계획해야 하는 훨씬 더 큰 의무를 가지게 된다. 우수한 학교는 통합적 교육과정을 기초로 하여 사회적 배경, 문화, 인종, 성별, 능력의 차이에 상관없이 모든 학생에게 질 높은 학습 경험을 제공해야 하는 것을 학교의 핵심 목표 중 하나가 되도록 한다(Hayes & Stidder, 2013).

통합적 교육과정은 모든 학습자가 자신의 경험 및 열망을 교육과정에서 찾을 수 있도록 하여 가장 높은 기준에서 각자 성공할 수 있는 충분한 기회를 제공한다. 국가교육과정 역시 수업 계획 및 실천에 있어 모든 학생의 성취에 장벽이 없도록 하라고 제안하고 있다. 교육과정 연구(DfE, 2014b)에서는 많은 장애 학생들이 그들의 일상적 삶을 살아가는 데 필요한 도움을 주로 요청하고 있다고 보고하고 있다. 그러나 장애 학생의 잠재적인 어려움은 교육과정 설계 초반에 반드시 고려해야 한다. 따라서 모든 학생의 요구에 반응하기 위해서 교육과정 관련 법령에서는 '적절한 학습 과제 설정'과 '학생 필요에 대한 반응과 잠재적 장벽 극복'이라는 두 가지 측면을 제시하고 있다(〈표 10.1〉을 참고하라).

통합 체육수업의 실천적 사례들

지금까지 통합교육을 위해 고려해야 할 원칙에 대해서 살펴보았다. 지금부터는 통합 체육수업의 학습과 교수의 일부 사례를 살펴보고자 한다. 통합 체육수업을 위한 교수·학습의 범주는 다양하지만 4가지 공통적인 요소로 정리할 수 있다. 4가지 요소는 교육과정 적용(교육내용의 변화), 설명 수정(가르치는 방법 변화), 적절한 평가 전략 고안(학생 평가 방법 변화), 인력자원(통합 체육수업을 지원하는 교사 또는 인력 변화)이다.

○ 무엇을 가르칠 것인가?

통합 체육수업을 계획할 때 완전한 통합을 전제로 시작하는 것이 중요하다(Maher & Macbeth, 2013). 통합이 불가능할 경우 수업 활동 또는 교수·학습 전략을 각색하거나 수정하는 것을 고려해야 한다. 통합수업 초기에 가능한 경우 다학문 접근 방식의 일환으로 체육 이외에 통합 관련 전문가 및 학생의 의견을 묻는 것이 주요한 성공 요인이 된다(Fitzgerald, 2005; Coates & Vickerman, 2008). 이를 통해 계획 단계에서 필요한 차별화를 고려할 수 있다. 나아가 특별한 도움이 필요한 사회적 배려 학생을 포괄하는 수업 활동에 대해 신중할 필요가 있다. 교육과정 계획은 장애 학생의 모든 요구에 따라 설계될 수 없지만, 선택의 여지가 있다면 장애 학생에게 가장 적합한 활동들을 제공할 수 있다. 예를 들어, 휠체어 학생에게는 배구보다는 농구 수업이 보다 적합하고, 체조보다는 에어로빅이 모든 학생에게 적합할 것이다.

〈표 10.1〉 체육에서 통합 관련 법령 문구에 대한 설명

통합 관련 법령 문구	효과적인 통합 체육수업 계획	통합 체육수업을 위한 기술, 지식, 전략	통합 체육수업을 위한 자원
적절한 학습과제 설정	개별 학생의 필요와 요구에 대해 교사는 알고 있어야 한다. 예를 들어, 라켓운동에서 짧은 라켓이나 큰 공이 필요한 학생이 누구인지 파악하라.	가르쳐야 할 기술의 본질을 명료히 하라. 개별 학생이 성공적 수업 참여와 학습동기 부여를 위해서 기술 향상의 출발선이 다르다는 것을 인식하라.	담임교사, 장애학생 봉사자, 사회적 배려 대상 담당 직원, 장애 스포츠 단체 등과 통합 체육수업 전략을 의논하라.
학생의 필요에 대한 반응과 잠재적 장벽 극복	교사의 학습과 교수 환경이 개별 학생의 필요와 요구에 도움이 되어야 하고 교육과정에서 반영되어야 한다. 예를 들어, 종교적인 이유로 다리를 노출하기 힘든 학생에게는 체육수업 복장에 대한 유연성이 발휘될 필요가 있다.	학교 체육수업 복장 규정에서의 충분한 융통성과 개별 학생의 요구나 필요를 수용하고 있는지 점검하라. 체육시간에 긴 바지를 입는 것과 같은 사례가 학생의 건강과 안전에 영향을 주지 않는지 확실히 하라.	개별 학생의 요구나 필요에 어떻게 대응할지 그들과 토론하라. 체육 복장 정책을 관련 당사자들과 상의하라.
	설명과 시범과 같이 학생이 성장하는 데 도움을 주는 교사의 가르침이 제한 없이 누구에게나 접근 가능해야 한다.	체육수업에 어떠한 수업도구를 활용할지 계획하라. 장애 학생이 성장할 수 있는 충분한 장소와 시간이 보장되는 지 확인하라.	개별 학생의 요구나 필요에 적합한 다양한 교수 전략을 활용하라.
	수업 평가가 학생의 숙달 및 발전을 보여줄 수 있도록 누구에게나 적용 가능해야 한다. 예를 들어 육상수업에서 휠체어 학생은 달리거나 점프를 할 수 없다는 점에서 이들에게 적합한 평가 과제가 요구된다.	기초 평가(baseline assessment)의 중요성을 인지하라. 열린 마음으로 평가에 집중하여 교사가 원하는 평가를 위한 핵심 특징이 무엇인지 고려하라. 신체적 참여 보다는 언어적인 평가를 포함하는 것처럼 적절한 평가 전략을 수립하라.	수업 준비 단계에서 평가의 원칙에 대해 결정하고, 사회적 배려가 필요한 학생을 평가하기 위해 어떻게 평가방법을 수정·변형할지 고민하라. 수정된 평가는 기존 평가와 마찬가지로 체육의 지식, 기술, 이해를 평가할 수 있어야 한다.

체육수업에서 변형된 도구를 사용하는 것은 통합수업에 도움이 되며 변형 게임을 활용하는 것도 대안적인 방법이 될 수 있다. 그러나 많은 경우 무엇을 가르칠 것인가는 의도한 학습 결과에 따르는 것이 가장 좋으며 학습활동이나 과제도 여기에 따라 배치되어야 한다. 모든 학생이 동일한 활동에 참여해야 하지만 특정 과제는 개별 학생의 요구와 필요에 따라 차별화될 필요가 있다. 사실 차별화는 통합수업의 교수방법에 있어 사회적 배려 대상을 수용할 수 있는 원칙이 된다(3장의 차별화를 참고하라). 통합 체육수업의 온전한 실천을 위해서 교사는 통합수업에 따른 대안적 결과와 통합수업 운영을 위한 차별화된 과제를 만들기 위해 무엇보다 독창적이고 창의적이어야 할지 모른다.

영국의 청소년 스포츠 재단 Youth Sport Trust (2008)은 대다수의 장애인 학생들이 작은 단위의 과제와 치밀하고 세심한 도움을 받을 있는 과제로부터 혜택을 받는다고 강조한다. 통합 체육수업을 위해 재단에서 제시한 'STEP'의 개념은 활동이 이루어지는 장소 Space, 과제의 내용 Tasks, 수업 도구 Equipment, 참여사람 People 을 의미한다.

수업 도구와 관련하여 야구를 예를 들면 변형게임을 할 때 처음에는 가볍고, 크며, 색을 입힌 공을 사용하는 것이 좋다. 또한 수비가 불안한 만큼 타자가 볼을 치고 5초간 멈추고 달리는 것처럼 변형된 규칙을 과제에 적용할 수 있다. 이러한 전략을 활용할 때는 모든 학생이 바뀐 규정을 이해하고 게임에 참여할 수 있도록 하는 것이 핵심이다. 댄스 수업에서 어려움을 겪는 학생을 위한 변형된 과제의 예로 6~7개의 움직인 동작의 루틴 보다는 4개 동작씩 배우는 것이 도움이 된다(Vickerman, 2007). 육상 수업에서 휠체어 학생에게는 모래 위에서 움직이기 보다는 움직이기 편한 공간에서 휠체어를 밀게 하거나 보다 짧은 거리를 움직이게 한다.

영역형 게임 invasion game 에서 공간을 늘리는 것과 공격하는 선수와 반대되는 특정 공간을 사용하는 것이 장애학생을 위한 공간의 변형의 두 가지 사례이다. 참여학생과 관련하여 교사는 과제에 학생들을 어떠한 방식으로 참여시킬지 고민해야 한다. 예를 들어 과제 수행의 단위를 개인, 한 쌍, 그룹으로 구성할지 또는 유사한 능력의 학생을 그룹으로 하거나 다양한 능력을 지닌 학생을 혼합하여 그룹을 만들지 고려해야 한다.

○ 어떻게 가르칠 것인가?

통합 체육수업을 위한 교수·학습 접근은 다양하다. 위에서 말했듯 차별화된 교수 전략은 효과적인 통합수업의 핵심이다. 보다 구체적인 사례로 언어적 의사소통 방식 이외에 몸짓, 비언어적 의사소통, 시범, 시각자료 등을 교수 전략에 포함시킬 수 있다(YST, 2008). 교사의 비언어적 의사소통 방식들은 청각장애 학생, 한국어가 서툰 다문화 학생, 자폐증 학생에게 적용될 수 있다. 동료에 의한 학습 지원은 학생의 다양한 요구나 필요를 수용할 수 있는 또 다른 교수 방법이다. 교사의 세밀한 피드백 역시 통합수업을 위한 교수전략이다. 사회적 배려 학생에 대한 피드백은 수행에 대한 결과 그 자체 보다는 학생의 노력과 과정에 집중되어야 한다. 세밀한 피드백을 제공하기 위해서는 기민한 관찰과 교사와 학생의 공감적 교류는 물론 장애 학생과 그렇지 않는 학생의 상호작용이 촉진되어야 한다. [과제 10.4]는 학생의 각기 다른 요구와 능력에 부합하는 방법을 찾는 데 도움을 준다.

> **과제 10.4 학생의 특정 요구와 필요에 부합하는 다양한 접근 활용**
>
> 다양한 요구를 가진 학생이 있는 여러분의 수업에서 동료교사에게 수업을 관찰하도록 부탁하여 학생의 요구에 어떻게 부합되게 지도하는 지 기술해보자. 수업 후 동료교사와 토의를 하고 그 내용을 정리하여 전문성 개발 포트폴리오(CPD)에 정리해두자.

통합수업을 위한 교수·학습의 또 다른 측면으로 수업 시간에 집중하지 못하여 특정 기능이나 기술을 익히는 데 감정적·행동적 어려움을 겪고 있는 학생이 있다. 교사의 적절한 과제 배치, 용기부여, 효과적인 행동 통제를 통해 학생은 과제에 집중할 수 있으며, 동기부여를 통해 신체적 성취를 높이려고 노력할 것이다. 예를 들어, 몸을 푸는 웜업 활동을 역동적인 스트레칭을 포함하여 개별 학생의 취향에 맞게 수행하면 자폐증이 있는 학생은 동료 학생의 모범 사례를 관찰하는 등 동료 학생을 모델링하여 웜업에 원할이 참여할 수 있다(YST, 2008).

마지막 사례로 체육은 체육 자체의 목적을 넘어 더 많은 교육적 목적을 달성하는 데 기여할 수 있다. Huhges와 Fleming(2013)은 두 가지 측면에서 체육의 학습을 바라보면서 학습의 두 가지 원칙인 '학습을 위한 움직임 moving to learn'과 '움직임을 위한 학습 learning to move'을 제시하였다. 그들은 체육이 다른 교과와는 다르게 독특한 역할을 수행한다고 주장하였다. 체육은 단순히 신체에 대한 교육뿐만 아니라 인지적, 사회적, 언어적, 도덕적 발달 및 책임감을 포함하고 있기 때문이다. 통합 체육수업을 촉진하는 한 가지 전략으로 운동 기능과 기술을 가르치고 배우는 전통적(움직임을 위한 학습)인 체육의 모습에서 사회적 배려 학생의 다양한 학습 요구가 반영될 수 있는 다양한 경험(학습을 위한 움직임)을 제공하는 체육으로의 전환을 들 수 있다. 무엇보다 위에서 지속적으로 강조하였듯 학생의 요구와 필요에 부합하도록 교사의 교수·학습 방법을 적절히 변형하고 수정하는 것이 핵심이다.

다양한 학생의 요구에 반응하기 위해서 한편으로는 일반학생과 사회적 배려 학생을 별도로 구분하는 것이 아니라 모든 학생에 적합하도록 교수·학습을 변화시키는 한편, 체육교사는 개별 학생의 다양성과 다름을 이해하고 수업에 반영해야 한다. [과제 10.5]는 두 개의 체육 수업 맥락에서 대안적 과제 제시에 대해 고민하도록 도와준다. 대안적 과제에 대한 내용은 11장과 15장에서도 확인할 수 있다.

> **과제 10.5 장애 학생에 적합한 대안적 과제 고안**
>
> 체조 수업에서 기구 위에서 다양한 방향으로 이동하는 과제를 수행할 때 움직일 수 있지만 걷거나 오르기 힘든 학생에 적합한 과제를 만들어보자.
> 농구 수업에서 양손으로 공을 튕기는 동작을 연습할 때 한 손만 사용할 수 있는 학생을 위한 과제를 만들어보자. 대안적 과제에 대해서 동료와 토의를 하고 그 내용을 정리하여 전문성 개발 포트폴리오(CPD)에 기록해두자.

○ 적절한 평가 전략 고안

체육교사는 학생과 학급전체에 적합한 의도된 학습 목표를 설정하고, 개별 학생이 학습의 연속선상에 있다는 것을 명심해야 한다. 대안적 과제를 계획할 때는 반드시 적절한 평가 방식을 함께 고안해야 한다. 또한 교사는 학생의 지식과 이해를 극대화 할 수 있는 대안적인 평가 방법을 제공해야 한다. 평가 전략은 의도적 학습 목표들과 일대일로 상응 되도록 한다. 만약 목표가 수정되면 평가도 수정될 필요가 있다. 학습과제나 학습결과가 명확하다면 평가 전략도 이와 연계해서 수정하는 것은 문제가 되지 않는다.

예를 들어, 체조 수업에서 움직임이 불편하여 직접 참여하기 힘든 학생의 경우 대안적으로 수업을 관찰하고 특정 체조기술의 토대를 이루는 원칙을 식별하도록 한다. 여기에서 평가 역시 학생의 체조 기술 보다는 학생의 구두 설명을 포함하도록 한다.

언어적 의사소통에 어려움이 있는 학생의 경우에는 체조 기술에 대한 지식, 기술, 이해를 구두로 묻기 보다는 구르기와 같은 기능을 시연하도록 한다. 이 경우 결과적으로 학생은 학습 성취에 대해서 학습 과정 보다는 시연으로 증명하게 된다. 마지막으로 사회적 배려 학생 중에서 교수 전략을 고안해서 특별한 도움이 필요한 집단은 자폐증이 있는 학생들이다(Durrant, 2009 참고).

○ 누가 학습을 지원하는가?

모든 학교는 사회적 배려 학생을 돕는 전문가가 있어 체육교사는 개별 학생의 요구나 필요에 따라 매우 중요한 정보와 조언 등 도움을 받을 수 있다. 학생과 그 가족을 잘 알고 있는 수업보조교사의 도움을 받을 수도 있을 것이다. 또한, 교사가 속한 학교에서 통합 수업을 지원하고 정보를 전문적으로 제공하는 인원이 있을 지도 모른다. 학교 관리자나 체육부장에게 체육교사를 지원할 수 있는 사람이나 조직에 대한 정보를 구해보는 것이 좋다.

학생의 요구와 필요의 성격에 따라 학생은 체육수업에서 보조자의 지원을 받을 것이다. 수업 보조자는 매우 큰 도움이 될 수 있다. 그러나 많은 보조자들이 체육수업에서 학생을 제대로 도와주는 훈련을 받지 않았다는 점에서 교사는 그들에게 체육수업에서의 역할에 대해 충분히 설명해주어야 한다.

사회적 배려 학생에 대한 다른 지원으로 동료학생에 의한 지원이 있다. 다른 학생을 돕는 것에 대한 책임감에 대해 민감하고 지지적인 학생이 종종 있기는 하지만 도움을 주는 학생에 대한 주의 깊은 지도가 필요하다. 예를 들어 학생 간 서로 돕는 수업에 대한 제한된 관점을 지니고 있는 교사는 '20미터 달리기'와 같은 활동에서 한명의 학생이 도움을 필요한 학생들과 계속 함께 뛰도록 과제를 조직할지 모른다. 이것은 도움을 주는 학생이나 받는 학생이 가능한 체육수업에서 활동적이여 하며, 이러한 과제에서 모든 학생이 중요한 사회적 기술을 발달할 수 있는 환경을 조직해야 한다는 점에서 바람직하지 않다.

[과제 10.6]은 통합적 수업 실천에 내재된 핵심적인 쟁점에 대해 검토할 수 있도록 도와준다.

> **과제 10.6 통합적 수업 실천에 대한 검토**
>
> 개별 학생의 다양한 요구나 필요를 위해 수정된 활동의 실천적 사례를 비판적으로 검토하자. 비판적 반성의 한 방법으로 체육수업 참여를 방해하는 장애를 최소화하면서 학습과 성취를 극대화하기 위해 어떠한 전략을 사용하는지 살펴보자. 동시에 아래 질문에 대해 고민해보자.
>
> - 통합적 체육 교육과정 계획의 핵심적인 원칙은 무엇인가?
> - 통합적 체육 교육과정 계획에 누가 포함되어야 하는가?
> - 소수의 학생이 아닌 다수의 학생의 요구나 필요에 부합하는 체육수업을 계획하는 데 있어서 잠재적인 어려움과 성공 요인들은 무엇이라고 생각하는가?
>
> 이에 대한 내용을 정리하여 전문성 개발 포트폴리오(CPD)에 기록해두자.

요약하자면, 교사가 이장의 앞부분에 제시한 원칙과 가치 등에 대해 미리 인식하고 준비한 다면 통합적 체육수업의 실천 사례들이 제대로 실행될 수 있다. 핵심적인 성공 요인은 수업에 대한 유연성과 학생의 특성에 따라 다른 학습과 교수 전략을 시도하기 위한 준비도이다 (Vickerman & Blundell, 2012). 통합적 체육수업에 대한 역량을 개발하기 위한 한 부분으로 모든 학생이 장애 없이 참여할 수 있는 수업을 만들려는 시도에 대한 실패를 두려워해서는 안 된다는 점이 있다. 제한된 학습 및 교수 전략에 매몰되기 보다는 반복적인 도전과 시도를 통한 수업 경험에서 배워야 하는 점이 중요하다.

요약 및 요점

○ 교수·학습 및 평가에 대한 통합적 접근

우리는 이 장을 통해 통합적 체육수업이 정부, 학교, 교사의 핵심적 사안이라는 것을 드러냈다. 사회적, 도덕적 측면에서 통합적 체육수업의 철학적 기초는 법률과 교육과정의 실천(DfE, 2014a)을 통해 보장된다. 체육교사와 학교는 체육과 교육과정 내에서 소수가 아닌 다수의 필요와 요구에 부합하는 통합적 체육수업의 성패에 핵심적인 역할을 수행한다. 통합적 체육수업의 어젠다를 달성하기 위해서는 〈표 10.2〉와 같이 체육수업과 관계자를 위한 명확하며 일관성 있는 틀 framework 을 마련하는 것이 필요하다(Vickerman & Blundell, 2012). 〈표 10.2〉는 이 장에서 다룬 핵심내용을 종합하여 통합수업에 대한 철학, 과정, 실천을 통합적이고 명료하게 보여준다. 따라서 체육교사는 이 틀을 기초로 삼아 통합적 체육수업의 계획, 실천, 실행, 검토에 활용할 수 있다.

나아가 이 틀은 체육교사가 모든 학생이 수업에 장벽이 없이 참여할 수 있는 최선의 기회를 제공하기 위한 수업 계획과 실행에 걸친 여러 요소를 인지하고 분석할 수 있는 기회를 제공한다

(Smith & Thomas, 2006). 틀을 활용하는 데 있어서 첫 번째 사항은 법률과 법률의 형태는 아니지만 가이드라인이나 지침으로 제시되어 있는 기본적인 인간의 권리의 토대를 이루는 철학에 대해 온전히 인지하고 이해하는 것에 있다. 이를 촉진하기 위해 교사의 차별화된 교수·학습 및 평가의 요구사항을 의도적으로 수행하는 것을 수용해야 한다. 결과적으로 교사는 통합적 체육수업의 이론적 근거와 주장에 주목하는 한편, 통합적 수업의 기초를 이루는 원칙을 검토하는 데 시간을 할애해야 한다. 결국 통합적 체육수업을 위해서는 교사의 통합적 교수·학습의 개발과 실행에 대한 능동적인 자세가 요구되고, 통합적 체육수업을 지지하는 파트너십 형성을 위해 동료 교사와 학생은 물론 수업과 관계된 개인과 조직과의 능동적인 협력과 자문이 필요하다.

통합수업을 위해서는 통합의 필요성에 대한 인식과 함께 체육교육과정을 통해 모든 학생의 공정한 학습이 이루어질 수 있도록 수업 전략을 수정하고 변용하는 것이 필요하다. 이에 체육교사는 통합적 체육수업을 가치 중심적으로 수행해야 한다. 다시 말하면, 통합적 체육수업의 발전은 시간에 따라 진화, 출현, 변화하는 과정의 일부로 인식되어야 하며, 모든 이해 관계자의 지속적인 검토가 필요하다는 것을 인정하는 것이 중요하다.

결론적으로 통합 체육수업에 대한 교사의 책무성이 요구되며, 모든 학교가 통합 수업 실행에 대한 모니터링, 검토, 평가하는 수단으로 학교정책 문서에 통합 관련 내용을 반영되어야 한다. 그러나 무엇보다 핵심적인 성공 요인은 정책이 교사의 교육적 실천에 영향을 미치게 하는 것이다. 따라서 통합수업에 대한 확고한 철학은 물론 통합수업을 실천하는 일이 학교와 교사에게 매우 중요하며, 궁극적으로 통합적 체육 수업의 성패는 개별 체육교사가 수업에서 모든 학생의 경험에 실질적인 차이를 제공할 수 있는 효과적인 통합적 수업 실천에 대한 평가에 달려있다. [과제 10.7]은 통합적 체육교육의 8P 원칙에 따라 교사의 실천에 대해 검토할 수 있도록 하며, [과제 10.8]은 모든 학생의 요구와 필요에 부합하는 교사의 교수·학습 및 평가 전략에 중점을 맞추고 있다.

〈표 10.2〉 통합적 체육교육의 8가지 원칙(8p)

철학(Philosophy)	통합적 체육교육과 관련된 핵심 개념은 무엇인가?
목적(Purpose)	통합적 체육교육의 근본적인 목적은 무엇인가?
능동(Proactive)	통합적 체육교육을 계획하고 실행하는 데 예상되는 어려움은 무엇이며 어떻게 극복할 것인가?
파트너십(Partnership)	성공적인 통합적 체육교육 수행을 위해 함께 일해야 할 사람은 누구인가?
과정(Process)	통합적 체육교육 실천의 출발점은 어디인가? 성공적인 수업 운영을 위해 검토해야 할 쟁점과 평가 방법은 무엇인가?
정책(Policy)	통합 교육과 관련된 학교의 정책은 무엇인가?
교육(Pedagogy)	통합적 체육교육을 개선하기 위한 나만의 교수·학습 방안은 무엇인가?
실천(Practice)	체육수업에서 통합적 체육교육을 어떻게 실천해야 하는가?

과제 10.7 통합적 체육교육 틀

사회적 배려 학생을 위한 통합적 체육수업 계획의 일부로 8P 원칙을 비판적으로 검토하여 아래 표를 작성하고, 교사전문성 발달을 위해 활용하자.

통합적 체육교육의 8P	각 원칙에 근거하여 교수·학습 전략 해석
철학(Philosophy) – 통합적 체육교육과 관련된 핵심 개념은 무엇인가?	
목적(Purpose) – 통합적 체육교육의 근본적인 목적은 무엇인가?	
능동(Proactive) – 통합적 체육교육을 계획하고 실행하는 데 예상되는 어려움은 무엇이며 어떻게 극복할 것인가?	
파트너십(Partnership) – 성공적인 통합적 체육교육 수행을 위해 함께 일해야 할 사람은 누구인가?	
과정(Process) – 통합적 체육교육 실천의 출발점은 어디인가? 성공적인 수업 운영을 위한 검토해야 할 쟁점과 평가 방법은 무엇인가?	
정책(Policy) – 통합 교육과 관련된 학교의 정책은 무엇인가?	
교육(Pedagogy) – 통합적 체육교육을 개선하기 위한 나만의 교수·학습 방안은 무엇인가?	
실천(Practice) – 체육수업에서 통합적 체육교육을 어떻게 실천해야 하는가?	

 과제 10.8 개별 학습

체육교육에서 사회적 배려 학생에 대한 관점이나 경험을 다룬 연구물을 읽어보자. 연구 결과를 비판적으로 검토하여(2,000자 내외), 모든 학생의 요구나 필요에 부합한 체육 수업을 위한 여러분의 교수·학습 및 평가 전략과 통합해보자. 이에 대해 지도교사 또는 동료교사 등과 의견을 교류하고 전문성 개발 포트폴리오(CPD)에 정리해두자.

―――― / 추가 읽기 자료 / ――――

Capel, S.& Plotrowski, S. (eds.) (2000). *Issues in physical education*. London: Routledg.
이 책은 교사와 학생을 위한 실천서로 다양한 관점에서 체육수업에서 평등에 대한 관점을 다루고 있다.

Coates, J., Vickermen, P. (2008). 'Let the children have their say: Children with special educational needs and their experiences of physical education- a review. *Support for Learning*, *23*(4), 168-175.
이 논문은 체육교육에서 사회적 배려 학생과 관련된 그들의 경험과 목소리에 대한 연구들을 리뷰하였다. 체육수업에서 장벽과 도전에 의해 소외된 학생들의 임파워먼트를 이해하는 데 큰 도움을 준다.

Hayes, S., & Stidder, G. (2013). *Equity and inclusion in physical education*, 2nd ed, Abingdon, Oxon: Routlede.
이 책은 통합적(또는 포용적) 체육수업에 대한 다양한 쟁점에 대한 전반적 이해를 돕는 데 큰 도움이 된다. 특히 사회적 계층, 인종, 젠더, 성별, 장애 등 체육교육에서 사회적 배려 학생을 다층적으로 분석하고자 하였다.

Winnick, J. (2011). *Adapted physical education and sport*, 5th edn. Champaign, IL: Human Kinetics.
이 책은 특수체육 관련 이론적·실천적 전략을 제공한다. 특히 체육수업에서 장애 학생에 대한 차별화된 전략과 이와 관련된 정보를 제공하고 있다.

학습자중심 교수:
피지컬 리터러시 관점
Learner-centred teaching – a physical literacy perspective

Margaret Whitehead

소개

유능한 교사가 되기 위하여 교수기술 teaching skill 을 마스터하려는 도전이 있어 왔으나, 11장에서 가장 중요한 것은 '학생'과 그들의 요구이다. 학습 learning 이 필연적으로 교수 teaching 의 결과로 나오는 것은 아니며, 가장 중요한 것은 교사가 학습의 촉진자라는 점이다. 따라서 이 장에서는 교사로서의 발달에 대하여 한 발자국 물러나 생각하고 천천히 살펴보면서, 학생과 그들의 학습에 영향을 줄 수 있는 것을 숙고해 볼 것을 강조한다. 유능한 가르침을 달성하려면 학생 중심의 진취성을 발휘해야 한다.

2장에서 피지컬 리터러시(PL)의 개념을 이미 소개한 바 있다. 이 장에서는 이 개념이 학습자중심 교수에 대한 근거를 제공하는데 활용된다. 피지컬 리터러시 여정1)을 진척시키면서 학생들은 자신감, 신체적 유능성, 동기, 지식, 이해 면에서 더 나은 향상을 보여주게 될 것이고, 그들이 신체활동을 가치 있게 여기고 삶에서 이 신체활동을 유지시키는 것에 스스로 책임감을 갖게 할 수 있다. 모든 학생들이 각자 자신만의 여정에 있다는 점을 이해해야 한다. 또한, 모두가 진전될 수 있다. 타인과의 비교는 크게 의미가 없으며 개인적 진전을 보살피며 축하해 주어야 한다. 교사는 이러한 맥락에서 개별화된 존재로서의 학생 하나하나를 알아야 하고, 가능하다면 개인별 요구를 충족시킬 수 있도록 교수 활동을 잘 맞춰 주어야 한다. 피지컬 리터러시는 명백하게 '학습자중심'의 개념이다.

---

1) Whitehead(2010)는 '피지컬 리터러시'의 핵심 속성을 동기(motiation), 자신감 및 신체적 유능성(confidence and physical competence), 환경과의 상호작용(interaction with the environment)이라는 3가지로 언급하였고, 상호 밀접한 관련을 갖고 핵심 개념을 형성한다고 설명하였다. 또한, 학생 개개인의 또다른 3가지 속성, 즉, 자아와 자신감에 대한 감각, 자기표현과 타인과의 소통, 지식과 이해를 통하여 처음에 언급된 3가지 핵심 속성이 더 진척될 수 있다고 하였다.

'피지컬 리터러시(PL)'라는 맥락 안에서 보면, 이 장은 학습자중심 교수의 두 가지 측면에 초점을 두고 있다. 첫째, '신체적 유능성' physical competence 을 발달시키는 체육에서의 학습' 부분은 PL의 신체적 유능성의 요소를 강조하며 일련의 핵심 제안들의 기반을 이룬다. 둘째, '자신감, 자긍심 및 책임감 있는 태도를 함양하는 일'은 PL의 자신감과 책임감 요소로부터 형성된다.

이 장을 학습한 후, 여러분은 다음과 같은 내용을 이해할수 있어야 한다.

- '피지컬 리터러시'가 학습자를 교수의 핵심이라고 전제하고 있는 개념이라는 점을 이해한다.
- 학습을 촉진하는데 중요한 교수의 모든 요소들을 알아본다.
- 신체 영역의 학습과 관련하여 1~10장에서 설명된 교수의 주요 측면들을 이해한다.
- 학생들의 자신감, 자긍심 및 책임감 있는 태도를 함양시키는 교사 행동의 중요성을 알아본다.
- 자신감, 자긍심 및 책임감 있는 태도의 함양과 관련하여 1~10장에서 설명된 교수의 주요 측면들을 이해한다.

예비교사교육과정의 요구사항(필수요건)을 확인하여 이번 장과 어떠한 관계가 있는지 살펴보자.

신체적 유능성 physical competence 발달을 위한 체육에서의 학습

이 부분에서는 앞서 언급된 장들에서 다뤄진 신체적 유능성과 관련된 학습의 주요 측면을 강조하며, 이와 관련된 총 9개의 '핵심 제안 key proposition'이 제시되어 있다. 앞서 언급된 각각의 장에서도 교수 teaching 에 대한 나름의 주요 주안점이 있지만, 누구에게나 기반이 되는 정당성은 '학습을 어떻게 촉진시킬 것인가?'에 대한 지침과 조언을 제공하는 것이다. 신체적 유능성을 발달시키는 것은 피지컬 리터러시의 중심 요소이자 개별적 여정으로 이해되어야 한다. 최적의 학습이 모든 학생들에 의해 성취될 수 있다면, 학생 하나하나가 특별히 타고난 재능들을 가질 것이고 각 학생에게 주어져야 할 필요가 있을 것이다. 특히, 논의되어야 할 학습의 구성요소가 학생의 학습에 영향을 미치는 부분에 관심을 집중시키고 있으며, 앞서 언급된 장들을 다시 읽어보는 것이 매우 중요하다. 학생의 학습에 영향을 미칠 수 있는 중요한 교수 teaching 에 대한 9가지 핵심 제안 key proposition 의 내용을 살펴보자.

○ 핵심 제안 1: 학습자가 더 큰 성공을 거두도록 이끌기 위하여 수업이 논리적으로 구조화될 때, 학습은 더 잘 일어날 가능성이 크다.

학습에 영향을 미치는 교수의 첫 번째 측면은 의도된 학습결과(ILOs), 준비된 과제들 및 활용되는 교수 접근에 관한 '수업 설계'이다. 수업은 모든 학생들의 요구에 부응하도록 설계되어야 한다. 최대한 과제들은 이전의 성취/지식에 기반을 두어야 하면서도 진전, 개선, 적용을 위한 기틀을 마련해야 한다. 학습은 앞선 수업으로부터 또는 수업 내부에서 새로운 도전이 점차 늘어나는 수업에서 더 잘 일어날 가능성이 크다. 수업은 명확히 뚜렷한 목적의식에 부합해야 하며, 심사숙고하여 창의적으로 계획되어야 하고, 모든 학생이 성공을 경험할 수 있는 기회를 고루 제공해야 한다. 수업활동에 기초를 다지는 수업 도입부 및 협업을 이끌어내는 최종적 협의 plenary 를 통하여 수업은 논리적으로 구조화되어야 한다. 교수의 이러한 측면은 3장에서 중심이 되는 내용이지만, 4, 6, 7장이나 관찰, 조직, 운영, 동기부여 및 통합을 각각 다루는 10장에서도 계획의 중요성이 언급된다. 교수의 이러한 측면은 핵심 제안 1을 만들어낸다.

○ 핵심 제안 2: 학습자가 잘 관리되는 환경에서 활동하고 설정된 과업을 수행하기 위한 시간, 장비, 공간을 가질 때 학습은 더 잘 일어날 가능성이 크다.

신체 영역에서의 학습을 용이하게 하는 중요한 교수의 두 번째 측면은, 계획과 연계되면서 '학습 맥락의 준비 및 운영'과 관련되어 있다. 그 맥락은 학생에게 시간, 공간, 장비가 잘 조직화되고 활용되는 적절하고 안전한 환경을 제공해야 한다. 루틴 routines 이 잘 수립되고 시간은 낭비되지 않도록 하며, 모둠이나 집단이 필히 잘 발달되어 있고, 장비를 쉽게 이용할 수 있어야 한다. 잘 정돈된 수업 설정은 학생의 응용, 이해, 학습을 지원하는 환경을 제공할 것이다. 전반적으로 잘 조직화하는 것은, 교사가 수업을 모니터하고 현저하게 다른 학생들의 반응도 알려주며, 적절한 차별화 절차를 소개할 수 있는 시간적 여유를 갖게 해준다. 학습 촉진에 대한 이러한 측면은 6장에서 처음 언급되었으나, 계획, 의사소통, 동기부여 및 효과적인 학습 환경을 다룬 3, 5, 7, 8장에서도 각각 중요하게 인식되고 있다. 교수의 이러한 측면은 핵심 제안 2을 만들어 낸다.

○ 핵심 제안 3: 교사가 다양한 형태의 의사소통을 활용할 때, 의사소통에 대한 모든 것이 명확하고 간결하며 학생에게 접근성이 좋을수록 학습은 더 잘 일어날 가능성이 크다.

학습을 촉진하는 데 중요한 세 번째 교수의 측면은, 교사와 학생 간 '효과적인 의사소통'에 있다. 학습은 유의미한 정보에 대한 효과적인 소통의 결과로 가장 잘 묘사될 수 있다. 대부분 교사는 학습자보다 더 많이 알 것이고 이러한 지식을 학습자와 공유하는 것도 교사의 일이다. 학생이 과제 속성 및 한 가지 움직임이나 활동의 본질을 명확히 규정하면, 목적의식을 명확히 하고 자신 있게 가르침을 전달하는 것이 더 중요하다. 의사소통의 형태는 학생들의 연령, 경험, 언어 기능에 맞게 접근이 용이하도록 선정되어야 한다. 의사소통은 학습을 촉진시키는 모든 과정에서 가장 중심이 된다. 정보는 다양한 방식으로 주어질 수 있으나, 모든 경우에 모든 학생이 들을 수 있고 볼 수 있으며, 간결하고 명확하며 쉽게 이해할 수 있어야 한다. 효과적인 의사소통은 5장에서 중요하게 다루었으나, 관찰, 동기부여, 효과적인 학습 환경과 통합성을 다룬 3, 7, 8, 10장에서도 각각 언급된다. 교수의 이러한 측면은 핵심 제안 3을 만들어 낸다.

이제 [과제 11.1]을 수행해보자.

> **과제 11.1 학습을 촉진하는 교수 인지 (a)**
>
> 자신이 가르치는 수업 영상을 20분 정도 담고, 그 수업 이후 핵심 제안 1, 2, 3의 전형을 보여주는 교사 행동을 확인하자. 그 이후 이어지는 수업에서 이 세 가지 중에서 거의 볼 수 없었던 교수의 측면에 집중하자. 지도교수에게 자신이 가르치는 모습을 모니터링하고 피드백을 달라고 요청하자. 이러한 기록을 전문성 개발 포트폴리오(PDP)에 정리해두자.

○ **핵심 제안 4**: 교사가 학생들을 강화하고 안내하며 조언해 주려고 개별화된 피드백을 제공하기 위하여 관찰을 활용할 때, 학습은 더 잘 일어날 가능성이 크다.

신체 영역의 학습에 영향을 미치는 네 번째 교수 teaching 의 측면은 '학생 반응에 대한 교사의 관찰'을 활용하는 것이다. 의사소통(위에서 논의된)이 주로 과제를 설명하며 과제 조직을 설정하는 것으로 이해되는 반면, '관찰'은 교사가 학생에게 현재 지속되는 제공하고 있는 피드백의 기반이 된다. 학생 개인, 집단 또는 반 전체에 대한 식견이 있고 기민한 피드백을 통하여 필수적인 수업 정보와 학습에 필요한 지원을 제공할 수 있다. 관찰을 거쳐, 학생 반응의 상세한 부분들이 칭찬이나 추가 지도를 위해 강조될 수 있도록 학생과 수업 자료에 대한 이해를 활용할 수 있다. 관찰에 근거하는 피드백은, 각 개별 학생의 요구를 위해 특히 주어져야 할 학습 촉진에 중요한 요소이다. 4장에서는 관찰 주제를 다루는데, 계획, 의사소통, 조직과 관리, 관찰, 동기부여, 평가, 통합을 다루고 있는 3, 5, 6, 7, 9, 10장에서도 각각 언급된다. 교수의 이러한 측면은 핵심 제안 4를 만들어 낸다.

○ **핵심 제안 5**: 학생 스스로 하고 있는 과제에 전념하도록 동기가 부여되며, 적절하게 자신의 학습에 대한 책임감을 가질 때 학습이 가장 잘 촉진된다.

학습 촉진에 근본이 되는 교수의 다섯 번째 측면은, 학생이 하고 있는 과제 활동에 참여하도록 '동기화'하는 교사의 효과성이다. 학생은 학습하기 위하여 스스로 완전히 과제에 몰두해야 하고, 교사가 지도하는 움직임이나 지식을 끈기있게 반복하고 적용해야 한다. 학생이 성공하도록 과제가 설계되고 노력, 진척, 성취가 인정되면 동기부여는 더 잘 일어나게 될 가능성이 크다. 열정적 교수와 교수 접근의 변화도 동기부여를 활발하게 만든다. 학생이 계획하고 학습과 노력을 통해 진척시키는 만족 경험을 모니터링 하는데 교사가 일익을 담당한다면, 동기부여와 학습은 수시로 더 향상될 수 있다. 동기부여를 촉진하는 교수는 7장에서 설명되지만, 그것의 가치는 계획, 의사소통, 조직과 관리, 효과적인 학습환경, 평가, 통합을 각각 다루고 있는 3, 4, 5, 6, 8, 9, 10장에서도 시사된다. 교수의 이러한 측면은 핵심 제안 5를 만들어 낸다.

○ 핵심 제안 6: 학습이 각 개인에게 특별한 과정이며 학생의 잠재력, 능력, 성격이 인정되고 학생의 개인별 요구가 충족될 때 학습은 더 잘 일어날 가능성이 크다.

학습이 성취될 때 중요한 교수의 여섯 번째 측면은, '모든 학생이 다르다'는 것을 인식하는 것이다. 교수는 통합적 inclusive 이어야 한다. 대개 이 경우에 차별화된 교수를 포함한다. 과제가 잠재성과 능력에 적합하게 설정되지 않으면, 학생은 배우지 못할 것이다. 모든 학생은 자기 나름의 특성, 경험, 지각 및 재능을 가진 특별한 존재이다. 최대한 과제는 모든 학생들에게 의미 있고 성취될 수 있는 것이어야 한다. 학생을 하나의 개체로 이해한다는 것은 도전이자 마음에 새겨야 할 목적이기도 하다. 교사는 관찰 기술 및 수업 자료에 대한 지식을 활용하여 각 학생들에게 분명한 피드백과 지도를 해줄 수 있어야 한다. 개인차에 대해 부응하려는 논의들은, 특별한 잠재력이나 도전심이 있는 학생에 관한 이해가 이루어져야 한다는 것 뿐 아니라, 각각의 학생들의 진가를 제대로 알아야 한다는 것에 관한 것이다. 통합적 교수법은 10장에서 다루고 있는 주제이지만, 개별적 요구에 대한 관심은 계획, 관찰, 의사소통 및 효과적인 학습환경을 각각 다루고 있는 3, 4, 5, 8장에서도 잘 나와 있다. 교수의 이러한 측면은 핵심 제안 6을 만들어 낸다.

이제 [과제 11.2]를 수행해보자.

과제 11.2 학습을 촉진하는 교수 인지 (b)

자신이 가르치는 수업 영상을 20분 정도 담고, 그 수업 이후 핵심 제안 4, 5, 6의 전형을 보여주는 교사 행동을 확인하자. 그 이후 이어지는 수업에서 이 세 가지 중에서 거의 볼 수 없었던 교수의 측면에 집중하자. 지도 교사에게 자신의 교수를 모니터링하고 피드백을 달라고 요청하자. 이러한 기록을 '전문성 개발 포트폴리오'(PDP)에 정리해두자.

○ 핵심 제안7 : 학생들이 환경에서 신체적, 사회적, 정서적으로 안정감 있는 분위기를 느끼고, 자신의 노력의 가치를 인정받으며 아무리 사소한 성취라도 진가가 인정될 것이라는 자신감을 가지면 학습은 더 잘 일어날 가능성이 크다.

신체영역에서 학습에 심오한 영향을 미치는 교수 teaching 의 일곱 번째 측면은, '수업의 여세나 분위기 속성'에 관한 것이다. 학습은 집중을 방해하지 않으면서 정련되고 안전한 환경이 마련되어 있을 때 잘 이루어진다. 또한 교사와 학생 간, 학생들 간의 상호 존중 풍토에 의해 좌우되기도 한다. 새로운 과제를 시도하거나 학생에게 자신의 생각을 창출하도록 요청하는 상황에서는, 모든 학생들이 알 수 있도록 제시하고 그러한 노력이 인정될 것이라는 것에 대한 자신감을 갖도록 해야 한다. 학생들은 설정된 과제나 심지어 수업 전반에서 실패할 것 같은 환경에 처하는 것을 원하지 않으며, 함께 하는 수업이나 과제에서도 어떠한 진전이 있을 것인가에 대해 의구심을 갖으며 과제를 하지 않으려는 경우가 많다. 실패나 굴욕감에 대한 두려움이 있으면 학습이 일어나지 않는다. 이러한 조건들은 학생들이 느끼기에 교사가 통찰력 있고 진가를 알아주며, 고무적으로 노력이 인정되고 보상이 주어지는 환경에서 가장 잘 달성된다. 효과적 학습 환경의 발달은 8장의 주제이지만 학습 풍토 형성에 대한 요소가 들어있는 추천할 만한 장으로, 이를테면 조직과 관리, 동기부여, 통합을 각각 다루는 6, 7, 10장을 들 수 있다. 교수의 이러한 측면은 핵심 제안 7을 만들어 낸다.

○ 핵심 제안 8: 항상 동기를 부여하기 위한 도구로 평가를 활용한다면 학습은 더 잘 일어날 가능성이 크다.

학습을 촉진시키는 중요한 역할을 하는 여덟 번째 교수에 대한 측면은 '평가 활용'과 관련된다. 학습의 가장 중요한 부분의 하나는 학생이 자신의 성취에 대한 선명한 그림을 그리고 있는지, 자신이 얼마나 더 성공할 것으로 가늠하는지, 어떻게 진전될 수 있는지에 대한 것이다. 평가는 개인의 진전 과정의 기록을 가장 잘 나타내 준다. 그래서 교사가 각 개별 학생의 진전 상황에 대한 견해를 남기는데, 이 때 학생이 다른 학생들과 계속 비교된다는 느낌을 받지 않도록 해야 한다. 학습 평가는 절대평가 criterion-referenced 와 실증적 평가 ipsative-referenced 2)가 학생에게 동기를 부여하고 학습을 촉진시키는 가장 강력한 도구가 된다. 평가의 중요성을 알면, 특정 시간에서 수업이나 단원에서 소개되는 한 가지 운동보다는 모든 학습과 교수에 필수불가결한 것을 전반적으로 강조한다. 평가는 9장에서 다루는 주제이지만 평가와 관련된 논의들은 각각

---

2) 이 평가 관련 내용은 심리학이나 인성 검사 등에서 자주 등장하는데, 리커트 척도와 달리 여러 개의 선택 사항 중에서 '자신의 생각과 가장 비슷한 것'(most)과 '가장 거리가 먼 것'(least)을 각각 고르도록 한다.

계획, 관찰, 효과적 학습 환경을 다루고 있는 3, 4, 8장에서도 도화선 역할을 한다. 교수의 이러한 측면은 핵심 제안 8을 만들어 낸다.

○ **핵심 제안 9:** 자신감 있고 열성적인 교사가 학습을 더 잘 이끌며, 그 교사가 신체활동의 가치에 대한 태도와 관련한 롤 모델이 될 때 학습은 더 잘 일어날 가능성이 크다.

학습에서 중요한 역할을 하는 아홉 번째 교수의 측면은, '교사'가 신체활동에 관심을 갖고 몰두하는 확신 속에서 스스로 드러나는 자신감과 관련된다. 어떤 의미에서는 이 부분은 이 장에서 이미 설명한 것들을 모두 아우르고 있다. 교사로서 매사에, 즉 수업을 준비하는 방식에서, 설정한 기준 내에서, 학생에 대해 가지고 있는 흥미 속에서, 수업의 진가를 전달해주는 방식에서 중요한 메시지를 보낸다. 명확한 의도와 신념을 가진 확신 있는 교사는 탄탄한 롤 모델을 제공하고 침착하며 확신 있고 자신감 넘치는 풍토를 창출하는데, 이는 학생이 학습하는데 영감을 주고 권한을 부여해 줄 잠재성을 갖는 것이다. 명백한 목적을 입증해 주는 목적의식이 있는 교수에 대한 논의는 2장의 주제로 다뤄지지만, 관찰, 의사소통 및 효과적인 학습 환경을 각각 다루고 있는 4, 5, 8장에서도 중요한 것으로 간주되고 있다.

이제 [과제 11.3]을 수행해보자.

> **과제 11.3 학습을 촉진하는 교수 인지 (c)**
>
> 자신이 가르치는 수업 영상을 20분 정도 담고, 그 수업 이후 핵심 제안 7, 8, 9의 전형을 보여주는 교사 행동을 확인해보자. 그 이후 이어지는 수업에서 이 세 가지 중에서 거의 볼 수 없었던 교수의 측면에 집중하자. 지도교수에게 자신의 교수를 모니터링하고 피드백을 달라고 요청하자. 이러한 기록을 전문성 개발 포트폴리오(PDP)에 정리해두자.

신체적 유능성의 발달을 촉진하는 학습은 체육의 핵심 목적 중 하나이며, 피지컬 리터러시를 길러내는 중요한 요소이다. 이 장의 앞에서 언급했듯이, 개별적 존재로서의 학생에 대한 교사 이해와 지식의 중요성, 타고난 재능과 잠재성이 무엇이든 모든 참여자를 위해 제공될 필요성이 거듭 강조되어 왔다. 학습을 촉진하는 것으로 이해되는 교수의 중심부에는 바로 '학생'이 존재한다.

자신감, 자긍심, 책임감 있는 태도를 함양하기

이 장의 두 번째 부분에서는 교수가 학생의 자신감, 자긍심, 책임감 있는 태도를 함양하도록 시행될 수 있는 여러 방식들을 고려한다. 이러한 것들은 모두 피지컬 리터러시의 핵심 요소이다. 여기서 '자신감 confidence'은 미래에 개개인이 보람 있고 의미 있는 경험을 하게 될 것이라고 확신하는 신체활동 상황에 참여하도록 권한을 부여받았다고 느끼는 '자긍심'의 기반이 된다. Branden(1995: 27)은 '자긍심 self-esteem'을 삶에 대한 기본적 도전과 행복의 가치를 다루는 유능감으로 그 자체를 경험하는 기질로 기술하였다. 그는 자긍심을 자기효능감 self-efficacy 과 자존감 self-respect 이라는 두 가지 밀접한 관계를 가지고 있는 구성요소로 기술하고 있다. 즉, '자기효능감은 생각하고, 이해하며, 배우며, 선택하고 의사결정을 하는 것에 자신이 있는 마음을 작용시키는 자신감'을 의미하며, '자존감은 삶과 행복에 대한 권리를 향한 가치 및 긍정적 태도에 대한 확신'을 의미한다.

이 부분은 책에서 앞서 언급한 장들에서의 내용들을 재고하며, 자신감, 자긍심 및 책임감 있는 태도를 함양할 수 있는 교수 측면을 강조한다. 물론, 이것이 위에서 언급한 바대로 '누구에게나 딱 맞는' 쟁점은 아니다. 자신감, 자긍심, 책임감 있는 태도의 함양은 신체적 잠재성을 발달시키며 개인에게 특별하다. 그러므로 교사는 '어떻게 수업 분위기를 만들어 낼 것인가?'에 대해서 아주 조심스럽게 생각할 필요가 있고, 학생별로 중요한 성격 발달을 달성하게 하듯이 개별 학생들에 대한 관심을 보여주어야 한다.

이 부분이 자신감, 자긍심, 책임감 있는 태도를 함양하는 교수의 중요 측면들을 강조하는 반면, 신체적 유능성을 고취시키는 학습도 이러한 성격/특질들을 발달시키는데 영향을 미칠 것이다. 하지만, 이러한 학생 발달에 관련된 두 측면 사이의 필연적 관계는 없다. 대체로, 신체적 유능성을 발달시키면 긍정적 피드백과 칭찬을 받을 것이고 학생의 자신감이 생성된다. 그러나 교사가 인식하지 못하는 신체적 유능성 향상이 있을지 어떨지 모르고, 다른 학생들과 비교할 때 사소한 것으로 묵살되거나 괄목한 만한 것으로 인정되지 않는, 보통 수준의 성취를 하는 경우에는 매우 경쟁적인 체제에 직면하게 될 지도 모른다.

교사가 모든 학생들이 학교 밖에서나 학교를 졸업한 후에도 지속적으로 신체활동에 참여하는 것을 목적으로 두면, 학교에 있을 때 성공적으로 인식되거나 보람된 경험들을 하도록 하는 것이 중요하다. 교사로부터의 긍정적이고 지지적인 피드백을 받은 학생은 스스로 통찰력을 고양시킬 수 있으며, 스스로 가치 있다고 느끼며 자신감과 자긍심을 키운다. 학생들이 신체활동을 가치 있게 생각하고 '체육'(PE) 교과를 넘어 신체활동 참여에 대한 책임감을 갖도록 하려면, 체육을 통해 긍정적이고 유쾌하며 의미 있는 경험을 해야 한다. 서투르고 부적절하며 굴욕적인 느낌으로 수업에 참여하면, 미래에 유사한 상황에서 스스로 입문할 가능성도 낮아진다. 피지컬 리터러시, 즉 '동기부여, 자신감, 신체적 유능성, 가치에 대한 지식과 이해, 삶에서 신체활동 참여에 대한 책임감'(Whitehead, 2014a)으로 정의할 때 언급했듯이, 미래의 신체활동 참여는 '체육' 교과에 대한 근본적 정당성이 된다. 그러므로 교수의 이러한 측면은 심사숙고되어야 한다.

○ 교사를 위한 도전

수업하는 동안 교사가 개별적 존재로서의 어떤 학생을 알고 학생과 각각 상호작용하는 책임감을 가지는 것을 의미하듯, 여기 교사를 위한 진짜 도전이 있다. 사실상 수업할 때는 특별한 유형의 분위기가 필요하다. 자신감, 자긍심, 책임감 있는 태도를 촉진하는 수업 분위기가 갖는 함의는 아래의 4가지 주제로 제시된다.

1. 격려, 도전, 축하 분위기를 창출하라.
2. 낙관주의를 불러 일으켜라 - '할 수 있다'는 문화
3. 개별 학생을 소중히 생각하고 상호 존중을 발달시켜라.
4. 학생이 자신의 학습에 대한 책임을 지고, 소유의식을 느끼며, 진전에 대한 긍지를 가질 수 있는 기회를 포함하라.

이들 각각은 다른 방식으로 학생의 긍정적 자기 이미지 성장에 공헌하며 자긍심을 고취시킨다. 이런 전반적 분위기는 학생들에게 '체육' 교과 내에서 또는 그것을 넘어 신체활동에 몰두하고 솔선하는 자신감을 줄 수 있다. 이제 [과제 11.4]를 수행해보자.

 과제 11.4 자신감, 자긍심, 책임을 마다하지 않는 자세를 함양하는 교수 인지

다른 예비 교사(student teacher)를 관찰하고 자신감, 자긍심, 책임을 마다하지 않는 자세를 촉진하는 교수 특성을 확인해보자. 관찰할 때 예비교사가 동일한 운동을 수행하도록 요청하자. 두 가지 관찰 모두를 예비교사와 함께 논의하고, 어떻게 이러한 교수의 측면을 발달시킬 수 있을 것인지 숙고해보자. 관련된 교수 요소들을 발달시키기 위하여 수업한 대로 참조하기 위해, 두 관찰 모두 '전문성 개발 포트폴리오'(PDP)에 기록해두자.

○ 격려, 도전, 축하 분위기를 창출하는 교수

수업에서 교사와 소통하고 자기표현을 하는 것은 학생 자신감 발달에 중요한 역할을 한다. 열정적 교수는 관심을 불러일으키고 주의를 끌며, 수업 활동이 흥미진진하고 보람되고 긍정적 경험에 대한 잠재성을 가지고 있다. 교사에 의한 자신감은 수업의 가치나 잠재성 면에서도, 활동에 대한 존중과 자신감을 스스로 발달시키려는 학생들에 의해 쉽게 포착된다. 수업 자료를 능숙하게 제공하는 교사는, 도전적이면서 진척시키기 위한 기회를 모두에게 제공할 수 있으며 학생들을 사로잡을 것이다. 학생의 노력, 진척, 달성을 진정으로 축하해 주는 교사는 학생을 격려하며 자신감을 줄 수 있으며, 그 활동은 손이 닿을 만큼 가까운 곳에 있고, 성공의 즐거움

에서 비롯된 보람 있는 경험들을 보장할 수 있다. 격려, 도전, 축하 분위기를 창출하고 자신감을 촉진하는 교수의 측면은 아래의 내용을 포함한다.

- 모든 학생들을 향한 열정과 격려를 보여주기
- 도전적이지만 모든 학생들이 쉽게 할 수 있는 과제를 설정하기
- 노력, 진전, 성취에 대하여 인정하고 보상하기
- 모든 학생들에게 적절한 칭찬을 활용하기
- 아무리 작은 향상/발전이라도 축하해 주기
- 항상 부정적 메시지는 피하기

이러한 교수의 측면은 관찰, 의사소통, 동기부여, 효과적 학습 환경 및 통합성을 각각 다루고 있는 3, 4, 5, 7, 8, 10장에서 논의되고 있다. 이제 [과제 11.5]를 수행해보자.

> **과제 11.5 격려, 도전, 축하 분위기를 창출하는 교수 인지**
>
> 동료 예비교사를 관찰하고 격려, 도전, 축하 분위기를 창출하는 교수 특성을 확인해보자. 여러분을 관찰할 때 예비교사가 동일한 운동을 수행하도록 요청하자. 두 가지 관찰 모두를 예비교사와 함께 논의하고, 어떻게 이러한 교수의 측면을 발달시킬 수 있을 것인지 숙고해보자. 관련된 교수 요소들을 발달시키기 위하여 수업한 대로 참조하기 위해, 두 관찰 모두 '전문성 개발 포트폴리오'(PDP)에 기록해두자.

○ 낙관주의를 형성시키는 교수 - '할 수 있다'는 문화

성공에 대한 교사의 기대와 학생 능력에 대한 교사의 믿음은 자긍심을 발달시키는데 아주 강력한 도구이다. 피드백의 활용은 교사가 쉽게 학생 가까이에 갈 수 있는 거리에서 기다려주며 학생들이 진전될 수 있다고 안심시킨다. 이는 교사가 학생들을 믿고 있고 그들의 노력을 소중하게 생각한다고 깨닫게 만든다. 교사의 신뢰는 학생들이 스스로 긍정적인 태도와 능력을 발달시키는데 중요하다. 게다가, 책임감의 일부를 학생들에게 이양하면 학생들에 대한 믿음과 존중도 보여주는 것이다. 교수의 이러한 두 가지 접근 모두가 학생들을 소중하게 여기며 자신의 능력에 대한 믿음을 가질 수 있도록 할 수 있다. 학생의 신체활동 참여에 대해 자긍심을 발달시키는 결과로, 피지컬 리터러시 여정의 진전에 가장 중심이 되는 자신감을 불러일으킬 수 있다.

학생에게 낙관주의를 불러일으키고 자긍심을 길러주는 교수의 양상들은 아래의 내용을 포함한다.

- 각각의 학생들이 '할 수 있다'는 태도를 취하기
- 각 학생들에게 가장 적절한 피드백을 선정하고 활용하기
- 모든 학생들이 적절한 수준에서 도전받는 성공을 경험하도록 보장하기
- 낙관주의를 보여주며, 높지만 실현 가능한 기준들을 기대하기
- 학생 스스로 자기평가를 하고 자신의 수행을 자랑스럽게 여길 수 있도록 하기

이러한 교수의 측면들은 계획, 관찰, 동기부여, 효과적 학습 환경, 통합성을 각각 다루고 있는 3, 4, 7, 8, 10장에서 논의된다. 이제 [과제 11.6]을 수행해보자.

> **과제 11.6 낙관주의 – '할 수 있다'는 문화를 형성하는 교수 인지**
>
> 동료 예비 교사를 관찰하고 낙관주의 – '할 수 있다'는 문화를 형성하는 교수 특성을 확인해보자. 여러분을 관찰할 때 예비교사가 동일한 운동을 수행하도록 요청하자. 두 가지 관찰 모두를 예비교사와 함께 논의하고, 어떻게 이러한 교수의 측면을 발달시킬 수 있을 것인지 숙고해보자. 관련된 교수 요소들을 발달시키기 위하여 수업한 대로 참조하기 위해, 두 관찰 모두 전문성 개발 포트폴리오(PDP)에 정리해두자.

○ 개인에 대한 존중을 보여주고 학생들 간의 상호존중을 격려하는 교수

학생 개개인에 대한 교사의 관심은 '학습자중심의 교수'의 중심에 있다. 모든 학생들은 다르며 다른 학생과 비교되어서도 안 된다. 준거참조평가(상대평가)는 각자 다른 학생들이 모두 체육에 참여하도록 잠재력을 부여하기에는 적절하지 않다. 학생들이 스스로 어떠한 존재이고 무엇을 성취할 수 있느냐에 대한 가치를 인정받도록 느끼게 할 필요가 있다. 학생들은 당연히 교사에게 자신의 존재가 잘 알려지고 잘 이해되고 있다는 것을 느끼고 싶어 한다. 놀림 받거나 굴욕당하지 않고 존중받을 것이라고 믿고, 자신의 잠재력을 이해하고 수용할 수 있는 도움을 기대한다. 교사는 각각의 학생이 집단 구성원이자 다른 학생들도 존중하고 인정한다는 것을 느끼도록 확신을 주어야 한다. 학생들이 전 생애에 걸쳐서 신체활동의 참여를 지속하면, 자신감과 자긍심과 같은 다양한 긍정적 태도가 형성된다는 점에서 엄청나게 중요하다.

학생 개개인에 대한 존중을 보여주며, 학생들 간 상호존중을 고무시키고, 자신감과 자긍심을 길러주는 교수의 양상들은 아래의 내용을 포함한다.

- 모든 학생 개개인이 자신의 이름과 피지컬 리터러시 여정의 어디쯤에 있는지 교사가 알고 있다는 것을 확신시키기

- 모든 학생들을 돌보며 공감적 접근을 취하기
- 학생이 각자 가치를 인정받고 언제나 자신이 포함되어 있다는 것을 확신시키기
- 학생이 각자 자기인지 self-awareness 를 발달시키며 개인 수행에 대한 자부심을 가질 수 있도록 하기
- 실증적 평가를 취하고 개인별 진전 상황을 인지하기
- 학생들 간 서로 존중하고 다른 학급 동료들에 대해서도 고무적이며 지원적일 수 있다는 것을 확신시키기

이러한 교수의 측면들은 관찰, 동기부여, 효과적 학습환경, 평가, 통합성을 각각 다루고 있는 4, 7, 8, 9, 10장에서 논의된다. 이제 [과제 11.7]을 수행해보자.

> **과제 11.7 개인에 대한 존중을 보여주고 학생들 간의 상호존중을 격려하는 교수 인지**
>
> 동료 예비교사를 관찰하고 개인에 대한 존중을 보여주고 학생들 간의 상호존중을 격려하는 교수 특성을 확인해보자. 여러분을 관찰할 때 예비교사가 동일한 운동을 수행하도록 요청하자. 두 가지 관찰 모두를 예비교사와 함께 논의하고, 어떻게 이러한 교수의 측면을 발달시킬 수 있을 것인지 숙고해보자. 관련된 교수 요소들을 발달시키기 위하여 수업한 대로 참조하기 위해, 두 관찰 모두 전문성 개발 포트폴리오(PDP)에 정리해두자.

○ 학생이 스스로 학습에 대한 책임을 지고, 소유의식 ownership 을 느끼며, 진전에 대한 긍지를 가질 수 있도록 기회를 제공하는 교수

교사가 피지컬 리터러시의 긴 여정의 목적인, 학생이 삶 전반에서 신체활동을 지속적으로 참여하기 위한 책임감을 지는 부분에서 성취를 이루려면, 학생 발달의 이런 측면이 대체로 교수와 관련하여 덜 다루어졌어도 진지하게 주목야 한다. 체육에서 학생 경험은 이러한 목적을 달성하는 데 중요하다. 학습자가 책임지도록 촉진하는 수업 분위기는 조정가능한 과제와 문제해결을 하는 상황을 학생에게 제공하는 기회를 포함한다. 즉, '체육'에서의 과제와 경험들을 계획, 선정, 평가하는 역할을 수반하고, 교사는 기꺼이 학생들 견해를 듣고 학교교육을 넘어서 신체활동에 대한 가치를 논의하고 논쟁하려는 마음을 가진다. 학생들이 동료들과 집단토론을 하거나 어떤 견해에 정면으로 돌파하며 반성하는 과정도 가치가 있다.

학생들 스스로 학습에 대한 책임을 지도록 기회를 제공하고, 이렇게 소유의식을 느끼며, 진전에 대한 긍지를 가질 수 있도록 하고, 미래 참여에 대한 사전준비를 하도록 하는 '교수'는 아래의 내용을 포함한다.

- 학생의 의사결정이 필요한 조정가능한 open-ended 과제와 문제해결을 하는 상황 활용하기
- 수업 계획에서 학생을 참여시키며, 과제를 선정하고 활동하는 것에 대한 학생의 도전을 허락하기
- 학생 견해를 존중하고 행동하기
- 학생이 질문하도록 고무시키며 토론에 참여할 시간을 여유 있게 주기
- 학생이 스스로 경험을 반성하도록 하고, 교사뿐 아니라 일생 동안 적극적 참여를 하려는 동료들과도 함께 논의하도록 고무시키기

이러한 교수의 측면들은 계획, 의사소통, 동기부여, 효과적 학습환경을 각각 다루고 있는 3. 5. 7, 8장에서 논의된다. 이제 [과제 11.8]을 수행해보자.

 과제 11.8 학생 스스로 학습에 대한 책임을 지고, 소유의식을 느끼며, 진전에 대한 긍지를 가질 수 있도록 기회를 제공하는 교수 인지

> 동료 예비교사를 관찰하고 자신의 학습에 대한 책임을 지며, 소유의식을 느끼고, 진전에 대한 긍지를 가질 수 있도록 기회를 제공하는 교수 특성을 확인해보자. 여러분을 관찰할 때 예비교사가 동일한 운동을 수행하도록 요청하자. 두 가지 관찰 모두를 예비교사와 함께 논의하고, 어떻게 이러한 교수의 측면을 발달시킬 수 있을 것인지 숙고하자. 관련된 교수 요소들을 발달시키기 위하여 수업한 대로 참조하기 위해, 두 관찰 모두 전문성 개발 포트폴리오(PDP)에 정리해두자.

자신감, 자긍심 및 기꺼이 책임을 지려는 태도를 육성시키고 이를 반복해 가기 위해서는 다음과 같은 내용을 열망해야 한다.

- 격려, 도전, 축하 분위기를 창출하라.
- 낙관주의 – '할 수 있다'는 문화를 형성하라.
- 개인의 가치를 인정하며 학생들 간의 상호존중의 발달을 함께 고려하라.
- 학습자가 자신의 학습에 대한 책임을 갖고, 소유의식을 느끼며, 진전에 대한 긍지를 가질 수 있도록 기회를 포함하라.

이러한 근본적 권고들은 개별적 존재로서의 학생들을 인식하고, 각자가 성공을 경험하며, 자신감을 성장시키고 인정받는다고 느끼도록 하는 것이 왜 필요한지 말해준다. 여러 모로 교사의 능력이 모든 학생에게 전해지는 동안, 교수기술은 신체적 유능성을 촉진시키는데 반드시 '반드시 있어야 할 것들 tools of the trade'인 것에 반하여, 본 장의 두 번째 부분에서 계속 관심을 가져온 개인별 자질을 발달시키는 것과 관련한 부분은, 이러한 도구들을 교사가 어떻게 이용

하느냐에 달려있다. 다음 [과제 11.9]를 완성함으로써 이장의 두 번째 부분에 있는 자료를 돌아보자.

> **과제 11.9 자신감, 자긍심 및 기꺼이 책임을 지려는 태도를 육성하기**
>
> 본 장의 두 번째 파트에서 제시한 자료와 과제들에 비추어, 1,600 단어 정도의 짧은 에세이를 써보되, 모든 학생들에 대한 자신감, 자긍심 및 책임감 있는 태도를 촉진하기 위한 활동을 할 때 직면하게 될 도전들을 고려하자. 이를 지도교수와 공유하고 마스터 수준의 작업의 증거로 전문성 개발 포트폴리오(PDP)에 기록해두자.

요약 및 요점

이 장의 목적은 교사에게 새로운 안목을 통하여 교수 teaching 를 이해하도록 하는 것이다. 이는 자신이 배우고 활용하는 지식 및 기능의 기반으로 구성된 교수를 이해하는 것이 아니라, 오히려 함께 현장에 있는 개별 학생이나 수업에 있어서 공급할 수 있는 풍부한 정보의 자원과 실천 사례들 practices 을 제공함으로써 배우고 있는 모든 것을 살피고 관망하는 것을 의미한다. 이 장의 두 개의 절에서 설명되고 있듯이, 신체적 유능성을 촉진하기 위한 실천 사례, 자신감, 자긍심, 책임감 있는 태도를 길러줄 실천 사례들은 아주 깊이 연관되어 있으며, 어떤 점에서는 따로 분리시키는 것이 불가능하다. 그럼에도 불구하고, 성취되는 모든 것들을 보장하는 피지컬 리터러시의 각각의 요소들을 발달시키는 것에 대하여 주의를 기울여야 한다. 학생 각각 신체적 유능성을 발달시키고 자신감, 자긍심, 신체활동을 유지할 수 있는 책임감에 대한 능력까지 향상시킬 수 있도록, 교사가 가르치는 학생들을 참여시킬 수 있다면 성공한 교사가 될 것이며 학생에게는 보다 나은 삶이 되도록 바꾸어 준 사람이 될 것이다.

여러분이 속한 예비교사교육기관의 요구사항(필수요건) 중 이 장을 통해 배울 수 있었던 것을 확인해보자.

―――――― / 추가 읽기 자료 / ――――――

Branden, N. (1995). *The Six Pillars of Self-Esteem*, NY: Bantam.

위의 세미나 자료집은 자긍심에 정통하는 논문을 제공하고 있다. 가장 흥미로운 부분으로 2장 '자긍심의 의미', 12장 '자긍심에 대한 철학', 14장 '학교에서의 자긍심'을 꼽을 수 있다. 흥미롭게도 교사의 자긍심을 강조하는 참고문헌도 함께 수록되어 있다.

뿐만 아니라, 11장은 1~10장까지의 다양한 내용들로부터 가져온 것이고 피지컬 리터러시 맥락 안에서 '학습자중심의 교수'의 2가지 측면(앞에 언급되었듯이 '신체적 유능성 physical competence'을 발달시키기 위한 체육에서의 학습' 및 '자신감, 자긍심 및 책임감 있는 태도를 함양하는 일')에 초점을 두고 있다는 점에서, 가능한 1~10장의 말미에 있는 읽을거리를 반드시 참고하기를 당부한다.

안전한 체육수업과 안전교육
Teaching safely and safety in PE

Anne Chappell

소개

체육은 본질적으로 도전적이고 모험적이며 위험을 내재하고 있는 활동이다. 체육을 안전하게 가르치기 위해서는 교사 자격을 갖춰야 하는 것은 물론 예상되는 위험에 대해 대비해야 한다. 영국에서는 체육교사의 기준이나 교육부 문서에 체육교사의 안전교육에 대한 내용을 포함하고 있다(DfE, 2011, 2014f). 영국 교육기준청(Ofsted)의 학교 평가 지침에서도 '학생들을 안전하게 하는 것'에 대한 평가를 포함하고 있다. 교육표준청에서 안전과 관련하여 탁월한 평가를 받는 학교는 모든 학생이 안전하며, 학교에서 안전하다고 느끼며 안전을 위해서는 항상 대체 가능한 지원이 이루어져야 한다고 기술하고 있다. 또한, 우수한 학교는 안전하지 않는 상황과 맥락에 대해 매우 명확하게 이해하고 있고, 각각의 상황에 따라 학생의 안전을 지키는 방법을 알고 있다(Ofsted, 2014, 2014c).

체육에서 안전교육의 중요성은 많은 연구들에서 강조되었다(예: Kelly, 1997; Raymond, 1999; Severs, 2003; Whitlam, 2005; Beaumont, 2007; Association for Physical Education (afPE), 2012; Chappell, 2014). Whitlam(2005, p. 15)은 '체육이 움직임을 포함한 실천적이고 속도가 높은 활동이며, 종종 다른 사람과 공간을 공유한다는 점에서 학교체육에서 완벽한 안전이나 위험이 없는 상황이 있을 수 없다.'라고 역설하였다. Beaumont(2007, p. 31) 역시 '학교체육은 학교생활에서 흥미롭고 도전적인 활동이며, 다소 위험하다고 판단되는 활동이 없다면 체육에 대한 흥미와 매력이 반감될 것이고, 신체에 대한 질 높은 학습을 방해하는 것은 물론 학생의 개인적이고 사회적 발달의 진정한 기회를 제공하는 데 실패할 것이다.' 라고 말하였다. 체육교사는 체육수업에서 학습 경험을 극대화하고 잠재적 위험을 최소화하는 안전한 학습 환경을 조성하여 수업에서의 안전교육(학생은 안전하게 배우고 안전에 대해 배워야 함)을 강화해야 한다(Raymond, 1999). 체육수업에서 발생하는 모든 사고 또는 부상은 안전한 실천의 중요성과 그러한 사고의 재발 가능성을 최소화하는 절차를 채택할 필요성을 보여준다. 사전적으로 안전은 위험이나 부상이 없는 상태를 말한다.

영국 교육부는 학생이 일상적 삶에서 위험에 대해 이해하고 관리하는 것을 배우는 것이 중요하다고 강조한다(DfE, 2014). 영국의 교육과정에서는 체육이 학생의 활동적이고 건강한 삶을 영위하는 것을 지원해야 한다고 구체적으로 명시하고 있다. 이것과 함께, 영국 교사 표준에서는 학생에게 안전한 환경을 제공하라고 명시하고 있다(DfE, 2011, p.10). 따라서 체육교사는 학생들이 건강과 안전문제에 대한 적절한 지식을 습득하고 이해할 수 있도록 수업을 계획하고, 안전과 관련하여 '학생들이 무엇을 배워야 하는지' 고려해야 한다(Beaumont, 2008; afPE, 2012).

본 장을 통해 아래와 같은 내용을 이해하고 적용할 수 있어야 한다.
- 학생 건강과 안전 관련 법령, 규제, 정책은 물론 체육수업 전반에서 안전사고 문제와 전문적 책무성에 대해 이해한다.
- 안전관련 적절한 자료를 체육수업 실천에 활용한다.
- 학생의 건강과 안전 관련 지식과 이해를 높이고, 그들의 건강과 안전을 위해 학습 환경을 조성하고 관리하는 능력을 향상시킨다.
- 체육수업에서 안전한 환경을 조성한다.

예비교사교육과정의 요구사항(필수요건)을 확인하여 이번 장과 어떠한 관계가 있는지 살펴보자.

건강 및 안전 법률 및 규정

체육수업에서 안전한 수업과 안전교육을 위해 건강 및 안전 관련 쟁점에 대해 심도 깊게 이해하는 것이 필요하다. 〈그림 12.1〉과 〈표 12.1〉에 제시하였듯 이번 장에서는 핵심적인 건강 및 안전 관련 조직, 법률, 규정에 대해 제시하여 체육교사의 책무성, 체육수업 안전 및 안전교육의 쟁점, 학생 안전교육을 위한 방안, 학생의 건강과 안전을 보장하는 학습 환경의 조직과 관리에 대한 내용을 이해하는 데 도움을 주고자 한다. 체육교사 역시 다양한 수업 맥락에서 건강과 안전의 핵심적인 개념과 원리를 이해하고 특정 신체활동이나 운동에서 안전에 대한 평가 방안, 특정 종목을 안전하게 가르치기 위한 단계, 응급처치 절차, 천식과 당뇨와 같은 특별한 의료상태에 놓인 학생에 대한 위험 요소를 최소화하기 위한 체육활동 계획 및 실행, 안전을 위한 수업 관리 및 조직, 적절한 도구 사용, 체육활동 또는 운동의 지향점에 대해 이해할 필요가 있다. 끝으로 영국 학교체육 협회에서 발간한 〈학교체육에서 안전한 실행〉(afPE,

2012)을 읽어볼 것을 제안한다. 이 책에서는 체육수업에서 건강과 안전에 대한 범률 사례를 포함한 자료들이 4년 마다 갱신하고 있다.

직장 내 위험에 노출 될 수 있는 직업인을 보호하기 위해 법률에서 제시하는 체크리스트, 절차, 구성 틀 등을 인지하는 것이 중요하다. 따라서 체육교육의 안전사고 및 안전교육의 맥락에서 건강과 안전과 관련된 조직, 법률, 규정과 각각의 상호관계 및 상호연관성에 익숙해져야 한다.

〈표 12-1〉 건강 및 안전 기관 및 관련 법령과 규정

영국 보건안전청 (Health and Safety Executive, HSE)	직장 건강·안전 법(1974)을 근간으로 하여 건강, 안전, 질병과 관련된 일을 국가차원에서 감시하는 정부기구이다. 직장에서 건강, 안전, 복지에 대한 장려, 직장에서 대중의 건강과 안전을 위협하는 위험 방지, 위험한 물질 관리가 주요 업무이다. 보건안전청은 정책을 통해 필요한 기준을 제안하고 설정하며, 이러한 기준을 준수하고 잠재적 위험을 사전에 예방하기 위해 인력과 조직에 필요한 행동강령을 설정하는 책임을 맡고 있다. 보다 구체적으로 학교와 대학을 포함한 직장 안전 감독, 질병 또는 사고의 원인 규명, 일반적으로 법을 준수하는 방법에 대해 조언하고 그 밖에 안전 기준 수립, 가이드라인 출판, 안전 정보 제공, 연구 수행을 담당하고 있다.
국가 지방자치단체 시행 법 (National Local Authority Enforcement Code)	지방자치단체의 역할은 직장 건강·안전을 관리하는 종사자를 지원·격려·조언하는 데 있다. 우수한 건강·안전 기준과 실천을 추구하며 지방자치단체 내, 지방자치단체 간, 지방자치단체와 중앙정부에 걸쳐 일관성 있는 건강·안전법을 시행하고자 한다.
직장 건강·안전법 (Health and Safety at Work Act, 1974)	직장에서 건강·안전은 올바른 예방 조치 및 만족스러운 근무 환경을 제공하여 직장에서의 위험을 예방하는 데 있다. 직장 건강·안전법에서는 고용주가 근로자의 건강과 안전을 보장하고 근무자들은 스스로 자신의 건강과 안전을 보살피며, 고용주와 근무자 모두가 다른 이들의 건강과 안전을 보호하도록 규정하고 있다.
직장 건강·안전 관리 규정 (Management of Health and Safety at Work Regulation, MHSW, 1999)	직장 건강·안전 관리 규정은 고용주가 근무자를 포함한 다른 이들이 직장에서 일로 인해 발생하는 위험을 평가·관리하여 직장 내 건강·안전을 보장하도록 규정하고 있다.
부상, 질병, 위험 발생 규정 보고 (Reporting of Injuries, Diseases and Dangerous Occurrences Regulations, RIDDOR, HSE, 2013b)	건강·안전 사건 보고는 법적 요구사항이다. 이 보고서에는 사망자 수, 큰 부상자 수, 근무자가 7일 이상 자리를 비워야 하는 수준의 부상자 수, 직장 근로자가 아닌 대중이 부상으로 인해 병원으로 이송된 수, 직업관련 질병, 직업 관련 위험과 가스 사고 등을 포함해야 한다. 사건은 지체없이 보고 절차에 의해 보고되어야 한다. 보고의 과정은 당국에 사망, 부상, 업무상 질병 및 위험에 대해 알려 위험이 어디서 어떻게 발생하는지, 조사가 필요한지 여부를 식별할 수 있도록 한다. 또한, 심각한 사건에 대한 조사를 촉진하고 예방을 위한 조언을 제시한다.

지자체 건강·안전 정책	지방자치단체는 건강과 안전에 있어 모든 고용자에게 해당되는 법적인 측면이 무엇이며 무엇을 기대할 수 있는지 정책 조항을 제시할 책무가 있다. 나아가 지자체에 속한 학교는 지역 건강과 안전 관련 기관을 포괄하는 학교 건강 및 안전 정책을 제공해야 한다.
학교와 체육부의 건강·안전 정책	모든 학교는 교육부의 건강 및 안전 정책을 따라야 한다(DfE, 2014e). 이 정책은 다음을 포함하고 있다(elbourn, 1999, p.11). (가) 법과 관련된 정책의 목적, (나) 정부, 학교장, 학교 건강·안전 관리자의 책무, (다) 직원의 의무와 책임, (라) 건강 및 안전에 대한 학생의 책무, (마) 안전 위원회 조직 및 의무, (바) 위험 평가 배열, (사) 응급 상황 처치 및 소방훈련, (아) 사고 기록 및 보고 절차, (자) 안전 훈련, (차) 안전 쟁점, (카) 안전 절차 검토 및 감시. 학교장과 학교 본부는 학교의 건강과 안전 문제에 대해 책임을 진다. 교사는 자신과 밀접한 수업에서의 안전과 관련한 책임이 있다. 만약 교사가 위험을 발견하면 법적 근거에 의해 교사는 자신의 권한 내에서 위험을 제거하고 교사의 권한 내에서 해결이 힘든 경우 학교장에 보고하는 등 모든 합리적인 조취를 취해야 한다. 학교장은 체육교사에게 다음과 같은 역할을 할 수 있도록 지원해야 한다. (가) 안전 관련 위험 평가 훈련 및 정당한 결정, (나) 양질의 정보 제공, (다) 체육교사 감독을 통한 위험 요소 최소화와 성공적인 수업을 위한 학습 경험 제공, (라) 안전사고 최소화에 도움이 되는 의사결정을 위한 가이드라인 제공, (바) 해로운 결과가 발생할 수 있더라도 학교 또는 지자체의 건강·안전 관련 의사결정을 따르는 경우 적극적 지원
위험 평가 (인력, 상황, 조직)	영국 체육교육협회(afPE)는 위험 관리의 중요성에 대해 교사와 학생의 교육을 위한 유용한 위험 관리 모형(ri나 manager model)을 제공하였다(그림 12.2 참고, afPE, 2012).

과제 12.1 학교 및 체육부 건강·안전 정책

학교와 체육부의 건강·안전 정책 조항에 대해 익숙해지자. 또한, 다음과 같은 사항에 대해 살펴보자. (가) 교내 건강·안전 책임자, (나) 체육부에 지정된 건강·안전 관리자(또는 관련자), (다) 학교와 체육부에서 응급처치 자격증이 있는 자, (라) 응급 구급상자 위치, (바) 체육부의 위험 관리에 대한 역할, (사) 위험 관리 평가에서 사고와 부상 기록 작성 방식, (아) 사고 기록 작업의 절차와 책임, (자) 건강·안전 정책과 절차를 지원하는 지자체 담당자와 역할

이에 대해 지도교사 또는 동료교사 등과 의견을 교류하고 전문성 개발 포트폴리오(CPD)에 정리해두자.

안전한 체육수업과 안전교육 관련 전문적 책무성과 쟁점

체육에서 안전교육 관련 전문적인 책무성과 쟁점은 '부모의 입장에서 돌봄에 대한 의무', '과실', '위험 관리 및 통제', '위험 평가 및 안전', '부상 또는 사고 보고의 적절한 대처', '응급 처치 상자 관리 및 이동'을 포괄하고 있다. 〈그림 12.2〉는 안전한 체육수업을 가능하도록 하는 핵심적인 고려사항과 효과적인 위험 관리의 주요 요소를 보여준다.

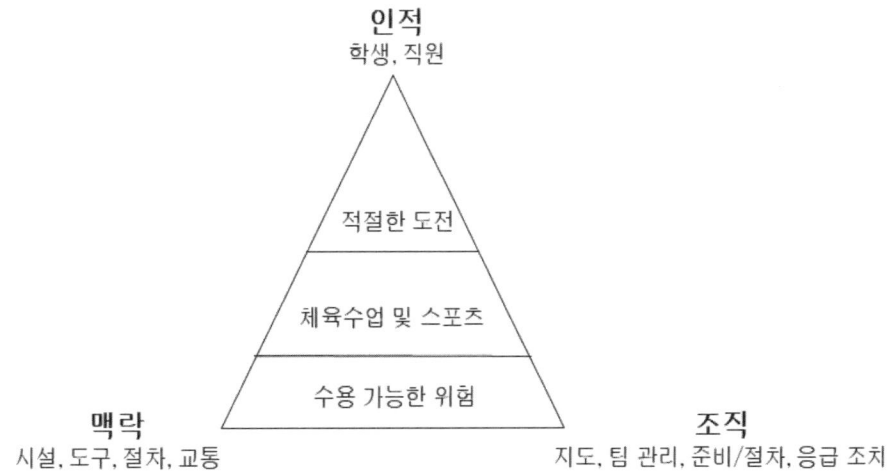

〈그림 12.2〉 위험 관리 모형(afPE, 2012, p. 16)

○ 부모의 입장에서 돌봄 의무

모든 교사는 그들이 담당하고 있는 학생의 건강과 안전에 대한 책임이 있다. 교사는 어떤 상황에서도 학생을 보호하고 위험을 관리하여 학생 스스로 위험에 처하거나 다른 사람을 위험에 처하게 하지 않는 등 그들이 수용 가능한 범위 내에서 건강하고 안전할 수 있도록 주의를 기울여야 한다(Whitlam, 2005). 이를 '돌봄 의무 duty of care'라 한다. '부모의 입장에서'라는 것은 말 그대로 교사가 '부모를 대신하여' 학생을 책임지고자 하는 의무를 의미한다. 학생은 교사의 돌봄 영역 안에 있는 반면 자연적 권한인 부모의 돌봄 역할 중 일부는 자격을 갖춘 교사에게 이전된다. 따라서 교사의 법적 책무성은 합리적인 부모와 같은 돌봄의 의무가 적용됨을 의미하며 가정의 맥락이 아닌 학교의 상황에 맞게 적용되어야 한다. 결정적으로 전문적인 맥락에서 '더 높은 돌봄 의무가 적용되며 기술, 훈련, 경험 등 자격을 갖춘 교사는 돌봄 실천에 대한 더 큰 통찰력과 돌봄 결과에 대한 인식을 가질 것으로 기대된다. 이렇게 교사는 직업 내에서 '일상적이고 승인 된' 것으로 인식되는 돌봄 실천을 요구받게 된다(afPE, 2012). 교사의 돌봄은 교사의 기준(DfE, 2011)에서 제시하였듯 전문학습공동체와 교사전문성 개발을 통해 교사의 역량을 기르는 것으로 가능하다.

교육실습에 참여하는 교생은 법적으로 학생의 건강과 안전에 대한 책무가 없다. 이러한 책임은 담당 교사에게 있다. 교육실습생이 수업을 할 때는 반드시 자격을 갖춘 교사가 감독을 하게 되고, 교육실습생뿐만 아니라 다른 성인이 학생을 가르칠 때도 마찬가지이다(afPE, 2012). 이러한 점에서 담당 교사가 부재한 상태에서 교육실습생은 교사의 역할을 수행할 수 없다. 즉, 담당 교사가 함께 참여하지 못하면 교사는 수업을 멈춰야 한다. 유사하게 점심시간이나 방과 후 수업을 할 경우에서 담당 교사가 있어야 한다.

○ 과실

영국 체육교육학회(afPE, 2012, p. 57)은 '모든 사람은 다른 이에게 해를 끼치지 않을 의무가 있다. 안전에 대한 전문적 기준이 충족되지 않아 손상(체육의 경우 부상)이 발생하고 이것이 예측할 수 있었던 경우 과실이 적용될 수 있다.'라고 강조하였다. 과실에 대한 의혹은 '(과실) 청구자(체육수업의 경우 학생)에 대한 본질적 책임', '책임을 수행하는 동안 행동이나 누락에 의한 부주의', '청구자에 대한 상해', '사건의 가능성을 예측할 수 있었다는 정보' 등 4가지 요소와 관련된다.

> 부주의는 과실의 책임을 부과할 수 있다. 다른 사람에게 상해를 입힐 것으로 판단되는 행위를 피하고, 위험에 초래하는 가능한 결과를 대비하기 위해 보호 수준을 설정하고 합리적인 예측, 기대, 향후 계획이 있어야 한다(afPE, 2012, p.58).

> 과실에 대한 청구는 명목상 고용주에 대해 이루어지며, 직원으로서 개인의 과실에 대한 상당한 수준의 보호조치가 이루어지고 있다(afPE, 2012, p. 57).

아래를 참고 한다면 과실에 대한 교사의 문제점을 상당히 줄일 수 있다.

- 교사는 수업활동을 가르칠 충분한 자격이 있고, 경험이 풍부하며 자신감이 있어야 하고 교사의 수업활동에 대한 적절한 감독자가 있어야 한다.
- 교사는 독서, 연구, 건강·안전 관련 학회 참석 등을 통해 최신 건강·안전에 대한 쟁점을 알고 이를 발전시켜야 한다. 나아가 교사는 가이드라인을 토대로 '일상적이고 승인된' 건강·안전 활동을 진행해야 한다.
- 위험 관리를 제대로 수행하기 위해 수업활동 관련 조직, 맥락, 관련 기관 등 모든 것을 고려하여 수업 계획을 작성해야 한다.
- 체육 용품 및 기구는 목적에 적합하게 관리되고 사용해야 한다.
- 학생의 연령, 수준, 경험에 적합하게 수업을 지도하여 그들의 건강·안전을 보장해야 한다. 이를 위해 변형 게임과 같이 과제를 수정하거나 항상 안전을 고려하여 시범을 보이도록 한다.

- 학생은 그들의 경험, 능력, 연령, 신체적 발달에 적합하게 체계적으로 과제를 부여 받고 수행해야 한다.
- 학생의 안전을 위해 옷과 신발의 장식은 제거하는 등 적합한 의류를 착용하고 수업 내용에 적합한 안전한 수업 도구가 사용되어야 한다.
- 다른 지역이나 해외 방문자(다른 학교나 지역 외 학생 포함)는 사전에 건강·안전에 대한 정보와 체육활동 참여 서명을 통해 학부모의 동의를 받아야 한다.
- 수업 출석, 수업 계획, 수업 평가에 대한 정보를 문서 등에 제대로 기록하여 유지해야 한다. 이러한 문서는 학생의 경험을 기록하며, 그들의 능력을 보여주기 때문이다.
- 일상적이고 정확한 위험 평가가 수행, 기록, 검토 되어야 한다.
- 교사 이외에 성인(수업보조자 등)의 건강·안전 관련 역할이 명료하고 분명하게 규정되어야 한다.

○ 위험 관리 및 통제

위험 관리는 '위험을 규명하고 이를 제거하는 활동의 전반적인 과정을 의미하는 포괄적 용어'이다(Raymond, 1999, p. 49). 법에서는 모든 위험 요소를 제거하라고 명시하지는 않지만, 교사는 '실행 가능한 합리적 수준'에서 최대한 학생을 보호해야 한다(HSE, 2011, p. 1).

위험 통제는 다음과 같이 설명할 수 있다.

현재 실천을 제고하거나 최소화 할 수 없는 위험이 발견되는 경우 그 위험은 어떠한 활동에 의해 반드시 통제되어야 한다. 이러한 활동은 '위험의 완전히 제거', '덜 위험한 방식 시도', '위험에 대한 접근을 방지', '위험 감소를 위한 팀, 활동, 절차의 재조직', '안전한 도구 제공 또는 사용', '건강·안전에 대한 정보 제공 및 교육을 위한 학생과 교사 비율 강화' 등을 포함할 수 있다(Raymond, 1999, p. 57).

간단히 말해서 체육활동이 유익하거나 그렇지 않다는 것에 대한 결정은 '위험을 능가하다' 또는 '위험이 이익보다 크다'처럼 말할 수 있다(Beaumont, 2007, p.31).

실행 가능한 수준에서 학생의 건강, 안전, 웰빙을 지키기 위해서는 위험(또는 장비나 환경처럼 위험을 야기하는 어떤 것)을 인지하고 제거하고 위험(또는 위험에 의해 누가 피해를 받는 기회)을 줄이는 것이 필요하다. 교사는 중요한 위험 요소를 예측하고 이를 적정 수준에서 피하거나 줄이기 위한 절차를 취해야 한다. 또한, 위에서 제시하였듯 교사는 수업 활동에 수반되는 위험에 대한 평균적인 지식과 이해 수준 이상을 갖고 이에 따라 예방 조취를 취해야 한다(afPE, 2012). 이러한 교사의 건강·안전 실천은 오랜 기간이 요구되고 규범적이고 수용 가능해야 한다. 체육 수업의 환경에서 교사는 특히 주의를 기울여야 하며, 국가의 지침에 따라 최신의 건강·안전 정보를 숙지해야 하기 때문이다. [과제 12.2]는 체육 수업에서 서킷 트레이닝 관련 활동의 준비와 운영에서 위험을 분석하는 내용이다.

> 📖 **과제 12.2 위험 관리**
>
> 서킷 트레이닝 활동을 활용한 혼성 체육수업 8시간을 요청받았다고 가정하자. 수업은 체육관에서 진행되며, 학생들은 덤벨, 매트, 벤치프레스, 줄넘기를 사용하여 각각의 스테이션에서 1분 안에 최대한 많은 횟수를 하도록 한다. 학생들은 맨발로 참여하고 서킷은 팔굽혀펴기, 윗몸일으키기, 줄넘기, 스텝업, 셔틀런, 스쿼트, 이두 및 삼두 운동(bicep curl, triceps curl)로 구성된다. 제자리 뛰기, 골반 가동성 운동(풍차), 허들 스트레칭을 통해 몸을 푼다.
> 12.2 그림 및 12장의 내용을 활용하여 위험을 최소화하기 위한 리스트를 만들어보자. 리스트 내용에 대한 근거를 작성하고 이에 대해 지도교사와 동료와 토론하고 교사전문성 발달을 위해 활용하자.

○ 위험 평가 및 안전

교사의 어려움 중 하나는 활동에 잠재된 위험의 수준에 대한 정교한 규명이다. 위험 평가는 '사람에 위해를 가하는 요인이 무엇인지 규명하고 이러한 위험을 예방하거나 최소화하기 위해 충분한 사전 조치가 이루어졌는지를 평가하는 것'을 포함한다(Elbourn, 1999, p. 3). 확연하게 드러나는 위험에 대한 상황을 알아내는 것은 어려운 일이 아니지만, 사고나 부상이 일어날 수 있는 모든 상황에 대해서 평가해야 한다(afPE, 2012, p. 157-160). 〈그림 12.2〉는 위험 평가를 효과적으로 할 수 있는 방법을 제기하고 있다.

[과제 12.3]은 [표12.2의] 평가 단계를 활용하여 교사의 여섯 번의 수업에 대한 위험 평가에 대한 과제이다.

> 📖 **과제 12.3 위험 등급**
>
> 체육수업이나 방과 후 학교스포츠클럽 활동 등 여섯 가지 수업사례를 선택하자. 표 12.2를 참고하여 각각의 사례에 대해 '위험 등급(risk rating)'을 매겨 높은 등급부터 낮은 등급까지 정리하자. 이에 대해 지도교사와 동료와 토론하고 전문성 개발 포트폴리오(CPD)에 정리해두자.

체육수업에서 영국 보건안전청의 위험 평가 5단계를 활용하여 위험평가를 보다 용이하게 할 수 있다.

○ 1단계: 위험 규명

체육관과 같은 수업 장소와 환경을 돌아보고 위험이 될 수 있는 요소는 없는지 살펴본다. 심각한 위험이나 다수가 다칠 수 있는 중요한 위험에 집중한다. 또한 위험이 있을지 학생에게 물어본다.

○ 2단계: 위험에 누가, 어떻게 노출되었는지 판단

위험에 노출될 대상자(학생, 체육교사, 다른 교사, 성인, 방문자 등)를 고려한다.

〈표 12.2〉 위험 등급 계산(Whitlam, 2003, p. 35)

위험 심각도	발생 가능성
1. 전혀 심각하지 않음: 철상과 같이 놓칠 수 있거나 경미한 부상 2. 약간 심각함: 열상과 같이 의료적 주의가 요구되는 부상 3. 보통 수준의 심각함: 학교를 빠질 정도의 보다 심각한 부상 4. 심각함: 병원 치료가 필요한 심각한 부상 5. 매우 심각함: 영구적 손실을 주는 부상이나 죽음	1. 불가능함(improbable): 거의 발생하지 않음 (almost zero) 2. 미미함(remote): 발생할 것 같지 않음 3. 가능함(possible): 가끔 발생할 수 있음 4. 가능성 높음(probable): 몇 차례 발생할 수 있음 5. 확실히 발생함(near certainty): 발생할 가능성이 높음

심각도 * 가능성 = 위험 등급
예) 야외 인공잔디에서 하키 드리블 수업은 위험 심각도는 1이고, 발생 가능성은 3. 위험 등급은 = 3
예) 수영 수업은 위험 심각도는 5, 발생 가능성은 2, 위험 등급 = 10

○ 3단계: 위험에 누가, 어떻게 노출되었는지 판단

교사는 모든 위험을 최소화하는데 목표를 두어야 한다. 어떤 활동을 실행하고자 계획을 세울 때 위험이 중간 또는 높은 것을 해결하는 데 우선순위를 두어야 한다. 체육수업을 준비할 때 다음과 같은 질문을 던질 필요가 있다. 위험요소를 완전히 제거할 수 있는가? 만약 그렇지 못하다면 어떻게 그 위험을 통제할 수 있는가? 위험 통제를 위해 다음과 같은 원칙을 따라야 한다. (가) 위험요소가 적은 선택, (나) 위험 접근 방지, (다) 위험 노출을 줄이는 수업 조직(예. 위험이 적은 자원 또는 도구 적용), (라) 안전한 시설 사용. 단순한 사전 예방을 실패한다면 사고가 발생했을 때 심각한 불이익을 당할 수 있다. 적정 수준에서 위험을 통제하지 못한다면 그 활동은 해서는 안 된다는 것을 명심하라.

○ 4단계: 안전에 대한 결과 및 실행에 대한 기록

교사는 안전에 대한 점검 여부, 위험에 영향을 받을지 모르는 인원 파악, 중요한 위험에 대한 대처, 활동에 참여한 학생 수, 사전예방 조치, 위험의 최소화를 위한 방안 등에 대한 것을 기록할 필요가 있다. 이러한 기록은 교사의 사전조치에 도움을 준다. 또한 이러한 기록은 특정 위험과 관련 사항에 지속적으로 관심을 가지고 주의하는 데 참고사항이 된다. 마지막으로 안전과 관련된 법적인 문제가 발생했을 때 도움을 줄 것이다.

○ 5단계: 평가 검토

교사의 사전조치가 효과적이었는지 주기적으로 위험을 평가하는 것은 좋은 시도이다(영국 체육교육학회 2012년 가이드라인을 참고하면 위험 평가에 대해 좀 더 자세히 알 수 있다). [과제 12.4]는 체육수업에서 위험평가 5단계의 활용에 대한 것이다.

> 📖 과제 12.4 체육수업 위험 평가
> 한 차시 체육수업에 대해 위에서 제시한 위험평가 5단계를 활용하여 평가를 진행하자. 이에 대해 지도교사와 동료와 토론하고 전문성 개발 포트폴리오(CPD)에 정리해두자.

모든 학교는 위험평가 양식을 작성해야 한다. 위험평가 양식에는 인력, 맥락, 조직의 차원에서 안전한 수업과 관련하여 '만족, 안전, 낮은 위험' 또는 '불만족, 안전하지 않은, 심각한 위험' 여부를 기록해야 한다. 또한 양식에는 중대한 위험이 있는 경우 이를 규명하고 누가 이러한 위험에 영향을 받을 수 있으며 위험 통제는 어떻게 할지 명시되어야 한다(afPE, 2012). 위험평가 양식은 학교 건강·안전 관련 책임자의 사인이 필요하며 날짜가 제시되는 것이 중요하며, 무엇보다 학교 외부의 어떤 기관으로부터 안전 관련 지원을 받을 수 있을지 기재할 필요가 있다(Whitlam, 2003). [과제 12.5]는 학교의 체육부의 위험평가 양식에 대한 과제이다.

> 📖 **과제 12.5 위험평가 양식**
>
> 학교 밖 시설에서의 활동과 관련하여 체육부의 위험평가 양식을 작성해보자. 위험통제에 필요한 측면에서 해당 활동이 '만족, 안전, 낮은 위험'보다 중대한 위험으로 규명되는 경우 어떻게 할지 고려하자. 학교 밖 부서에서 어떠한 지원을 받아야 할 것인가? 이에 대해 지도교사와 동료와 토론하고 교전문성 개발 포트폴리오(CPD)에 정리해두자.

○ 부상(또는 사고)과 사고보고

위험이 있는 곳은 부상이나 사고가 발생할 수 있다. 만약 크고 작은 부상이나 사고가 체육수업에서 발생한다면 교사는 즉시 그리고 효과적으로 행동을 취할 것을 망설여서는 안 된다. 무엇보다 이러한 사고나 부상에 대처할 수 있는 학교의 지침이나 절차를 이해하고 실행하는 것이 핵심이다. 만약 부상이나 사고자 발생한다면 다음을 우선 조치해야 한다. (가) 현장 접근, (나) 나머지 인원에 대한 안전조치, (다) 사고자 보호, (라) 응급 상황 알림, 만약 가능하다면 사건을 다룰 수 있는 모든 인원에게 알리는 것이 필요하다(DfEE, 1998). 이러한 점에서 학교 본부 건물에서 떨어져서 수업을 하는 체육교사와 같은 교원에게 핸드폰이나 인터폰 등을 사용하도록 하는 학교가 늘고 있다.

모든 부상이나 사고는 경중에 상관없이 즉시 기록되는 것이 중요하다. 일부 사고는 반드시 보고 되어야 하기 때문이다. 사고나 부상은 '어떠한 원인에 의해 죽음, 심각한 부상, 산업 질병, 위험한 사건 등이 발생' 등의 방식으로 정의된다(HSE, 2013a, p.1). 중대한 부상은 골절(손이나 발 이외의 뼈의 부상을 포함)을 포함한다(보다 심각한 질병이나 부상은 〈표 12.1〉을 참고). 또한, 중대한 부상은 '일주일 이상 일을 할 수 없는 사고'이다(HSE, 2013b, p.1).

모든 학교는 사고 보고 양식을 반드시 갖춰야 한다. 영국체육교육학회는 다음과 같이 조언을 한다.

> 사고에 대한 기록은 고용인 공식 보고서 양식 등에 합리적 수준에서 가능한 빨리 이루어지는 것이 중요하다. 이것은 사고보고 과정에 도움이 될 뿐 만 아니라 법적인 문제에서도 유용하게 활용될 수 있다. 또한 며칠 후에 사고와 둘러싼 모든 사건을 최대한 명확하게 기억하여 기록하는 것도 좋은 방법이다(afPE, 2012, p. 138).

과거에는 사건에 대한 기록을 최소 3년을 보관하도록 하였다(DfES, 2002). 그러나 최근에는 법적인 문제(소급 청구 등)에 있어 가능한 증거로 활용하기 위해 더 오랜 기간 동안 보관하는 것이 중요해졌다. 〈그림 12.3〉의 사고보고 양식을 참고하라.

부상 또는 사고의 영향을 받은 사람에 대한 세부사항
이름:
출생일:
성별:
주소:
우편번호:
전화번호:
직업상태: 피고용인/학생/방문자(해당되는 것을 남기고 삭제)
증인이름:

사고에 대한 세부사항	
날짜:	시간:
사고를 유발한 사건들에 대한 묘사:	
사고 후 즉시 취해진 조치에 대한 묘사:	

부상에 대한 세부사항
부상이 지속되었는가? 예/아니오(해당되는 것을 남기고 삭제)
부상의 원인:
부상의 종류:
부상 부위:
결과
응급처치가 필요했습니까? 예/아니오(해당되는 것을 남기고 삭제)
만약 응급처치가 필요하였다면, 아래 질문에 답해주세요.
병원 진료가 필요했습니까? 예/아니오(해당되는 것을 남기고 삭제)
방문날짜:
병원 치료가 필요하였습니까? 예/아니오(해당되는 것을 남기고 삭제)
병원 치료에 대해 좀 더 자세히 기술해 주세요.
사고로 인해 근로 휴식(휴가)이 필요하였습니까?
그러하였다면 얼마나 필요하였습니까?
일시적인 부상이었습니까? 예/아니오(해당되는 것을 남기고 삭제)
만약 그렇다면 좀 더 자세히 기술해주세요.
영구적 부상이었습니까? 예/아니오(해당되는 것을 남기고 삭제)
만약 그렇다면 좀 더 자세히 기술해주세요.

위험 관리
사고 재발 방지를 위해 어떠한 조치를 취했습니까?
사고 재발 방지를 위한 제안들:
사고보고 작성자
이름:
날짜:
서명:

〈그림 12.3〉 사고보고 양식 샘플

사고 보고서와 함께 날짜와 사인이 포함된 사고 발생에 대한 대략적인 개요는 매우 유용하다. 사람들은 종종 사고의 종류, 발생 장소, 발생 이유, 발생 시간에 대한 다른 견해를 가지기 때문이다. [과제 12.6]은 사고가 학교에서 발생했을 때 어떠한 행동을 취해야 할 것인가에 대한 내용이다.

> **과제 12.6 사고보고**
>
> 학교에서 체육수업을 지도하는 동안에 사고나 부상이 발생했을 때 교사는 무엇을 해야 하는지 조사하자. 준수해야 할 공식적인 지침이나 절차는 무엇인가? 여기에 대해 정리하여 전문성 개발 포트폴리오(CPD)에 기록해두자.

○ 응급처치 훈련, 구급상자, 구급상자 이동

영국체육교육학회(afPE, 2012)는 각 학교의 응급처치 시간 최소화를 위해 응급처치 담당자를 지정하고, 모든 교사가 구급상자의 위치나 사용법에 대해 숙지하고, 응급처치가 사용된 모든 사건에 대한 잘 관리된 기록 유지, 적정수의 구급상자 보유, 구급상자 접근성 및 이동의 용이성 등을 제안하였다. 50명의 직원이 있는 학교는 최소한 한 명의 자격 있는 응급처치사가 있어야 한다. 나아가 체육수업의 책무성을 고려할 때 체육교사는 응급처치 훈련을 받을 필요가 있다. 영국에서는 응급처치 자격에 유효기간이 있으며, 매년 보수교육을 받을 수 있도록 한다. 3년 후에는 자격 갱신이 요구된다. 직장에서 응급처치 규정은 2013년 10월 1일 영국 보건안전청에 의해 변화되었다. 예를 들어, 3일 간의 '직장 구급처치'와 1일 간의 '직장 응급 처치' 등이 응급처치 교육의 주요 사례라 할 수 있다.

학생의 안전한 학습 환경 관리 능력 및 이에 대한 지식과 이해는 어떻게 개발되는가?

안전교육 또는 안전한 학습 환경 관리에 대한 학생의 지식과 이해를 도모하기 위해 학생은 다음을 고려해야 한다.

- 정해진 루틴 내에서 지시 및 신호에 적절히 대응하는 방법을 배우고, 주어진 활동에서 규칙 및 행동강령을 준수한다(예. 안전한 교육 환경을 위한 수업 규칙 준수)
- 운동이나 신체활동에 있어서 적절한 의복 및 보호복을 입는 것이 중요한 것을 배운다 (예. 장식물 금지, 운동화 착용, 긴 머리는 묶기, 머리 보호대 착용 등)
- 정확한 폼으로 운동을 배우고 준비운동을 적절하게 하여 운동 기능 및 안전을 향상시킬

줄 안다(예. 적절한 스트레칭을 통해 수업 시작에는 워밍업을 실시하고 수업이 끝날 때는 쿨링 실시)
- 과제를 안전하게 수행하기 위해 분석하고 계획한다(예. 실외 모험활동에서 문제해결 능력 등)
- 동료를 안전하게 지원하기 위한 원칙들을 배운다(예. 체조에서 동료 기술 연습 지원)
- 다양한 도구를 적절하게 사용할 줄 안다(예. 장비 및 기구의 안전한 취급 및 보관)
- 과제의 성격에 따라 적절하게 기구를 조절할 줄 알고 위험이나 안전사고에 대해 인지한다 (예. 순환 운동을 할 때 중강도와 고강도로 기구 조정)
- 안전하고 효과적인 운동의 원칙에 기초하여 개인과 동료의 피트니스 프로그램을 개선, 실행, 관찰한다(예. 고등학생의 경우 개인의 특성을 고려하여 적절한 프로그램을 계획할 수 있어야 함).
- 활동이나 과제에 대한 위험 평가를 실시한다(예. 심판 역할을 맡아서 축구와 같은 활동에서 움푹 들어간 곳과 같은 위험 요소가 없는 지 점검).

수업 활동을 계획할 때 학생들에게 안전한 실천을 시범 보이고 학생의 안전을 관리하는 것은 물론 학생들이 안전에 대해 토론할 수 있도록 하여 그들이 학교 안과 밖의 체육활동에서 안전에 대한 인식과 이해를 높이도록 하는 것이 중요하다.

과실 사례 보고서

아래는 과실과 관련된 사례보고서이다. 이 보고서는 현장 교사가 직면한 안전에 대한 복잡성을 드러내주며 안전한 체육수업과 안전교육에 대한 전문적 책무성에 대한 이해를 높이는 데 도움을 준다. 관련 당사자, 증거, 사건 맥락 및 환경, 제기된 이슈, 전문가 의견에 기초한 사실, 전문가의 결론, 교훈 등의 순서로 보고서가 구성되었다.

○ 관련 당사자

원고(부상자)는 Rhian으로 Dwr-y-Felin 중학교 학생이다. 피고(지자체 협의회)는 과실을 부인하였다.

○ 증거

1997년 10월 Rhian, 체육교사(Mrs S), Rhian의 체육수업 동료(Rebecca)의 진술

○ 사건 맥락 및 환경

1997년 가을 어느 날 중학교 2학년인 Rhian은 체육수업에 참여하였다. Rhian은 체육교사 Mrs S가 담당하는 체육수업에서 이번학기에 처음으로 출석한 것이다. 수업이 끝나갈 무렵 체육교사는 짝을 지어 물구나무서기를 하도록 하였다(한 학생이 물구나무서기를 하는 동안 다른 학생의 보조가 필요함). Rhian은 다른 여학생인 Rebecca와 짝을 이루었다. Rhian은 자신과 Rebecca가 물구나무서기를 해보거나 본 적 없고, 어떻게 동료를 도와줄 지도 몰랐으며, 체육교사에게 물구나무서기 시범이나 연습에 대한 지침을 들은 적이 없다고 진술하였다. Rhian은 Rebecca가 교사에게 이에 대해 언급했으나 교사는 추가적인 시범이나 지도 없이 물구나무서기 연습을 강요했다고 말하였다. Rhian이 물구나무서기를 처음으로 시도할 때 Rebecca가 옆에서 Rhian의 등을 지지해주었다. 그러나 불행하게도 Rhian이 뒤쪽으로 움직이면서 Rebecca가 균형을 잃었다. 그 결과 Rhian이 균형을 잃고 목과 어깨가 불안정하게 미끄러졌다. Rhian은 순간적으로 어깨뼈 사이의 '찰칵' 소리와 함께 약간의 불편함을 느꼈다. 그러나 Rhian이 체육교사를 찾으려고 체조장을 둘러보았으나 교사는 이미 자리를 떠서 찾을 수 없었다. 결과적으로 Rhian은 이 사고에 대해 누구에게도 말하지 못하고 탈의실로 돌아가서 다음 수업을 준비하였다. 그러나 Rhian은 여전히 불편함을 느껴 점심시간에 학교 간호사를 찾아갔다. 이후 Rhian은 몇 개월에 걸쳐 의료 전문가의 치료를 받아야 했다. Rhian의 경추의 연조직은 근골격계 변형이 일어났다. 이 부상에 대해 두 명의 정형외과 의사 사이의 큰 의견차가 있었다. Mr. G는 이 사고로 인해 평생 유사한 고통과 증상이 있을 것이라 예상하였다. 반면 다른 의사는 이 사고는 9-12개월 기간 동안 증상이 이어질 것이라 판단하였다.

○ 제기된 이슈

Rhian은 체육교사 Mrs S가 안전과 관련하여 다음의 활동에 문제점이 있었다고 지적하였다.

- Rhian과 동료의 물구나무서기 연습에 대한 적절한 감독과 통제
- 물구나무서기를 안전하게 하는 방법(특히 팔을 피기 전에 손을 바닥에 지탱하고 머리를 바닥에 붙이는 것)
- 동료의 물구나무서기를 안전하게 도와주기 위한 연습
- 물구나무서기에 대한 적합한 위험 평가
- 물구나무서기 시범
- 물구나무서기 연습을 위한 학생 수준 및 경험에 대한 적절한 평가
- 안전관련 출판물(예. 영국체육교육학회 '체육수업에서 안전한 실천') 구비
- 물구나무서기와 불필요한 위험과 부상을 방지하기 위한 적합한 감독이나 통제

○ 전문가의 의견에 기초한 사실

• 교사

Mrs S는 유명 대학의 교육학 학위를 받고 12년 동안 교사로 종사하고 있다. 그녀는 이제까지 학생의 부상과 관련된 사건에 관련된 적이 없었다. Mrs S는 중학교 2학년 교육과정에 따라 물구나무서기 실습의 단계를 점진적으로 높여 가르쳤다고 설명하였다. 그러나 Rhian은 학교에 거의 출석하지 않아서 첫 번째 학기를 모두 빠졌다. 따라서 Rhian은 1997년 10월 9일 이전에 물구나무서기 관련 동작이나 자세를 전혀 본적이 없다고 하였다. 즉, Rhian은 체육수업에 참석한 적이 없었다. Rhian의 파트너 Rebecca는 이번 학기에 물구나무서기를 어떻게 하고 이를 어떻게 도와주는지에 대해 배웠다고 말했다.

• 교수 스타일

Mrs S는 학생들이 짝을 지어 물구나무서기를 시행하기 전에 물구나무서기의 순서에 따라 순차적인 단계로 시범(동료의 물구나무서기 돕는 방법 포함)을 보였다고 진술하였다. Rebecca는 이 진술에 대해 확인해주었다. Rebecca는 Mrs S의 지도를 완전히 이해하였다고 언급하였다. Rhian의 경험, 능력, 이해가 무엇이든 간에 그녀의 짝이었던 Rebecca는 동료가 물구나무서기를 시도할 때 어떻게 옆에서 도와주는 지 완벽하게 이해하고 있었다.

• 감독

Rebecca는 Mrs S가 체육수업을 끝나고 떠나지 않았으며 수업이 끝나고 체육교사를 보았다고 말하였다. Mrs S 역시 체조장을 떠나지 않고 수업 시작부터 마칠때 까지 학생들을 감독하였다고 진술하였다. Mrs S은 학생들과 함께 탈의실로 이동하였고 결과적으로 Rhian이 만약 그 사고에 대해 말하고 싶었다면 가능하였다. Mrs S은 Rhian이 사고에 대해 어떠한 것도 보고하지 않았다고 말하였다.

○ 전문가의 결론

Mrs S는 Rhian이 짝을 지어 시도하는 물구나무서기를 어떻게 하는지 적절하게 지도하였으며, 물구나무서기를 도와주는 동료의 역할에 대해서도 적절하게 안내한 것으로 보인다. 게다가 체육교사는 수업이 끝나기 전에 체조장을 떠나지 않았으며, 수업 전반에 걸쳐 Rhian에게 물구나무서기 개인 지도를 하는 등 학생에 대한 감독이 적절히 이루어졌다. Rhian과 Rebecca는 체육교사의 지도를 어기려고 하지 않은 등 자발적으로 물구나무서기 실습을 진행하였다. 따라서 1997년 10월 9일 Rhian과 관련된 체육교사의 위반은 무죄이다. 체육교사가 다른 방식으로 수업을 준비(물구나무서기에 내재된 위험을 평가하는 것을 포함)해야 한다는 주장은 받아드리기 힘들다.

체육교사가 수업을 다른 방식으로 준비하였더라도 그 사고가 발생한 것은 막을 수 없었기 때문이다. Rhian이 불행한 사고를 당했지만 지자체 협의회가 그것에 대해 비난받을 수는 없다. 지자체 협의회는 무죄이므로 Rhian가 입은 부상에 대해 보상할 책임이 없다(Swwnsea 민사 사번 센터, 2002).

○ 교훈

이 사건 보고서의 경우 안전에 대한 핵심적인 쟁점은 학생의 책임감과 교사의 감독의 수준에 대한 평가에 있다. 사고를 일으키는 것은 많은 활동이 아니라 사고에 영향을 미치는 여러 요인들의 조합에 의해 발생한다. 학생의 연령, 학교의 종류, 교수 환경, 활동의 종류에 상관없이 사고가 발생하는 5가지 요인은 다음과 같다(Thomas, 1994).

1. 불행 - 교사의 통제 밖에 있는 요인
2. 잘못된 의사결정 및 상황에 대한 후속 반응
3. 적절하고 적합한 그룹 관리, 감독, 조직 능력 부족
4. 교사의 능력(지식, 이해, 태도 등)과 학생 책임에 대한 과대평가
5. 잠재적 위험에 대한 과소평가

따라서 사고가 어떻게 발생하는 지에 대한 지식과 이해는 현재의 실천을 수정할 수 있는 기반을 제공하고 사고나 사건이 발생하는 것을 예상하고 최소화 하는 등 보다 안전한 수업을 가능하도록 한다. 사고 발생에 대한 이해를 바탕이 된 체육은 교사와 학생에게 도전, 모험, 위험을 안전하게 제공할 수 있다. 과실과 관련된 위험을 최소화하기 위해서는 위에서 제시한 위험 평가의 다섯 단계나 관련 지침 등을 함께 활용할 필요가 있다.

안전한 체육수업과 안전교육 증진을 위한 체크리스트

안전한 체육수업과 안전교육의 문화를 증진하기 위해 핵심적으로 고려해야 할 사항은 다음과 같다.

- 현재의 건강·안전 관련 법령과 규정(〈표 12.1〉)에 대해 알고 이해하라.
- 학교의 건강·안전 정책(가능하다면 지자체까지 포함)과 이러한 정책의 절차와 지침에 대해 익숙해져라.
- 체육교사의 건강·안전에 대한 의무와 전문적이고 법적인 책임에 대해 숙지하고 이해하기

위해 꾸준히 관련 최신 정보를 확보하라.
- 체육수업에서 건강·안전의 개념, 원칙과 〈그림 12.1〉이 제시한 '인적, 맥락, 조직'과 연계된 안전에 대한 함의, 지침, 절차에 대한 이해를 높이고 이와 관련된 최신정보를 익혀라.
- 체육수업의 위험을 최소화하기 위한 정확하고 일관성 있는 의사결정을 위해 위험 평가 실행 방안을 마련하고 꾸준히 관련 정보 취득 및 교육에 힘써라.
- '인력, 맥락, 조직'과 연관된 위험 평가를 정기적으로 실행해라. 나아가 최신 버전의 국가 단위 체육수업 지침을 확인하고 이를 체육수업 계획에 반영하라.
- 일, 주, 월, 년 간 단위의 위험 평가에 참여하라. 건강·안전 또는 학교, 체육관련 직원과 함께 위험 평가에 참여할 수 있다.
- 영국 보건안전청이 제시한 위험 평가의 5단계를 철저하게 따라라.
- 잠재적인 사고를 유발하는 위험에 대해 예상하고 인지할 수 있는 능력을 키워라.
- 모든 상황, 특히 비상사태에 대비하여 조치 계획을 세우고 교사의 책임 수준에 맞는 응급 처치 훈련을 받아라.
- 체육수업에 대한 구체적인 기록을 남겨라.
- 학생들을 안전교육은 물론 안전한 체육수업의 과정에 참여하도록 하여라. 안전은 체육수업과 별도의 교육이 아니라 당연히 이루어지는 과정이 되도록 하라.

나아가 체육교육에서 안전교육을 위해 이번 장에서 제시한 영국체육교육학회(2012)의 내용 뿐만 아니라 영국체육교육학회의 최근 자료를 참고하고, 안전 관련 기관의 내용도 함께 검토하여라.

> **과제 12.7 안전한 체육수업과 안전교육**
>
> 지도교수나 안전교육 전문가 등과 체육교사의 교육적 실천에 있어 근본적인 수준에서 안전한 체육수업과 안전교육에 있어서 교사의 전문적인 역할과 책무성에 대해 토론하자. 체육교사의 역할과 책무성에 있어 교사들이 직면하고 있는 어려움과 도전이 무엇이며, 이를 어떻게 극복해야 할지 논의해보자. 이를 정리하여 전문성 개발 포트폴리오(CPD)에 기록해두자.

요약 및 요점

이번 장은 영국의 건강·안전 관련 지침, 법령, 규정 등을 살펴보았다. 또한, 안전한 체육수업과 안전교육에 있어 교사의 전문적 책무성에 대해서도 다루었다. 나아가 학생의 안전한 체육수업과 안전한 학습 환경을 위해 교사가 어떻게 학생의 건강·안전에 대한 지식, 이해,

관리 능력 등을 향상시킬 수 있는 지 제시하였다. 이어서 체조 수업에서 과실로 의심되는 사례 보고서를 통해 교사가 학생의 안전과 관련 책임에 있어 직면한 몇 가지 문제점을 강조하였다. 마지막으로 안전한 체육수업과 안전교육을 촉진하고 지원하기 위한 체크리스트에 대해 설명하였다.

건강과 안전에 대한 고려는 교사의 우수한 실천에 내재되어 있다는 것을 기초로 이번 장에서는 교사의 교육적 실천에 있어 안전에 대한 불안이나 걱정이 아닌 더 큰 지식과 자신감을 가지는 데 도움을 주고자 하였다. 마지막으로 체육교사는 학생의 안전과 건강을 위해 교사 개인의 전문적 학습과 발달에 대한 책무성을 지녀야 하며, 건강·안전에 대한 최근의 실천, 연구, 지침을 꾸준히 습득해야 한다.

/ 추가 읽기 자료 /

Association for Physical Education (2012). *Safe practice in physical education and sport*, 8th end. Leeds: afPE/Coachwise.

이 문서는 안전한 체육교육과 안전교육을 위해 교사 및 관련 종사자에게 최신의 정보와 조언을 제공한다.

Chappell, A. (2014). Safe practice, risk assessment and risk management, In S. Capel and P. Breckon (eds.). *A practical guide to teaching physical education in the secondary school*, 2nd edn, Abingdon, Oxo: Routledge. pp. 101-125.

이 챕터는 학교체육에서 안전과 건강과 관련된 최신의 지식과 근거를 바탕으로 실제 수업에서 활용할 수 있는 다양한 활동을 제공한다.

Raymond, C. (ed.) (1999). *Safety across the curriculum*. London: Routledge.

이 책은 안전 관련 주요 법령과 지침을 해석하여 이에 따른 책임을 전반적으로 제시하여 일반적 수준에서 체육수업에 적용할 수 있도록 도움을 준다.

Whitlam, P. (2005) . *Case law in physical education and school sport: A guide to good practice*. Leeds: Coachwise/BAALPE.

이 문서는 학교체육에 있어 우수한 실천과 표준의 원칙을 규명하고 강화할 수 있는 법과 관련된 사례를 제공한다.

의도한 학습 결과 달성을 위한 교수 방법 설계하기
Designing teaching approaches to achieve intended learning outcomes

Richard Blair & Margaret Whitehead

소개

이 장의 목적은 교사의 의도된 학습결과 ILOs, 수업 lessons, 학습 과제, 교사와 학생이 만들어 내는 학습 환경 사이의 복잡한 관계를 이해하는 것이다(Leach & Moon, 1999). 학교 수준 체육과 교육과정에 근거해 교사는 장기 학습 목표와 그것을 달성하기 위한 중간 단계 목표, 그리고 단기적인 수업 목표들(의도된 학습 결과)을 미리 계획하고 있어야 한다(3장 참고). 건물을 짓는 것이 벽돌 한 장을 쌓아 올리는 것에서 출발하듯이, 장기적인 목표 역시 목표의 가장 기본이 되는 의도된 학습 결과들을 하나씩 달성하면서 성취된다. 때문에, 교사는 효과적인 교수를 위해 학습 과정에서 의도된 학습 결과를 달성할 수 있도록 도와주는 교수의 주요 요소들을 이해할 필요가 있다. 이 장에서는 내용교수지식 pedagogical knowledge 이 내용지식 content content knowledge 만큼이나 중요하다는 것을 전제로 한다(Shulman, 1999). 내용지식과 조화롭게 결합된 내용교수지식은 수업의 모든 요소들을 이해하는 토대가 된다는 것을 기억해야 한다. 더불어, 이 장에서는 학습을 적극적으로 지원하기 위한 교수 접근이나 교수 스타일 설계에 영향을 미치는 교사의 신념 체계를 어떻게 개발할 것인가에 대한 이해를 돕는다.

이 장을 학습한 후, 여러분은 다음과 같은 내용을 이해하고 실행할 수 있어야 한다.

- 수업을 구성하는 다양한 교수 개념들(교수 방법, 교수 전략, 교수 스타일, 교수 기술, 학습 환경) 간의 관계를 이해한다.
- "교사가 의도한 교수 목표를 달성하기 위해서는 일군의 교수 기술들로 구성된 교수 방법이 설계되어야 한다."는 것을 이해한다.
- 교수 기술들의 적절한 활용은 의도된 학습 결과 달성의 핵심사항이라는 것을 안다.
- 목적, 목표, 의도된 학습 결과는 적절한 교수 전략이 활용될 때 성취될 수 있다는 것을 이해한다.
- 기술적(descriptive) 및 처방적(prescriptive) 측면에서 교수 방법의 분류 범위를 이해한다.
- 교수 전략의 범위를 알고 실행한다.
- 교수와 학습의 관계 맥락에서 교사 신념의 역할을 이해한다.

예비교사교육과정의 요구사항(필수요건)을 확인하여 이번 장과 어떠한 관계가 있는지 살펴보자.

교수 접근, 교수 전략, 교수 스타일, 교수 기술

다양한 연구 문헌들에서는 가르치는 방법에 관한 수많은 개념들이나 용어들이 나온다. 〈그림 13.1〉은 여러 가지 개념들의 관계를 보여주는 도표이다.

교수 접근

↓

교수 전략	교수 스타일
교수 전략은 특정 수업 상황(혹은 수업 에피소드)에서 교사가 보여주는 행동 방식으로, 수업에서 의도된 학습 결과를 달성하기 위해 교사에 의해 선택된 교수 구성요소들이다. **교수 전략은 의도적으로 계획된 교수이다.**	교수 스타일은 교사의 철학이나 개인적 특성에 의해 수업에서 습관적으로 활용되는 교수 전략들의 묶음(cluster)이다. **교수 스타일은 교수 전략 + 개인적 특성 + 철학을 대표한다.**

↓↑

교수 전략을 구성하는 교수의 구성요소들의 예
: **피드백 방식, 질문 방식, 학생 집단 편성이나, 시간 할당과 같은 조직 절차, 학생들에게 제공되는 과제 설정(모방 과제, 창조 과제, 연습 과제, 평가 과제 등) 등**

〈그림 13.1〉 교수 접근, 교수 전략, 교수 스타일, 교수의 구성요소들 간의 개념적 관계도

학생들의 학습을 효과적으로 증진시키기 위한 다양한 교수 요소들이나 교수 기술들이 존재한다. 예를 들어, 위치, 조직, 혹은 목소리의 활용 등은 교사가 학생의 학습을 증진시키는데 효과적인 교수 기술들이다. 이러한 교수 기술들은 이 책의 다른 여러 장들에 설명되어 있다. 이 장에서, 교수 접근 teaching approach 은 수업 전반에서 나타나는 교사의 수업 행동으로 설명된다. 따라서 교수 접근은 교수 전략 teaching strategies 과 교수 스타일 teaching styles 로 설명되는 두 가지 교수 행동을 포괄하는 용어이다. 이 장에서 전략과 스타일의 개념은 다음과 같다.

교수 전략은 교수 접근의 대표적인 교수 개념 중 하나이다. 교수 전략의 구성요소들은 수업에서 특정한 의도된 학습 결과를 달성하기 위해 선택된다. 교수 전략과 관련된 대표적인 연구들로는 Cole과 Chan(1994), Joyce와 Weil(1996), Joyce 등(2002), 그리고 체육 교수 관련 연구로써 Kirk 등(1996)이 있다. 한편, 체육교수 분야에서 전략과 스타일이 혼란스럽게 사용된 것은 Mosston과 Ashworth(2002)이 그들의 저서에서 전략을 스타일로 소개하였기 때문이다. 교수 전략의 예들 혹은 이와 관련된(전략과 스타일 관련된) 논쟁은 Capel 등 (2013)의 5.3절(Leask)을 참고하길 바란다.

교수 전략은 학습을 증진시킬 수도 있지만, 오히려 다른 학습 가능성을 사전에 차단할 수도 있다. 예를 들어, 엄격한 통제 전략 속에서 진행되는 발견적 접근 didactic approach 의 댄스 수업에서 학생들은 창의성을 개발할 수 없다. 또한, 다양한 개방형 질문으로 진행되는 발견 수업이 수영 스트로크나 디스크 던지기와 같은 기능 techniques 학습에 초점을 둔다면 발견 수업이 기대하는 효과를 거둘 수 없다. 마찬가지로, 개별 학습을 진행하는 수업에서 협동 기술의 발달을 기대할 수 없으며, 학생들을 경쟁적 학습상황에 참여시키면서 자긍심의 발달을 기대할 수 없다. 이는 그만큼 교수 전략이 학습에 영향을 미치는 강력한 요인이며, 그렇기 때문에, 수업의 목적에 따라 적절한 교수 전략이 활용되어야 한다는 것을 의미한다. 이런 점에서, 교수 전략은 의도된 학습 결과에 따라 설계되어야 하고, 순서상 의도된 학습 결과들이 결정된 후에 계획되어야 한다.

교수 스타일은 교사와 학생 사이에 일어나는 상호작용의 일반적 방식을 설명하는 용어이며, 교사에게 교수 스타일은 일종의 자기 표현 self-presentation 의 방식1)이다. 교수 스타일 관련 연구들은 Bennett(1976), Galton과 Croll(1980), Oeser(1955) 등에 의해 수행되었다. 교사의 스타일은 교사가 자신의 철학이나 가치관, 혹은 수업관 등에 따라 선택하는 교수 기술들이나 전략들로 구성된다. 예를 들어, 제스쳐를 거의 하지 않거나 단호하고 딱딱한 말투를 사용

---

1) 역주: 저자는 〈표 13.1〉에서 교수 스타일이 수업에서 습관적으로 활용되는 교수 전략들의 묶음이라고 밝히고 있다. 때문에 이 장에서 주장하는 교수 스타일은 Mosston & Ashworth(2002)의 교수 스타일 책에서 제시된 지시형, 연습형, ~~~, 유도발견형, 수렴발견형 등과 같이 정형화된 교수 스타일을 의미하는 것은 아니다. 정형화된 혹은 체계화된 스타일이라기보다, 개인마다 옷 입는 스타일이 다르듯, 이 장에서 말하는 교수 스타일은 교사의 개인적 특성이나 철학 혹은 신념 등에 따라 교수 전략들을 포괄적으로 선택하고 실행하는 것으로 판단된다.

하거나, 농담을 거의 건네지 않고, 칭찬보다 노력을 더 강조하는 교사 A는 권위적 자기 표현의 스타일을 가지고 있다면, 제스처를 사용하고, 조용하게 말하며, 유머와 긍정적 신체 언어를 사용하는 교사 B는 부드러운 자기 표현의 스타일을 가지고 있는 것이다.

두 교사 중 누가 더 효과적인 교사인지 알 수 없지만, 한 가지 확실한 것은 두 교사의 스타일이 서로 다르다는 것이다. 교사 A와 B가 특정의 의도된 학습 결과를 달성하기 위해 비슷한 전략들을 설계하는 것이 불가능한 것은 아니지만, 수업 상황에 자신의 개인적 특성이 드러나기 때문에 학생들과의 상호작용 방식은 서로 상반된다. [과제 13.1]은 두 명의 서로 다른 교사를 관찰하며 교수 스타일의 차이를 분석해 보는 과제이다.

> ### 과제 13.1 개별 교사의 스타일 관찰
> 수업하고 있는 교사의 스타일을 관찰하자. 교사의 행동 특성을 목록으로 작성하자. 각각의 스타일은 어떤 차이를 보이는가? 유머의 활용, 제스처의 활용, 학생과의 상호작용 횟수, 수업의 질서가 유지되는 방식 등의 교사 행동 특성을 포함해보자. 전문성 개발 포트폴리오(CPD)에 기록해보자.

교사들마다 스타일이 다르다는 것은 그만큼 학생들의 경험 역시 다양할 수 있다는 점에서 환영할 만하다. 그러나 교사들이 각각 저마다의 스타일로 수업하는 것 자체가 좋다는 것은 아니다. 때문에, 교수 스타일은 교사 개인의 선호가 아니라 수업에서 달성하고자 하는 의도된 행동 결과들을 토대로 설계되어야 한다. 뿐만 아니라, 스타일의 개인적 특성들은 심사숙고하여 조심스럽게 활용되어야 한다. 예를 들어, 전반적으로 관대하면서 때때로 유머러스한 것을 선호하는 교사의 개인적 특성은 육상 던지기 활동이나 수상 활동 등과 같이 위험이 동반되는 수업에는 적절하지 않을 수 있다.

수업의 전반적인 분위기에는 교사와 학생들 간의 상호관계 특성이 반영된다. 또한, 수업 분위기는 학습 환경을 구축하는 중요한 특성이다. 때문에, 교사는 긍정적이며 생산적인 학습 경험을 촉진할 수 있도록 수업 분위기를 이끌어야 한다(Slavin, 2003). 환경과 특정 학습 과제들은 또한, 의도된 학습 결과에 부합해야만 한다. 예를 들어, 혁신과 상상을 추구하는 수업에서는 흥미와 탐구를 유도하는 분위기를 만들어야 하고, 학생들의 생각과 상상력을 발휘할 수 있는 활동을 허용하는 것이 유리하다(Slavin, 2003: 367). 학습 환경은 학습 활동의 속성, 장비, 가용한 시간, 혹은 기온이나 날씨 등에 영향을 받으며, 교사는 이러한 요인들 역시 교수 상황에서 고려해야 한다. 결과적으로, 수업에서 일어나는 모든 일들은 학생들의 의도된 학습 결과 달성에 기여해야 한다.

교수 전략의 구성요소들

교사는 교수 전략 설계 과정에서 수업 계획을 구성하는 모든 요소들을 고려하되, 특히 의도된 학습 결과를 어떻게 성공적으로 지원할 것인가를 고려해야 한다. 수업 계획에 관한 세부적인 내용이 궁금하면 3장을 다시 읽어보길 바라며, 여기서는 교수 전략 설계 시 교사가 고려해야 하는 아래와 같은 요소[2]들을 살펴볼 것이다.

- 수업에서 다루어지는 내용(예, 수영 스트로크)
- 계열적 내용, 예를 들어, 일련의 점진적 과제들
- 수업 에피소드별 시간 할당
- 학생에게 위임되는 책무성 범위(예, 교사의 지시를 따르도록 하거나 교사가 정한 규칙의 범위 내에서 행동하도록 하기)
- 교사와 학생의 의사소통 속성(예, 교사 질문, 과제 카드, 학생들 간 협의)
- 학생 집단 편성
- 교사의 피드백 초점(예, 신체적 기술의 습득에 초점, 혹은 협동이나 인내에 초점)
- 평가의 형식과 주안점(예, 자신의 이전 경험 혹은 국가 표준, 형성적 평가 혹은 총괄적 평가)(보다 자세한 내용은 9장을 참조할 것)
- 학생과 장비의 조직(예, 고도로 지시적인 방식 혹은 학생 선택의 여지를 두는 방식)

이러한 여러 가지 교수 요소들(혹은 교수 기술)은 앞에 제시된 장들에서 이미 살펴본 바 있다. 그러나 교사는 자신의 수업에서 이러한 요소들을 어떻게 실행할 것인가에 대해 심사숙고해야 한다. 왜냐하면, 질문의 제시 방식에 따라 학습 활동은 영향을 받을 수 있고, 마찬가지로, 집단 편성 방식에 의해서도 영향을 받을 수 있기 때문이다. 교수 기술들의 적절한 활용과 응용이 의도된 학습 결과의 달성 및 증진 기여에 핵심사항이라는 것을 기억해야 한다. Capel과 Breckon(2014)에 제시된 2.1, 2.2a, 2.2b 활동들을 통해, 의도된 학습 결과와 교수의 구성요소들 간의 관계를 이해할 수 있다. 구체적으로, 이들 활동은 학습 과제의 속성과 피드백 초점에 관한 신중한 고려가 학습에 어떻게 영향을 미치는지를 보여주는 전형적인 예시 자료이다.

수업 계획은 하나의 경험들이 모여 학생의 전체 경험을 만든다는 점에서 그림 퍼즐 맞추기와 비슷하다. 때때로, 하나의 조각을 놓치거나 잘못된 조각을 선택할 수도 있다. 때문에, 교사에게는 행위 중 반성 on the action 과 행위 후 반성 in the action (Schön, 1983)을 통해 다음 수업

---

[2] 교수 전략은 다양한 교수 기술들의 결합이기 때문에 교수 전략을 구성하는 요소들은 다른 말로 교수 기술을 의미한다. 저자는 교수 요소와 교수 기술을 혼용해 사용하고 있기 때문에, 요소로 번역된 말은 교수 기술로 이해해도 무방하다.

혹은 다음 에피소드의 전략이나 스타일에 응용하거나, 아니면 다른 것으로 수정해야 한다.

[과제 13.2]는 약 3~6주간 수업을 관찰하며 교수와 수업 계획이 의도된 학습 결과를 실제로 달성하는 데 기여 하는가를 확인해 볼 수 있는 과제이다. 또한, [과제 13.3]은 수업 계획을 면밀하게 분석하며 의도된 학습 결과에 부합하는 요소들을 어떻게 선택하고 설계하는지를 확인하는 과제이다.

과제 13.2 학습을 촉진하는 교수 요소 관찰하기

모든 교사는 자신의 개인적 스타일 즉 자신이 선호하는 스타일을 발달시킨다는 것을 기억해야 한다. 이러한 관점은 의도된 학습 결과를 달성하기 위해 어떠한 방식으로 교수가 계획되는가를 보다 면밀하게 바라볼 수 있게 한다. 현장 실습 지도 교사가 계획한 단원 계획서들 중 서로 다른 의도된 학습 결과를 제시하는 계획서 두 개를 선택해 자세히 읽어보자. 또한, 최소 두 차시 이상의 수업을 관찰하고 의도된 학습을 촉진하는 교수 요소들이 무엇인지 기록해보자. 관찰 내용에 대해 수업을 진행한 교사들과 토론해 보고, 전문성 개발 포트폴리오(PDP)에 기록해보자.

과제 13.3 의도된 학습 결과들을 달성하기 위한 교수 요소 선택하기

본인이 작성한 수업 계획서를 살펴보며, 각기 다른 의도된 학습 결과 네 가지를 선택해보자. 현장 실습 지도 교사와 토의하면서 수업에서 활용한 교수 요소가 어떻게 의도된 학습 결과 달성에 기여 하는지 확인해보자. 예를 들어, 의도된 학습 결과가 동료 학생들과 함께 연속된 체조 동작을 구성하는 것이라고 할 때, 교수 요소는 학생들 간의 토의 활동을 위해 계획한 '의사소통'이다. 이와 관련해 다른 교생 실습생들과 토론해 보고, 전문성 개발 포트폴리오(PDP)에 기록해보자.

○ 학습 과제

학습 과제는 학생들이 의도된 학습 결과를 달성하기 위해 학생들이 수업에서 실제로 참여하는 수업의 내용으로 구성된다. 학습 과제 설계의 핵심은 과제 활동을 통해 학생들이 의도된 학습 결과들을 달성할 수 있도록 하는 것이다. 본질적으로, 과제는 특정한 의도된 학습 결과와 관련되어야 한다. 예를 들어, 학습 과제는 다음과 같은 특성들을 고려해 설계되어야 한다.

- 모방 replication : 예, 학생들이 어떤 모델을 정확하게 모방하기 위해 필요한 과제들
- 정확도 precision : 예, 기술 수행의 세부사항들에 주의를 기울일 수 있는 과제들
- 근력 발달 developing strength : 예, 사지의 근력을 필요로 하는 과제들

- 실험 experimentation : 예, 체조 동작을 탐구할 수 있도록 하는 과제들
- 창의성 creativity : 예, 춤의 주제를 개발할 때 상상력을 발휘할 수 있도록 하는 과제들
- 팀 내 협동 intragroup collaboration : 예, 집단 토의나 집단으로 의사결정해야 하는 과제들
- 자기 평가 self-evaluation : 예, 이상적인 모델과 자기 자신의 수행을 비교해 보도록 하는 과제들
- 동료 평가 evaluation of a peer : 예, 파트너와 피드백을 주고받으며 학습할 수 있는 과제들
- 일련의 도전과제 설계 planning subsequent challenges : 예, 학생 스스로 학습 발전 방법을 고안해 내도록 요구하는 과제들

또한, 과제를 설계할 때 교사는 다음의 사항을 고려해야 한다.

- 과제 설계 시에는 학생의 능력 수준을 고려해야 한다. 학생들에게는 능력 수준에 따라 상이한 과제가 주어질 수 있다. 동일한 과제가 제시될 수 있지만, 능력에 따라 기대되는 결과는 상이하게 주어질 수도 있다. 예를 들어, 학급의 모든 학생들에게 "연속된 체조 동작을 완성하라"는 과제가 동일하게 부여되지만, 학생들은 난이도가 상이한 체조 동작들로 구성된 과제지를 선택할 수 있다. 수준 1 과제는 6개의 동작 중 5개가 연속 동작으로 구성된 과제이고, 수준 2는 6개 중 3개의 동작이 완성된 형태로 제시된 과제이며, 수준 3 과제에는 완성된 연결 동작으로 구성된 동작은 2개 밖에 없다. 어느 수준을 선택할 것인지는 학생들이 결정하도록 한다. 이전 수업에서 자기 평가에 대한 경험을 가지고 있는 학생들은 자기 평가 절차에 대해 알고 있다. 부가적으로, 능력 수준이 높은 학생들에게는 연속 동작 중 역방향 움직임을 포함하는 과제를 제시할 수 있고, 신체 능력이 부족한 학생들이 어깨 서기[3]를 하는 동안, 우수한 학생들은 옆돌기를 하도록 요구할 수 있다. 이와 함께, 인지적 능력이 과제 활동에 미치는 영향에 대해서도 고려해야 한다(3장 참조).
- 학생들이 과제를 선택할 수 있도록 허용해야 한다.
- 과제 설정 시 과제의 초점을 고려해야 한다. 과제는 크게 과제 지향적 task-oriented 과 성취 지향적 achievement-oriented 과제로 구분된다. 전자가 과제의 숙달 자체에 초점을 둔다면, 후자는 다른 학생들보다 더 높은 수준에 도달하는 것에 초점을 두는 과제이다.

이와 함께, 과제 설계 과정에서 다음의 사항 역시 고려되어야 한다.

---

[3] 어깨서기 동작은 등을 대고 누운 상태에서 양 손으로 허리 부위를 잡은 후 어깨를 제외한 몸의 다른 부위를 위로 밀어올려 일직선으로 세운 자세이다.

- 과제는 연령, 성숙, 과거 경험, 신체적 및 인지적 능력에 적합해야 한다.
- 과제를 개발할 때는 학습 환경(가용한 장비, 수업 시간, 수업 공간, 날씨 등)을 고려해야 한다.
- 과제 개발 시, 학급 구성원의 특성(예, 참여를 주저하는 학생, 부산하거나 산만한 학생 등)을 고려해야 한다.
- 과제를 개발 시, 학급을 몇 개의 작은 집단으로 나눌 수 있는지 고려해야 한다.

[과제 13.4]는 의도된 학습결과 ILOs 에 부합하는 과제를 설계하기 위한 활동이다.

> **과제 13.4 의도된 학습 결과들을 달성하는 과제 설계하기**
>
> 다음에 적합한 과제를 설계하자.
>
> - 하키에서 패스의 정확도 높이기
> - 체조에서 집단의 협동성 높이기
> - 무용에서 주제 개발하기
> - 수영에서 지구력 발달시키기
> - 육상에서 자기 평가 능력 발달시키기
>
> 지도 교사와 함께 자신이 개발한 과제를 논의해 보고 전문성 개발 노트에 기록해보자.

○ 피드백

피드백은 교수 전략의 주요 요소이며, 과제 설정 시에도 중요하게 고려되어야 하는 요소이다. 피드백은 성취 관련 혹은 결과 관련 지식을 제공하며, 학생들이 의도된 학습 결과에 초점을 맞출 수 있도록 돕는다. 학생들은 학습하는 과정에서 의도된 학습 결과와 관련해 자신들의 학습이 어느 정도 발전해 나가고 있는지 알고 있어야 한다. 피드백은 학습의 이러한 측면을 부각시킨다 (Black et al., 2003). 예를 들어, 의도된 학습 결과가 팀워크 향상인 수업에서, 교사의 피드백이 개별 학생의 운동 기술 수행에 집중된다면, 수업의 의도된 학습 결과를 달성하기 어려울 것이다. 뿐만 아니라, 학생들은 수업의 의도된 학습 결과인 팀워크와 관련된 정보를 받지 못하기 때문에, 팀워크라는 의도된 학습결과를 어느 정도 달성했는지 가늠할 수 없을 것이다. 다른 측면에서, 의도된 학습 결과가 기술의 세련된 수행인 수업에서 교사가 수업 활동 개발4)에 초점을 두는 피드백을 제공한다면, 학생들은 기술 수행이 아닌 다른 것에 주의를 빼앗길 것이다.

---

4) 역주: 수업 활동 개발에 대해 피드백을 집중하는 교사는 "인사이드 패스를 어떻게 연습해야 효과적일까?"와 같이 창의력과 관련해 질문하고 피드백을 제공하게 된다.

과제를 설정할 때 학생이 무엇에 집중해야 하는가를 명확히 하고, 이와 관련된 피드백을 어떻게 제공할 것인지를 결정하는 것이 중요하다. 예를 들어, 하키 연습에서는 다음과 같은 의도된 학습 결과들을 달성하도록 과제가 설정될 수 있다.

- 새로운 운동 기술 숙달
- 인내, 의사소통, 유연성 등과 같은 협동적 기술들의 활용
- 창의력(상상력) 향상
- 일관된 규칙 준수
- 개인 목표 설정
- 동료 학생의 학습 지원
- 움직임 관찰 능력 개선
- 평가 기술 개선

연습 과정 및 후의 피드백 내용은 피드백 주안점에 한정되어야 한다. [과제 13.5]는 위에서 제시된 의도된 학습 결과에 적합한 피드백을 고려해 보는 과제이다.

> **과제 13.5 의도된 학습 결과들에 적합한 피드백**
>
> 아래의 세 가지 예시에서, 위에 제시된 의도된 학습 결과에 적합한 피드백과 적절하지 않은 피드백을 찾아보고 다른 예비교사들의 답과 비교해보자.
>
> - 잘 했어! 호연, 너는 거의 매번 점수를 내고 있는데, 네가 정한 목표가 너무 쉽다거나 혹은 너무 어렵다고 생각하니?
> - 좋았어, 수연, 너는 연습하는 동안 스틱 가까이에 공을 두고 있어.
> - 주연아 열심히 하고 있구나. 잘 되는 연습은 무엇이니?
>
> 전문성 개발 포트폴리오(PDP)에 기록해보자.

어디에 초점을 두고 학습해야 하는지를 아는 것만으로도 학생들의 학습은 향상된다. 학습에 대한 초점은 교사의 관찰과 피드백을 통해 얻어진다. 과제 수행 중 광범위하고 지나친 피드백은 학습 초점을 분산시키는 부작용을 일으킨다. 현장 실습 초기에는 수업의 의도된 학습 결과들에 대한 명확하고 분명한 피드백 제공에 관찰 초점을 두는 것이 유익하다. 피드백은 학생의 현재 이해와 지식, 기술 수준과 의도된 학습 결과를 성공적으로 달성하기 위해 필요한 것들(알아야 하는 것, 이해해야 하는 것, 수행해야 하는 것) 사이의 간극을 메워줄 수 있는 정보를 포함하고 있어야 한다(Black et al., 2003).

피드백은 학생들이 수용할 수 있고, 자신의 학습과 전반적인 수행 능력을 향상시키는 데 도움을 줘야 한다. 학생들이 무엇에 초점을 둘 것인지 한눈에 알 수 있도록 과제를 설정하고, 그것에 집중해 학생들에게 설명해야 한다. 다른 말로, 교사는 학생들에게 명확한 교수핵심내용을 제공해야 한다는 것이다. 교수핵심내용을 명확히 하면, 학생들은 자신이 무엇을 학습해야 하는지 보다 분명하게 이해하고, 교사는 구체적이고 효과적인 관찰과 피드백을 제공할 수 있다.

피드백은 정확해야 한다. 그렇지 않으면, 학생들은 잘못된 정보를 받게 되고 혼란스러워진다. 교사는 관찰과 피드백 제공을 위해, 그리고 과제를 설명하기 위해, 학생들이 무엇을 숙달해야 하는지를 명확히 파악하고 있어야 한다. "교사가 부정확한 정보를 제공하면 피드백이 오히려 학습을 저해할 수 있다."는 말의 의미를 기억해야 한다. 적합한 피드백은 효과적인 관찰에 의존한다. 이와 관련한 내용은 이 책 4장, 특히 평가 절차 assessment process 의 주요 특성을 설명하는 절에 제시되어 있다. 평가에서 피드백의 역할은 9장에서 제시되어 있다.

이상의 설명은 교사의 피드백이 수업 혹은 특정 과제나 에피소드의 의도된 학습 결과들과 연결되어 있어야 한다는 것을 강조한다. [과제 13.6]과 [과제 13.7]은 자신의 피드백이 의도된 학습 결과들과 관련되고 있는지 모니터해 보고, 의도된 학습 결과들과 관련된 교수의 다양한 측면들을 고려할 수 있는 기회를 제공한다.

 과제 13.6 의도된 학습결과들에 부합하는 피드백 제공하기

수업 계획서 하나를 선택한다. 의도된 학습 결과를 보다 분명하게 반영하여 선택한 수업 계획서를 수정한다. 자신의 지도 교사에게 수정된 수업 계획서로 진행하는 수업을 관찰해 줄 것을 요청한다. 이때, 지도 교사는 피드백이 의도된 학습 결과와 관련될 때 '3'으로, 그렇지 않을 경우는 '1'로 기록한다. 지도 교사의 점수 총계를 확인하고, 피드백 활용에 대해 토론한다. 다른 수업에서도 이와 같은 과정을 반복한다. 이 과제의 목적이 점수를 증가시키는 것임을 기억해야 한다. 관련 사항을 전문성 개발 포트폴리오(PDP)에 기록한다.

과제 13.7 의도된 학습 결과들에 부합하기 위해 교수의 여러 측면들 고려하기

실제로 수업에 활용되지 않은 수업 계획서를 하나 선택하자, 자신이 계획한 의사소통 방식이나 자신이 학생들에게 부여한 권한 위임(학생이 책임져야 하는 것들)이 의도된 학습 결과 달성에 도움이 되는지 여부를 생각해보자. 그리고, 수업 계획서를 적절하게 수정하고, 수정된 수업 계획서를 가지고 수업을 실행해보자. 수업 후, 자신의 수업이 의도된 학습을 어느 정도 촉진시켰는지에 관해 지도 교사와 토론해 보고, 그 결과를 전문성 개발 포트폴리오(PDP)에 기록해보자.

교수 전략과 교수 스타일의 유형 분류

1960년대와 1970년대 연구 분야에서는 교수를 연구의 주제로 상정해 다양한 접근을 시도하며 활발한 논쟁을 진행하였다. 이 시기 진행된 대표적인 연구들로 Oeser(1955), The Plowden Report (Central Advisory Council for Education, 1976), Cox와 Dyson(1975), Bennett(1976), Galton과 Croll(1980) 등이 있다. 연구자들은 수업에서 활용된 접근들을 다음의 두 가지 유형으로 분류하고 있다. 첫 번째 유형은 "교수는 어떻게 이루어져야 하는가?"를 밝히는 데 초점을 두는 것으로, 처방적 유형 prescriptive classifications 으로 불리며, 교수 전략과 짝을 이루는 유형이다. 두 번째는 수업 중 교사 행동의 관찰을 통해 얻어낸 교사들의 가르치는 방식들에 관한 기록을 근거로 하는 유형으로, 이를 기술적 유형 descriptive approaches 으로 부르고, 이것은 교수 스타일과 관련된다.

○ 교수 전략

체육수업의 대표적인 처방적 유형은 1966년 모스톤에 의해 개발[5]되었다(Mosston & Qshworth, 2002 참조). 모스톤의 기본 철학은 "효과적인 학습은 학생과 교사의 적절한 상호작용을 통해 달성된다."는 것을 기반으로 한다. 모스톤은 자신의 철학을 목표 Objectives , 교사 행동 Teacher behaviour , 학습 행동 Learning behaviour , 성취 결과 Outcomes achieved 의 영어 앞 글자를 따 'OTLO 원리'라고 불렀다. 모스톤의 분류에 따르면, 11가지 전략들[6]은 재생산 클러스터와 생산 클러스터로 구분된다. 재생산 클러스터의 전략들은 학생들이 기술이나 지식을 모방하는 것에 관심을 두며, 지시형, 연습형, 상호 학습 등의 전략을 포함한다. 반면, 생산 클러스터의 전략들은 학생들 스스로 움직임 반응을 창조하거나 자기 자신의 아이디어를 개발하는 데 관심을 두며, 안내된 발견, 수렴형, 확산적 발견 등의 전략을 포함한다. 모스톤의 전략들은 학생과 교사의 의사결정 방식에 따라 연속체 혹은 스펙트럼 spectrum 의 형태를 띤다.

스펙트럼은 재생산의 첫 번째 교수 전략인 지시형으로부터 시작된다. 지시형에서는 교사가 모든 것을 결정한다. 스펙트럼은 학생의 의사결정 권한에 따라 연습형, 자기 점검형, 안내된 발견 guided discovery , 수렴적 convergent 및 확산적 divergent 발견으로 이어진다. 스펙트럼으로 이어지는 교수 전략들은 학생들이 학습하기를 원하는 활동들을 선택할 수 있도록 하는 역할을

---

[5] 우리나라에서는 Rink(2020)의 교수 전략(직접지도 전략, 동료 교수 전략, 협동 학습 전략, 개별화 지도 전략, 인지 전략 등)과 Mosston(2006)의 교수 스타일을 구분하는 것과 달리, 교수 스타일을 "교사의 철학이나 개인적 특성에 의해 수업에서 습관적으로 활용되는 교수 전략들의 묶음"으로 정의하는 이 책의 저자들은 Mosston이 제안한 교수 스펙트럼의 11가지 스타일(style)은 11가지 교수 전략으로 설명한다.

[6] 모스톤은 스타일이라고 명명했지만 앞서 논의한 것과 같이 저자는 모스톤의 분류 유형은 교수 전략이라 부르는 것이 더 타당하다고 강조한다.

한다. 예를 들어, 학생들은 시 poem 를 읽고 그 시의 아이디어를 다양한 춤 스타일로 해석하는 활동이나, 시의 내용에 따라 영양소와 관련된 탐구 활동을 선택할 수 있다. Mosston과 Ashworth (2002)의 책을 읽으면서, 각각의 전략들이 주요 결과들을 어떻게 실현시키고, 질문 기술이나 피드백 속성 등과 같은 전략의 구성요소들이 이러한 성취에 어떻게 기여하는지를 생각해 보는 것은 교수 전략을 이해하기 위해 유용하다. 이 책의 저자들은 체육교육의 특정 목표뿐만 아니라 보다 폭넓은 교육의 목적에 관심을 두고 있다. 스펙트럼 관련 세부내용은 www.routledge.com/cw/capel 을 참조하기 바란다.

그러나 Mosston과 Ashworth (2002)가 설명한 스펙트럼은 의도된 학습 결과를 달성하기 위한 교수 계획의 안내서 역할을 한다는 점을 기억해야 한다. 스펙트럼에서 ~형으로 이름 붙여진 전략들은 교사에게 어떻게 가르칠 것인가에 관한 정해진 답변을 제공하지 않는다. 오히려, 자신의 수업에서 의도된 학습 결과가 무엇인지를 결정한 다음, 교수에 필요한 유용한 지침을 제공한다. 즉, 교사의 일은 자신이 설정한 의도된 학습 결과를 달성하기 위한 맞춤형 전략을 설계하는 것이다. 이때, 교수 전략이 수업 내에서 어떻게 작동하고, 수업이나 수업의 구조에 어떻게 영향을 미치는가를 고려하는 것은 중요한 일이다. 교수 스펙트럼은 이에 관한 정보를 제공한다.

교수 전략의 개념을 고려할 때, 전체 수업을 한 가지 전략으로 계획하는 것은 매우 예외적이라는 것을 알 수 있다. 왜냐하면, 교사는 한 차시 수업에서 하나 이상의 의도된 학습 결과를 달성하고자 하기 때문이다. 예를 들어, 전술게임수업모형 Teaching Games for Understanding 의 한 차시 수업은 여러 가지 의도된 학습 결과들을 포함하고 각각의 의도된 학습 결과를 달성하기 위한 활동들이 포함된다. 구체적으로, 전술게임수업모형의 의도된 학습 결과 중 하나는 탐구이며, 학생들은 이를 성취하기 위해, 새로운 움직임 기술을 소개하는 활동, 이를 통해 발견된 것들을 토론하는 활동, 현재의 움직임 기술을 향상시키기 위한 활동에 참여하게 된다. 교사는 대부분의 수업에서 여러 가지 교수 전략들을 활용한다. 종종 한 가지 이상의 교수 전략을 동시에 활용해 하나의 에피소드를 운영하기도 한다. 수업 에피소드가 하나에서 다음으로 이어지듯이, 교수 전략들의 활용 역시 연속적인 과정으로 나타나고, 그와 관련된 예시는 〈그림 13.2〉에 제시되어 있다.

○ 교수 스타일

교수 스타일은 교사들이 수업에서 보여주는 교수 행동의 관찰을 근거로 분류된다. 교사 개인의 교수 스타일은 자신의 수업을 조직하거나 학생들과 상호작용하는 독특한 방식으로 나타난다. 교수 스타일을 간략하고 단순하게, 그리고 기술적으로 분류하는 방식은 두 가지 대비되는 스타일, 대표적으로, 전통적 스타일과 진보적인 스타일로 분류하는 것이다. 각각의 요소는 〈그림 13.3〉에 제시되어 있다.

무용 수업의 의도된 학습 결과들: 수업을 통해 학생들이 달성해야 하는 것들
a. 유니슨[7](unison)으로 오프닝 움직임 세련화하기
b. 유니슨과 카논[8](canon)을 포함한 듀엣 움직임 만들기
c. 듀엣 움직임의 관계 평가하기

수업 에피소드의 의도된 학습 결과	내용	교수 전략
몸의 준비	준비운동	전체 활동
정밀한 움직임	이전 수업에서 소개된 오프닝 움직임 국면 A	짝으로 서로의 정확성과 세부 움직임을 확인할 수 있는 과제 카드를 활용한 동료 교수
짝으로 할 수 있는 창의적 주제 개발	오프닝 움직임 국면에서 선택된 주제와 유니슨과 카논을 포함한 듀엣 움직임에 적합한 주제	짝으로 문제해결: 토론, 탐구, 반복을 통한 주제 개발
듀엣 움직임의 평가	수업의 다른 짝들에 의해 수행된 새롭게 창조된 듀엣 움직임 국면 직접 관람 혹은 듀엣 춤 동영상 시청	유니슨과 카논을 확인하기 위한 동료 관찰과 소집단 토론. 전체 학급의 비디오 시청과 교사와 함께 하는 토론

〈그림 13.2〉 수업의 다양한 에피소드에서 활용 가능한 전략들의 패턴

전통적	진보적
1. 별개의 수업으로 가르치는 과목	1. 과목의 통합
2. 교사가 모든 지식을 제공한다.	2. 교사는 교육적 경험을 안내한다.
3. 학습에서 수동적 역할을 하는 학생	3. 학습에서 적극적 역할을 하는 학생
4. 교사에 의해 모든 교육과정이 계획된다.	4. 학생도 교육과정 계획에 참여한다.
5. 암기식 학습과 연습은 내용을 학습하는 선호된 방법이다.	5. 학습에서는 종종 발견 학습법을 활용한다.
6. 벌과 보상을 활용하는 외재적 동기	6. 외적 보상과 벌보다는 내재적 동기
7. 학문적 기준이 중요하다.	7. 학문적 기준만이 유일한 목표는 아니다.
8. 빈번한 테스트	8. 최소한의 테스트
9. 협동보다는 경쟁의 활용	9. 상당한 협동적 팀 활동을 포함한다.
10. 학급 단위로 가르치기	10. 학급 단위뿐만 아니라 학급 구분 없이 가르치기
11. 창조적 표현 간과	11. 창조적 표현의 격려
12. 교과 중심	12. 학생 중심
13. (교사에) 의존적인 학생	13. 독립적인 학생

〈그림 13.3〉 전통적 가르치기와 진보적 가르치기(Bennett, 1976)

---

7) 유니슨은 제창으로 번역되며, 똑같은 선율을 두 사람 이상의 가수가 동시에 노래하는 창법을 말한다.
8) 카논은 '규칙'을 뜻하는 그리스어 kanon에서 유래된 말이다. 카논은 최소 두 개 이상의 성부(聲部)로 이루어진 노래로서, 후속성부(後續聲部)는 선행성부(先行聲部)를 엄격히 모방해 간다. 돌림노래는 가장 단순한 카논의 형식이다.

이 절의 앞부분에서 언급한 선행연구들은 교수에 대한 가치 있는 통찰을 제공하는 동시에, 가장 효과적인 교수 접근은 무엇인가? 그리고 어떤 학습에 어떠한 교수 접근이 유용한가? 등에 대한 답을 제공한다. 선행연구들은 "교수 접근의 활용 결과는 무엇인가?"에서부터 "교사가 어떻게 의도된 학습 결과를 어떻게 가르칠 것인가?"에 이르기까지 교수의 개념을 폭넓게 설명하고 있지만, 이 책에서는 후자 즉 "교사가 어떻게 의도된 학습 결과를 가르칠 것인가?"에 초점을 두고 교수의 개념을 설명한다.

교사의 신념과 그 신념이 교수 접근에 어떻게 영향을 미치는지 이해하기

전 세계 모든 교사는 국가 수준 교육과정의 실행을 요구받는다. 때문에, 한 국가 내의 동일 과목을 가르치는 교사들에게는 유사한 목적들이 부과된다. 그러나 이 장의 앞부분에서 살펴보았듯이, 모든 교사는 자신만의 독특한 교수의 스타일을 가지고 있다. 교수 스타일은 개성과 사회화의 결과이다. 교사는 가르치는 경험이 쌓이면서 "학생들은 어떻게 학습하는가?"와 같이 수업의 가장 중요한 혹은 본질적인 가치를 바라보는 자신의 안목을 갖게 되고 수업은 그에 영향을 받는다. 안목의 저변에 교수에 관한 신념이 자리하고 있으며, 수업의 계획이나 학생들과의 상호작용 방식에 영향을 미친다. Blair(2013)에 따르면, 체육수업에 관한 가치와 신념이 무엇인지를 이해하는 교사 즉 존재론적 내러티브 ontological narrative 를 가지고 있는 교사는 교수 전략과 교수 스타일을 어떻게 운용할 것인가에 관한 문제에 관해 보다 반성적 접근을 시도할 수 있다. Blair(2013)에 따르면, 수업에 관한 가치와 신념을 이해하는 교사는 단순히 교수방법을 다양하게 활용할 수 있는 것, 교수 전략이나 스타일을 자유자재로 활용하거나 혼합해서 활용할 수 있는 것, 이상의 능력을 가진 교사로 설명한다. 왜냐하면, 존재론적 내러티브를 가지고 있는 교사는 '내가 누구인가?', '교사로서 내가 열망하는 것은 무엇인가?', '학생의 학습을 지원하기 위한 교사의 역할은 무엇인가?', 그리고 '학생, 동료 교사, 그 외 관리자나 학부모 등을 어떻게 이해하고 그들과 의사소통하기를 바라는가?' 등에 관한 질문들에 대해 고민하기 때문이다.

교사는 국가 수준의 교육과정이나 학교 정책 등을 가이드라인으로 삼는 동시에 개인의 신념을 바탕으로 수업을 진행해야 한다. 예를 들어, 교사가 자신의 수업에서 상정하는 제일 목적이 '독립적 학습자 되기'라면 가능한 한 수업의 모든 장면에서 학생들에게 권한을 위임하여 학생들의 책임감을 발달시키기 위해 노력해야 한다. 만약 교사가 최고의 학습은 개인의 발견과 시행착오 학습을 통해 달성되는 것이라고 믿는다면, 학습에서 이러한 접근을 증진시킬 수 있는 가능한 모든 방법들을 활용해야 한다. 교사는 매번 사용하는 교수 전략을 가지고 있으며, 교수 기술 역시 크게 변화하지 않는다. 즉, 여러 교수 전략이나 교수 기술들을 활용하더라도 자신이 수업에서 애용하는 전략이나 기술이 있다는 것이다. 왜냐하면, 교사의 신념이 교사 개인이 선호하는 교수 스타일을 만들기 때문이다. 그러나 개인의 교수 철학에도 불구하고, 모든 수업은 교육 혹은 체육교육의 보다 폭넓은 목적에 부합하는 의도된 학습 결과들에 의해 안내되어야 한다.

계획과 준비 부족으로 이끄는 사고 부족에 의한 차이와 신념들로 인해 나타나는 차이는 엄밀히 구별되어야 한다. 전자의 차이 즉, 사고의 부족이나 우연, 운에 의해 발생하는 차이는 교사의 의도적인 생각이나 행위를 반영하지 못한다. Green(2000)에 따르면, 이러한 차이는 체육교사가 체육을 가르치는 것에 대해 철학하지 않고 그냥 가르치기 때문이다. 교사는 자신의 교육적 신념과 가치를 이해하고 개발하며, 그러한 신념과 가치를 실제의 교수 상황에 어떻게 반영할 것인가를 고민해야 한다. 즉, 자신의 교육적 신념과 가치에 따라 교수 전략이나 스타일을 선택하고 적용하는 일을 고민해야 한다는 것이다. 자신이 선택한 교수 스타일의 전략적 요소는 합리적이고 적합한 근거에 따라 결정되어야 하며, 그러한 근거는 교사의 신념과 가치뿐만 아니라 의도된 학습 결과들과 관련되어야 한다(Capel & Blair, 2013).

의도된 학습 결과를 선택할 때는 교사 개인의 신념과 관련된 개인적 선호에 영향을 받는다. 교사는 교육적 절차와 실천에 대한 다양한 가치와 강조점, 그리고 관점을 갖는다. 뿐만 아니라, 모든 수업은 수많은 해석의 여지가 있다. 예를 들어, 어떤 교사는 게임 수업의 최고 가치를 기능과 신체적 기술, 태도의 발달로 여기는 반면, 다른 교사들은 게임 수업에서 학생의 사회적, 인지적, 정의적 이해와 기술 발달을 가장 중요하게 여길 수 있다(Williams et al., 2010). Capel과 Blair(2013)에 따르면, 교사의 신념은 수업 내용의 선택뿐만 아니라 내용을 가르치기 위한 교수 방법의 선택에도 영향을 미친다. 이런 관점에서, 앞서 제기된 Green(2000)의 주장은 수업이 무엇이고 수업에서 학생들을 어떻게 가르칠 것인가에 대해 고민하지 않은 채 외부에서 손쉽게 구한 자료나 인터넷 자료들을 활용해 수업을 준비하는 교사들을 지칭한 것이다.

Capel과 Blair(2013)는 체육수업의 무-비판적 접근 uncritical approach 의 기원에 대해 질문을 던진다. 그들의 연구에 따르면, 무-비판적 접근 즉 철학적 고민 없이 기능적으로 가르치는 교사가 생기는 근원적 이유는 예비교사 교육과정이 교사 자격 QTS: qualified teacher status 획득에 필요한 것들을 충족하는 데에만 집중해 왔기 때문이다. 예비 교사는 말할 것도 없고, 예비 교사를 지도하는 지도교사들 역시 단기적인 그날그날의 기능적 문제들에 초점을 두며 자신의 학생(즉, 예비 교사)을 지도하고 있다. 이러한 지도교수의 지도방식은 교생들이 지도 교수나 다른 교사들이 선호하는 교수 접근을 단지 따라하는 데 급급하게 만든다. 교사 자격 획득을 위한 단기적 접근이 현실적으로 불가피하다는 것을 인정하더라도, 이러한 접근은 체육수업의 의미에 관한 진지한 고민과 생각을 가로막는다. 이런 점에서, 교사는 그리고 교사가 되고자 하는 사람(예비 교사)은 "왜 이 전략을 활용하나요? 혹은 이 전략은 이번 수업에서 학생의 의도된 학습 결과를 성취할 수 있도록 기여하나요?", "이 교수 전략은 모든 학생들의 학습에 조력하는 수업 환경을 만들고 있나요?" 등과 같은 질문을 스스로 던져 보아야 한다.

16장에서 교사 신념과 교수에 대한 신념의 영향력에 대해 다시 살펴보게 될 것이다.

교수 전략을 무리 없이 수업에 적용할 수 있고, 수업에서 교수 전략과 교수 스타일을 혼용해서 사용할 수 있을 때, 교사는 한 차시 수업 수준을 넘어 단원 수준에서 수업을 바라볼 필요가 있다. 하나의 교수 전략으로 6차시로 구성된 단원을 수업한다고 생각해보자. 어떤 교수 전략은 일반적으로 여러 수업들, 활동들, 맥락들에 상관없이 적용될 수도 있지만, 특정 교수 전략은 단원을 구성하는 수업에 잘 적용되기도 하지만 그렇지 않을 수도 있다. 이런 점에서, 교수 스타일은 단기보다 좀 더 긴 중장기(6~12주)적인 관점에서 어떻게 조정되고, 진화되고, 혹은 유지되는지 고려될 필요가 있다.

심화과제 13.8과 13.9를 완성하고 전문성 개발 포트폴리오 CPD 에 기록해보자.

과제 13.8 의도된 학습결과들을 성취하기 위해 교사의 질문이나 학생 집단편성 활용하기

이 장에서는 수업의 의도된 학습 결과에 따라 변형되어야 하는 교수 기술의 예로 학습 과제 설정과 피드백 제공을 살펴보았다. 교사의 질문과 학생 집단편성 중 하나를 선택해, 다양한 의도된 학습 결과들을 성취하기 위한 활용 방안에 대해 500자 길이로 작성해보자. 다른 장에서와 마찬가지로, 작성한 글을 지도 교사와 공유하고, 전문성 개발 포트폴리오(PDP)에 보관하자.

과제 13.9 Mosston과 Ashworth 책의 비판적 함의

Mosston과 Ashworth (2002)를 읽고 SWOT 분석에 따라 교수 전략의 강점, 약점, 기회, 위기를 분석해보자. 분석한 결과를 웹사이트(www.routledge.com/cw/capel)에 제시된 SWOT 분석 결과와 비교해보자. Mosston & Ashworth의 스펙트럼은 체육교사들을 자유롭게 하는지 아니면 제약하는지에 관한 비판적 글쓰기를 2,000자 길이로 작성해보자. 지도 교사와 작성한 글을 공유하고, 전문성 개발 포트폴리오(CPD)에 정리하자.

요약과 요점

이 장에서는 교수 전략을 중심으로 교수의 몇 가지 주요 개념들을 살펴보았다. 또한, 의도된 학습결과를 달성하기 위해, 교수 전략의 요소들을 선택하는 방법에 대해 살펴보았다. 교수 전략은 강력한 학습 도구이다. 때문에, 교수 전략은 의도된 학습결과에 따라 고안되어야 한다. 의도된 학습결과는 적절한 교수 전략의 설정 없이 달성될 수 없다는 것도 기억해야 한다. 체육 수업에 참여하기만 하면 자연스럽게 독립성, 의사소통 기술, 상상력 등과 같은 교육 목적들을 달성할 수 있다고 주장하는 이들이 있다. 물론 완전히 부정될 수는 없지만(이와 관련해서는 Capel & Piotrowski, 2000의 1장과 2장을 참조할 것), 교사가 적절한 교수 전략을 활용하지 않는다면, 교육적 결과 역시 일어나지 않는다는 것을 기억해야 한다. 교수 전략은 주의 깊게 선택된 교수 기술들이나 교수 요소들로 구성된다. 적절한 설계와 설계된 전략의 충실한 적용을 통해 교수 전략이 의도된 학습 결과를 성공적으로 달성할 수 있다. 교사는 수업을 거듭하며 자신의 교수 스타일을 개발하게 된다. 교생 실습 중 수업에 참여했다면 교수 스타일이 개발되고 있는 중이다. 스타일은 자신의 개성, 체육교육 관련 신념으로부터 일어난다. 교수 스타일은 교사마다 다르고, 교사로서의 색깔 같은 것으로, 같은 교수 전략을 활용하더라도 교사마다 수업의 색깔이 다른 것은 스타일이라는 교사 개인의 색이 수업에 더해지기 때문이다.

여러분이 속한 예비교사교육기관의 요구사항(필수요건) 중 이 장을 통해 배울 수 있었던 것을 확인해보자.

추가 읽기 자료

Capel, S. & Blair, R. (2013). Why do physical education teachers adopt a particular way of teaching? in S. Capel & M. Whitehead (eds) *Debates in Physical Education*, Abingdon, Oxon: Routledge, pp. 120-139.

　이 장은 좋은 교수를 만드는 것은 무엇인가에 대한 질문을 던지며 이성적 활동으로써 교수에 관해 토론한다. 왜 교사는 자신들이 가르치는 방식으로만 가르치는가에 의문을 던지며 교수 스타일과 교수 전략 선택에 영향을 미치는 5가지 요인들을 제시한다. 이 장에서는 가르치는 것에 의문을 제기하지 않는 교사들에 대한 의문을 제기한다.

Capel, S. & Blair, R. (2014). Understanding your views about physical education and how this impacts on your teaching and pupils' learning, in S. Capel & P. Breckon (eds) *A practical Guid to Teaching Physical Education in the Secondary School*, 2nd edn, Abingdon, Oxon: Routledge, pp. 20-29.

　이 장은 독자들에게 "체육수업을 어떻게 가르쳐져야 하는가?", 그리고 "이것이(앞의 질문이) 체육수업에서 학생들이 무엇을 어떻게 배우는가에 어떠한 영향을 미치는가?"에 관한 자신만의 관점을 왜 그리고 어떻게 발달시켜야 하는가를 설명한다.

Capel, S., Blair, R., & Longville, J. (2014). Teaching to enable intended learning outcomes to be achieved, in S. Capel & P. Breckon (eds) *A practical Guid to Teaching Physical Education in the Secondary School*, 2nd edn, Abingdon, Oxon: Routledge, pp. 158-165.

　이 장은 어떻게 교수 전략이 의도된 학습 결과를 달성시키는가에 관한 실천적 이해를 돕는다. 또한 학습 결과가 교수 전략의 선택에 영향을 미치는가를 설명한다.

Hardy, C. & Mawer, M. (eds) (1999) *Learning and Teaching in Physical Education*, London: Falmer Press.

　5장은 체육교육 분야의 교수 스타일과 교수 접근 관련 연구 발달 과정을 다음의 네 가지를 중심으로 다루고 있다. 1) Mosston & Ashorth의 교수 전략/스타일의 스펙트럼 관련 연구들, 2) 체육수업에서 비판적 사고 기술 가르치기 접근, 3) 게임 수업의 직접적 및 간접적 접근, 4) 체육수업에서의 협동적 교수학습

Joyce, B. & Weil, M. (1996). *Models of Teaching, 5th edn*, Boston, MA: Allyn and Bacon.

　모형은 교수의 다양한 접근을 설명하는 참조틀(a frame of reference)을 제공한다. 모형은 크게 네 가지(사회적, 정보처리, 개인적, 행동 시스템)로 분류된다. 각 모형은 기본 가정(underlying theory)과 교육의 목적을 담고 있으며, 반성적 사고와 탐구를 격려하는 교육적 활용 방안을 다루고 있다.

Macfadyen, T. & Bailey, R. (2002) *Teaching Physical Education*, London: Continuum.

　4장은 Mosston & Ashorth(2002)의 교수 전략/스타일의 스펙트럼을 다루고 있다. 직접적, 교사 중심 교수와 간접적, 학생 중심 수업의 장단점을 비교하며 왜 다양한 교수 전략/스타일이 중등학교 체육수업에서 활용되어야 하는가를 설명한다. 그런 다음, 교사의 수업방법 선택에 영향을 미치는 다른 여러 가지 요인들에 관해 설명한다.

Mosston, M. & Ashworth, S. (2002) *Teaching Physical Education*, 5th edn, San Francisco, CA: Benjamin Cummings.

　이 책은 수업의 다양한 전략/스타일을 만드는 교사와 학생의 의사결정을 중심으로 체육수업을 분석한 책이다.

　이 장에 대한 추가적인 자료는 웹사이트: www.routledge.com/cw/capel. 에서 구할 수 있다.

교육과정[1] 이수 자격에 필요한 체육이론 수업의 원리
Accredited qualifications and principles of classroom teaching

Elizabeth Myers and Stuart Taylor

소개

공인 자격요건을 갖춘 교사란 교사로서의 자격과 교과 전문가로서 자격을 갖춘 이들을 말한다. 공인된 자격 과정을 통해 교사로서 요구되는 전문적 수행 능력과 적합한 교수 기술을 갖춘 이들이 현직 교사가 될 수 있다. 공인된 자격 과정에서 체육이론 수업은 체육교사에게 요구되는 중요한 역할 중 하나이다. 따라서 운동장의 활동적 수업 맥락과 교실의 수업 맥락 모두에서 학생들을 효과적으로 가르칠 수 있는 능력은 체육교사로서 중요한 능력이다. 이 장에서는 영국의 공인된 자격 과정에서 요청되는 체육이론 수업의 교수-학습

---

[1] 영국의 중고등학교 학생들은 상위 학교 진학을 위해 체육 이론 시험을 치러야 한다. 중학교에서 고등학교로 진학하는 과정에서 학생들은 중등 교육 일반 자격시험(GCSE)을 치르는데 학생들은 필수로 지정된 과목과 선택 과목에 대한 시험을 치른다. 체육은 이론과 실기로 나누어져 있으며, 체육을 선택한 학생들은 고등학교 진학을 위해 체육 과목 시험에 응시해야 한다. 고등학교 학생들 중 체육 관련 대학에 진학하기 위해서는 체육이론 시험을 치러야 하는데, 이 시험을 GCE A-level이라 부른다. GCSE가 체육 이론을 상식적 수준에서 다룬다면, GCE A-level은 대학에서 전공으로 다루는 이론들이 시험으로 출제된다. 이 장은 예비체육 교사들이 체육교사로 발령받은 후 이러한 자격 시험을 위한 이론 수업을 어떻게 가르칠 것인가에 대한 내용을 설명하고 있으며, 체육 이론 관련 교수법에 대한 소개가 전무한 우리나라 실정에서 체육 이론을 어떻게 가르쳐야 하는가를 소개하는 이 장은 유용한 교수법 내용이라 판단된다.

관련 주요 원리들을 탐구해 본다. 본 장의 내용이 영국의 교육과정 혹은 자격 과정과 연계되어 영국 이외의 교사나 예비교사들은 자신이 가르치는 환경에 활용 가능한 원리들을 발견하기를 바란다. 무엇보다, 이 장에서 다루는 체육이론 수업의 원리는 실제 교실에서 체육이론을 잘 가르칠 수 있는 교수 전략을 다루고 있기 때문에, 다른 국가의 교사나 예비교사들에게도 유용할 것이라 판단된다.

이 장을 학습한 후, 여러분은 다음과 같은 내용을 할 수 있어야 한다.

- 영국(잉글랜드, 웨일즈, 북아일랜드)의 자격 및 학점 체계(qualifications and credit framework, QCF) 그리고 QCF 내 14-19세 교육과정의 위치를 이해한다.
- 14-19 다양한 체육과 교육과정 이수 체계와 14-19세 교육과정 내 내용 영역을 요약하고, 이해한다.
- 학생들의 교육과정 이수과정에서의 이론적 측면들을 가르치기 위한 교실 체육수업의 교수-학습 방법을 알아본다.
- 학생들의 교육과정 이수과정에서의 평가 절차를 이해한다.
- 효과적인 교수와 평가가 학생의 성취와 발전을 격려하고 학생 스스로 학습에 몰두하도록 하는데 중요하다는 것을 인식한다.

예비교사교육과정의 요구사항(필수요건)을 확인하여 이번 장과 어떠한 관계가 있는지 살펴보자.

이 장은 학생들의 교육과정 이수 자격에 필요한 교실 체육수업(체육이론수업)의 계획과 실행에 대해 살펴본다. 그러나 모든 교사들이 실제로 직면하는 수업의 문제들을 해결해 줄 수 있는 답이 제시되는 것은 아니다. 이 장에서 제시되는 혹은 강조되는 원리들은 예비교사들이 교사가 되는 과정에서 알아야 하는 수업의 원리들을 스스로 학습하고, 학교 관리자나 자신의 지도 교사, 혹은 다른 예비교사들과 수업에 관해 논의할 수 있는 일종의 촉매제 같은 지식이다.

[과제 14.1]을 완성해보자.

> 📖 **과제 14.1 운동장의 활발한 체육수업과 교실에서의 체육이론 수업**
>
> 학생으로서 실제로 받아본 교실 체육수업이나 예비교사로서 관찰한 교실 체육수업을 떠올려보자. 그리고 다음 질문에 답해보자.
>
> - 교실 수업은 운동장 수업과 어떤 차이가 있는가?
> - 교실 수업과 운동장 수업의 유사한 점은 무엇인가?
> - 교실 수업에서 이루어진 교사의 교수 활동은 운동장 수업에서와 유사한 방식으로 진행 되는가?
> - 동료 예비교사들과 서로의 생각을 나누어보고, 전문성 개발 포트폴리오(PDP)에 정리해 보자.

영국 자격 및 학점 체계 QCF 내 14-19세 자격 과정들[2]

자격 및 학점 체계 QCF 는 잉글랜드, 웨일즈, 북아일랜드 교육관련 부서에서 개발된 국가 표준 체계이다[3]. QCF는 〈표 14.1〉에 제시되어 있다. 14-19세 교육과정은 QCF의 레벨 1~3에 해당된다. QCF에서는 학생들이 다음의 세 가지 학업 루트를 선택할 수 있는 기회를 제공한다.

1. 일반 자격과정들 GQ: General Qualifications : 중등 교육 일반 자격과정 GCSE , 심화 교육 일반 수료과정 GCE A-level , 국제 바칼로레아 및 웨일즈 바칼로레아, 일반 자격 과정들은 선택된 과목들을 학습하는데 필요한 지식과 이해 수준을 갖춘 지원자들에게 제공된다.
2. 국가 직업 자격과정들 NVQ: National Vocational Qualifications , 산업 및 기술 교육 평의회 BTEC , 국가 학사/수료 및 캠브리지 기술 학사/수료 과정(레벨 1과 2). 이 과정들은 특수한 맥락(예, 스포츠 및 적극적 여가) 내에 설치되며, 폭넓게 활용 가능한 기술들과 지식을 이론적 학습과 경험적 학습을 병행해 배울 수 있도록 설계되어 있다.
3. 기초 학습 단계 Foundation learning tier : 입문 단계와 레벨 1의 수준 높은 학점 기반 자격 과정들. 이 과정들은 레벨 2 이하에 있는 학생들의 참여, 성취, 발전을 높이기 위해 설계되어 있다. 예를 들어, 모국어가 아닌 영어 학습자들은 일상생활에서 필요로 하는 말하기, 듣기, 읽기, 쓰기 중심의 기초 영어 기술들을 학습한다.

---

[2] 이와 관련된 추가적인 내용은 https://www.qca.org.uk/6.html에 제시되어 있다.
[3] 스코틀랜드에서는 스코틀랜드 학점 및 자격 체계(Scottish Credit and Qualifications Framework, SCQF)가 운영된다. QCF와 SCAF는 모두 유럽 자격 체계(European Qualifications Framework, EQF)에서 공인된 체계로 동등하게 인정된다.

〈표 14.1〉 자격 및 학점 체계(QCF)

QCF 레벨	각 레벨의 자격 과정 예시	
	학문적	직업적
8	• 박사학위 과정 • 전문가 과정	• 직업 자격 과정 레벨 8
7	• 석사학위 과정 • 대학원 과정	• NVQ 레벨 5 • 직업 자격 과정 레벨 7
6	• 우등 코스 졸업 과정 • 학부 과정	• 직업 자격 과정 레벨 6
5	• 고등 교육 기초 학위 졸업 과정 • 고등 국가 졸업 과정	• 직업 자격 과정 레벨 5
4	• 고등 교육 수료 과정	• 직업 자격 과정 레벨 4
3	• A 레벨 • 국제 바칼로레아 심화 과정 • 심화 웨일즈 바칼로레아	• 국가 직업 자격 과정 레벨 3 • 산업 및 기술 교육 평의회 레벨 3 • 국가 수료 과정 레벨 3 • 캠브리지 기술 수료 과정 레벨 3
2	• 중등 교육 일반 자격과정 등급 A*-C • 국제 바칼로레아 중급 과정 • 웨일즈 바칼로레아 보통 과정	• 국가 직업 자격 과정 레벨 2 • 산업 및 기술 교육 평의회 레벨 2 • 국가 수료 과정 레벨 2 • 캠브리지 기술 수료 과정 레벨 2
1	• 중등 교육 일반 자격과정 등급 D-G • 웨일즈 바칼로레아 기초 과정	• 국가 직업 자격 과정 레벨 1 • 산업 및 기술 교육 평의회 레벨 1 • 입문 졸업 과정
입문	• 입문 레벨 수료 과정	• ASDAN¶ (예, 직무 가능도)

국가 직업 자격 과정(National Vocational Qualification, NVQ), 국제 바칼로레아(International Baccalaureate, IB), 산업 및 기술 교육 평의회(Business and Technician Education Council, BTEC), 중등 교육 일반 자격과정(General Certificate of Secondary Education, GCSE)
* 가장 낮은 수준의 자격 과정은 입문 수준이고, 가장 높은 자격과정은 레벨 8이다. 레벨 4~8은 고등 교육 체계의 일부분이다.
¶ ASDAN은 국가 자격과정 체계와 QCF 내의 자격과정으로 인정된다.

QCF는 교사에게 다양한 자격 과정들과 시험 체계들을 안내하는 역할을 한다. 교사는 자격 과정들에 적합한 수업을 하기 위해 각종 과정 체계들의 변경 내용들에 관심을 가져야 한다. 자격 과정은 내용, 수업, 평가 방법이 다양하다. 교사 스스로 자격 과정들의 강의 계획서에 나와 있는 내용들에 익숙해질 필요가 있으며, 수업이나 평가 방법이 어떻게 이루어지는지 이해하고 있어야 한다. 더불어, 14-19 교육 전반에서 학생들은 교사들로부터 최적의 선택을 내릴 수 있는 정보와 조언, 안내를 받을 권리가 있다. 또한, 교사는 학생들의 선택이 충분한 정보를 가지고 이루어질 수 있도록 하기 위해 자격 과정들의 범위와 각 과정들 내의 다양한 영역들을 충분히 이해하고 있어야 한다. 자격 과정 및 자격 과정 내에서 이루어지는 교육의 절차들에 대한 이해를 넓히기 위해 전문 연수를 받는 것을 추천한다.

[과제 14.2]를 완성해보자.

> **과제 14.2 14-19세 교육과정**
>
> 웹사이트 http://www.accreditedqualifications.org.uk/index.aspx.에 들어가 QCF의 공인 자격 과정을 찾아보자. 입문 수준과 레벨 1, 2, 3 각각의 자격 과정을 하나씩 선택해보자. 14-19 교육과정 문서와 비교해 보면서, 현재 여러분이 배치된 학교에서 제공하고 있는 자격과정들에 대해 알아보고, 다른 학교와의 차이점에 대해 비교해보자. 이 과제활동을 통해 알게 된 것들을 전문성 개발 포트폴리오(PDP)에 정리해보자.

○ 강의 계획서 내용 맵핑하기

학생들은 자격 과정에서 요구하는 지식 준비뿐만 아니라 시험 대비를 위해 내용과 평가 전략 측면에서 전체 자격 과정을 이해하고 있어야 한다. 자격 과정의 이해는 학생들이 자신이 알고 있는 것을 실제 시험에서 실수 없이 응답할 수 있게 한다. 즉, 자신이 알고 있는 지식 수준에서 시험을 잘 치를 수 있게 한다는 것이다.

[과제 14.3]을 완성해보자.

> **과제 14.3 중등 교육 일반 자격 과정(GCSE)의 시험 비교**
>
> AQA(www.aqa.org.uk), Edexcel(www.edexcel.com), OCR(www.ocr.org.uk), CCEA (www.ccea.org.uk), WJEC(www.wjec,co.uk)[4]에서 중등 교육 일반 자격 과정의 체육 과정을 살펴보자.
>
> 이 과정동안 학생들이 수강해야 하는 과목과 이수 학점(coursework), 최종 시험과 실무 등의 비중 확인하기
> 제시된 시험 체계를 근거로, 각각의 하위 과정들이 언제, 어떻게 평가되는지 조사하기
> 교육과정 내용을 근거로, 어떠한 이론적 측면들이 평가되고, 어떠한 실무 요건들이 필요하며, 수강해야 하는 과목들은 어떻게 선택되는지 확인하기
>
> 이 과제활동을 통해 알게 된 내용들을 전문성 개발 포트폴리오(PDP)에 정리해보자.

---

[4] 잉글랜드의 경우 중학교에서 고등학교 입학시 시험GCSE)을 친다. 이에 따라, AQA, Edexcel 등의 다양한 인증기관에서 관련 교육과정을 제공하고, 시험 또한 제공한다. 체육의 경우도 이론 과목으로 이 시험에 포함되어 있어, 체육교사는 이를 검토해야 한다. 보다 자세한 내용은 다음의 홈페이지를 참고하길 바란다. https://www.gov.uk/government/publications/gcse-physical-education

교실 체육수업 Teaching and learning in the classroom

어떤 공인 자격 과정을 가르치고 있는지와 상관없이, 교사는 수업에 참여하고 있는 학생들이 체육이나 스포츠에 흥미를 가졌기 때문에 이 과목을 선택했을 것이라 생각해야 한다. 실제로 대부분의 학생들은 체육활동 혹은 스포츠 경기의 직접 참여하는 것, 스포츠 경기를 관람하는 것, 스포츠 관련 기사 읽거나 스포츠에 관해 대화하는 것을 좋아한다. 그러나 문제는 학생들이 체육을 공부하는 것 studying PE 을 체육을 하는 것 doing PE 혹은 스포츠 경기에서 플레이 playing sport 를 하는 것으로 동일시한다는 데 있다. 즉, 학생들은 다른 과목들(예, 수학, 언어, 사회 등)을 공부하는 것과 체육을 공부하는 것을 다르게 생각하고 있다는 것이다. 체육이나 스포츠 활동의 이론적 내용들은 학생들의 학업적 관심이나 열망을 불러일으킬 수 있다는 것을 기억해야 한다. 때문에, 교사는 학생들이 과목을 왜 선택했는지와 상관없이 이론적 수업에서도 학생들이 관심과 흥미를 잃지 않도록 해야 한다.

불행하게도, 교육계에 만연한 성취 제일주의, 특히 공인된 자격 과정 accredited qualifications 때문에, 일부 학생들이나 교사들은 결과 즉 학생들의 등급이나 통과 여부에만 관심을 두고 있으며, 이러한 관심은 교수와 학습을 어떻게 바라볼 것인가에 영향을 미치고 있다. 공인된 자격 과정에서 학생들을 가르치고 있는 교사들은 학생들의 학습 결과 즉 등급 성취에 대한 압박감을 경험하게 된다. 게다가, 상당한 시험 범위 내의 내용을 가르쳐야 하는 압박감과 창의적 학습 환경을 제공해야 하는 교육적 사명감 사이에 긴장감을 경험할 수밖에 없다. 그러나 이러한 긴장 관계로 인해 학생들을 자극하고 풍요로운 학습 경험을 제공해야 한다는 교수의 기본 원칙이 훼손되면 안 될 것이다. 둘 사이에 균형을 유지해야 한다는 것이다. 교사는 자격 과정에서의 높은 성과에 매몰되지 않고 보다 장기적인 교육의 성과를 성취할 수 있도록 학생들을 준비시켜야 한다는 것을 기억해야 한다. 궁극적으로 교사의 최고 목표는 학생들이 최적의 등급을 얻는 것뿐만 아니라 삶에서 중요한 기술들을 스스로 개발할 수 있는 가장 효과적 학습자가 되도록 준비시키는 것이다. 즉, 상급 학교로의 진학뿐만 아니라 직업 영역으로 들어가는 길을 안내해 주는 것이 교사의 역할이라는 것이다. 학생들에게 지식을 떠먹여 주는 것은 학습한 내용 지식을 시험이 끝나면 곧바로 잊어버리거나, 이 지식을 단순히 추상적인 과제에만 적용할 수 있는 수준에 머물게 만든다. 때문에, 교사는 학생들의 입에 지식이라는 먹을거리를 떠먹여 주는 수업을 피해야 한다.

이 장에서는 교실에서 진행되는 이론적 주제의 수업에 학생들을 자극하여 관심을 기울일 수 있도록 만드는 방법에 대해 살펴본다. 이를 위해, 수업의 계획과 실행의 중심에 학생이 있어야 한다. 그리고 다음과 같이 수업의 흐름을 전개해 나가는 것이 필요하다.

- 복습하기 review : 학생들은 이 수업에서 다루고자 하는 주제에 관해 어느 정도의 지식을 가지고 있나요? 지난 시간에 배운 내용을 토대로 이번 시간에 배울 주제의 개요를 작성할 수 있나요?

- 관계짓기 relate : 학생들은 교실 수업에서 다루는 내용과 실기 수업에서 배우는 체육활동(혹은 스포츠 활동)의 관련성을 찾을 수 있나요? 학생들은 수업 내용과 자신의 스포츠 활동 경험을 관계지울 수 있나요?
- 공부하기 revise : 적절한 시험 도구를 활용해 수업 시간에 배운 내용을 평가할 수 있나요? 어떻게 평가하면 학생들이 시험에 집중해 공부할 수 있을까요? 이 시험을 통해 시험을 치르는 기술(시험 전략 등)을 향상시킬 수 있나요?

위의 "3R"을 달성하기 위해, 교사는 다음과 같은 효과적인 학습 맥락을 유지해야 한다. 첫째, 학생들이 학습에 적극적으로 참여할 수 있도록 해야 한다. 학생들이 수업에서 실제로, 직접 해보며, 재미있고 창의적인 학습을 수행할 수 있는 기회를 충분히 제공해야 한다(Capel et al., 2013의 5.2장 참조). 둘째, 활동이나 전달 방법, 전달 내용 등을 정기적으로 변화시킴으로써 학습 환경을 변화시켜야 한다. 셋째, 학생의 독립성과 자율성을 발달시킬 수 있도록 해야 하며, 넷째, 수업의 주제들에 관해 탐구적 학습자가 될 수 있도록 해야 한다.

[과제 14.4]를 완성해보자.

> 📖 **과제 14.4 복습하기, 관계짓기, 공부하기**
>
> 공인 자격 과정의 내용에서 한 가지 주제를 선택하자. 복습하기, 관련짓기, 공부하기의 원리를 활용해 그 주제를 어떻게 전달할 수 있을 것인지 생각해보자. 어떻게 이전 지식과 연계하고, 어떻게 스포츠 활동 예시와 관계를 맺고, 어떻게 이러한 지식들을 시험으로 평가할 수 있을 것인가? 다른 예비교사들과 서로의 생각을 나누어보고, 전문성 개발 포트폴리오(PDP)에 정리해보자.

○ 교수 전략

적절한 학습 환경을 제공하는 최적의 방법을 선택하는 것은 학생의 요구를 충족시키기 위한 핵심 사항이다. 이 장의 목적은 학생의 발전과 성취를 가능하게 하는 수많은 학습 이론들을 하나하나 찾아보면서, 적절한 전략이나 접근을 결정하는 것이 아니다. 여기서는 '학습자 독립성'의 개념을 살펴보는 데 집중할 것이다. 학습 이론에 대한 정보가 필요하다면 Capel et al.(2013)의 5.1절(Burton)을 추천한다.

체육이론 시험에서, 성공적인 학습자가 되기 위해 또는, 삶에서 효과적인 학습자가 되기 위해, 학생들은 어떤 장소든 간에 자율적인 학습자가 되어야 하고, 그렇게 되기 위한 방법을 배워야 한다. 학생들은 누구나 자율적인 학습자 특성을 다소간 가지고 있다. 누구나 자율적인 학습자가 될 수 있다는 것이다. 이때 교사의 책무는 학생들이 다양하게 변화하는 상황 속에서 스스로 대처할 수 있도록 학생들의 자율적 특성들을 촉진시키고 개발해 주는 것이다. 이를 위해, 수업 접근은 교사 주도에서 비계적 접근 scaffolded approach 으로 전환되어야 하고, 학습 목적 달성을 조력하기 위한 학생의 요구에 맞는 학습 절차를 제공해야 한다(Sawyer, 2006). 학생들은 그동안 교사를 정보의 주요 창구로 인식해 왔다. 그러나 학습자 독립성을 추구하는 수업의 목적은 교사를 자신의 학습 수준을 확인받기 위한 대상 혹은 자신의 학습을 위해 활용해야 하는 도구 정도로 인식하며 학습의 성취 여부를 스스로 통제할 수 있을 정도로 독립성 수준을 발달시키는 데 있다.

독립성은 상황적이며 응용적인 기술이기 때문에 2 수준 혹은 그 이하의 자격 과정에 있는 학생들이 이것을 획득하는 것은 어려울지 모른다. 그러나 3 수준에 있는 학생들에게 독립성은 직업 획득이나 진학을 위한 가치 있는 기술이 될 것이다. 교사는 수업을 통해 학생들이 더 좋은 교육, 상급학교 진학, 직업 획득에 한 발짝 더 나아가고, 이 과정에서 성공적인 학습자 특성들을 개발할 수 있기를 기대해야 한다. 독립성을 개발하는 데 실패한다는 것은 학생이 목적없이 교사가 제공하는 정보들에 의존해 학습한다는 것이며, 의존적 학습으로는 미래의 삶을 효과적 및 성공적으로 이끌지 못할 것이다. 이 점을 기억하면서, Mosston & Ashworth (2002)의 교수 스타일5) 등과 같이 잘 알려지고 익숙한 예시들을 통해 이론 수업을 위한 다양한 방법들을 생각해보자. 이를테면, 교사가 모든 내용과 과제를 결정하는 지시형 스타일에서 학생 스스로 자신의 학습 과제들을 설정하는 확산형 스타일까지, 다양한 교수 스타일에서는 학생들의 과제들을 어떻게 계획하고 활용되는가?

[과제 14.5]를 완성해보자.

> **과제 14.5 성공적인 학생: 학습자 특성**
>
> 교실 수업 혹은 이론적 주제를 다루는 수업이다. 학생들의 다양한 학습 수준 중 하나의 수준을 정하자. 예를 들어, QCF의 2 또는 3 수준이라 해보자. 3 수준에 있는 학생들이 수업에서 성공하기 위해 필요한 학습자 특성은 무엇인가? 표 14.2를 참고해 각 수준의 성공적인 학습자 특성을 구성하는 요소들에 대해 정리해 보고, 동료 예비교사들 혹은 지도 교사와 함께 수업에서 학습자 특성을 발달시킬 수 있는 유용한 교수 전략에 대해 토의해 보고, 전문성 개발 포트폴리오(PDP)에 정리해보자.

〈표 14.2〉 QCF 3수준의 필수 조건과 요구 조건

필수 조건	요구 조건
필요한 정보들에 주의를 기울여 타인의 입장에서 정보를 수정 및 조정할 수 있다.	파지를 돕기 위해 정보를 개인화하기 위해 미묘한 데까지 주의를 기울일 수 있다.
학습을 위한 논리들을 파악하여 아이디어들을 결합하며 더 큰 아이디어를 그려낼 수 있다.	주제들 혹은 아이디어들이 어떻게 관련되는 지에 대해 추론하거나 의견을 제시할 수 있다.

---

5) 교수 스타일에 관한 더 많은 정보가 필요하다면, www.routledge.com/ew/capel 에서 찾아보자.

○ 학생들은 어떻게 효과적으로 학습할 수 있는가?: 학습 활동

잉글랜드, 웨일즈, 북아일랜드의 시험 제도는 총괄평가 방식을 취한다(Ofqual, 2013). 총괄평가 방식의 시험 제도에서 성공적인 학생이 되기 위해서는 마지막까지 학습할 수 있는 능력 또는 지식, 이해, 응용의 고착성이 무엇보다 중요하다. 학생들이 마지막까지 학습에 집중하고 몰입하기 위해, 교사는 수업의 내용과 개념들을 학생들이 확실히 연결지을 수 있도록 도와주어야 한다. 예를 들어, 수업에서 배워야 하는 개념을 학생의 개인적 경험에 연결하거나, 경쟁적 환경을 활용해 학생의 정서적 반응(예, 흥미, 재미 등)을 이끌어낼 수 있다. 교사는 또한 1)3분짜리 음악을 틀어주고 그 시간 동안 학습 활동을 하도록 할 수 있으며, 2)개념이 운동학적으로 학습될 수 있도록 스포츠 경험을 예시로 제공할 수 있으며, 3)학생들의 이전 경험을 상쇄시키기 위해 혹은 4)학생들이 시행착오 학습을 경험할 수 있도록, 새로운 과제를 제공할 수 있다(더 많은 정보가 필요할 경우, Fitts와 Posner(1967)의 저서 Learner Model의 인지적 단계를 참고하길 바란다.).

학습에 대한 학생의 몰입 수준을 유지하기 위해서는 학습 환경을 변화시켜야 한다. 학습 환경의 변화는 학습 활동을 다양하게 활용함으로써 가능하다. 이를 위한 학습 활동의 예시는 아래와 같다.

- 신문, 잡지, 논문, 보고서, 자서전의 일부를 읽어 보거나 써보기(형성 평가 과제를 통해 리터러시 기술 개발하기).
- 모델 만들기(직접 만지며 느낄 수 있고 조작할 수 있는)
- 그림으로 자신의 생각을 형상화하기
- 타인의 역할이나 특성을 내면적으로 이해할 수 있는 역할 놀이하기
- 퍼즐, 에니어그램(철자 순서를 바꾼 수수께끼), 낱말 맞추기 완성하기
- 문제 해결 과제(결과는 하나이나 해결 방법은 여러 가지인 과제) 수행하기
- DVD나 동영상 보기
- 팟캐스트 제작하기
- 논쟁적 토론하기
- 광고 만들기
- 아이디어 말하기
- 음악 활용하기
- 동료 학생을 가르치기
- 움직임 활용하기(일련의 긴 질문에 팀으로 대답하기: 정해진 시간동안 답하기 어려운 질문 즉 긴 시간이 필요한 질문들을 과제 터별로 정해 놓는다. 각 팀은 첫 번째 터에서 질문을 답한 다음, 정해진 시간이 지나면 다른 터로 이동한다. 이동한 터에는 이전 팀의 답을 이어 답한다. 시간이 지나면 다음 터로 이동해 같은 방식으로 활동한다.)
- 사례 연구 활용하기

- 시험 문제 만들기
- 실험이나 조사활동 수행하기
- 리포터가 되어보기
- 영상 일기 제작하기
- 경쟁하기(팀이나 개인으로, 단기간 혹은 장기간으로)
- 위원회 역할 수행하기(집단을 대표하여 문제를 판단하기)
- 사건 재현하기
- 편지 쓰기
- 스포츠 경기 중계하기

위의 목록이 완전한 것은 아니지만, 생산적인 학습 환경을 조성할 수 있는 몇 가지 아이디어를 제공한다. 다른 예시들은 웹사이트 www.routledge.com/cw/capel 에 제시되어 있다. 교사는 학생들이 학습하기를 원하는 것 그리고 교사가 제공한 학습 활동에 학생들이 어떻게 반응하는지를 잘 살펴보고, 그것들을 중심으로 교수 전략이나 학습 활동을 선택해야 한다(의도된 학습 결과를 달성하기 위한 교수 전략들에 관한 내용은 13장을 참고하길 바란다.).

[과제 14.6]을 완성해보자.

> **과제 14.6 적어도 두 번 계획하라.**
>
> 공인 과정에 제시된 주제를 하나 선택해 교수 전략과 학습 활동이 수업에서 어떻게 활용될 수 있는지 탐구해보자. 다양한 교수 전략과 학습 활동의 장점과 단점에 대해 동료 예비 교사들과 논의해 보고, 전문성 개발 포트폴리오(PDP)에 정리해보자.

생산적인 학습 환경을 조성하기 위해서는 학생의 능력을 파악하여 학생들을 자극할 수 있는 학습자 수준에 적합한 학습 활동을 계획해야 한다. 모든 수업에서 교사는 학생의 성공 여부를 평가하는 동시에 자신이 학생들에게 적절한 환경을 제공하고 있는지를 반성해야 한다. 계획과 평가는 3장에서, 효과적인 학습 환경은 8장에서 세부적으로 다루고 있다.

○ 학습 스타일

교사가 교수 활동을 통해 달성하고자 하는 것은 학습의 최대화를 통해 보다 많은 지식을 전달하는 것이다(McKeough et al., 1995). 학습 참여는 학습 결과와 관련된 학습 활동을 통해 향상된다(이 책의 13장 참고). 이때 교사가 학생이 선호하는 학습 스타일을 고려하지 않는다면 학생의 성공 가능성은 낮아질 가능성이 크다.

학습 스타일은 정보 습득, 동료 학생이나 교사와의 상호작용, 그리고 학습 경험에의 참여 등의 능력에 영향을 미치는 개인의 특성으로 정의된다(Pask, 1976; Entwistle, 1992; Grasha, 1996). 학습 스타일은 학생들이 다양한 방식으로 학습하기를 선호한다는 조사 결과에 근거를 둔다. 예를 들어, 일부 학생들은 독립적으로 학습하길 원하지만, 다른 일부의 학생들은 팀으로 학습하기를 원한다. 또한, 학생들 중에는 다른 학생들과 활동하면서 배울 때 학습에 대한 몰입도가 높다고 한다(Davis, 2009). "VAK 모델"(Visual, Auditory, Kinaesthetic[6])에 따르면, 시각적 학습자들은 눈으로 볼 수 있는 자료를 선호하고 교사와의 시선 맞춤 eye-contact 을 유지하기를 원한다. 또한, 시각적 학습자들은 여러 가지 아이디어들을 이용해 그림이나 모형을 만들어 낼 수 있다(Jensen, 2009). 청각적 학습자들은 정보를 귀로 듣기를 원하고, 자기 혼자 말하거나(소리를 내는 혼잣말이나 마음속으로 대화) 타인과 대화하며 학습한다. 청각적 학습자들은 대화에서 나온 정보를 정확하게 회상할 수 있고, 상대방의 대화 톤 tone 이나 템포 tempo 를 흉내 낼 수 있다(Jensen, 2009). 반면, 운동학적 학습자들은 직접 체험이나 행동에 의한 학습 즉 신체적으로 입력되는 학습을 선호한다. 운동학적 학습자들은 신체활동에 적극적으로 참여하며, 교사의 표정이나 자세, 교사와의 거리(인접도), 그리고 교사의 말하는 방식에 영향을 받는다(Jensen, 2009). VARK 모델 Visual, Auditory, Read/Write, Kinaesthetic 은 VAK 모델과 유사하지만, 읽기와 쓰기에 대한 학습 선호 스타일을 추가한다.

그러나 연구자들 사이에는 학습 스타일 이론과 모형의 가치와 활용에 대한 의견 차이가 존재한다. Kratzig와 Arbuthnott(2006), Leamnson(1999)은 학습 스타일과 모형이 수업에서 실제로 거의 적용되거나 활용되기 어렵다고 주장하는 반면, Dunn과 Griggs(2000)는 교사가 학생의 학습 스타일에 초점을 둘 때 학업적 성취가 향상된다는 근거가 충분하다고 강조한다. 연구자들 사이에서 나타나는 차이에도 불구하고, 교사가 학생들이 선호하는 방식으로 정보를 제공할 수 있는 다양한 방법들을 이해하고 있다는 것은 학습 참여를 높일 수 있는 과제 설계와 생산적 학습 환경 조성이라는 강점을 제공한다.

또한, 학습 스타일이나 VAK/VARK 학습 모형은 학생의 적극적인 학습 참여를 일으키는 다양한 전략들을 활용하여 수업이 설계되었는지를 확인하는 데 유용하다. 적극적 학습 Active learning 은 학생들이 세계에 관한 지식을 추구하며 이해와 자신감을 추구하는 과정에서 일어난다(Piaget, 1972; Rogers, 1975). 즉, 학생들이 학습에 대한 책임감이나 흥미, 호기심을 가질 때 적극적 학습이 일어나는 것으로, 결국 적극적 참여 개념을 촉진시킨다. 학생들이 학습

---

[6] VAK 모델과 VARK 학습 모형에서 '운동학적'(Kinaesthetic)이라는 용어는 운동감각과 관련된 혹은 공간에서 일어나는 몸의 움직임이나 몸의 위치에 대한 인식과 관련된 것을 의미한다. 이 용어가 자기수용성 감각(proprioception)에 사용될 때는 몸이 자세와 움직임을 조절하는 잠재 의식적 메커니즘을 의미한다(Floyd, 2007). 운동학적 학습 과제의 예시로는 경첩관절의 가동 범위라는 가르칠 때 학습 과제로 무릎 관절을 움직여 보도록 하는 것이다. 학생들은 무릎관절의 가용한 움직임 범위를 탐구하면서 움직임을 직접 경험하면서 몸의 위치에 대한 인식하는 능력을 개발한다.

에 대한 흥미와 적절한 도전감을 가질 때 가장 효과적인 학습이 일어난다(DfES, 2004c). 학생들을 적극적 학습에 참여시키기 위해 교사는 의도된 학습 결과를 명시하고 학생들 스스로 자신이 획득한 지식을 증명할 것인가를 결정하도록 해야 한다. 적극적 학습은 Capel 등(2013)의 5.2절에 제시되어 있으며, 〈표 14.3〉은 다양한 학습 선호도(혹은 학생의 선호 스타일)을 충족하기 위한 다양한 학습 활동의 예시를 보여준다.

〈표 14.3〉 시각적으로, 청각적으로, 읽기/쓰기로, 운동학적으로 제시된 학습 활동

전략	시각적	청각적	읽고/쓰기	운동학적
컴퓨터로 제시	√	√	√	*
논쟁	?	√	*	?
시범	√	√	*	√
구술(dictation)	*	√	?	*
토의	?	√	*	?
그리기(스케치)	√	*	√	√
설명	*	√	*	?
피드백(언어적/ 글로 쓴)	√	√	√	*
게임	√	√	*	√
팀 활동	√	*	?	?
핸드아웃	√	*	√	*
인터넷 서치	√	*	√	?
듣기	*	√	*	*
마인드 맵	√	*	√	√
관찰	√	*	*	*
사진/그림	√	*	√	*
실제 활동	√	*	*	√
발표	√	*	√	√
질문과 대답	*	√	*	?
설문조사	√	*	√	?
읽기	√	*	√	?
녹음 자료	*	*	√	√
학습 카드	√	*	√	√
비디오	√	*	*	*
학습지	√	*	√	√

√ 시각적, 청각적, 읽기/쓰기, 운동학적 방식으로 정보를 제시하는 학습 활동
* 시각적, 청각적, 읽기/쓰기, 운동학적 방식으로 정보를 제시하지 않는 학습 활동
? 학습 활동은 시각적, 청각적, 읽기/쓰기, 운동학적 방식으로 정보를 제시하지 않지만, 전략이 활용되는 방식이나 상황적 환경은 VARK 학습 모형에 의존한다.

○ 교실 활용 방법

교실은 효과적인 학습에 관한 논의에서 종종 간과되는 자원이다. 교수와 학습은 교실 환경을 어떻게 설정하는가에 따라 영향을 받는다. 자리 배치와 학습 집단의 활용은 동료 학습이나 협동 학습을 촉진할 수 있다. 예를 들어, 산만한 학생의 자리를 교실 앞쪽에 배치하는 단순한 전략은 학급 전체의 학습에 긍정적 영향을 줄 수 있다. 또한, 교사는 학습 집단의 구성 방법(예, 동질 또는 이질 집단)에 따라 교사는 집단과 수준(수준에 따른 학습지를 제공하거나 집단마다 완성해야 하는 질문의 수를 다르게 제공함으로써 가능)을 다양화할 수 있다. 주요어, 도입 문장, 교수와 학습 프롬프트, 분류 도식(Bloom et al., 1956; 이 책의 3장과 5장, 웹사이트 www.routledge.com/cw/capel 참조) 그리고 SOLO 분류학(학생의 주제 이해도 수준을 내용의 복잡성 수준에 따라 5단계로 구분(Biggs & Tang, 2007), http://www.learningandteaching.info/learning/solo.htm#ixzz3CL0tqyw6 참조)은 높은 수준의 사고 기술을 촉진할 수 있으며 필요한 지원의 가용성에 따라 작문이나 토의 학습의 질을 증진시킬 수 있다.

○ 가정 학습 home learning

공인된 과정들 중에는 비대면 학습 non-contact learning 이 필요한 경우도 있다. 이때 가정 학습이 유용하다. 그러나 수업에서 완료하지 못한 학습을 가정에서 완료한다는 것은 과제에 대한 충분한 시간을 할당하지 못했다는 점, 그리고 수업에서 완료 못해도 가정에서 할 수 있다는 기대감을 제공함으로써 학생의 학습 윤리에 안 좋은 영향을 미친다는 점 등에서 비판받을 수 있다. 가정 학습은 수업의 과제들과 계열적인 혹은 연속적인 과제들로 구성된다. 가정 학습 과제들은 1) 다른 과제들과 관련되어야 하고, 2) 학생들이 도전할 만한 정도로 양이 적절해야 하고, 3) 지식을 발달시킬 수 있도록 설계되어야 하고, 4) 학생의 독립성을 증진시키고, 5) 학생들이 미래 학습에 준비될 수 있도록 개발되어야 한다. 적절하고, 관련되고, 도전할만한 활동을 통해 가정 학습은 학습을 확장하는 역할을 할 뿐만 아니라, 교실 학습을 강화하는 유용한 도구이다. 플립드 러닝은 가정 학습을 효과적으로 활용하는 좋은 사례이다. 내용 학습이 팟캐스트, 비디오, 발표, 서적이나 미디어를 활용한 가정 학습 과제가 개별적 혹은 집단으로 학습되면, 수업시간 동안 교실에서 응용 및 강화할 수 있는 충분한 시간이 확보된다.

모델링은 가정 학습에서 기대되는 최종 완성물이 무엇인가를 보여줄 수 있는 좋은 방법이다. 예를 들어, 교사 자신이 가정 학습 과제를 완성하여 제시하거나 이전 학생들이 완성한 것들 중 우수한 성과물을 학생들에게 제시하면 학생들은 가정 학습에서 무엇을 달성해야 하는가를 명확히 이해할 수 있다. 가상 학습 환경의 활용을 통해 가정 학습 과제를 구조화시키거나, 보다 세부적인 정보를 제공함으로써 학생들의 학습을 도울 수 있다. 학생들이 해야 할 숙제를 자신의 플래너에 기록하는 것만으로도 학생들은 그 과제를 기억할 가능성이 높다. 가상 학습 환경은 기록에서부터 출발한다. 적절한 양의 시간이 가정 학습 과제에 할당되었는지를 확인하고, 학생의 가정 학습의 완성 여부를 확인하기 위한 피드백을 제공하기 위해 노력해야 한다. 피드백을 줄 시간이 부족하다면, 학생 스스로 하는 자기 확인이나 동료 학생들이 확인하는 방법을 활용할 수 있다.

[과제 14.7]을 완성해보자.

> **과제 14.7 가상 학습 환경(Virtual learning environment, VLE)**
>
> 학교의 가상 현실 환경에 접근하는 핵심 인물이 누구인지 알아낸다. 시스템에서 학생들이 동영상 파일을 내려받고, 정해진 시간 동안 퀴즈를 풀 수 있고, 학습 시스템에 참여한 학생이 누구인지 추적할 수 있는지를 확인한다. 학생들이 플립드 러닝 학습 내용 혹은 다음의 가정 학습에 참여할 수 있는 상호작용 도구들을 활용할 수 있는지 살펴본다. 가정 학습 과제를 설정할 때 적절하게 활용하기 위해, 그리고 여러분의 공인된 교사 자격을 획득하는 기준들의 성취를 지원하는 증거로 활용하기 위해 전문성 개발 포트폴리오(PDP)에 정리해보자.

평가

공인된 자격 과정에서 이루어지는 평가는 두 가지 측면으로 설명된다. 먼저, 학생들은 학습 내용의 이해나 적용 수준, 성취 수준, 학습 과정에 대한 평가를 받는다. 이러한 평가는 미래 학습에 정보를 제공하며, '학습을 위한 평가 assessment for learning'로 불린다. 다음으로, 학생들은 공인된 자격 과정에서 무엇을 배웠는지 총괄적으로 확인하는 평가를 받는다. 이러한 평가는 학습에 대한 최종적인 결과를 확인한다는 점에서 '학습에 대한 평가 assessment of learning'라고 한다.

학습을 위한 평가는 14-19세 공인된 자격 과정 전반에 걸쳐 지속적인 평가를 통해 학습을 지원한다. 학습을 위한 평가 활동은 교수의 자연스러운 한 부분이자, 효과적이고 적절하게 활용된다면 학생의 학습 잠재력을 최대로 이끌어 낼 수 있는 활동이다. 학습 내용의 이해나 적용, 성취 수준, 학습 과정을 모니터링하는데 유용한 학습을 위한 평가의 몇 가지 전략을 살펴보면 다음과 같다.

- 시작부터 높은 기대 목표를 설정하고, 과제(수업 중 과제, 가정 과제 등)에 대한 제출 규칙(미제출, 기한을 넘긴 제출, 불충분한 내용 등)에 대한 규칙을 명확히 하라.
- 확실한 평가 전략을 세워라. 학습 과정과 성취 수준을 어떻게 평가할 것인가? 예를 들어, 지필 시험, 실기시험, 혹은 그 외 시험들은 학생의 학습을 보조하기 위해 어떠한 중재 전략들

(예, 튜터링 프로그램, 주제 세미나 등)을 제공할 것인가?
- 학생 데이터를 파악하라. 중간값과 목표값을 이해해라. 중간값과 목표값을 높이기 위해 필요한 것이 무엇인지 파악하라. 동료 교사들과 이에 대한 방안을 논의하라.
- 학생들의 학습 활동을 확대하고 지원하기 위해 차별화 전략을 시도하라. 개별 학생들에게 저마다 적절한 학습활동을 제공하기 위한 차별화 방안을 고려하라.
- 학생의 이해 수준을 파악하거나 학습이 정체되는 국면을 전진하는 국면으로 전환하기 위해 질문을 활용하라. 예를 들어, 학습의 정체 구간이 어디에서 일어날 것인지를 고려해 수업을 계획하라.
- 자격 과정의 내용을 수업 주제로 조직하라. 공인된 자격 과정에 포함된 내용의 이해와 적용 여부를 확인하기 위해 단원 평가 시험을 실시하라. 쪽지 시험과 같은 평가 시험은 학생들의 내용 지식과 적용에 관한 약점을 파악해 학생들이 잘못 이해하고 있는 내용을 다시 가르치는 데 도움을 줄 것이다. 이를 통해 교사는 이해의 어려움을 느끼고 있는 학생들을 빠르게 파악할 수 있으며, 학생들이 직면하는 문제를 해결하는 데 도움이 되는 중재 전략을 투입할 수 있다. 또한, 단원 평가 시험에 따라 주제별로 학생들의 학습 수준을 분류(예, 붉은색, 호박색, 초록색)하는 것은 이후 학습 과정에서 해당 주제를 다시 가르칠 것인지 혹은 수준을 낮추거나 높여서 가르칠 것인지, 그리고 주제들의 우선순위를 결정하는데 도움을 준다.
- 모든 학생들을 정기적으로 칭찬하라. 교과나 수업 주제에 대한 교사의 열정, 그리고 학생의 학습에 대한 교사의 열망을 학생들과 공유하라.
- 학생들(부모나 보호자, 그 외 학생의 학업 관련해 알아야 하는 학교구성원들에게도)에게 학습 과정, 성취 결과나 장애물 관련 피드백을 정기적으로, 적절한 시기에, 그리고 정확하게 제공하라. 가능하다면 부모에게도 관련 정보를 제공하라.

공인된 자격 과정의 결과를 총괄적으로 평가하는데 유용한 전략들은 아래와 같다.

- 평가 절차를 이해하라. 시험의 실행, 평가 상황의 통제, 그리고 시험이나 채점 과정 등에서의 기준을 조정하는 절차가 있는가? 예를 들어, 평가 방법별 비중(예, 지필시험 60%, 실기시험 40%)을 나누는 기준은 무엇인가? 가중치를 두는 것의 시사점을 확인해라.
- 평가의 절차를 연습하라. 실제 평가를 대비하기 위해 시험 실행, 평가 상황의 통제, 조정 절차 등을 모의로 실시하라.
- 시험을 준비하는 것과 함께, 학생들 스스로 단지 시험을 통과하기 위해 배우는 것이 아니라 자신이 여전히 교육받고 있다는 것을 확인할 수 있는 내용을 가르치고 시험을 통해 그것을 확인해 볼 수 있도록 시험의 균형을 유지하라.

[과제 14.8]을 완성해보자.

> **과제 14.8 14-19세 자격 과정의 평가 형식**
>
> 여러분이 속한 학교급의 14-19세 공인 과정에 포함되는 평가 방식을 찾아보자. 지도 교사에게 공인된 자격 과정의 학습 목표와 관련된 형성 평가(학습을 위한 평가)와 총괄 평가(학습에 대한 평가)가 있는지 확인해보자. 실제 평가 상황을 관찰하고, 교사가 부여한 평가 등급이나 실기 평가 보고서를 읽어보자. 그리고 전문성 개발 포트폴리오(PDP)에 정리해보자.

○ 수정검토 Revision

과정의 마지막에 시험을 치르는 공인된 자격 과정과 같은 직선적 모델 a linear model 에서 수정검토는 매우 중요하다. 모의시험, 실기시험 질문지, 학습 정의와 용어, 청킹, 마인드 맵 등과 같은 수정검토 전략은 시험 시 정보의 파지와 회상에 도움을 준다. 지필 시험 기술 또한 중요하다. 예를 들어, 학생들은 시험지의 명령어들(예, 확인하라, 기술하라, 비교하라 등)의 의미를 이해하고, 주제와 내용을 각 명령어에 따라 적합하게 작성하는 방법을 알고 있어야 한다. 학생들이 지필 시험에서 해야 하는 것은 시험지의 질문들에 자신의 지식을 적용해 답하는 것이다.

기출 문제와 채점 계획은 교사뿐만 아니라 학생들에게도 유용한 도구이다. 수정검토 목적을 위해 활용된 기출 문제는 무엇인지 확인하고, 채점을 정확하게 하기 위한 채점 계획을 세워라. 채점 계획은 교사 스스로 무엇을 묻고자 하는지, 그리고 질문에 어떻게 대답해야 하는지를 이해할 수 있도록 해준다. 채점관이 어떻게 채점할 것인지를 밝히는 채점 계획을 통해 학생들은 채점관이 무엇을 중요하게 여기는지 알 수 있다. 채점 계획은 학생들에게 질문이 어떻게 구조화되는지, 정확한 용어와 모호한 용어가 무엇인지, 채점이 어떻게 이루어지는지 알려준다. 때문에, 시험지의 각 문제들이 어떠한 답을 요구하는지 이해하기 위해서는 학생 스스로 채점관이 될 필요가 있다. 유사하게, 시험 문제를 풀 때, 학생들은 과제의 개요를 되 내어 볼 필요가 있으며, 이를 위해, 되 내이는 습관을 갖기 위해 노력해야 한다. 채점 계획을 보면서 문제를 출제할 수 있는가? 교재 내용을 가지고 채점 계획이나 시험 문제를 만들 수 있는가? 혹은 자신이 만든 채점 계획과 시험 문제를 응용할 수 있는가? 기출 문제나 채점 계획이 무엇을 평가하고자 하는지 알고 있는가?

요약과 주요 내용

이 장에서는 영국의 QCF, QCF 내의 14-19세 교육과정 위치, 체육교과에 적용 가능한 공인된 자격 과정, 교수 학습 접근에 있어 체육교육의 공인된 자격 과정의 시사점을 살펴보았다. 또한, 공인된 자격 과정뿐만 아니라 다양한 체육이론 수업에서 활용할 수 있는 수업 전략을 살펴보았다.

공인된 자격 과정과 졸업 증서는 학생들이 달성하고자 하는 결과물이자, 진학과 취업을 위한 통행증 같은 것들이다. 교사는 학생들이 이를 달성하기 위해 노력하고 발전해 나갈 수 있도록 도와주어야 한다. 그러나 교사의 책무는 공인된 자격 과정과 졸업 증서의 획득뿐만 아니라 전인적 발달이라는 교육의 본질적인 목표를 달성할 수 있도록 학습을 촉진하고, 동기를 부여하고, 학습하고 싶은 열망을 주는 것이다. 교사들이나 직업 상담가들은 학생들이 스스로의 미래를 선택할 수 있도록 충분한 정보와 기술들을 제공해야 한다. 이때 교사의 책무는 다음과 같다.

- 특정 자격 과정에 들어갈 수 있는 교과 내용 지식을 개발할 책임을 갖는다.
- 개별 학생들의 잠재력과 다양한 요구들에 반응할 수 있도록 학생들의 개인적 특성, 사전 경험, 성취 수준에 관한 지식을 개발할 책임을 갖는다.
- 교수내용지식 pedagogical content knowledge, 즉 학생들이 적극적으로 참여할 수 있도록 학습 활동과 교수 전략을 폭넓게 개발할 책임을 갖는다.
- 14-19세 공인된 자격 과정이 체육 교과 내에서 어떻게 기여할 수 있는가에 대해 보다 폭넓게 이해하려는 태도를 개발할 책임을 갖는다.

그러나 교사는 학생 스스로 자신의 학습에 대한 주인의식과 스스로 성장하고자 하는 마음을 갖도록 도와주는 것 역시 중요하다. 결국, 이러한 공동의 책임의식이 학생의 성공과 실패를 결정하는 중요한 요인이다.

또한, 교사는 공인된 자격 과정을 위한 체육이론 수업의 초반부터 학생들이 공부해야 하는 다른 과목들과 연계하기 위해 노력해야 한다. 다른 교과 교사들과 공동으로 이를 준비해야 하며, 학생들이 다양한 관점에서 학습할 수 있도록 도와주어야 한다. 예를 들어, 중등 교육 일반 자격과정 GCSE 의 수행/ 건강하고 적극적인 라이프스타일은 과학이나 개인과 사회의 건강 교육 PSHE 와 관련성이 있으며, 심화 교육 일반 수료과정 GCE A-level 의 홀리거니즘이나 그룹 나이내믹스는 심리학이나 사회학과 관련된다.

여러분이 속한 예비교사교육기관의 요구사항(필수요건) 중 이 장을 통해 배울 수 있었던 것을 확인해보자.

──────── / 추가 읽기 자료 / ────────

Grout, H. & Long, G. (eds) (2009). *Improving Teaching and Learning in Physical Education*. Maidenhead, Berks: Open University Press/McGraw Hill.

8장, "Teaching Theoretical Physical Education"은 체육이론 시험을 위한 수업과 관련된 풍부한 예시 자료를 제공한다.

Grout, H., Long, G., & Taylor, S. (2011). *101 Classroom Games, Energise Learning in Any Subject*. Champaign, IL: Human Kinetics.

이 책은 다양한 게임의 유형을 제공한다. 게임 활동은 교실 수업에서 학습 동기와 열정을 일으키고, 교사 일변도의 교실 수업 상황을 타계하기 위해 고안된 것들이다.

Jarvis, M. (2014). *Brilliant Ideas for Using ICT in the Classroom: A Very Practical Guide for Teachers and Lecturers*. Abingdon, Oxon: Routledge.

이 책은 교실 체육수업에서 학생들의 학습을 고양하기 위해 활용할 수 있는 다양한 하드웨어와 소프트웨어의 사례들을 제공한다.

이 장과 관련된 추가적인 자료들은 웹사이트 www.routledge.com/cw/capel 에 제시되어 있다.

Acknowledgement

The authors would like to thank Gill Golder for her contribution to the previous edition of this chapter.

연구자/반성적 실천가로서 교사
Teacher as a researcher/reflective practitioner

Paula Nadine Zwozdiak-Myers

소개

최근 들어, 전문성 발달은 탐구와 연구 등의 개념으로 설명된다. 교사는 교육적 상황에서 연구 질문들을 던지고, 새로운 아이디어를 추구하고, 평가 및 반성하고, 교육 환경에서의 효과성 향상을 위한 다양한 실천방법들을 실행하며, 자신의 교수가 학습에 어느 정도 공헌하는가를 증명하려고 한다. 교사의 전문성 발달은 연구자로서 교사, 확장된 전문가로서 교사, 반성적 실천가로서 교사를 기본 개념으로 삼는다. 이들 개념은 전문가의 발달 특성이란 반성과 체계적인 자기 연구를 통해 자기 발달에 자율적으로 참여할 수 있는 능력과 열망이라고 주장한 Stenhouse(1975)의 주장을 기반으로 한다.

전문가로서 교사의 발달은 자신의 수업에서 무슨 일이 일어나고 있는지 관찰하고 분석할 수 있는 능력과 열망, 그리고 학생의 학습을 촉진하는 자신의 교수 역량을 향상시키기 위해 관찰과 분석 결과를 어떻게 활용할 것인가에 달려 있다. 이러한 과정을 통해 교사는 실증적인 증거들을 토대로 교수와 학습의 효과성에 관한 올바른 판단을 내릴 수 있다.

이 장에서는 '연구자로서 교사'나 '반성적 실천가로서 교사'와 관련한 주요 개념들을 살펴보고, 예비교사교육과정 ITE 에서 이를 직접 경험하는 한편 다른 이들의 발달 과정을 관찰할 수 있는 기회를 최대로 제공하기 위한 방법들에 대해 알아본다. 관찰은 다른 교사들(예, 교생 지도 교사, 다른 경력 교사 등)의 수업 관찰과 자기 수업에 대한 다른 교사들의 관찰로 이루어지며, 자료 수집을 포함한 연구 과정은 실행 연구 action research 측면에서 소개된다.

이 장을 학습한 후, 여러분은 다음과 같은 내용을 할 수 있어야 한다.

- 반성적 실천가, 확장된 전문가, 연구자로서 교사가 의미하는 것이 무엇인지 이해한다.
- 학습의 질 향상 또는 교사로서의 전문성 발달을 위한 반성적 교수의 역할을 이해한다.
- 수업 관찰에 대한 다양한 방법들을 이해한다.
- 실행 연구를 위한 자료 수집 방법들을 이해한다.

예비교사교육과정의 요구사항(필수요건)을 확인하여 이번 장과 어떠한 관계가 있는지 살펴보자.

전문성 발달과 교사: 반성적 실천가로서 교사, 확장된 전문가로서 교사, 연구자로서 교사

교사는 스스로 학습하며 전문성을 발달시켜나가야 할 책임을 가지고 있다. 교사의 이러한 노력은 반성적 실천이라는 용어로 설명된다. 교육학 분야에서 반성적 실천은 Dewey(1933), Hoyle(1975), Stenhouse(1975), Schön(1987) 등에 의해 설명되어 왔다. 보다 자세한 내용은 Capel과 Brecon(2014)의 "활동 19.1"에 제시되어 있다.

Dewey(1933)는 반성적 행위의 필요불가결한 세 가지 요소를 열린 마음 혹은 편견 없는 태도, 책임감, 진심으로 일하려는 태도로 설명하였다. 또한, 그는 반성이란 한 가지 주제에 대해 진지하게 고민하고 생각하는 특정한 사고 양식과 관련된다고 제안하였다. 듀이에 의해 제안된 반성적 사고는 문제 problem, 제안 suggestions, 추론 reasoning, 가설 hypothesis 그리고 평가 testing 의 다섯 가지 사고과정으로 구성된다.

Schön(1987)의 반성적 실천 개념은 그의 초기 저작인 Argyris와 Schön(1974)에 근거하고 있다. 그의 반성적 실천은 두 가지 유용한 개념, 즉 '행위 중 반성 reflection in action'과 '행위 후 반성' reflection on action 으로 구성된다. 행위 중 반성은 수업이 진행되는 동안 일어나는 반성으로, 예상치 못한 반응으로 계획의 변경이 필요할 때 이루어진다. '순간적으로 판단하기 thinking on your feet', '수업 읽기 reading the class', '자신의 생각을 잃지 않기 keeping your wits about you' 등의 용어들은 행위 중 반성을 잘 설명해 준다. 행위 중 반성은 관찰 능력이 향상되면서 발달하며, 행위 중 반성을 통해 교사는 수업에서 예상하지 못한 것들이 일어날 때 어떻게 대응할 것인가에 대한 경험칙을 얻게 된다. 앞서 3장에서 살펴본 것과 같이 교사가 예상한 것과 다른 학생 반응이 나타나거나, 6장에서 논의한 것처럼 비-과제 행동이 일어날 때 교사는 수업 전에 계획한 수업을 변경해야 한다. 행위 후 반성은 어떤 사건이 일어난 후에 행위를 차근차근 돌아보는 것이다. 행위 후 반성의 핵심은 엄격하고 체계적인 평가 절차를 통해 교수의 결과를 주도 면밀하게 살펴보고, 학습의 질을 향상시킬 수 있는 방안을 모색하는 것이다. 행위 후 반성은 3장에서 수업 평가 측면에서 살펴본 바 있으며, 이 장의 후반부에서 다시 살펴보게 될 것이다.

Hoyle(1975)는 확장된 전문가로서 교사 개념을 소개하였다. 확장된 전문가란 기본적인 교수 능력을 토대로 그 이상의 전문성을 증명하는 교사를 의미한다. 그는 이러한 교사의 특성을 다음과 같이 설명하였다.

- 높은 수준의 수업 자신감 보이기
- 수업에서 학습자 중심 접근 시도하기
- 높은 수준의 학생 관리와 이해 기술 보여주기
- 학생의 행동과 성취에 대한 변화를 감지하며 자신의 교수를 평가하기

Stenhous(1975; 143-144)는 교사가 자신의 수업 실천을 연구하는 과정을 통해 확장된 전문가의 다섯 가지 주요 속성을 다음과 같이 제안하였다.

1. 자신의 수업을 비판적 및 체계적으로 반성한다.
2. 교사 발달의 근간으로써 수업에 대해 열정적으로 질문한다.
3. 자기 수업에 대해 지속적인 연구를 통해 자기 연구 self-study 로 발전할 수 있는 기술과 열정을 갖는다.
4. 다른 사람들이 자신의 수업을 관찰하고, 수업에 대해 열린 마음으로 진지하게 논의해 주는 것에 대해 감사한 마음을 갖는다.
5. 수업에 질문을 던지고 이론으로 평가하는 것에 관심을 기울인다.

위의 속성들은 교사의 실질적인 수업의 장면이나 이 책이 소개하고자 하는 교수의 여러 측면들과 일치한다. 그러나 예비교사 교육 단계에 있는 학생들은 교수의 기본 기술들을 습득하는 데 초점을 두어야 한다. 예를 들어, 수업 관리의 부드러운 전환이나 보다 간결하고 명확한 시범 등이다. 위의 속성들은 교수에 대한 흥미나 보다 효과적인 학습을 제공하고자 하는 열망을 통해 달성된다. 교사 전문성에 대한 순수한 열망은 비판적이며 구성주의적 자기 반성적 태도로부터 일어나며, 보다 체계적인 교수 연구를 통해 전문성 발달이 나타난다.

지금까지 반성적 실천가로서 교사의 전문성 발달의 개념적 근거를 살펴보았다면, 이후에는 교수 연구를 수행하는 한 가지 절차로서 실행 연구를 살펴보고자 한다.

반성적 실천가가 되기 위해 준비하기

수업 반성 혹은 교수 연구의 핵심은 교사의 교수 행동 결과는 학생의 학습으로 나타난다는 것이다. 예비교사 교육과정을 통해, 예비체육교사는 학습과 교수의 복잡한 관계를 관찰하고, 확인하고, 이해해야 한다. 이를테면 예비교사 교육기간 동안 연습하는 교사 행동, 교수 기술이나 전략 등에 해당하는 계획하기, 관찰하기, 의사소통하기, 조직하기, 평가하기는 학생의 학습 증진을 목적으로 삼고 있다는 것이다. 때문에, 교수 행동 실행 이후에는 교사의 교수 행동이 목적 즉, 교수를 통해 학습 증진이 효과적으로 이루어졌는지를 판단하는 과정이 이루어져야 한다. 자신의 교수에 대해 반성적 태도를 취하는 것은 교사 자격 기준 과정[1]에 적용되어 있다는 것을 기억해야 한다.

교수와 학습의 관계를 직접적으로 배울 수 있는 세 가지 방법이 있다. 첫 번째 방법은 다른 교사의 수업을 관찰하고, 그 수업에서 교사가 무엇을 하고, 교사의 행동이 효과적인지 확인해 보는 것이다. 이 책에서는 다양한 과제를 통해 다른 교사의 수업을 직접 관찰할 수 있는 경험을 제공한다. 두 번째 방법은 지도교사나 다른 교사들로부터 자신의 수업에 대해 피드백을 받는 것이다. 피드백은 교수 행동이 학생의 학습을 어느 정도 촉진했는지에 초점을 둘 때 유용하다. 마지막으로, 학습에 대한 교수 효과를 확인하는 세 번째 방법은 수업에 대한 자기 비판적 분석을 수행해 보는 것이다. 수업 평가가 대표적인 방법이다.

교수에 관해 혹은 학생 학습에 대해 배울 때 가장 중요한 것은 체계적 반성에 필수적인 관찰 기법이다. 위에서 언급한 세 가지 방법 역시 공통으로 관찰을 통해 얻은 자료에 의존한다. 4장에서 이미 왜, 무엇을, 그리고 어떻게 관찰해야 하는가에 대해 세부적으로 살펴본 바 있다. 관찰은 반성적 실천가로 성장하기에 없어서는 안 되는 기법이다. 관찰 기술을 연습하고 습득하는 것은 교사에게 매우 중요한 일이다.

다른 교사의 수업 관찰을 통해 배우기

예비교사는 경력 교사의 수업을 관찰하며 많은 것들을 배우게 된다. 다른 교사의 수업을 관찰하는 것은 예비교사의 특권이라고 생각해도 좋다. 교사가 되고 경력이 쌓이면서 점점 더 다른 교사의 수업을 관찰할 기회가 사라진다. 다른 교사의 수업을 보면 볼수록, 학생의 학습을 증진하는, 학생을 관리하는, 교수를 수행하는 수없이 다양한 방법들이 있다는 것을 알게 될 것이다. 연구들에서는 이렇게 다른 교사의 수업을 관찰하는 것을 비-참여 관찰이라 부른다.

---

[1] 영국의 체육교사 자격 획득 과정에서는 NCPE(National Curriculum for Physical Education) 3단계와 4단계, GCSE(General Certificate of Secondary Education)와 GCE A(General Certificate of Education Advanced)의 classroom-based work에 명시되어 있다.

수업에 실제로 참여하지 않는 비-참여 관찰자는 전체 수업이 잘 보이는 곳에 자리를 잡고 수업에 등장하는 학생들의 행동에 의문을 가지고 수업을 관찰한다.

다른 교사의 수업을 관찰할 때의 적법한 절차는 다음과 같다. 첫 번째는 교사로부터 수업 관찰에 대한 동의를 구하는 것이다. 두 번째는 관찰자로서 무엇에 초점을 두고 관찰할 것인지를 분명히 하는 것이다. 예를 들어, 예비교사 교육 단계에 있는 현시점에서는 학생의 공간 배치 방법이나 시간 할당 방법에 초점을 둘 수 있지만, 예비교사 교육 이후에는 학생들의 학습 활동이나 학습 능력이 다양한 학생들에 대한 교사의 교수 행동에 초점을 두어 관찰할 수 있다. 때로는 교사가 권한을 학생들에게 어떻게 위임하는지에 관심을 가지고 수업을 관찰할 수 있다. 세 번째 단계는 관찰 학급이나 수업에 관한 정보를 수집하는 것이다. 정보 수집의 과정을 구체적으로 살펴보면 다음과 같다.

관찰에 대한 동의를 얻고 관찰 초점을 정했다면 관찰 도구를 선택한다. 관찰 도구에 관해서는 이 장의 후반부에서 자세히 살펴볼 것이다. 관찰 도구는 관찰자가 자신이 관찰하고자 하는 것들에 집중할 수 있도록 해 준다. 예를 들어, 교사가 어떻게 칭찬을 활용하는지 기록할 수 있고, 관찰하는 학생 수를 줄여 관찰하며 관찰 대상 학생들이 의도된 학습결과를 어떻게 성취해 나가는지를 살펴볼 수 있다. 관찰자는 수업을 진행하는 교사와 관찰 도구를 공유해야 하며, 가능하다면, 직접 관찰과 함께 비디오카메라로 수업을 녹화하는 것이 좋다.

수업 관찰 이후, 관찰자는 수업 교사와 함께 관찰 내용을 검토하며 수업에 관해 충분히 논의해야 한다. 이때, 수업 관찰을 허락해 준 교사에게 감사의 마음을 전하는 것을 잊지 말아야 한다.

○ 관찰을 위한 지식

수업 관찰을 위해 학급과 수업에 관한 배경 지식을 가지고 있어야 한다. 〈그림 15.1〉의 양식지(출처: www.routledge.com/cw/capel)를 활용해 관련 정보를 수집할 수 있다.

학급		학급 크기		학급 구성	
학년		수업 시간		수업 공간	
담당 교사			관찰 일시		
관찰자					
수업 내용/활동					
수업 차시			단원의 총 차시		
수업의 의도된 학습 결과는 무엇인가?					
1.					
2.					
3.					
※ 관찰에 필요한 내용을 추가할 수 있다.					

〈그림 15.1〉 수업 관찰을 위한 배경 정보

정보를 최대로 모으기 위해서는 관찰 초점을 분명히 해야 한다. 관찰 초점은 예비교사 교육과정의 단계에 따라 다르지만, 주로 교수 기술에 집중된다. 대표적으로, 목소리의 변화나 학생 학습의 촉진 요인, 학생의 기술 발전 등을 들 수 있다. 관찰 초점에 관해서는 4장을 다시 읽어보길 권한다.

관찰 내용은 다음의 사항을 포함해야 한다.

- 학생들이 수업 공간에 도착한 때부터 해산할 때까지의 수업 계획과 수업의 단계
- 학생의 안전을 관리하는 방법
- 언어적 및 비언어적 상호작용, 위치잡기, 칭찬이나 행동 관리의 활용 등과 같은 교사의 교수 기술
- 교사가 계획한 과제 활동에 대한 학생의 반응
- 비-과제 활동의 원인
- 질문의 빈도
- 집단 학습의 질

[과제 15.1]에서 관찰은 학생의 학습을 촉진하는 방법에 초점을 둔다.

관찰 방법은 관찰 초점에 따라 결정된다. 예를 들어, 특정한 관리 활동을 관찰할 경우, 관찰자는 학생들이 참여하고 있는 활동에 집중하기보다는 전체 수업 환경을 전반적으로 살펴봐야 한다. 관찰자로부터 가장 멀리 떨어져 있는 학생을 포함한 모든 학생들을 관찰자의 시야에 담고 있어야 한다. 학습에 어려움을 보이고 있거나, 과제 활동에 참여하지 않거나, 혹은 옳지 않은 행동이 나타날 때는 한 명 혹은 소수의 학생만을 집중적으로 관찰한다. 다른 측면에서, 집단으로 과제활동을 수행할 때, 관찰자는 하나의 집단을 선정해 그 집단을 관찰할 수 있다. 보다 자세한 내용은 4장을 참고하면 된다.

○ 관찰 도구 만들기

앞서 살펴보았듯이, 교사는 동료 교사의 수업 관찰을 통해 많은 것들을 배울 수 있다. 관찰된 교사 행동과 학생 행동을 체계적으로 기록하는 일은 연구 활동이며, 예비교사 교육 단계에서 이루어지는 미래의 반성적 연구를 위한 준비 작업이다. 관찰 기록지는 그 자체가 최고의 관찰 도구이다. 관찰 기록지를 만들 때 주의해야 하는 것은 수업에서 일어나는 모든 일들을 기록하려고 하지 않는 것이다. 관찰 기록지를 만들 때부터 관찰은 시작되고 있는 것이다. 자기가 관찰하고자 하는 것 혹은 관찰해야 하는 것이 무엇인지 고민해, 관찰 기록지를 최대한 단순하고 명료하게 만드는 것이 중요하다. 웹사이트(www.routledge.com/ew/capel)에서 예시

자료를 찾을 수 있으며, Capel과 Breckon(2014)의 활동 20.3d에 단순하지만 유용한 두 가지 기록지 양식이 제시되어 있다.

[과제 15.1]은 학생 행동과 교사 행동을 동시에 관찰할 수 있는 관찰 연습이다. 또한, 〈표 15.1〉과 〈표 15.2〉 역시 완성된 관찰 기록지의 예시이다.

과제 15.1 교사에 의해 설정된 과제목표의 달성 여부를 확인하기 위한 관찰 계획

〈표 15.1〉은 의도된 학습 목표의 달성 유무를 확인하기 위해 계획된 관찰 기록지이다. 〈표 15.1〉을 활용해 동료 교사의 수업을 관찰한다. 수업 중 교사의 말과 행동을 주의 깊게 관찰해 관찰 기록지의 각 항목(기술 개발, 수행 향상, 수행 분석)을 기록한다. 각 관찰 항목에 대한 설명은 〈표 15.2〉에 제시되어 있다. 수업 관찰 기록에 대해 교사들과 협의회를 진행하고 전문성 개발 포트폴리오(PDP)에 기록해보자.

표 15.1 과제 15.1의 관찰 기록지

수업 요소(3장 참조)	기술 개발	수행 향상	수행 분석

자신이 관찰한 것을 동료 교사들, 특히 경력 교사들과 협의하는 것은 수업의 다양한 측면들이나 교수와 학습의 관계를 이해하는 데 유용하다. 이를 통해, 관찰자는 다양한 교수 기술들이 실제 수업에서 어떻게 활용되고 있는지를 확인하는 방법, 교수 행동의 분석 방법, 그리고 수업에서 일어나는 다양한 사건들의 원인이 무엇인지에 관한 추론 방법 등을 학습할 수 있다. 교사는 관찰과 협의 과정에서 '왜'에 관한 질문들에 대답할 수 있게 된다. 구체적으로, 수업 후 수업을 진행한 교사와의 대화 과정에서, 관찰자는 수업 진행 교사가 수업에서 일어난 사건들에 대해 어떻게 인식하고 있는지, 학생 반응과 관련된 의사결정이 어떻게 이루어졌는지, 뿐만 아니라, 각 수업 상황에 대한 또 다른 대안은 무엇인지 등에 대해 이해할 수 있다. 이때, 다른 교사들의 이야기를 잘 경청하는 태도가 중요하다. 협의회 과정에서의 수업 관련 분석과 추론 경험은 반성적 교사가 되기 위한 중요한 원천이 될 것이다.

자기 수업을 관찰하는 동료 교사를 통해 배우기

교사가 홀로 수업한다는 느낌을 갖게 되는 것은 위험한 일이다. 타인에 의한 수업 관찰과 관찰 내용에 관한 협의는 교사의 전문성 발달에 큰 도움을 준다. 전문성 개발 노트와 함께 수업의 관찰과 협의 내용을 공식적인 기록으로 남기기 위해 노력할 필요가 있다. 대표적으로 관찰 초점은 다음의 내용을 포함할 수 있으며, 의도된 수업 목표를 중심으로 이를 구체화한 관찰 기록지의 예는 〈표 15.2〉와 같다.

- 비-과제 행동의 초기 징후들을 선정 및 조직
- 학습을 위한 칭찬이나 평가 활용
- 교사의 문제해결 요구에 대한 학생의 반응 방법
- 학습 증진을 위한 효율적인 ICT 활용 방법
- 학생의 기능 숙달에 대한 교수 행동의 역할

표 15.2 체조 수업 관찰 기록지 예시

의도된 학습 결과
수업을 통해 학생들은 다음을 완성할 수 있다.
- 동지에 제시된 구르기 동작들을 활용해 구르기 동작을 수행할 수 있다. (기술 개발)
- 한번 구르기 이후 점프, 손짚기, 구르기를 활용해 연속 구르기를 수행할 수 있다. (수행 향상)
- 적절한 용어(교사 피드백 용어)를 활용해, 동료 학생의 구르기 수행에 도움을 줄 수 있는 언어 피드백을 제공할 수 있다. (수행 분석)

수업 요소	기술 개발	수행 향상	수행 분석
도입 및 준비운동	적절한 달리기 동작을 강조한다.		자기뿐만 아니라 다른 학생들에게도 도움이 될 만한 것들을 확인한다.
기능(주제) 발달 구르기 동작	동일한 구르기 동작을 수행한다. 이때, 목표를 향해 주도적으로 학습에 참여할 수 있도록 한다.		학생 스스로 자기 자신의 성공 기준을 설정한다.
	활동지에 제시된 시작과 마무리 동작을 선택한다.	세 가지 구르기 방법을 선택해 실행한다. 혼자 혹은 동료 학생들과 의논하며 구르기 방법을 짜보고 고안된 방법들을 실행해 본다.	동료 학생의 구르기 활동을 관찰하며, 적절한 피드백을 주거나 사회적 의사소통(칭찬 등의 지지)을 시도한다. 이 과정을 통해 학생들은 긍정적인 사회적 상호작용을 배우게 된다.

수업 요소	기술 개발	수행 향상	수행 분석
연속 구르기	연속 구르기 동작의 전환 동작(구른 후 일어나 점프하고 다시 구르기)을 연습한다.		
	점프, 구르기, 손짚기의 연속 동작을 계획한다. 이 과정에서 학생들은 후속동작에 관한 다양한 아이디어를 시도해 볼 수 있다.	연습 경험을 평가해 다음 학습에 활용한다.	
			점핑, 구르기, 손짚기 자세에 관해 질문하고 답한다. 이 과정에서 학생들은 분석하고 평가하는 방법을 배우게 된다.
정리	수업 용기구를 정리하고, 정리운동을 실시한다.		자기뿐만 아니라 다른 학생들에게도 도움이 될 만한 것들을 확인한다.

[과제 15.2]를 수행하며 관찰 초점을 선택하고, 선택한 초점을 어떻게 관찰 기록지에 반영할 것인가를 고민하며 관찰 기록지를 개발해보자.

과제 15.2 관찰 기록지 개발하기

평소에 관심을 가지고 있던 교수 기술을 선택하고, 1장과 웹사이트(www.routledge.com/cw/capel)을 참고해 수업 관찰에 활용할 관찰 기록지를 개발한다. Capel과 Breckon(2014)의 활동 20.d에 단순하고 유용한 관찰 도구들이 제시되어 있다.

관찰 기록지가 자신이 의도한 교수 기술 관찰에 효과적인지를 지도교사와 상의한다. 이때, 관찰 기록지에 대해 충분히 설명해야 한다. 수업을 마친 다음, 관찰자들과 관찰 결과에 대해 의논하며, 관찰 기록지의 유용성을 평가하고, 수정사항 등을 수정한다. 동일한 관찰 기록지나 수정된 관찰 기록지를 활용해 교수 능력을 향상시키기 위해 노력한다. 정리된 자료는 전문성 개발 포트폴리오(PDP)에 기록한다.

수업 이후 이루어지는 관찰자들과의 토의 활동은 교수 전문성 발달을 위한 필수적인 활동이다. 토의 과정에서 수업 교사는 수업 시간동안 주의해서 한 것, 주의해서 했어야 했지만 하지 못했던 것, 실제로 했지만 학생들이 인식하지 못하고 있었던 것 등을 알게 된다. 다른 교사의 수업 관찰 및 관찰에 이은 토의 활동을 통해 자신의 수업을 비판적으로 돌아볼 기회를 얻게 된다. 수업 당사자는 자신의 수업에 대한 총평, 자신의 교수 능력에 대한 강점이나 약점 등에 대한 의견을 다른 교사들 즉 관찰자들에게 밝히고, 수업 중 일어난 다양한 교수 행동과 학습 행동에 대한 관찰자들의 의견을 듣게 된다. 자연스럽게, 효과적인 교수 행동이 무엇이었는지, 앞으로 개선되어야 하는 교수 행동은 무엇인지 등에 대해 알게 되고, 이를 통해, 자신의 수업을 혁신할 수 있는 기회를 얻게 된다. 요컨대, 자기 수업의 공개(동료교사에 의한 수업 관찰)는 자기 수업에 대한 정직한 자기 평가의 기회, 수업에서 일어난 사건들을 진지하게 분석할 기회, 자신의 강점을 확인할 기회, 그리고 수업 문제의 원인과 적용 가능한 다양한 해결 방법을 생각해 볼 수 있는 기회라는 것이다.

자기 수업에 대한 자기 반성을 통해 배우기

예비교사 교육과정이 후반부로 진행되면서, 예비교사는 교사로서 성장에 대한 보다 큰 자기 책무성을 기대 받는다. 스스로 성장하려고 하는 예비교사는 다음과 같은 질문에 관심을 기울여야 한다.

- 학생들은 의도된 학습 결과를 어느 정도 달성하는가?
- 자신의 교수 중 학습 향상에 가장 효과적인 측면은 무엇인가?
- 자신의 교수 향상에 필요한 것은 무엇인가?
- 다음 수업 계획에 고려해야 하는 것은 무엇인가?

이러한 질문들에 주의를 기울이고, 특히 자신의 수업 노력을 교수의 학습 효과 측면에서 반성하며, 문제를 개선하기 위해 노력해야 한다. 이러한 노력을 통해 예비교사는 반성적 전문가 a reflective professional 로서 스스로 수업을 성찰하는 경험을 갖게 된다. 예비교사는 교사란 학생의 학습을 향상시키는 교수 방법을 알고 실행하는 동시에 교사로서 요구되는 전문성에 대한 책임감 있는 태도를 가지는 전문가라는 사실을 기억해야 한다.

예비교사 교육 과정에서, 자신의 수업에 대한 평가는 자신의 교수에 대한 반성을 기록하는 데에서 출발한다. 위에서 언급한 질문들을 수업 평가 측면에서 재-진술하면 아래와 같다.

- 학생들은 무엇을 성취(혹은 학습)하였는가? 또한, 학생들은 무엇을 성취(혹은 학습)하지 못하였는가?
- 학생들이 성취(혹은 학습)한 혹은 성취(혹은 학습)하지 못한 이유는 무엇인가? 다른 말로, 학습이 일어난 혹은 일어나지 않은 이유는 무엇인가? 예, 너무 어려웠다거나 시간이 충분하지 않았다거나 등
- 발견된 문제를 개선하기 위해 다음 수업을 어떻게 계획 및 가르쳐야 하는가? 다음 시간에 계속해서 해야 하는 교수는 무엇이고, 학습 향상을 위해 다르게 접근해야 하는 것은 무엇인가?(예, 구체적인 피드백을 보다 많이 제공하기, 학생들의 수준을 다양화하기 등)

이러한 평가 질문들은 교사에게 다양한 형식의 사고를 이끈다. 예를 들어, "학생들이 학습한 것은 무엇인가?"란 질문은 평가적 사고 형식을 이끈다. 이 질문에 답하기 위해 교사는 의도된 학습결과의 발달 수준을 비교하게 된다. 다른 측면에서, "학생들의 학습은 왜 일어나는가?"는 보다 분석적 사고를 필요로 하는 질문으로, 이 질문에 답하면서 수업의 계획과 실행 과정을 분석하게 된다. 이러한 사고 형식들은 수업을 연구할 때 중요하다. 실제로, 이러한 질문들에 스스로 답하는 과정을 행위 후 반성이라고 한다.

행위 후 반성은 교사에게 가치있는 교수 행동은 무엇인지, 혹은 교수의 대안적 접근은 무엇인지 등을 고려하게 하고, 교사 스스로 수업에서 더 나은 결과를 위해 무엇을 어떻게 할 것인지에 대해 민감하게 반응할 수 있도록 한다. 수업에 대한 반성은, 예를 들어, 교수 접근의 효과성이나 계획된 수업 내용의 적정성에 비추어 충족하고 있는지 등에 관한 지식이나 이해에 기반을 두고 있다. 수업 이후 잠깐이라도 자신의 수업을 반성하는 것은 수업에서 일어난 실수가 무엇인지 알려줄 뿐만 아니라, 수업에 대한 통찰력을 갖도록 한다. 이때 수업의 반성은 수업을 관찰하는 능력과 수업을 회상하는 능력에 의존한다. 반성의 효과성을 높이기 위해, 수업에서 일어난 사건을 회상할 수 있는 기술을 가져야 한다. 가능하면 수업이 끝남과 동시에 수업에서 일어난 주요 사건들을 머리 속에서 재생하고, 특히 수업 계획과 다르게 일어난 사건들이나 수업에서 결정적인 역할을 한 사건들을 중심으로 기록한다. 그런 다음, 과거 자신의 수업이나 다른 교사의 수업에서 관찰했던 유사한 상황과 비교해 본다. 또한, 지도교사나 경력교사의 피드백을 비교의 준거로 삼을 수 있다. 행위 후 반성의 예시 자료는 Capel & Breckon(2014)의 활동 19.2c에 제시되어 있다.

비디오카메라를 활용하는 것은 교사의 교수 행동과 학생의 학습 행동을 기록할 수 있는 추천할만한 방법이다. 비디오카메라는 관찰을 보조해 주는 도구로 활용되어 왔다(4장 참조). 비디오 녹화는 교수-학습 과정의 다양한 측면들을 확인할 수 있도록 하는 장점을 갖고 있으나, 학생들의 주의를 산만하게 하는 단점 역시 가지고 있다. 때문에, 학생들이 교수-학습 과정에 익숙해진 후에 비디오 녹화를 하는 것이 좋다. 또한, 바람이 많이 부는 날이나 습기가 많은

날에는 문제를 유발할 수 있다. [과제 15.3]은 비디오카메라를 활용하는 방법을 안내하는 예시 자료이며, 이 과제의 목적은 수업에 대한 자신의 관점과 다른 교사(혹은 예비교사)의 관점을 비교하는 것이다.

교사는 수업을 녹화하는 것이 학생 입장에서 민감한 문제일 수 있으며, 때문에, 학생들로부터 사전에 동의를 구하지 못했다면 녹화하지 않는 것이 원칙이라는 것을 기억해야 한다. 비디오 녹화와 관련된 학교 정책이 필요할 경우, 녹화 전 다른 교사들과 이에 대해 충분히 논의할 필요가 있다.

> **과제 15.3 비디오 카메라를 활용한 수업 에피소드 분석하기**
>
> 예비교사라면, 수업 녹화에 대한 지도교사의 허락을 구한 다음 수업을 녹화한다. 수업 후 녹화된 수업 영상을 보고, 수업 중 일어나는 사건들을 기록한다. 다른 예비교사도 이와 동일한 작업을 수행하도록 한다. 두 사람의 기록에 나타난 유사점과 차이점을 비교해보자. 차이가 나타난 이유를 찾아보자. 또 다른 수업을 녹화한 후 동일한 작업을 수행해보자.
>
> 이 과제를 통해, 같은 수업이라고 해도 보는 사람의 관점에서 따라 다르게 보인다는 것을 알게 된다. 만약 열린 관찰을 수행한다면, 그 차이는 수업에 대한 관찰 초점에 따라 더 크게 나타난다. 동일한 수업 영상을 다른 관찰 초점(예, 수업 중 교사는 어디에 위치하고 있는가?, 학생들은 의도된 학습 결과를 성취하였는가?, 학생들이 과제에 보낸 시간은 어느 정도인가? 등)을 가지고 보면 이 말이 사실이라는 것을 알게 될 것이다. 연습 과정을 통해 초점화된 관찰 기록지를 설계할 수 있다. 관찰과 토의 과정에 관한 내용을 전문성 개발 포트폴리오(CPD)에 기록해보자.

자기 수업에 대한 체계적인 반성을 통한 건설적인 자기 비평의 지속적인 실천은, 수업에서 학습이 왜 일어나는지 혹은 일어나지 않는지에 관한 연구 질문을 스스로 던지고, 그 질문에 답을 찾는 가치 있는 경험을 제공한다. 이를 통해, 교사는 학생들이 자신의 교수 행동에 어떻게 반응하는지를 알게 되고, 자신이 설계한 수업 계획을 정직하게 평가해 보게 되며, 수업에서 자신이 어떻게 가르치고 있는지를 깨닫게 된다. 또한, 교사는 다양한 교수 접근들에 대한 더 큰 깨달음을 얻게 되고, 수업 상황에서 발견되는 수많은 수업 변인들에 대해 보다 민감하게 반응할 수 있게 된다. 학생들의 학습을 최대화 시키는 데 관심을 갖는 교사는 자신의 수업 실천을 기록하며, 교수와 관련된 다양한 가설들을 토대로 교수 접근을 실험해 보고 그 효과성을 평가할 수 있다. 이러한 과정에는 창의성이나 상상력뿐만 아니라, 교사의 의사결정을 지지하는 유용한 정보를 제공하는 이론의 힘을 믿는 신념이 필요하다. 자신의 수업으로부터 한 발 물러나 객관적으로 수업을 바라보며 자신의 수업을 정직하게 평가하는 경험은 교수의 다양한 측면들을 학습할 수 있는 기회를 제공한다. 이러한 경험을 토대로 성장한 교사는 점점 더 개별 학생들의 다양한 반응들을 관찰하게 되고, 모든 학생들의 요구를 충족시키기 위해서는 자신의 교수 행동에 변화가 필요하다는 것을 깨닫게 된다. 때문에, 학생의 학습과 교사의 교수에 관한 모든 측면들을 고려하기 위해 애쓰며, 학생들의 학습을 향상시키기 위한 더 좋은 방법을 찾기 위해 지속적으로 연구하게 된다. 이러한 것들이 반성적 교사되기에 필요한 필수적인 요소이자 과정이다.

위에서 살펴본 다른 교사의 수업 관찰, 다른 교사의 자기 수업 관찰, 전문가적 성장을 위한 비판적 자기 반성 과정 등의 연습은 반성적 교사되기의 토대이며 책임 있는 전문가의 태도이다. 수업을 반성적으로 접근하는 교사는 학생의 학습 향상에 도움을 줄 수 있는 전문가로 성장하게 될 것이다. 이러한 분석적 및 평가적 태도와 접근은 수업 연구의 기초가 된다. 실행 연구는 수업 연구의 전통적인 절차이다. 다음 절에서는 실행 연구의 세부적인 절차를 살펴볼 것이다.

실행 연구 Action Research

실행 연구의 핵심 원리는 실천을 향상시키고자 하는 그리고 실천으로부터 배우고자 하는 열망이며, 그 과정에서 새로운 지식이 자연스럽게 생산된다. 실천을 반성하는 것이 실행 연구의 핵심 요소이며, 전문가로서의 성장과 발달에 대한 통찰, 이해, 인식을 제공하는 도구이다. 또한, 수업 실천을 반성함으로써, 교사는 대안적인 수업의 길을 확인하고, 자기 직업에 대한 자율성을 획득하고, 자기 연구의 절차들을 내면화하게 된다.

실행 연구는 자기 수업을 기록하고 향상시키기 위한 가장 일반적이면서도 다양한 이론들에 의해 그 적절성이 확립된 연구방법이다. 예비교사는 예비교사 교육 단계에서 소규모의 실행 연구에 참여할 수 있다. 이 시기 실행 연구는 현직 교사 교육 단계에서 지속적 전문성 개발 CPD: continuing professional development 로 이어지게 될 것이고, 이에 관한 자세한 설명은 Capel 등(2013)의 5.4장(Leask & Liversidge)에 제시되어 있다. 실행 연구는 현직 직업 교육의 중요한 학습 도구이자 직업인의 학위 논문 작성을 위한 연구방법으로 폭넓게 활용되고 있으며, 예비교사 교육 단계에서 있는 예비교사는 실행 연구를 수행하며, 자기 직업에 관한 다양한 경험을 쌓을 필요가 있다.

실행 연구는 교사가 자신의 수업 실천을 조사하고, 교수-학습의 질과 관련된 질문에 답하는 데 유용한 연구 도구이다. 연구 과정에서 경험과 상황에 관한 정보 분석과 평가가 통합된다. 실행 연구의 일반 모형은 Carr와 Kemmis(1986: 162)가 제안한 '계획 planning, 실행 acting, 관찰 observing, 반성 reflecting, 재계획 re-planning, 2차 실행 further action, 2차 관찰 further observing, 2차 반성 further reflecting 의 자기 반성적 순환 모형'이며, 〈그림 15.2〉는 Carr와 Kemmis(1986: 162)의 일반 모형을 구체화한 McKernan(1996: 29)의 모형이다.

McKernan(1996: 29)의 모형은 수업 실천의 질과 효과성 증진을 위한 반복적인 절차라는 실행연구의 주요 특성을 잘 보여준다. 먼저, 도식의 아래 화살표(↓)의 단계들을 설명하면, 연구 목표(영역)가 확인되면, 다음 단계에서 목표나 영역과 관련된 문헌 분석을 수행한다. 영역이나 목표와 관련되어 수행된 여러 문헌들의 분석을 통해 이론적 설명 체계를 확립한다. 문헌 분석에서 얻은 이론적 고찰을 토대로 실행 계획을 세운다. 실행 계획에서는 크게 수업에서 활용하고자 하는 교수 접근, 수집해야 하는 자료의 성격과 도구 등에 관한 것들이 계획된다. 또한, 실제 수업 측면에서 수업 계획서가 작성되면, 수업을 실행한다. 자료는 교사 자신이나 다른 사람의 관찰을 통해 수집된다. 수업의 계획, 실행, 자료 수집, 자료 평가는 실행 연구의 작은 순환 과정이다. 계획된 수업에 따라 한 차시 수업을 실행하고, 관찰을 통해 수집된 자료를 분석 및 평가하여 문제가 발견되면 다음 차시 수업이 수정되고, 재실행, 수집과 평가의 과정이 순환적으로 반복된다. 〈그림 15.2〉의 A와 B의 순환 사이클은 이 과정을 보여준다.

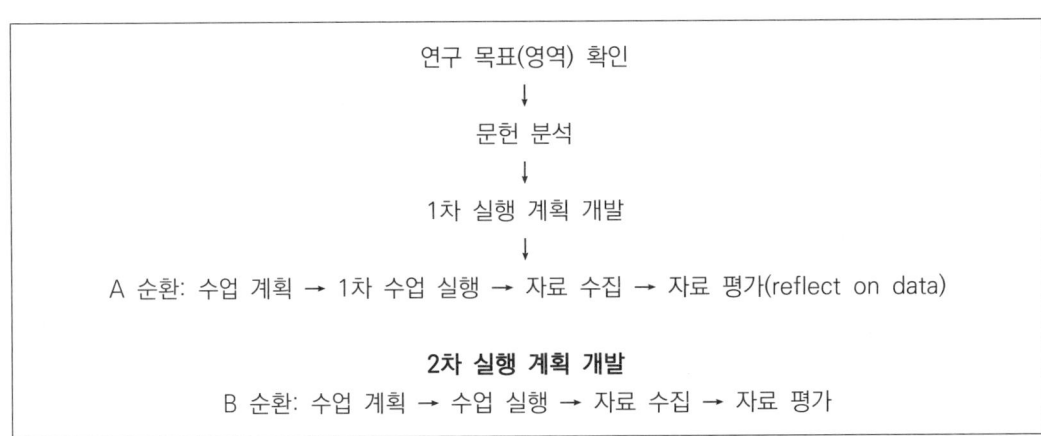

〈그림 15.2〉 McKeran(1996, 29)의 실행연구 모형

Cohen 등(2011)은 매 차시 수업 실행 과정에서 각 절차들(계획, 실행, 수집, 평가)을 다양한 국면에서 모니터링하되, 그 과정은 단순해야 한다고 강조한다. 왜냐하면, 교사는 수업의 모든 문제를 면밀하게 살펴볼 수도 없고 해결할 수도 없기 때문이다. 매 수업마다 교사는 교수의 다양한 요소들을 의도한 목표에 따라 조합하고 실행할 뿐이다. 교사는 체계적인 반성 과정(관찰, 평가와 반성)을 통해 성공한 요소들을 유지하고, 부족한 요소들을 폐기 및 수정함으로써 의도한 수업을 전략적으로 실현한다. 실행 연구의 핵심은 이러한 반성의 과정을 체계적으로 수행한다는 것이다.

○ 실행연구의 초점

실행연구는 수업에서 발견된 문제 혹은 인식된 이슈들을 확인하면서 시작된다. 문제나 이슈는 자기 수업의 관찰, 정보 수집, 반성과 평가를 통해 확인된다. 체육수업에서 나타나는 실행연구의 일반적인 초점은 다음과 같다.

- 학생들의 학습 향상과 관련된 특정 이슈나 문제를 해결하기
  (예, 학생의 자기 존중감 높이기, 학급의 응집력 향상시키기, 학생들의 능력 수준 문제 개선하기, 수업에서 나타나는 성취의 불평등 문제 해결하기 등)
- 교사 자신에게 필요한 교수 기술 개발하기
  (예, 학생에게 칭찬하지 않는 문제 개선하기, 시범의 효과성 높이기, 안정된 목소리 톤으로 수업하기 등)
- 효과적인 교수 도구를 활용해 학생들의 의도된 학습 목표 성취하기
  (예. ICT 등)
- 특정 목표 성취하기
  (예, 창의성 높이기, 젠더 평등한 학습 성취 실현하기, 특정 학습 도구(상호점검 교수에서 학습카드 활용 등) 활용하기)

실행 연구에 관한 더 많은 정보가 필요하면, Capel과 Breckon (2014)의 20장을 읽어보길 추천한다.

실행 연구를 착수하기 전, 교사는 윤리적인 측면들을 충분히 이해하고, 이를 실행 연구 전반에서 실행해야 한다. 예비교사인 경우, 실행 연구의 목표가 의도된 학습 목표 성취하기라면, 지도 교사에게 이러한 목표를 알리고, 실행 연구 계획에 관해 동의를 구해야 한다. 현직 교사라면, 가능한 본인이 속한 부서의 장(예, 체육부장)이나 선배 교사에게 알리고 승인받은 후 진행하는 것을 추천한다. 또한, 자료 수집 대상자들에게 수집의 목적을 알리고 동의를 구해야 하며, 진실되게 연구를 수행하려고 노력해야 한다. 윤리적 측면들에 대한 보다 자세한 내용은 Capel 등(2013)의 절 5.4(Leask & Liversidge)와 영국 교육 연구 협회 British Educational Research Association (BERA, 2011)에 제시되어 있다.

○ 자료 수집 기법

Cohen 등(2011)에 따르면, 실행 연구 자료 수집의 가장 큰 특성은 학생의 학습과 관련된 교수의 결과를 알려주는 자료를 수집해야 한다는 것이다. 수집된 자료는 다음 단계로의 발전을 위해 세부적으로 분석되어야 한다. 때문에, 자료 수집은 실행 연구의 중요한 절차이다. 방법에 따라, 자료 수집은 다음의 두 가지로 구분된다.

1. 양적 기법: 양적 기법은 숫자의 형태로 수집되는 자료(예, 사건 발생의 수나 한 사건의 진행 시간 등)의 처리 기법이며, 때문에, 통계적으로 분석된다. 양적 자료는 측정의 척도를 구조화한 형식의 도구로 수집된다. 예를 들어, 학생의 과제 참여 시간은 초시계를 활용해 과제에 참여한 시작과 종료의 기록을 통해 측정된다. 비언어적 행동의 지속 시간은 정해진 시간 동안 일어난 행동 사건의 시간 기록을 통해 측정된다. 시범 등과 같은 사건 등은 수업에서 해당 사건이 일어난 수로 측정된다. 닫힌 질문들 closed questions 로 구성된 설문지는 대표적인 양적 자료의 수집 도구이다.
2. 질적 기법: 질적 기법은 비구조화된 관찰이나 관찰 대상에 대한 개인의 인식, 반성적 글쓰기/일기, 문서, 인터뷰, 개방적 질문들 open-ended questions 로 구성된 설문지 등과 같이 통계적 분석보다는 현상에 대한 통찰을 얻기 위해 활용되는 연구 기법이다.

양적과 질적 자료는 관찰뿐만 아니라 현장 노트, 설문지, 인터뷰 등과 같은 다양한 자료 수집 도구를 통해 수집된다. 자료 수집 기법들의 장·단점에 관해 좀 더 알고 싶다면 Capel과 Breckon (2014)의 활동 20.3a를 추천한다.

○ 관찰 도구

실행 연구에서는 구조화된 수업 관찰 도구가 필요하다. 구조화된 관찰 도구는 관찰 초점을 갖고 관찰하고자 하는 것을 관찰할 수 있도록 한다. 또한, 양적 자료와 질적 자료를 모두 수집하는 데 적절하다. 유용하고 활용가능한 구조화된 관찰 도구는 웹사이트 (www.routledge.com/cw/caple)에 제시되어 있으며, Cape과 Breckon(2014)의 활동 20.3d와 활동 9.2에 제시되어 있다. 또한, Hokins(2008)와 Wilson(2013)에도 교사가 다양한 연구 목표와 관련해 개발한 측정 도구와 체크리스트가 수록되어 있다.

○ 현장 노트와 일지

현장 노트는 자료 수집 전 조사의 초점을 좁히기 위해 활용된다. 수업에서는 다양한 사건들이 일어난다. 현장 노트에는 수업에서 일어나고 있는 사건들에 대한 전반적인 인상(예, 교수 환경 전반에 대한 인상 등)이나 교사 자신이 관심을 가지고 있는 특정 영역의 사건(예, 학생 행동 등) 등이 기록된다. 현장 노트 기록을 통해 교사는 수업의 문제와 이슈를 확인하며 관찰 초점을 정하거나, 세부적으로 무엇을 관찰할지를 결정할 수 있다. 이렇듯, 현장 노트는 관찰 도구 개발과 관련된다. 현장 노트를 작성하는 교사는 조사하고자 하는 문제와 이슈를 세밀하게 관찰하며 자료를 보다 체계적으로 수집할 수 있다. McKernan(1996)에 따르면, 실행 연구에서 활용할 수 있는 현장 노트는 다음의 세 가지 유형으로 구분된다.

- 수업일기 intimate journal : 수업 사건을 일기 형식으로 기록하는 방법
- 수업일지 log book : 수업 사건을 요약 형식으로 기록하는 방법
- 수업전기 memoir : 비정기적인 기록으로, 수업 사건을 반성하기 위한 충분한 시간을 가지며 자신이 기록한 내용을 보다 객관적으로 해석하는 방법

예비교사 교육동안 작성한 전문성 개발 포트폴리오 CPD 역시 현장 노트와 일지의 유형이며, 수업 평가서는 수업 일기나 일지의 한 유형이다. 현장 노트는 개별 학생이나 특정 유형의 학생 집단에 관한 연구를 하려고 할 때 특히 유용하다. 예를 들어, 학생들이 연습 활동에 참여하는 동안 교사는 관찰하며 현장 노트를 작성한다. 누적된 기록을 분석하며 학생들의 행동 패턴을 분석할 수 있다. 이때, 진실성을 유지하는 한편 현장 노트에 특정 학생이나 개인 학생을 직접적으로 언급하는 것은 피하는 것이 좋다.

○ 설문지

설문지는 교사 혹은 학생의 관점에서 교수-학습에 관한 정보를 수집하는 유용한 도구이다. 설문지는 자신의 교수 행동이 학생들에게 어떠한 영향을 미치는지 등과 같은 수업에 관한 학생들의 생각을 알고자 할 때 활용된다. 설문지의 효과성을 높이기 위해서는 다음과 같은 점을 고려해야 한다.

- 접근가능성 accessible : 설문 참여자의 이해 수준이 적합한 용어, 다양한 질문유형, 척도를 활용한다. 글자체나 글자 크기뿐만 아니라 질문들의 배열 방식이나 편집 등도 신경 써야 한다.
- 명료성 clear and consice : 질문은 단순하고, 묻고자 하는 것이 잘 드러나야 하며, 설문 참여자 입장에서 이해될 수 있어야 한다.
- 논리성 logically sequenced : 질문의 순서는 앞의 질문에 영향을 받지 않도록, 그리고 반복이나 혼란을 피할 수 있도록 배열되어야 한다.
- 비-모호성 unambiguous : 중복 질문, 연속된 부정 응답, 편향된 응답을 피하기 위해 노력해야 한다.

설문지의 질문유형은 양적 및 질적 자료를 포괄할 수 있도록 다양해야 한다. 예를 들어, '예' 또는 '아니오'로 답하거나 교사가 정의한 1~4번 중 하나에만 답할 수 있는 닫힌 질문과 특정 상황에 관한 설문 참여자의 생각을 구체적으로 묻는 열린 질문을 모두 포함하는 설문지가 유용하다. 개발한 설문지의 타당성 여부를 확인하기 위해서는 샘플 참여자(자신의 연구에 참여하지는 않으나 진짜 설문 참여자와 나이나 특성이 비슷한 집단)에 파일럿 설문을 실시해 보는 것이 추천된다.

〈표 15.3〉는 수업에 관한 양적 및 질적 자료를 수집하기 위한 설문지의 예이다. 닫힌 질문과 열린 질문을 모두 포함하고 있다.

〈표 15.3〉 학습에 대한 학생 인식을 묻기 위한 단순한 설문지의 예

닫힌 질문	자신의 생각에 맞는 항목에 표시하시오.
체육 수업이 즐거운가요?	항상/ 대부분/ 때때로/ 전혀
수업에서 얼마나 즐거웠나요?	모두/ 대부분/ 일부/ 전혀
수업에서 요구되는 과제에 어느 정도 성공하였나요?	매우 성공적/ 약간 성공적/ 성공적이지 않은
수업에서 얼마나 배웠나요?	매우 많은/ 약간/ 전혀 없는
수업에서 얼마나 적극적이었나요?	매우 적극적/ 약간 적극적/ 적극적이지 않은
수업에서 용구/장비를 얼마나 활용하였나요?	많은 용구/ 약간의 용구/ 충분하지 않은 용구
교사로부터 얼마나 도움을 받았나요?	많은 도움/ 약간의 도움/ 충분하지 않은 도움
열린 질문	질문에 대한 자신의 생각을 적으시오.
수업에서 즐거웠던 경험에 대해 쓰시오.	
수업에서 향상과 관련된 경험에 대해 쓰시오.	

설문지의 강점은 다량의 정보 수집과 관리이다. 그러나 설문지의 문제는 정규 수업 시간에 설문지를 배포하고, 기입하고, 회수해야 한다는 것이다. 또 다른 문제는 설문 조사결과가 설문 참여자의 질문에 대한 이해 능력에 따라 영향을 받는다는 것이다. 때문에, 새로운 설문지를 개발할 때 혹은 기존의 설문지를 활용할 때는 묻고자 하는 것을 정확하게 이해할 수 있도록, 설문 참여자들이 어려워하는 전문 용어인지, 그들의 이해 수준에 적합한 용어인지 등을 확인해야 한다. 더불어, 설문 참여자가 진실되게 응답하지 않을 수 있다는 위험, 그리고 교사가 자신이 듣고 싶은 응답을 중심으로 설문지를 구성할 수 있다는 위험이 있다. Bell(2010)에는 설문지 개발과 관리를 위한 세부적인 내용이 제시되어 있다.

○ 면담

면담에는 다음의 세 가지 유형(구조화된 면담, 반-구조화된 면담, 비-구조화된 면담)이 있다.

- 구조화된 면담은 연구자가 사전에 정해 놓은 질문 순서에 따라 진행된다. 구조화된 면담은 닫힌 질문들로 구성된다. 구조화된 면담은 응답자가 발휘하는 융통성에 한계가 있다. 때문에, 구조화된 면담으로 수집된 자료만으로는 주제와 관련된 충분한 면담 내용을 수집하는 데 한계가 있다.

- 반-구조화된 면담[2]은 구조화된 면담과 유사하게 정보를 수집하지만, 상대적으로 면담 참여자의 대답에 융통성을 인정한다. 반-구조화된 면담은 구조화된 면담처럼 준비한 질문들로 시작되지만, 상황에 따라 면담 참여자의 이해를 돕거나 대답에 관한 추가적인 질문이 허용된다. Oppenheim(1992)은 반-구조화된 면담 과정의 추가적인 질문은 '불쏘시개 질문 funnelling questions'으로 설명하며 보다 양질의 정보를 확보하는 데 유용하다고 강조한다.
- 비-구조화된 면담[3]은 가장 유연한 스타일이며, 보강 자료 수집에 유용하다. 이 면담 기법은 사전 연구에서 활용되며, 면담의 성공 여부는 연구자의 면담 능력에 크게 의존한다.

면담은 주로 개별 면담 방식으로 진행되지만, 필요한 경우, 집단면담 방식을 활용할 수 있다. 집단면담의 장점은 면담 참여자들이 서로의 이야기를 주고받으면서 자료가 풍성해지게 된다는 것이다. Cohen 등(2011)에 따르면, 첫째, 집단면담에서 면담 참여자들은 압박감을 덜 느끼고, 더 편하게 면담 과정에 참여할 수 있다. 둘째, 개별 면담보다 시간 효율성이 높고, 셋째, 집단면담 과정에서 나온 이슈나 문제들을 후속되는 개별 면담에서 보다 심도 있게 다룰 수 있다. 반면, 집단면담은 면담 결과를 체계적으로 정리하는 데 어려움이 있고, 면담 참여자가 집단문화에 영향을 받을 수 있다는 단점이 있다. 이를테면, 집단의 생각이 한 명의 주도적인 면담 참여자들에 의해 지배될 수 있다는 것이다(Fontana & Frey 2000: 652).

○ 수집된 정보 활용하기

자료 수집에서 기억해야 하는 것은 자료 수집이 조사의 시작이라는 것이다. 수집된 자료는 수업을 반성하고, 평가하고, 동료 교사들과 협의하는 데 필요한 정보를 제공한다. 이를테면, 자료 수집은 문제의 해결방안을 어떻게 개발할 것인지, 실행할 것인지, 그리고 모니터링하고 평가할 것인지를 결정하는데 필요한 정보를 제공하는 역할을 한다는 것이다. 수집된 자료에 대한 통찰력 있는 반성은 효과성의 인과관계를 이해하고, 실행 연구 사이클에서 다음 수업을 계획하고 실행하는 데 핵심적인 역할을 한다.

---

[2] 이론적으로 구조화된 면담은 사전에 정한 질문대로 면담을 진행하는 것이다. 그러나 실제 면담에서는 사전에 정한 질문만으로 면담이 진행되지 않는다. 질문에 대한 면담 참여자의 질문에 대한 연구자의 질문이 추가된다. 일반적으로 구조화된 면담으로 시작되더라도 반-구조화된 면담 형태로 진행된다.

[3] 비-구조화된 면담은 사전에 질문을 정하지 않고 시작되는 면담이다. 인사에서부터 일상의 근황에 관해 서로 대화하는 것에서 출발한다. 자연스럽게 연구 주제로 대화가 이어지면 궁금한 것들을 질문하고 답하는 지극히 일상적인 대화 형식으로 진행된다. 이 책에서는 비-구조화된 면담을 사전 연구에 적합한 면담 기법으로 소개하고 있으나, 면담 참여자의 연구주제와 관련된 속 깊은 이야기를 듣기 위해서는 앞서 두 가지 면담 기법보다 유용하다. 다만, 정해놓은 시나리오가 없기 때문에 연구 초보자가 하기에는 어려운 기법이기 때문에, 초보 연구자들은 구조화된 면담이나 반-구조화된 면담을 주로 활용한다.

[과제 15.4]는 실행연구 수행을 안내해 준다. 또한 석사학위 논문 수준의 두 가지 실행연구가 웹사이트 www.routledge.com/cw/capel에 제시되어 있다.

> **과제 15.4 실행연구 수행하기**
>
> 예비교사 교육 과정의 평가 과제로 실행 연구를 수행해보자. 먼저, 이슈나 문제를 확인한다. 예를 들어, 자신의 교수 연습 측면에서, 모니터링 받고 싶은 교수 행동을 이슈나 문제로 제시할 수 있고, 학생의 학습 측면에서는 학습과 관련된 특정 주제를 제시할 수 있다. 문제가 확인되면, 문헌들을 살펴보면서 자신이 던진 질문에 대한 논문들이나 서적들을 분석한다. 최선의 자료 수집 도구와 연구 도구를 찾는다. 필요한 경우, 지도교사나 다른 예비교사들이 만들어 놓은 목록을 참고할 수 있고, 동료들과 함께 공동의 실행 연구를 진행할 수 있다. 자료 수집을 위한 적절한 수업을 선택하고, 자료 수집과 분석을 통해 자신이 제기한 질문에 결론을 도출한다. 도출된 결론을 토대로, 수업을 어떻게 개선할 것인지 고민하고, 수정된 수업을 실행하고, 다시 그 수업을 모니터링 한다. 이러한 과정을 반복하면서 자신이 수정한 수업이 이슈나 문제를 어느 정도 개선하였는지 평가한다. 실행 연구 과정과 결과를 전문성 개발 포트폴리오(CPD)에 기록해보자.

수업에서 연구의 가치

실행 연구를 수행한다는 것은 교육을 이론적 측면에서 고찰해 본다는 것이다. 교사는 연구 과정에서 이론과 실천이 서로 관련되어 있다는 것을 깨닫게 될 것이며, 수업의 실제 상황에서 수집된 자료를 이론적으로 분석할 경우, 수업을 보다 다각적으로 이해할 수 있다는 것 역시 알게 될 것이다. 또한, 좋은 수업에 영향을 미치는 수업의 요소들, 예를 들어, 학교 맥락이나 학급의 사회적 관계, 학생들이 체육교과나 체육활동을 인식하는 방식 등을 구체적으로 이해할 수 있게 될 것이다. 교사는 이러한 연구를 통해 획득한 결과들을 수업에서 해결해야 하는 문제나 의도한 목표를 달성하기 위해 교수-학습 과정에 적용할 수 있으며, 동일한 문제나 이슈에 대해서도 기존과 다른 관점에서 혹은 다양한 관점에서 보다 깊이 있게 이해할 수 있다. 발견된 것들은 다른 교사들과 공유하고, 학술지 논문 발표, 교사 연수나 학술발표대회 등을 통해 확산시킬 수 있다.

교사들에게는 실행 연구에 도전할 수 있는 다양한 기회가 제공된다. 첫 번째 연구가 중요하다. 경험은 또 다른 경험으로 이어지기 때문에, 일단 첫 번째 연구라는 이정표를 세워야 한다. 국내외 체육교육 관련 학회들은 교사가 연구할 수 있는 안내서를 제공하며 교사의 연구를 적극적으로 권장하고 있다. 영국의 체육교육협회 afPE 웹사이트(www.afpe.org.uk)는 연구와 관련해 도움을 얻을 수 있는 웹사이트 주소를 제공하고 있다.

요약과 요점

이 장에서는 교사가 교수와 학습 환경에서 직면하게 되는 복잡한 상황을 제대로 읽기 위해 무엇을 봐야 하는지를 알려준다. 경력 있는 교사의 수업을 관찰하는 것이 교수-학습 절차를 이해하는 최선의 방법이라는 것을 인정한다. 문제는, 명확한 관찰 초점이 없다면, 실습 학교에서 보내는 시간이나 수업을 관찰하는 시간이 낭비되는 시간이 될 수 있다는 것이다. 이 장에는 관찰의 초점이나 수업 관련 정보를 얻을 수 있는 몇 가지 기법들을 제시되어 있다. 또한, 관찰한 것들을 반성하고, 교사 자신이 수업에서 무엇을 하고 있는지 분석하고, 왜 그런 행동을 하는지 이해할 수 있는 방법들을 소개하고 있다. 비판적 입장을 갖는 것만으로도 그동안 큰 고민없이 학습과 교수의 장면에서 범해온 여러 문제들에 대해 합리적, 반성적, 전문적 방법으로 대응할 수 있다. 실행 연구의 수행은 관찰, 반성, 평가를 통해 확인된 이슈와 문제들을 확인하고 대처할 수 있도록 한다. 이는 자신의 수업에 대해 비판적으로 생각하고, 문제의 원인과 해결방안을 체계적으로 조사하고, 자신의 조사결과를 이해하고 적용하고 있다는 것을 의미한다. 연구 경험을 더 많이 쌓으며 자신감을 획득하고, 아이디어를 탐구하고 교류하며, 점점 더 Stenhouse(1975)가 말한 확장된 전문성으로의 단계에 진입하는 여러분을 보게 될 것이다.

여러분이 속한 예비교사교육기관의 요구사항(필수요건) 중 이 장을 통해 배울 수 있었던 것을 확인해보자.

———————— / 추가 읽기 자료 / ————————

Bell, J. (2010). *Doing your research project: A guide for First-time researchers in education, health and social science*, 5th edn, Maidenhead: Open University Press.
이 책은 작은 크기의 연구를 수행하려는 사람들에게 좋은 책이다. 세 주제로 구성되어 있다. 각 장의 내용은 근거 마련하기(1부), 자료 수집 방법 선택하기(2부), 연구 자료 해석하기와 결과 보고하기(3부)로 되어 있다.

BERA(British Educational Research Association)(2011). *Ethical Guidelines for Educational Research*, Southwell: BERA, Available online at: http://www.bera.ac.kr
연구를 수행하고자 하는 사람이 연구의 윤리적인 측면을 알고 싶을 때 도움이 된다.

Capel, S. & Breckon, P. (eds) (2014). *A practical guide to teaching physical education in the secondary school*. 2nd edn, Abingdon, Oxon: Routledge.
19장은 반성적 실천을 이해하고 실제로 수행할 수 있는 다양한 실천적 활동을 담고 있다. 20장은 실행연구의 원리와 절차에 관해 다루고 있으며, 교수와 학습의 무한한 가능성을 깨달을 수 있다.

Capel, S., Leask, M., & Turner, T. (eds) (2013). *Learning to teaching in the secondary school: A companion to school experience*, 6th edn, Abingdon, Oxon: Routledge.
단원 5.4는 실천가의 연구, 반성적 실천, 그리고 증거 중심 실천에 관한 내용을 담고 있다.

Hopkins, D. (2008). *A teacher's guide to classroom research*, 4th edn, Milton Keynes: Open University Press.
이 책은 연구를 시작하려는 실천가에게 유용한 책이다. 이 책에서는 실천 아이디어, 다양한 자료 수집과 관련된 예시들, 그리고 연구의 절차들에 대한 안내 등을 담고 있다.

Koshy, V. (2010). *Action research for improving educational practice: A step-by-step guide*, 2nd edn, London: Sage.
이 책은 주제 선택하기, 실행 계획 세우기, 자료 수집과 분석하기 각각을 어떻게 수행할 것인가를 단계별로 안내해 준다. 또한 실제로 수업 실천을 향상시킬 수 있는 학교에서의 실행연구를 어떻게 수행해야 하는가에 대한 내용을 담고 있다.

Wilson, E. (ed.) (2013). *School-based research: A guide for education students*, 2nd edn, London: Sage.
이 책은 총 4부, 구체적으로, 학교 기반 연구 수행을 이해하기 위한 선행연구 활용하기, 교실 기반 연구 보고서 수행 및 작성하기, 연구방법론, 연구 패러다임으로 구성되어 있다. 14장과 15장에서는 교육에서의 실행연구 기원과 실행연구 방법을 다루고 있다. 〈표 15.3〉(p. 253)에는 실행연구의 타당성을 확보하기 위한 Elliott(2006)의 준거들이 제시되어 있다.

Zwozdiak-Myers, P. (2012). *The teacher's reflective practice handbook: Becoming an extended professional through capturing evidence-informed practice*, Abingdon, Oxon: Routledge.
이 책은 유명한 학자들과 실천가들의 저작들을 근거로, 수업을 개선할 수 있는 반성적 실천에 관한 혁신적인 개념들을 제안한다. 또한, 이 책에 제시된 기술적, 비교분석적, 비판적 관점에서 바라본 반성적 실천의 질적 특성을 통해, 교사는 자기 수업에 관해 다양한 연구 질문을 제기할 수 있다.

이 장과 관련된 추가적인 자료들은 웹사이트 www.routledge.com/cw/capel 에 제시되어 있다.

교사 신념
Teacher beliefs

Suzie Everley and Michelle Flemons

소개

우리가 가장 먼저 해야 할 질문은 "신념은 무엇인가?"이다. 신념은 개인이 참(혹은 진리)이라고 믿고 있는 자신만의 명제나 생각 또는 관점을 의미한다(Matanin and Colier, 2003). Pajares(1992)에 의하면, 신념은 일생 동안, 암묵적으로 내면화될 수도 있고, 외면적으로 가르치고 배움으로서 얻을 수도 있다고 한다. 신념은 삶의 다양한 측면에서 연결되어 있다. 예를 들면, 누구나 교육의 목적이나 체육의 근본적인 목적에 관한 신념이 있을 것이다. 또 다른 예로, 바람직함에 관해서나 정부의 민주주의적 국정운영, 미개발 국가(제3세계 the third world)를 지원해야 한다는 책임감, 학교교육 체제에서 학생들이 능력에 따라 학습을 해야 한다는 등과 같은 신념을 가지고 있을 것이다. 신념은 판단을 해야 할 때 무엇을 참고할지 결정하는 데 영향을 미치기에 매우 중요하다. 신념은 행동을 이끌고, 태도와 선택을 정당화하는 역할을 한다. 신념은 무언가를 결정하고 대응할 때 일관성과 지속성을 갖게 한다.

행동의 상당 부분은 신념에 의해 만들어지는 것이다: 신념은 한 개인을 그 자체로 간주하고, 한 객체가 세상을 어떻게 바라보고, 세상과 어떻게 상호작용 하는가에 지대한 영향을 미친다. 이는 한 개인이 어떤 상황에 부딪혔을 때 무엇에 주목하게 되는가(자각 perception), 이러한 자각을 어떻게 해석하고 어떤 의미를 부여하는가(관점 perspectives), 그리고 교사로서 어떤 행동을 하게 하는가(교육관 pedagogy)에 관한 기본 뼈대를 마련한다(〈그림 16.1〉 참고). 예컨대 만약 엘리트 운동선수만큼 일반학생의 수업도 중요하다고 생각하는 지도자라면, 동일한 수준의 운동과제를 제시했을 때 한 쪽이 불만을 가질 것임을 빨리 깨닫고 다른 한쪽의 만족도를 높여 줄 수 있을 수행과제를 준비할 것이다. 이렇듯 신념은 교수활동 전반에 영향을 미치는 것이다. 이번 장에서는 신념이 자각, 관점, 교육관에 어떤 영향을 미치는가에 관한 다양한 사례들을 살펴볼 것이다.

이 장은 체육교육 전문가로서 어떻게 신념이 형성되는지, 그 신념을 토대로 어떻게 행동하는가에 관하여 살펴볼 것이다. 이 과정과 그리고 현장 교사로서 꾸준한 발전을 위해서 가장 중요한 것은 '왜 특정한 신념을 가지고 있는지', 그리고 '교사가 가지고 있는 신념이 수업을 듣는 학생들에게 무엇을 의미하는지'에 대해서 비판적으로 반성할 줄 알아야 한다는 것이다. 이와 같은 자세를 갖는 것은 매우 중요하다. 교사 신념에 관한 개념적 연구는 적지 않게 이루어져 왔다(Ennis et al., 1997). 교사의 신념은 전문가로서의 교사 삶 전반에 영향을 준다. 그러나 신념과 실천의 관계성을 이해하는 것은 복잡하고, 모든 교사들에게 적용되는 간단한 상호작용만으로는 설명이 불가능하다. 그 관계는 자신을 되돌아보는 반성과 성찰의 과정을 통해서만 이해될 수 있다. 예비교사교육기관은 예비교사가 반성과 성찰의 역량을 함양하길 바랄 것이다. 반성 reflection 이 자신의 신념과 신념이 실천에 미치는 영향을 잘 인식(자각)하고 있는 것에 관한 것이라면, 성찰 reflexion 은 이에 좀 더 나아가 새로운 이해를 바탕으로 신념의 변화와 실행(행동)의 변화로까지 연결되는 더욱 도전적인 수행적인 것이다.[1]

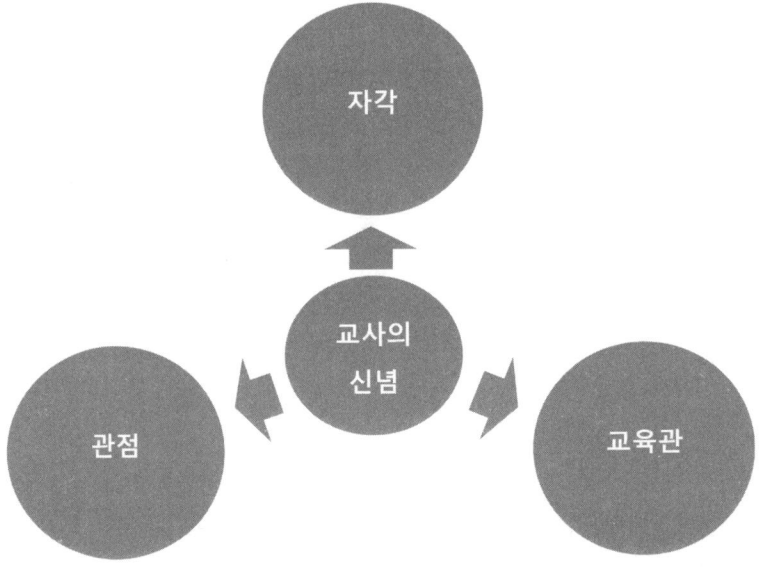

〈그림 16.1〉 교사의 신념, 그리고 신념과 자각, 관점, 교육관 사이의 관계

본 장은 신념이 교수 행동에 어떤 영향을 주는지 그 과정을 이해하고, 교사 자격 QTS 을 갖추기까지와 그 이후로도 활용 가능한 구체적인 과제를 구성해보는 데 그 목적이 있다. 본 장의

---

1) 본 장에서는 reflection을 반성으로 reflexion을 성찰로 번역하였다. 이는 반성이 "자신의 언행에 대하여 잘못이나 부족함이 없는지 돌이켜 봄."(표준국어대사전, 2020) 이라는 '상태'적인 면에 더욱 밀접하고, 성찰이 "자기의 마음을 반성하고 살핌."(표준국어대사전, 2020)으로 반성의 개념을 포함한 확장적인 개념에 가깝다고 판단하였기 때문이다. 일반적으로는 이 둘의 구분에 큰 의미가 없으나 본 장에서는 이 둘의 개념적 차이가 있다고 판단하여 나누어 제시하였다.

전반부에서는 신념을 개념화하는 데 도움이 될 만한 간단한 반성적 과제를 준비했고, 그 이후에는 현장의 실제적 상황 속에서 더 복잡한 과제로 이어갈 것이다. 본 장에서 제시하는 과제는 예비교사교육과정 기간 동안, 그리고 교사가 된 후에도 실천 현장에서의 전문성 신장에 도움이 될 것이다.

본 장을 학습한 후 여러분은 아래 내용을 이해하고 적용할 수 있어야 한다.
- 신념이 실제로 무엇인지, 예비교사교육과정에서 배움에 어떤 영향을 미치는지 알고 이해할 수 있다.
- 수업을 가르치고 교실에서 행동하는 데에 신념이 어떤 영향을 미치는지 이해할 수 있다.
- 신념의 형성과 사회화 사이의 관계를 설명할 수 있다.
- 예비교사교육기관과 그 외부에서 자신만의 신념을 찾는데 반성적이고 성찰적인 과정을 경험해볼 수 있다.
- 새로운 부서에 전입 시 신념에 충실할 수 있는 전략적인 방법을 찾을 수 있다.

예비교사교육과정의 요구사항(필수요건)을 확인하여 이번 장과 어떠한 관계가 있는지 살펴보자.

교사 신념

예비교사 개인이 가지는 신념은 예비교사교육과정 동안 큰 영향을 미친다. 신념은 일종의 여과장치의 역할을 하게 된다. 자신의 신념에 맞지 않는 것을 가르쳐야 한다는 것을 마주할 때는 예비교사교육과정의 내용을 의도적으로 회피하기도 하고, 신념과 일치하는 바에 대해서는 더욱 적극적으로 자신의 신념이 타당한 것임을 증명해내기 위해 애써 노력하기도 한다.

체육교사들은 주로 자신이 체육, 신체활동, 스포츠 등에 뛰어났기 때문에, 학생들과 함께 있는 것을 사랑하기 때문에, 신체활동과 스포츠를 계속 삶의 일부로써 가까이에 두고 싶기 때문에 이 직업을 택하는 경우가 많다. 대부분 스포츠 관련 종사자나, 댄서, 또는 운동선수와 같이 신체적으로 활동적인 사람이 되어가면서 자아를 발견하고 발전시켜왔을 것이다. 체육교사 삶의 일대기는 자신의 스포츠 자아와 매우 깊게 연관되어 있다(Harvey and O'Donovan, 2013). 최고의 체육교사가 되고자 하는 것은 모든 예비교사의 바람일 것이다. 그런 면에서 예비교사교육과정 속에서 체육 교과를 더 잘 이해하기 위해, 학생을 좀 더 잘 알기 위해, 더 효과적인 교수-학습 방법을 알고 익히기 위해 최선의 노력을 기울여왔고 이후로도 기울일 것이다.

신념은 보통 비판적으로 분석할 대상이다. 다시 말해, 그 특성상 변화할 가능성을 갖고 있다는 것이다. 한 개인의 관점이 시간이 지남에 따라 달라지는 것은 결코 놀라운 일이 아니다(Pilitis and Duncan, 2012).

가르치는 것은 단순히 지식을 전달하는 것 이상의 의미를 가지고 있다. 가르치는 활동은 다른 사람과 함께할 수 있는 일로서 누군가에게 영감을 줄 수 있다. 무엇인가를 창출한다는 면에서 생산적이고 선한 일이며, 여러 사람의 생각을 공유하는 것에 관한 것이다. 체육교사들은 다른 사람들과 함께 공유하는 신념도 가지고 있지만, 자기 자신만의 신념도 갖고 있다. 다른 사람들과 공유하는 신념은 사회화를 통해 얻게 된 것이다. 사회화는 신념의 발전에 핵심적인 역할을 하며 궁극적으로는 실천의 핵심이기도 하다. 사회화는 개인이 한 그룹이나 지역사회 속에 통합되도록 지식, 이해력, 사회적 기술을 습득하는 과정으로 이해할 수 있다. 어떤 신념들은 반박하기 아주 힘들다. 교사 신념의 중요성을 이해하고, 상반되는 신념에 대해 논쟁하며, 그리고 이를 어떻게 수용할 것인지에 대해 고민하는 것은 더욱 효과적인 가르침과 배움으로 이어질 것이다.

어떤 교사들은 체육수업이 다양한 활동을 포함하고 학생 참여가 최우선시 되어야 한다는 신념을 가지고 있을 것이다. 이는 곧 수업에서 개인보다는 모둠별 과제를 중요시하고, 학습은 학생들 사이의 상호작용을 통해 일어난다고 생각하고 있음을 의미한다. 즉, 수업은 특정 목표 하나를 달성하기 위함이 아니라 학생의 다양한 반응을 이끌어내기 위함인 것이다. 이런 수업의 경우 학생 간 상호작용과 창의성의 신장을 기대할 수 있다. 이때의 가르치는 활동은 학습 결과보다는 학습의 과정을 더 중시하고, 천편일률적인 성취보다는 다양한 결과를 지향한다. 반대로 어떤 교사들은 체육의 목적이 고급 기술 성취에 있고, 기술력(운동신경)을 향상시키는 데 초점을 두어야 한다는 신념을 가질 수 있다. 그러한 수업은 수행력이 높은 동작을 잘 따라하도록 하는 데 주안점을 두고 최대한 높은 수준까지 도달하도록 설정된 목표를 달성시킬 수 있는 교수-학습 방법을 활용할 것이다. 이 때 학생은 기술의 정확성과 높은 난이도의 기술을 구사할 수 있을 것이다. 이러한 티칭은 과정보다는 학습의 결과물에 주로 관심을 두며, 매우 구체적인 결과 달성을 위해 노력할 것이다.

여기서 주목해야 할 대목은 신념이 고정적이지 않으며 오랜 시간에 걸쳐 만들어진다는 점이다. 습득 지식도 많아지고 발전할 뿐 아니라 교사라는 직업을 가지면서 그 경험은 더욱 폭넓고 깊어진다. 예비교사에 대한 혹은 예비교사로서 마주하는 예비교사교육과정, 교수-학습 과정(강의 포함), 가치 있다고 판단하는 지식들에 대해서 자신만의 신념이 있다. 머지않아 자신이 가지고 있는 신념을 이해하게 될 것이다. 그리고 고민의 과정을 통해 신념이 가르치는 활동의 접근방향에 어떤 영향을 미치는지 이해하게 될 것이다. Moon(2004)은 반성이라는 과정을 통해 자신만의 경험이 무엇이며, 그 경험이 어떤 영향을 미쳤는지 이해할 수 있다고 하였다.

학생들의 삶에 지대한 영향을 주고, 최대한 많은 학생들이 오랫동안 신체활동에 참여할 수 있도록 하기 위해서, 가르치는 사람의 신념은 뚜렷해야 하며 그에 대한 확신이 있어야 한다. 근본적으로 어떤 신념을 가지고 있는가에 따라 어떻게 학생을 가르칠 것인지, 즉 어떤 교수-학습 방법을 선택할 지가 결정된다는 점을 주목해야 한다.

○ 신념에 관한 생각

자신이 어떤 신념을 갖고 있는지를 생각하기 전에 타인은 어떤 신념을 갖고 있는지, 그리고 그 신념이 어떻게 실제로 나타나는지 눈여겨보는 것이 좋다. 그러기 위해서는 다른 교사들을 관찰하고 그들이 무엇을 믿는지, 그들의 신념이 교수활동에 어떤 영향을 미치는지에 관해 토론해볼 필요가 있다. 신념과 교육관의 관계에 대해 생각해보기 위해 [과제 16.1]을 해보자.

 과제 16.1 신념과 교육관과의 관계

여러분의 학교 현장에서 동료 예비교사의 수업을 참관하자. 수업 중 다음 사항에 관해 기록해보자.

- 이 수업에서 교사가 의도한 학습의 결과는 무엇인가?
- 수업은 어떻게 구성되었는가?
- 수업이 다른 수업과 어떻게 차별화되어 있는가?
- (투입-산출 측면에서)교사는 수업에 어떤 요소를 얼마나 포함하였는가?
- 교사는 어떻게 학생을 지도, 평가, 보상하였는가?
- 수업 참여자의 수업에 대한 실질적인 기대는 무엇이었을까?

관찰한 것을 기록하고, 어떠한 신념이 수업 중 일어난 일을 뒷받침할 수 있는지에 대해 생각해보자. 그 후 수업을 진행한 교사에게 가지고 있는 신념은 무엇인지 질문해보자. 수업을 실시한 교사의 행동과 관찰내용 간의 관계에 대해 논의해보자.

그리고 다음에 대해 생각해보자.

- 교사가 한 말과 한 행동의 관계성이 있다면 무엇인가?
- 교사의 신념이 교사의 행동에 어떻게 영향을 미치는가?
- 학생들에게 미친 학습 영향은 무엇인가?

지도교수와의 토론 후 완성된 과제를 전문성 개발 포트폴리오(PDP)에 정리하자.

[과제 16.1]을 완성함으로써 신념이 행동과 학생 학습에 어떤 영향을 미치는지 조금씩 이해하기 시작했을 것이다. 이제는 자신의 신념에 대해서 생각해보고, 왜 그 신념을 가지게 되었는지에 관해 생각해보는 것이다. 즉, 신념이 어떻게 형성되었고, 그 신념이 가르치는 것을 배우는 데 어떤 영향을 미쳤는지에 대해 살펴보자.

직업적 사회화

개인이 가지고 있는 신념은 자신만의 경험에 의해 만들어질 수밖에 없다. 처음으로 예비교사교육기관에 입학하고자 하였을 때, 교사가 되기 위해 다양한 경험과 자격을 명시한 자기소개서를 작성 및 제출했을 것이다. 자기소개서 작성을 포함한 일련의 활동을 위해 지금까지의 체육수업 참여 경험, 실천해왔던 다양한 신체활동, 스포츠 수행과 코칭에 대해서 생각해보았을 것이다. 이러한 자신의 경험을 반추해 보는 경험은 교사로서 어떤 신념을 갖게 될지에 대한 실마리를 제공한다. 그것이 그대로 고착되지는 않는다. 교사가 되기 위해 공부하고, 교사가 되어 수업을 하면서 신념은 체육에 한 이해도가 높아지면서 깊어지게 될 것이다. 자신의 발전을 예비교사교육기관에 들어오기 전과 예비교사교육과정 중 시절, 그리고 실제 교사로서 학교에 있게 된 시간으로 명확히 나누어서 보면, 신념의 본질을 찾는데 도움이 될 수 있다. 형식적으로 본다면 이 단계들은 다음과 같이 나누어 볼 수 있다

- 준비단계 anticipatory phase (예비교사교육기관 입학 전)
- 전문화단계 professional phase (예비교사교육과정 중)
- 자격을 갖춘 실제 교사로서의 조직화단계 organisational phase 2)

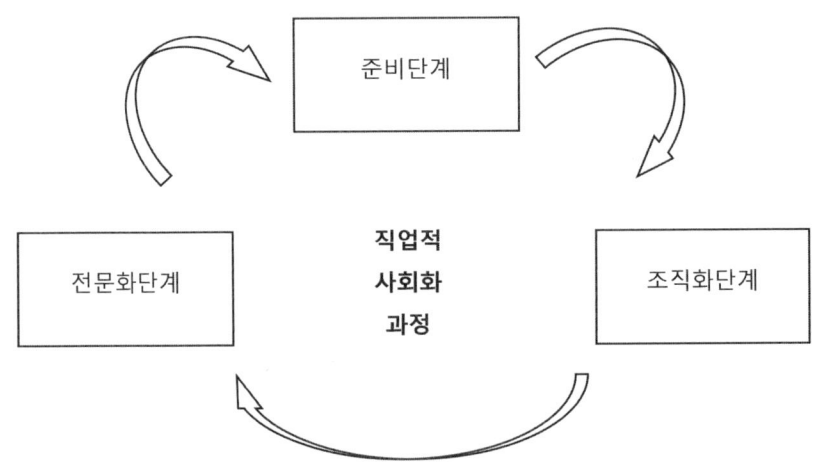

체육교육에서 교사 사회화를 검사 하는데 사용 적절한 이론적 프레임 (Stroot and Williamson, 1993)

〈그림 16.2〉 직업적 사회화 과정

---

2) 원어로 예비교사교육 기관 입학 전 단계는 anticipatory phase로 현재로서는 미래를 알 수 없는 준비단계이다. 예비교사교육 기관 재학 중 단계는 professional phase로 교사로서 요청되는 전문성을 쌓는 단계이다. 입직 후 교사로 재직 중인 단계는 organisational phase로 교육기관인 학교에 소속된 단계를 의미한다. 본서에서는 이를 준비단계, 전문화단계, 조직화단계로 제시하였다.

이 과정을 직업적 사회화 occupational socialization 라고 한다(Lortie, 1975). 직업적 사회화 과정에서 신념은 어떤 것에 영향을 받아 더 강화되기도, 꺾이거나 약화되기도 하는 다양한 단계를 거치게 된다(Hutchinson, 1993; Hushman and Napper-Owens, 2012). 〈그림 16.2〉는 직업적 사회화를 도식화한 것이다.

다음 절에서는 세 단계 각각을 살펴보고 각 단계와 신념의 관계, 신념과 전문성 발달과의 관계를 규명하고자 한다.

○ 준비단계

Lawson(1986)은 예비교사교육기관 입학 전 시기를 '문화적응 단계'라고 묘사하며, 이 시기가 가장 영향력 있는 때라고 설명한다. 앞에서 Lortie(1975) 또한 이 단계에서의 경험이 신념 형성에 중요한 영향을 미친다고 하였다. 유능한 교사가 되기 위해서 필요한 것들, 예를 들어, 어떻게 학생들이 행동해야 하는지, 어떤 지식을 가르쳐야 하는지, 학생들의 학습이 어떻게 평가되어야 하는지에 관한 신념 형성에 영향을 끼치게 되는 것이다. 보통 예비교사교육기관에 입학하기 전에 교실에서 보낸 대략 15,000시간을 보내게 되는데, Lortie(2002)와 Schempp(1989)는 이 시기를 '견습관찰 apprenticeship of observation - 도제식 참여관찰'이라고 부른다. 즉, 예비교사 교육기관에 막 들어 왔을 때, 이미 체육에 관한 신념과 체육을 가르치는 것은 '어떠해야 한다.'라는 의견을 가지고 있다는 것이다. 교사가 무엇을 믿는지가 그들의 실천에 영향을 미치기 때문에 (Stran and Curtner-smith, 2009), 예비교사교육과정 중에서 자신들의 학습 기회를 평가하는 데에도 영향을 미친다는 것이다. 예를 들어 체육교육의 목적이 교사가 가르치는 기술이나 절차를 그대로 따르는 것이라고 생각할 경우, 학생들이 새로운 방법을 발견하여 학습하고 자신만의 문제해결방안을 만들어내는 수업에는 부정적일 것이다.

체육을 가르치는 데 필요한 항목에 관련된 첫 인지는 이 단계에서 형성된다. 이는 개인적, 상황적, 그리고 사회적 요소들에 의해 크게 결정되는데, 체육교과에 대한 주관적 신념 Subjective Warrant 3)(Dewar and Lawson 1984:23)으로도 알려져 있다. 체육교과에 대한 주관적 신념에 관한 자세한 사항은 〈표 16.1〉에 기재되어 있다. 〈표 16.1〉에 나와 있듯, 체육교과에 대한 주관적 신념의 발전에 영향을 끼치는 것은 개인적, 상황적 그리고 사회적 요소이다.

개인적인 요소에는 성별, 인종, 자아, 포부 그리고 주요타자의 영향과 연관되어 있다. 가장 흔히 예비교사교육기관에 입학하는 사람들은 체육, 신체활동, 스포츠에 관심이 있고 이것들을 잘 하며 학생과 함께하는 것을 즐기고, 교사, 부모 그리고 친구들과 같이 주요타자의 영향을 잘 받는다. 주요타자의 영향은 예비교사교육기관에 입학하기 위한 촉매제 역할을 한다.

---

3) 체육교과에 대해 가지고 있는 개인적인 관점이나 인식에 가까운 것으로 삶 전반에 걸쳐 형성되고 내면화되어 있는 신념(belief) 보다는 좀 더 변화가 쉬운 것으로 이해할 수 있다.

〈표 16.1〉 문화적응/준비단계에서 체육의 개인의 체육교과에 대한 주관적 신념에 영향을 끼치는 요소들 (전문화단계에도 계속 영향을 끼침)

개인적 요소	상황적 요소	사회적 요소
주요타자, 성별, 인종, 자아 개념, 그리고 포부	사회경제적 지위, 학업 성취, 초·중등학교에서의 체육 수업 참여도와 성취, 학교 대항 경기, 학교스포츠클럽 참여 및 여타 경력	체육과 스포츠에 관한 문화적 고정관념 다음 사항들의 인지: 1. 체육교사의 지위와 경제적 보상 2. 근무환경(직업 안정성, 근무 시간, 휴일) 3. 예비교사교육기관 및 직업을 취득하기 위한 필수 요건과 그 과정의 난이도. 입학 및 취직의 영향력

Dewar and Lawson(1984:23)으로 부터 인용

상황적 요소는 스포츠를 포함하여 신체활동을 할 수 있는 기회와 학업 성취에 영향을 미치는 사회경제적 지위와 관련되어 있다. 예를 들어, 초등학교 때 학교를 대표해서나 스포츠클럽 활동에 참여하고, 중·고등학교 때 주변 친구를 가르치거나 스포츠 활동에서의 리더 역할을 한 경험은 신념 형성에 막대한 영향을 미칠 수 있다. 예를 들어 리더나 친구를 지도하는 활동을 더 오래 할수록, 더 교사를 중심적으로 생각하고 교사를 지지하게 된다. 이는 교사가 된 이후 내면에서 교사 중심의 지도와 학생 중심 학습 사이에서 갈등을 일으키기도 한다(Curtner-smith 등 2008; Lee and Curtner-Smith. 2011; Richards and Templin Richards and Templin 2012; Deenihan and MacPhail, 2013).

사회적 요소는 체육, 신체활동, 스포츠에서의 문화적 고정관념을 포함한다. 경제적 보수와 사회적 지위에 대한 인식은 체육 관련 직업을 구직할 것인지에 영향을 미치는 것은 물론 예비교사교육기관에 입학 과정에도 영향을 미친다. [과제 16.2]는 체육교과에 대한 주관적 신념에 관해 생각해보도록 할 것이다.

과제 16.2 예비교사교육기관 입학 결정에 영향을 끼친 개인적, 상황적 그리고 사회적 요소들 알아보기

예비교사교육기관에 입학하게 한 개인적, 상황적, 사회적 요인들을 생각해보자. 완성 후 담당 지도교수와 이야기 나누고 완성된 과제는 여러분의 전문성 개발 포트폴리오(PDP)에 정리하자.

체육교과에 대한 주관적 신념을 되돌아보는 것은 소속 예비교사교육과정에 대한 인식을 형성한다. 예비교사교육과정에 해당하는 전문화 단계를 살펴보자.

체육교과에 대한 주관적 신념은 예비교사교육기관에 입학하기 전 체육의 가치는 무엇인지, 그리고 체육이 어떻게 가르쳐져야 하는지와 관련된 생각과 직접적인 관계를 가지고 있다. 즉, 향후 신념의 기반을 형성하는 이 시기는 특별히 중요시 생각해야 할 것이다.

○ 전문화단계

전문화단계는 교사가 되기 위한 공식적인 준비기간, 즉 예비교사교육과정을 의미한다. 해당 시기에 신념을 되돌아보고, 기존 신념이 바뀌기도 하며, 신념이 학교 현실이라는 맥락에서 얼마나 실현 가능한가에 대해서 생각해보게 되는 중요한 시기이다. 어떤 경우에는 현장실습 교육생에게 주어진 새로운 정보와 경험이 기존에 갖고 있던 신념을 완전히 바꿔놓기도 하며(Timken and McNamee, 2012), 자신의 신념을 재평가하여 수정 가능성에 대해서 심각히 고민하게 되기도 한다. 이때 내면적으로 신념에 관한 자기성찰을 하게 된다.

Matanin and Colier(2003)는 Posner 등(1982)이 신념이 어떻게 변화하는지를 설명하기 위하여 Piaget의 동화 assimilation 와 조절 accommodation 개념을 사용했다고 밝힌 바 있다. 동화는 새로운 정보가 기존의 신념에 포함되는 과정이다. 조절은 새로운 신념이 기존의 신념을 대체하거나 수정하는 과정을 말한다. 지금의 신념 범위 내에서 예비교사교육과정에서 생긴 새로운 생각들이 동화되거나 조절되는 것이다.

예비교사교육과정 중의 경험과 지식을 어떻게 해석하는지는 현재 신념에 매우 중요한 역할을 한다(Siedentop and Tannehill, 2000). 신념이 새롭게 배운 것과 잘 어울리거나 보완적이라면 이는 동화될 것이다. 신념과 맞지 않거나 상반된 것을 마주한다면, 이를 무시하거나 거부할 것이다. 자신의 생각과 신념에 대해 자주 반성하고, 예비교사교육과정 중 얻게 되는 새로운 정보로 인하여 생각과 신념을 변화시키려는 노력은 현명한 것이다. 새로운 생각을 배우는 것도 힘들지만, 더욱 어려운 것은 그에 맞게 행동하는 것이다(Mataninand Colier, 2003).

[과제 16.3]은 기존 신념이 예비교사교육과정 중에 새롭게 알게 된 교과지식을 받아들이는 데 어떤 영향을 미쳤는지 그리고 어떻게 신념을 바꾸었는지를 살펴보기 위해 준비된 과제이다. 신념이 변화했을 때 성찰 reflexion 이라는 경험을 했을 것이고, 이는 곧 신념을 돌이켜보고 수정하기로 결심한 것이다. 아래의 과제를 활용하여 수정된 신념에 적합하도록 교수-학습 방법에 변화를 줄 수 있는 목표를 설정하라. 그러기 위해서는 새로운 우선순위를 세워야 하며, 학교 현장 또는 향후 배치될 학교에서 쓸 수 있는 새로운 교수-학습 방법을 연구해야 할 것이다.

> **과제 16.3 예비교사교육과정 중의 학습한 체육교과 내용 지식과 신념에 관해 반성하기**
>
> 지금까지 예비교사교육과정 중 배운 체육교과 내용 지식에 어떻게 반응했는지 비판적으로 생각해보자. 지금까지 알게 된 것 중, 신념에 반하는 지식과 생각들을 열거해보자. 그러한 새로운 관점이 기존 신념에 동화되었는지 아니면 적응하였는지 고민해보자. 현재 신념 체계를 봤을 때 분명한 변환점이 있었다면 그 부분을 강조하자. 기록한 것을 지도교사와 의논하자. 이 과정을 여러분의 전문성 개발 포트폴리오(PDP)에 면밀히 작성해보자.

다음은 예비교사교육과정 초기에 발달된 신념이 학교 현장에서 어떻게 통합되는지(통합에 어떤 영향을 미치는지) 살펴볼 것이다. 더불어 초기에 형성된 신념이 학교에서 어떤 잠재적 기회, 도전 그리고 갈등을 불러일으키는지에 대해서도 생각해 볼 것이다. 다음 부분은 전문성 발달에, 조직화단계에 관한 내용이다.

○ 조직화단계

직업적 사회화는 체육교과에 대한 주관적 신념 subjective warrant 4)을 해석하고 분석하는데 사용할 수 있는 적합한 틀이라고 할 수 있다(Deenihan and MacPhail, 2013; Richards and Templin, 2012; Stran and Curtner-smith, 2009). 체육교과에 대한 주관적 신념은 더 발전적으로 변화가 가능하며, 직업적인 성장 또한 내포하고 있다. 구체적으로는 아이들과 함께 활동하고 도와줄 수 있는 즐거움, 체육과 신체활동의 즐거움, 그리고 신체활동과 스포츠와의 계속된 관련성(Woods and Roades, 2010) 등이 그것이다. 직업적 사회화 과정은 삶을 살아가면서 특정 역할에서 다른 역할로 전환되는 과정, 즉 앞서 묘사된 단계들을 거쳐 가는 과정을 포함한다(Hushman and Napper-Owens, 2012).

조직화단계는 처음 자격을 갖춘 초임교사 Newly Qualified Teacher 로 임용되면서 시작된다. 사실 조직화단계의 사회화가 학교 배정을 받으며 시작된다는 점을 감안하면 조직화단계와 전문화단계가 겹치는 시기가 있을 수도 있다. 교육실습생으로서 현장실습학교에서의 경험은 기관적인 맥락을 이해할 수 있는 새로운 안목을 제공해준다.

실천 현장에서는 여러 요인과 신념이 상충하게 되고 이는 사고나 경험이 아닌 바로 신념 차원의 변화와 직결되기도 한다. 이러한 요인들은 부서나 학교의 풍토와 같은 문화나 분위기뿐만 아니라 정부주도 정책에 대한 반응, 개인과 기관에 주어진 실천적 요구 등을 모두 포함한다(〈그림 16.3〉). 예를 들어 외부 정책과 같은 사항들로 인해, 학생들의 동기부여에 충분히 공을 들여 자발적 참여를 유도하는 수업을 고수하는 교사도 평가 결과에 대해 특히 강조하는 상황에서 수업을 진행해야 할 때도 있고, 학생의 의사를 충분히 파악하지도 못한 채 시간을 엄격히 준수하며 수업 시수만 채워가며 진행해야하는 상황도 있을 수 있다. 수업 중 사용한 교수법이나 상황이 신념과 상반 될 수 있는 것이다(Stylianouet et al., 2013; Taylor et al., 2009). 앞서 언급한 상황처럼 '학생을 평가할 범위를 정하지 못하고, 과제를 구체적으로 구성하여 제시하지 못하며, 학생들이 자신만의 내용을 창조하거나 다양하게 시도할 기회가 전혀 없는' 경우 분명 불만족스러울 것이다. 〈그림 16.3〉은 정부의 정책이 어떻게 학교 풍토에 영향을 미치는지, 그리고 어떻게 부서의 분위기와 수업 상황까지 영향을 미치게 되는가를 나타내고 있다.

---

4) 주관적 신념은 체육 교과, 체육 지도법 그리고 교수 지향성에 관한 신념 또는 지각이라 할 수 있다.

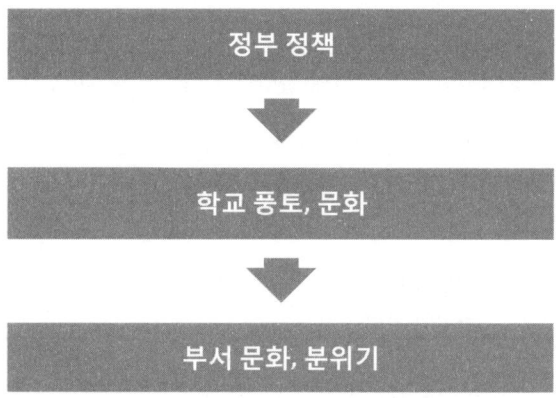

〈그림 16.3〉 신념이 받아 들이게 되는 환경

　부서 내에서 가장 신입이고 경력도 낮아 의견의 제안이 항상 수용되지는 않을 것이다(Aldous and Brown, 2010). 직장에서 살아남기 위해서 '필요에 따른 교육'을 선택해야할지도 모른다(Tinning, 1988). 이는 학교에서 그리고 동료들 사이에서 의견을 관철시키기 위해 필요한 것은 무엇이든 한다는 것을 뜻한다. Zeichner와 Tabacknick(1981)은 이를 '씻겨 나감(유실) wash out'이라고 묘사했다. 다시 말하자면, 예비교사기간 혹은 그 이전부터 가지고 있던 신념과 기술들이 말 그대로 다 씻어내고 신념이나 새로운 기술, 지식을 찾거나 발전시켜야 한다는 것을 의미한다. 그리고 그 기회조차 매우 제한적일 수 있다. 이는 실천하고자하는 교수법을 구현할 수 없다는 것이 아니라, 스스로에게 당당한 신념을 형성하기 위해, 새로운 기술이나 지식, 경험을 어떻게 자신만의 수업이나 교수법에 포함시킬 수 있을지를 고민해야 한다는 것을 뜻한다. Hushman과 Napper-Owens(2012)는 초임교사가 학교나 부서의 풍토나 방향에 맞도록 신념(교육철학)을 수정·발전시키는 것과 관련한 어려움을 표출할 수 있는 다양한 방법을 찾으라고 조언한다. Hushman과 Napper-Owens(2012)는 사회화의 부정적인 측면을 감소시키기 위한 방법으로 교직원 워크숍, 대안책을 마련할 수 있는 회의나 동료 장학 peer-to-peer teaching, 전문성 발달을 위한 독려나 연수, 현재의 실천에 대한 반성: 부서 내 오랜 관례를 선별하고 새로운 관례를 시도할 수 있는 선도적인 사고 등을 제시했다.

　[과제 16.4]에서는 현재의 신념과 실천을 직업적인 상황(전문성의 관점)에서 검토하길 바란다. 이에 관해 반성하고 평가할 때에는 배정된 학교 전체를 생각하라. [과제 16.4]는 신념이 어떻게 부서(학교)와 연관되는지를 발견하는 데 도움을 줄 수 있다. 또한 이는 초임교사와 지도교사(혹은 경력교사)가 회의를 할 때 논의 주제로도 사용될 수 있다.

> **과제 16.4 신념을 직업적 상황에 포함시키기**
>
> 배정받은 학교의 지도교사(경력교사)와 함께 일하면서 다음을 생각해보자.
>
> - 자신의 신념이 부서의 다른 사람들 신념과 상호작용 하는 형태
> - 부서나 학교의 요청에 따라 수정한 교수 활동과 교수법
> - 신념이 부서나 학교에 긍정적인 영향을 미치도록 한 행동과 방법(전략)
>
> 완성 후 여러분의 전문성 개발 포트폴리오(PDP)에 정리하자.

지도교사(선임교사) 및 경력교사와 밀접한 관계를 형성하고 그들과 긴밀하게 일하는 것은 중요하며, 조직화단계에서 교수-학습 방법의 발전을 이끄는 지혜로운 방법이다. 초임교사의 신념이나 의견을 공유할 수 있는 기회와 더불어 부서나 학교의 지향점을 이해할 수 있는 기회를 동시에 제공해주기 때문이다. 이러한 방법과 아래 내용을 함께 활용할 필요가 있다.

- 자신이 성취하고자 하는 것을 찾고 정당화시키기
- 어떻게 접근하는 것이 좋을지 이해하기
  (예: 교육과정 재구성 또는 교수-학습 방법의 변화 시도)
- 변화를 실현하는 데에 장애물 찾기
- 활용 가능한 인적·물적 자원 찾기
- 자신의 수업(교수-학습 방법), 부서와 학교, 특히 학생들에게 도움이 될 수 있도록 앞서 언급한 내용을 연결하기, 그리고 계획으로 발전시키기

Pajares(1992)는 네 가지 기본적인 가정과 관련하여 신념을 분석하였다. 첫 번째 가정은 앞에서 언급한 바와 같이 신념이 인생에 있어서 일찍이 형성되고, 삶과 학교 경험들에서 나온 모순들과 계속적으로 부딪히게 된다는 것이다. 두 번째로는 신념이 예비교사교육기간 동안 새로운 지식과 경험을 해석하는 데 끊임없는 필터 역할을 한다는 것이다. 셋째는 초기에 갖게 된 신념이 성장 후에 갖춰진 신념 체계 속에 포함될 경우, 변화하기 더욱 힘들어진다는 것이다. 마지막으로, 신념이 성인 시기에 바뀌는 것은 아주 드물다는 것이다. 즉, 신념이 정확하지 않거나 불완전한 지식을 토대로 만들어졌어도 쉽게 바뀌지 않는다는 것이다.

신념을 바꾼다는 것은 아주 어려운 일이다. 경험으로부터 무언가를 찾고, 과거나 현재, 또는 가까운 미래에서 어떤 의미를 끌어내는 것은 아주 중요한 일이다. 그런 이해력을 발전시키기 위한 방법 중 하나는 바로 자서전적 반성을 하는 것이다. 이 접근법은 특히 예비교사교육과정 이후에도 중요하게 사용될 수 있다는 점에서 주목할 필요가 있다. 이에 관해 살펴보자.

자서전

○ 자서전의 중요성

지금까지의 논의를 바탕으로 자서전은 신념에 실로 엄청난 영향을 미친다고 할 수 있다. 즉, 교수-학습 방법과 교수 성향, 예비교사교육기관에 대한 생각 그리고 교사로서의 정체성에 영향을 미친다는 것이다. 인생에 걸쳐 발생한 주요한 사건 events 에 대하여 돌아보는 것은 신념을 이해하고, 교사로서 어떤 사람인지, 즉 어떤 교사인지를 아는 데에 큰 도움이 된다.

삶의 일대기 biography 에 관하여 깊이 생각해보는 것은 정체성이 어떤 문화적 배경에 의해 형성되었는지를 확인하는 한 가지 방법이다(Fivush 등 2011). 작성된 자서전의 이야기를 면밀히 검토하는 것, 즉 자신이 스스로에 대하여 기술한 이야기는 자신의 신념과 관점을 형성하게 한 중요 사건들을 이해하고, 성장하는 교사로서 자신은 누구이며 어떤 사람인지를 개념화하는 유용한 방법이다.

○ 반성과 자서전

현재의 신념을 어떻게 가지게 되었는가를 이해하는 과정으로써 교사로서 좀 더 발전하기 위해 거쳐 온 지금까지의 여정에 영향을 미친 중요한 사건이나 어떤 상호작용이 있었는지 파악하는 노력을 기울여야한다. 중요하다고 판단한 사건은 무엇이었는지를 결정하고, 그것이 미친 영향을 파악해야 한다. 어떤 영향을 미쳤는지, 미친 영향성의 본래적 특성은 무엇인지가 그것이다. 이는 반성의 과정에 대한 수많은 선행연구에서 언급하고 있듯, 특정한 사건에 대해 단순히 돌아보는 것 이상의 활동이다(Everly, 2011). 더 광범위하면서도 성장을 유발하는 교직생활이 되기 위하여 선정된 주요사건이 어떻게 서로 연결되어지는지를 검토하는 것은 물론 복잡하고 난해한 일이지만 매우 필요한 작업이기도하다.

'실제로 기억한다'고 생각하는 주요사건은 일종의 '자서전적 기억'으로 이는 사회적, 문화적으로 영향을 받는 것임을 염두에 두어야 한다(Fivush 등, 2011). 삶의 이야기를 한다는 것은 신념을 형성하는 데 영향을 미친 중요한 부분을 강조하고, 교사로서 향후 자신의 삶을 어떻게 영위할 것인지를 결정하는 것이다.

자서전은 한 여정을 시간 순서로 표현되는 경우가 많지만, Grant 등(2013)는 삶의 사건들을 설명할 때 흔히 반복적으로 사용한 방식(시간 순서대로 설명)이 오히려 선형적이지 못하고 더 복잡하다고 강조한다. 자신의 일대기를 반성하며 돌아보고 나면, 자신의 신념을 만든 주요 사건들이 '조각퍼즐'처럼 조각조각 모여 형성되었음을 발견하게 된다.

어떤 경우이든 자신이 선택한 일련의 결정을 이해하고 분명히 하려는 노력은 반드시 필요한 과정이고, 선택한 결정이 어떻게 작용하는지, 그래서 지금 어떤 신념을 형성하고 있는지 생각해 보아야 한다. 조각퍼즐을 구성하는 각각의 조각은 문화적, 사회적 맥락 내에서 존재하는 것을 간과해서는 안 된다. 이제 [과제 16.5]를 완성하라.

> **과제 16.5 반성적인 자서전**
>
> 예비교사교육기관에 입학하기 전(혹은 교사가 되기 전)까지 일어난 주요 사건들을 생각해보자. 이 사건들은 개인적인 만남이나 관계 맺음과 같은 경험을 모두 포함한다.
> 이 사건들에 영향을 미친 개인적, 상황적, 사회적 요소들을 생각하자. 무엇이 그 사건을 중요하게 만들었나? 왜 중요한가? 그 사건을 경험했을 때 교육과 가르치는 것은 무엇이라고 생각했었나? 이 분석을 통해 어떤 신념이 드러나는가?
> 실습지도교사와 자신이 작성한 자서전에 관해 의논해보자. 작성된 반성록은 전문성 발달 포트폴리오(PDP)에 보관하고, 과제 16.6을 할 때 참고하자. 과제 16.6에서는 예비교사로서 생각하고 행동하는 데에 영향을 미친 요인들에 대해서 비판적으로 생각하는 시간을 가지도록 하겠다.

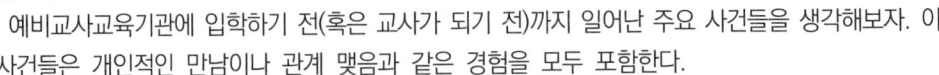

○ 성찰과 자서전 – '자서전적 타당화 reasoning'

반성적 글쓰기는 과거 경험이 현재 행동에 미친 영향을 이해할 수 있도록 도와준다. 이를 의미 있고 진정한 발전과정의 한 부분으로 만들고 싶다면, 신념을 깊이 관찰하고 수정하는 것과 관련된 성찰적인 활동을 실천해야 한다. 예비교사교육의 수준에서 반성이라는 사고적인 행위가 의미 있는 실천 행동으로 변화하려면 성찰의 수준이 수반되어야 한다. 그 성찰은 예비교사 시기부터 초임교사(혹은 그 이상) 동안 발생한 일련의 주요사건에 대한 자신의 대응방식을 깊이 있게 살펴보는 것을 포함한다. 이 '자서전적 타당화 Habermas and Bluck' (2000)는 실천한 행동과 합리화, 행동에 대한 이해, 그리고 이 요소들을 연결하는 것 모두를 포함하는 개념이다. Fivush 등(2011)이 발견했듯이, 자서전을 통해 얻게 되는 바를 깨닫게 되면, 이는 단순하게 사건 몇 개를 회상하는 이상의 파급력을 가지게 된다. 복잡다단한 경험의 관계들을 그릴 수 있게 되는 것이다. [과제 16.6]을 통해 학습을 반성적으로 접근하는 것이 어떤 건지 알아보길 바란다. 이러한 방법은 예비교사, 현직교사 모두에게 유익할 것이다.

> **과제 16.6 성찰적 자서전: 과제 16.5를 반성하면서**
>
> 완성된 16.5 과제를 살펴보고 다른 교육실습 교사와 함께 자신의 반성이 실천(수업 상황을 포함한 모든 교육활동)에 어떤 영향을 미쳤는지에 대해 더욱 비판적인 관점에서 발전시킬 수 있도록 생각해보자. 다음 질문에 답해보자.
>
> - 작성된 자서전적 글쓰기는 여러 사건의 조각모음 방식과 시간정렬 방식 중 어떤 방식으로 작성되었나?
> - 신념과 다양한 사건들 사이에는 분명한 관계가 드러나는가?
>
> 기술한 주요사건을 중심으로 그 당시의 상황을 설명하면서 스토리 흐름을 갖는 '이야기'로 구성해보자. 다른 교육실습교사에게도 동일하게 이야기를 구성하도록 하고 청취해보자. 주요사건들이 교사가 되길 희망하는 예비교사로서의 신념 형성에 어떤 영향을 미쳤는지 설명하거나 듣고 이와 관련하여 비판적인 질문을 해보자(받아보자). 주요사건들이 현장실습학교 또는 본인이 근무하는 학교에서 실제로 일할 때 어떤 영향을 미치는지에 대해 논의하자. 토론을 기록하고, 완성된 기록은 여러분의 전문성 개발 포트폴리오(PDP)에 면밀히 기록해두자.

이러한 활동이 충실히 전제된다면 곧 성찰적인 연습은 가르치는 활동에 있어 진정한 발전을 가져다 줄 것이다. 자서전적 합리화 과정을 거치는 것은 자신이 누구인지, 어떤 사람인지 특히 교사로서 진정한 의미에서 자신의 정체성을 이해하는 데에 도움이 된다. 교사로서의 나 자신을 심도 있게 돌아보는 것이다.

정체성

성찰에 대한 이해가 깊어지면 체육교사로의 정체성이 분명해지고, 자신의 자아를 규정지을 수 있게 된다. 정체성은 그 자체만으로도 하나의 독립적인 개념이고, 체육교과에 대한 주관적 신념 Subject Warrant 과는 다른 것이다. 이 둘은 깊이 연관되어 있고 개인적, 상황적, 사회적 상호작용에 따라 스스로를 어떻게 인식하는지에 영향을 미친다(〈그림 16.4〉 참고).

신념의 확인 측면에서 과거의 여정을 이야기로 작성하고 이를 살펴보는 일련의 과정은 교사로서 교육의 의미를 찾는 방법 중 하나이며 자아를 형성하는데도 아주 중요하다(Fivush et al, 2011). 이 과정은 교사로서 자신이 누구인지 그리고 이를 뒷받침 해주는 신념은 무엇인지 찾도록 할 뿐만 아니라, 자신의 직업적 정체성이 어떻게 발전해가고 있는지를 알게 되는 데 중요한 역할을 한다.

자서전적 반성을 통해서 자신이 누구인가를 이해하는 과정은 '겪었던 경험'이 의미 있는 것이었을 때 가능하다(Grant 등, 2013). 달리 말하면 중요하다고 여기는 경험을 어떻게 기억하고 있는가가 중요한 것이다. 결정적으로 자아에 대한 신념과 개념은 학생들을 가르치는 데 영향을 미친다. 개인적인 것과 교육학적인 것, 즉 일반인으로서의 나와 교사로서의 나를 분리할 수 없는 것이다(Fernandez-Balboa, 1997).

자신이 생각하는 자아는 다른 사람이 생각하는 것과 일치하지 않을 수 있다. 스스로에게 묻는 질문은 타인에게 자신이 어떻게 비춰지길 바라는지와 연관되어 있다. 자신이 믿는 것과 실행하는 것이 어떻게 연관되는지를 고민하는 것은 매우 중요하다. 더불어 신념을 교육적 실천 현장에 드러낼 수 있도록 하는 것도 중요한 대목이다. 학교 현장에서 일하면서 계속 달라지는 상황 속에서 자신의 정체성을 어떻게 유지할 것인지도 생각해보아야 한다. [과제 16.7]은 예비교사교육 과정 중에 교사가 되기 위한 여정을 시작하면서 꼭 완성해야 할 과제이다.

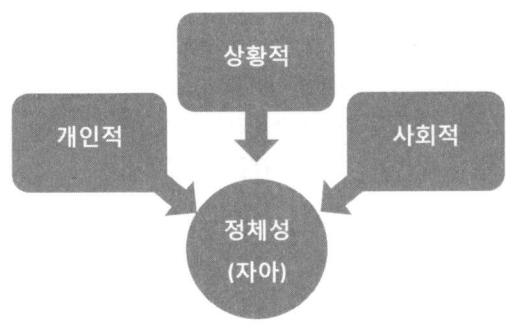

〈그림 16.4〉 자아의 개념으로 이끌어 가는 상호작용

 과제 16.7 교사의 신념과 교육 실천과의 관계 파악하기

두 교사의 대화를 듣고, 체육교육과 연계된 각 교사의 근본적인 신념은 무엇인지 유추해보자. 그들의 신념이 학생들과 함께 했을 때 어떤 영향을 미칠지 논의해보자. 각 교사가 하는 수업 두 개를 참관하고, 교사의 행동과 학생들의 반응을 유심히 관찰하자. 처음 했던 대화의 기록과 수업 참관록을 참고하여 2,000 단어 이내의 에세이를 작성해보자. 주제는 '교사가 가지는 신념과 교육관을 바탕으로 실현되는 교수법 간의 연관성'이다. 특히 교사의 신념이 학생의 학습에 미치는 영향이 가장 핵심임을 유념하자.

이 과정을 여러분의 전문성 개발 포트폴리오(PDP)에 면밀한 수준에서 기록해보자.

요약 및 요점

신념이 개인이 참(혹은 진리)이라고 믿고 있는 자신만의 명제나 생각 또는 관점(Matanin and Colier 2003)이라면, 신념은 체육 교사로서 빠르게 성장하는 초임 시기와 그리고 지속적인 성장에 미치는 요소로서 중요한 부분을 차지한다. 체육교육은 체육교사의 신념 위에 만들어진다.

신념 체계는 학생들을 가르치는 것에 영향을 미치고, 결정적으로 학교에서 학생들이 체육수업 시간에 어떤 경험을 하는가에 영향을 미친다. 신념은 가르치는 활동과 교육내용으로서, 그리고 그 안에서의 사회화에 의해 형성되며, 문화 적응/준비단계에서 특히 더 그렇다. 특정 직업에서 공유되는 신념들은 그 직업을 가진 개인들이 서로 상호작용하면서 발달된다. 신념은 제자리에 남아 있을 수도 있고 재검토되어 바뀔 수도 있다. 체육교과를 이해하고 있는 본질적 생각, 교과에 대한 열정과 사랑도 근본적인 수준에서 바뀔 수 있다. 물론 그 근본이 질적 수준의 성장과 연계된 것이기는 하겠지만 말이다.

어떤 일들이 일어났는지를 돌아보는 반성 과정, 그리고 신념을 재평가 하고, 변화된 관점이 사고방식, 타당화 방식 그리고 교사로서의 행동에 어떤 영향을 미치는가에 관해 다시 검토하는 성찰 과정은 실천적 수준에서 교사로서의 정체성을 이해하게 해주고, 신념에 부합하는 교수-학습 방법을 선정할 수 있게 한다. 학생들의 반응에 민감하게 대응하고 학생 학습을 최우선시하는 방법을 찾아 이를 평가하기 위한 노력을 지속적으로 기울인다면, 발전을 넘어 유능한 교사로 성장해나갈 수 있을 것이다.

예비교사교육 과정에서는 새로운 정보를 수용하고 체육교사로서 나아갈 수 있도록 지원 환경이 제공되어야 한다(Pajares, 1992). 또한 생각을 분명히 표현할 줄 알아야 하고 기존의 신념에도 도전할 수 있어야 한다. 긍정적인 변화가 어려운 현재 신념 상의 약점은 비판적 논쟁을 통해 찾아내야 한다. 일반적으로 체육교사들은 자신의 수업 및 교수법에 대해 돌아보는 반성은 하지만 실천과의 연계성이 강한 성찰 reflexion 의 수준에까지 도달하는 경우는 매우 드물다. 왜냐하면 오래 전부터 형성된 신념이 계속적으로 재사용되다보면, 타성에 젖어 새롭고 도전적인 수준의 변화를 일으키는 능력이 줄어들기 때문이다.

이번 장은 체육교사의 신념이 어떻게 형성되고 이를 토대로 교사가 어떻게 행동하는가에 대해 살펴보았다. 이 과정이 중요한 이유는 특정 신념을 갖는 것이 교육 실천 상황에서 의미하는 바가 무엇인지, 특히 학생들에게 의미하는 바가 무엇이며 어떤 영향을 미치는지 비판적으로 반성할 수 있는 기회를 제공하기 때문이다. 이러한 고민은 교사의 전문성 신장에 큰 도움이 될 것이다.

자서전을 활용한 반성은 직업적 선택과 교사로서의 발전에 해당하는 현재까지의 여정을 이해할 수 있도록 한다. 지금까지 이어졌던 일련의 교육적 선택들에 대해 신중히 고민해나가는 것은 신념을 실천으로 구체화하는 데 중요하게 작용할 것이다. 교사는 자신의 주요사건에 대해 의도적으로 자각하기 위한 노력을 기울여야 한다. 자신의 수업에서 학생이 달성하길 바라는 목표와 실제 실시하고 있는 활동이 일치되도록 노력해야 한다.

여러분의 예비교사교육기관에서 필요로 하는 요구사항 중 어떤 것들이 이 장에서 언급되었는지 확인해보자.

―――― / 추가 읽기 자료 / ――――

Lortie, D. (2002) Schoolteacher: A Sociological Study, 2nd edn, Chicago: University of Chicago Press.

본 서가 1975년 처음 출판되었을 때, 당시 수많은 평론가들로부터 Willard Waller의 "The Sociology of Teaching" 이후 가장 훌륭한 직업적 초상화를 그린 서적이라는 찬사를 받았다. 교사라는 직업의 세계에 입문하는 데 Lortie의 고전(2판)은 필수라고 할 수 있다.

Matanin, M. and Collier, C. (2003) 'Longitudinal analysis of pre service teacher's beliefs about teaching physical education', Journal of Teaching in Physical Education, 22: 153-168.

이 책은 4년이라는 긴 기간 동안 예비교사교육과정 속에서 예비체육교사의 신념이 어떻게 진화했는지 그 과정을 탐구하였다. 예비교사를 대상으로 한 인터뷰, 설문 조사 및 문헌 분석을 통해 예비교사교육과정 동안 계획 수립의 중요성 인식, 효율적 교수학습 방법, 이론적 지식과 교수-학습 활동과의 연계 등과 같은 항목에 대한 신념 변화가 있음을 확인하였다. 하지만 자신만의 전기를 작성함으로써 체육교육 자체의 목적이나 교실 운영의 방식과 같은 부분에서는 상대적으로 영향이 적었다.

Moon, J.A. (2004) Reflection in Learning and Professional Development: Theory and Practice, Abingdon, Oxon: Routledge Falmer.

이 책은 학교현장 맥락에서 교수-학습에 관한 반성과 성찰을 위한 기본적인 틀을 제공한다. 이는 학문적 맥락으로 설명함에 있어 매우 유용한 것으로, 예시를 통해 경험적·반성적 학습을 위한 일련의 도구를 제공한다. 이론과 실제의 연결을 용이하게 하며, 교직에 입직하는 (현직)예비교사에게는 특별히 가치 있는 책이 될 것이다.

이 장의 추가 자료는 다음 웹사이트를 참고: www.routledge.com/cw/capel

교사교육을 넘어서
Beyond your teacher education

Gill Golder and Julie Stevens

소개

여러분이 학생에서 교사가 될 때, 예비교사 과정(사범대 과정)을 마무리하고 교사자격증을 취득하는 것은 교사가 되기 위한 학습의 여정 또는 학교에 대한 배움의 끝이 아님을 알아야 한다. 이는 오히려 시작 단계의 마무리 정도이다. 처음으로 체육교사가 되면, 교수 및 학습의 급격한 변화, 정부 정책의 변경, 국가 정책상 우선순위에 대한 변동, 교육과정 내용 변경 및 학생 성취도 확립을 위한 교수법에 대한 인식 변화와 같은 다양한 도전에 직면하게 될 것이다.

교사로서 전문인으로 지속적으로 발전하는 방안은 익숙한 방법을 발전시키거나, 새로운 방안을 선택하거나, 또는 교수와 학습에 있어서 다른 방안을 탐색할 수 있도록 하는 학습 여정 learning journey 도 있다. 지속적 전문성 개발 CPD 로 가장 널리 알려진 학습 여정은 교육적 실천, 교과 내용, 교육과정 지식, 비판적 사고 그리고 반성적 실천, 리더십 그리고 관리 기술과 같은 교수에 대한 다양한 방법을 개발하기 위한 기회를 제공한다.

이번 장에서는 예비교사 후의 삶에 대해 고민해본다. 영국에서는 1년 과정 induction period 신임교사 NQT 1)로서, 첫 번째 교직을 시작한다. 이에 따라, 이번 장에서는 예비교사교육과정(사범대 과정)에서 자격을 갖춘 정식교사로 초기 과도기 동안 미래 발전에 큰 영향을 끼치는 지속적 전문성 개발 CPD 을 준비하는 과정을 탐색한다.

경력이 쌓임에 따라 교수 전문성의 변화, 학교 조직의 차이 및 학생 성적에 대한 책임과 검토 등 다양한 요소에 영향을 받고, 전문성이 발전함에 따라 개인적으로도 큰 발전이 있을

---

1) 1년 과정(induction period) 신임교사(NQT): 잉글랜드에서는 교사가 된 후 1년 동안 인덕션 기간이라하여, 담당 교사를 통해 지도를 받는다. 실제 이 기간을 통과하지 못하는 경우는 거의 없으나, 이 기간의 평가는 추후 연봉협상 등에 활용되기 때문에 중요하다.

것이다. 학교는 교사 스스로 교수 및 학습의 질을 개선하고, 학생의 성취를 증진시키기 위해 노력하는, 즉 지속적으로 전문성 개발에 헌신하는 교사를 지원할 것이다. 교사는 학교가 가진 가장 중요하고 가치 있는 자산이기 때문이다. 만약 여러분이 지속적으로 전문성을 개발하는데 있어서 사전에 다양한 대책을 강구 하거나 그 대책이 준비되어 있다면, 여러분은 반드시 그 조직에 필요한 사람이 될 것이다. 예비교사 교육기간 동안 전문성 개발을 위한 포트폴리오 PDP 를 지속적으로 준비한다면, 미래 교사라는 직업을 위한 발전에 큰 도움이 될 것이다(PDP를 위한 좀 더 자세한 정보는 이 책의 소개 파트와 Capel 등(2013)의 책을 보라).

이 장의 대부분은 여러분이 가르치는 지역과 관련이 있다. 특별한 예가 주어진다면, 그 지역은 잉글랜드이거나, 또는 잉글랜드와 웨일즈 두 지역을 언급할 수도 있다. 또는 잉글랜드, 웨일즈, 북아일랜드 일수도 있다. 더 크게는 영국 전체 일수도 있다. 여러분이 지원하는 지역에 따라, 또는 여러분이 가르치는 지역에 따라, 본 장의 정보를 여러분의 상황에 적절하게 적용하라.2)

본 장을 통해 아래와 같은 내용을 이해하고 적용할 수 있어야 한다.

- 첫 번째 교직 인터뷰를 준비할 수 있다.
- 예비교사에서 신임교사로 원활하게 이동할 수 있다.
- 경력 개발(career progress)을 위한 지속적 전문성 개발(CPD)의 중요성을 이해할 수 있다.
- 5년 계획 수립 및 전문성 개발 포트폴리오(PDP)의 지속적 유지의 중요성을 이해할 수 있다.

예비교사교육과정의 요구사항(필수요건)을 확인하여 이번 장과 어떠한 관계가 있는지 살펴보자.

교직 지원하기

교직에 지원하는 과정은 중요하지만 시간이 걸린다. 원하는 교직은 지역, 학교 유형 그리고 학생 연령대와 같은 다양한 요인에 따라 달라진다. 이미 가진 경험 및 교직에 대한 다양한 광고를 통해 여러 학교 또는 교육 기관에 대한 정보를 찾아야 한다. 여러분은 예비교사교육 기간(사범대 과정) 동안 최소 2개 학교 현장 실습을 경험했을 것이다.3) 여러 학교가 동일한 국가 교육과정을 적용하고 동일한 질이 담보된 점검 기준(예: 잉글랜드 Ofsted, 웨일즈 Estyn,

---

2) 영국은 잉글랜드, 웨일즈, 북아일랜드, 스코틀랜드로 구성된다. 보통 스코틀랜드를 제외한 3개 지역의 경우 교육제도가 비슷하다. 이 책에서는 주로 잉글랜드의 교육제도를 설명하고 있고, 중요하다고 판단될 경우 지역을 구분하여 설명한다.
3) 영국에서는 예비교사교육 기간 최소 2개 학교에서 현장실습을 진행해야한다.

북아일랜드 ETNI, 스코틀랜드 Education Scotland Inspection and Review)을 적용함에도 불구하고, 학교마다 여러 가지 면에서 차이가 크다는 점에 대해 여러분은 분명 당황하거나 놀랄 것이다.

교직에 지원하는 과정은 시간이 많이 걸리고, 예외 없이 각 학교마다 요구하는 내용(예: 정보 또는 지원 서식)이 조금씩 다르다. 그러나 치열한 경쟁에서 교직에 선발되기 위해서는 그 기관의 요구에 따라야 한다. 지원서를 준비하기 위해 원하는 학교와 직책에 대한 자료를 모으고 자신만의 표를 만들자. 이는 다음을 포함할 것이다.

- 학교 유형, 교직원 구성 및 학생의 연령대, 공인된 체육교육과정
- 직무 기술서에 '필수적'이고 '가치 있는' 기술 skill 과 특징
- 평가 기관에서 나타난 그 학교의 가장 최근 점검 보고서의 핵심적인 장점
- 학교 자체 평가에서 개선 및 발전에 대한 핵심적인 보고 및 분석, 온라인 정보 및 학교 성취 평가표(4개 지방 정부 교육부 홈페이지 참고)[4]
- 학교 강령 mission statement 과 철학
- 학교 홈페이지에 접근 가능한 정보와 우수성, 홈페이지 내 체육교육에 대한 특성 및 특징에 대한 설명
- 체육교육과에 대한 정보, 구성원 그리고 시간표

정확한 맞춤법을 기본으로 간결하고 정확한 지원서를 제출해야 한다. 지원자의 체육교육 철학을 잘 설명해야 하고 모든 학생을 위한 교과의 가치를 강조해야 한다. 여러분이 전문직 종사자라는 점을 강조하고 지원하는 학교에서 이를 명확하게 참조하도록 지원서를 체계적으로 작성하라. 여러분의 이력서를 최신 상태로 유지하고 필요할 때 사용할 준비가 되어야 한다.

교직 면접은 종종 예고 없이 잡히기 때문에 언제든 "준비 되어야"한다. 공식 복장과 모의 수업 실연 복장에 적절한 옷을 입어야 한다. 인터뷰 날짜에 제시간에 학교에 도착할 수 있도록 충분한 시간을 가지고 학교 위치에 관련된 정보를 다시 확인하라. 학교 강령 및 철학에 근거한 질문에 답할 준비도 되어 있어야 한다. 인터뷰는 보통 하루종일 진행된다. 그리고 종종 여러분이 그 자리에 적합한지 평가하기 위해 학교 직원, 교사 및 학생과 다양한 활동이 면접 당일에 포함될 것이다. 그 면접 당일은 다음 요소를 포함할 것이다.

---

[4] 영국 4개 지방 정부의 교육부 명칭은 다음과 같다. 잉글랜드의 경우 Department of Education(DfE), 웨일즈의 경우 Welsh Government Education and Skills, 북아이랜드의 경우 Department of Education Northern Ireland(DENI), 스코틀랜드의 경우 Education Scotland

- 학교 및 학교 시설 투어
- 모의수업 실연
- 교수 경험
- 체육교육과 스태프와 비공식적인 토론
- 학생 패널(지나치게 스스럼없고 비전문적임을 명심하라!)
- 교장, 체육부장 그리고 최소한 한 명의 운영위원과 공식적이 인터뷰

해당 학교가 교직 생활에 적합한지 알기 위해, 공식 면접을 마칠 때 즈음 궁금한 질문을 하는 것도 좋은 방법이다. 첫 번째, 처음 1년 교직 생활 induction year 동안 신임교사에게 지원 가능한 내용을 물어보는 것은 적절하고 그 대답은 신임교사가 되었을 때 활용할 수 있는 프로그램이 있는지 알 수 있을 것이다. 만약 그 자리를 제안 받는다면, 여러분은 결정해야 할 것이고 아마 초봉을 협상해야 할 것이다. 만약 그 자리에 대해 제안을 받지 못하면, 다음 인터뷰를 위한 장점과 약점에 대한 유용한 정보 또는 피드백을 받을 수 있을 것이다. 만약 그 자리를 잡지 못하면, 다른 교사 구직 기관에 등록하거나, 다른 학교에 지원해야 한다. 여러분이 첫 번째 교사 자리를 지원할 때 Capel 등(2013)의 책 8.1장(Lawrence and Capel)에 더 많은 자세한 사항을 참고하라.

다음 [과제 17.1]을 해보자.

> **과제 17.1 교직 지원하기**
>
> 현장교육실습학교(placement school)에서 가상의 자리를 위해 지원서를 빠짐없이 기입하고, 동봉 서류를 작성하자. 그 학교 행정부서에 모의 인터뷰를 요청하자. 모의 인터뷰 과정을 준비하고 연습하고 그다음에 면접관 또는 면접 패널에게 피드백을 받아보자. 실제 인터뷰에 참석하기 전에 이를 이해하고 대응하기 위해 받은 피드백을 받아 적고, 당신의 전문성 개발 포트폴리오(PDP)에 보관해두자.

예비교사와 신임교사 사이 간격 메우기

예비교사과정을 마치고 신임교사로 시작하는 것은 그다지 쉬운 일은 아니다. 이를 위해, 많은 신임교사들의 걱정을 불식시키기 위해 다양한 지원 방안들이 있다. 교사자격기준 QTS 을 획득하기 위해 필요한 기준을 바탕으로 예비교사과정을 마칠 때, 책임 있는 교사교육자들의 토론을 통해, 예비교사의 발전에 대한 다양한 준거를 확보하고, 그 과정에 대한 공식 요약 보고서가 만들어진다. 예비교사는 교수 teaching 에 대한 피드백을 받는 과정은 예비교원에서

신임교원으로 넘어가는 그 사이에 부족한 점을 채워주는데 도움을 주고 자신에게 적합한 목적을 세우는데 유용한 출발점을 제공한다.

경력 기입 프로파일 career entry profile 의 몇몇 양식은 몇몇 중요한 성공 요소, 학업에서의 핵심 요소, 최근 자신감이 떨어지고 있었던 특정 요소, 그리고 미래 경력 개발을 위한 포부 등을 반성할 수 있도록 예비교사과정에 이용된다. 이 프로파일을 기반으로 예비교사교육과정 동안 개발한 자신감과 역량을 앞으로 지속하도록 해야한다.

신임교사자격을 위해 갖추어야 할 기준에 대비하여 예비교사과정 동안 이에 대한 진행 상황을 점검할 수 있는 전문성 개발 포트폴리오 PDP 작성을 꾸준히 해야 한다. 신임교사로서 참여하기 위한 학교에 대한 정보를 수집함에 따라, 지속적 전문성 개발 CPD 에 대한 기틀을 만들기 위한 트레이닝 계획을 개발하고 시작할 수 있다. [과제 17.2]를 통해 당면한 전문적 발달 요구를 확인할 수 있다.

과제 17.2 당면한 전문적 발달 요구 확인

현장교육실습학교(또는 신임교사로서 당신이 재직하는 학교)에 관한 아래 정보를 수집하자.

- 학교 운영 방향에 대한 감각을 익히기 위한 학교 정책과 절차
- 시민 교육과정(pastoral curriculum)5)과 지식이 조화되는 과정
- 잉글랜드, 웨일즈, 그리고 북아일랜드에
  - 키 스테이지 3과 4의 핵심 교육과정 내용과 지식
  - 키 스테이지 4와 5의 시험 교수요목과 필수 교과 지식

학교의 발전 및 개선을 위해 이 정보를 활용하자.

예비교사에서 신임교사가 되는 과정에서 혼자가 아님을 아는 것이 중요하다. 합류하는 학교에서는 가능한 빨리 그 조직에 소속임을 느끼기를 원할 것이다. 새로운 환경에서 안전하고 보호받는다고 느낀다면, 학생에 대한 여러분의 영향력이 좀 더 긍정적으로 될 것이기 때문이다. 게다가, 예비교사과정 제공 기관(사범대학)에서는 신임교사로서 여러분의 지속적인 성공에 큰 흥미를 가질 것이고 또한, 지속적인 지원과 지속적 전문성 개발 CPD 의 기회를 제공하기 위해 다양한 중등학교와 파트너십을 바탕으로 협력하기를 원한다. 예비교사과정 제공 기관과 중등학교 사이에 효과적인 의사소통(예비교사 연락처 업데이트 등)은 여러분의 목표 공유 등을

---

5) pastoral curriculum은 일종의 시민 교육이라할 수 있다. 복지, 성문제 및 약물 교육, 영국의 가치, 글로벌 교육 등 다양한 주제를 다루고, 이에 대한 토론을 실시한다. 자세한 내용은 다음 웹페이지 참고.
https://www.ormistonsixvillagesacademy.co.uk/pastoral-curriculum

통해 여러분의 발전을 가속화시킬 것이다. 마지막으로, 만약 중등학교가 지방정부와 업무 제휴가 된 경우, 그 학교는 신임 교사를 위한 지방정부의 재정적 지원을 원할 것이고, 그렇게 되면 결과적으로 지방정부는 여러 신임 교사들이 연수받을 수 있는 기회를 제공할 것이고 여러분은 몸담고 있는 학교를 넘어 다양한 네트워크를 형성하는 기회를 가질 것이다.

첫 번째 교직생활을 위해 준비할 몇 가지 단계를 다음에서 선택하자.

- 학교에 대한 더 많이 알아보자 - 그 학교에서 반드시 따라야 할 정책과 실제에 대해 알아야 한다. 그 정책과 실제에 대해 아는 것은 여러분이 발휘해야만 하는 직업적 기대에 빠르게 부응할 수 있도록 도와줄 것이다.
- 학교를 다시 방문하자 - 인터뷰 후 흥분과 긴장이 진정되었다면, 학교의 일상에 대해 좀 더 알고, 학교 주변의 자리를 좀 더 익히고, 그리고 인터뷰에서 질문하지 못했던 것에 대해 다시 알아보기 위해 학교를 다시 방문하는 것도 좋다. 대부분의 학교는 학교 직원과 학생들을 소개하는 예비 소집일이 있을 것이다.
- 교육과정 내용을 찾아보자 - 전체 교육과정, 체육과 학습을 구조화하는 방법 및 교육 방식, 시험 계획, 교과 평가 자료 등의 보관 장소를 찾아보자.
- 담당 과목과 현재 교육과정이 함께 표시된 시간표 초안을 받아보자. 학기 시작하기 전에 미리 계획할 수 있을 것이고 이를 통해 지식을 개발할 수 있을 것이다.

예비교사과정 중, 튜터(학교뿐만 아니라 대학에서도)로부터 지원을 받을 뿐만 아니라, 또한 학습 여정을 경험한 다른 예비교사로부터도 지원을 받을 수 있다. 예비교사과정과 신임교사과정 사이에 간격을 이어주는 하나의 방법은 사람들과 네트워킹을 계속하고 경험과 학습을 공유하는 것이다. 이 아이디어는 Wenger(1988)의 실천 공동체 CoP: communities of practice 이론에 근거한다.

> 실천 공동체는 사람들이 규칙적으로 상호교류함에 따라 어떻게 더 잘할 수 있는지를 하고 배우는 어떤 것에 대해 고민 concern 또는 열정을 공유하는 사람의 그룹이다.
> (Wenger-Trayner date unknown)

MacPhail 등(2014)은 실천 공동체 CoP 는 시간이 지나도 지속된다는 점, 공유된 구성원들의 목표가 포함된다는 점, 다양한 담론이 포함된다는 점, 활동적이고 사회적이고 그리고 팀원에 의해 해결되는 문제에 의해 특징된다는 점을 언급한다. 예비교사 및 신임교사로서 여러분은 사회의 한 특정 직종 type 으로 포함될 수 있다. 하지만, 사회 미디어 그리고 여러 디지털 테크놀로지를 통해 지속적으로 연락하고 논의하고 아이디어를 공유하는 것은 결코 쉽지 않다. [과제 17.3]을 해보자.

> **과제 17.3 자신의 학습공동체 시작하기**
>
> 공동체는 다양한 활동을 통해 그들의 실제(practice)를 개발한다. 예비교사 과정 동안 동료와 함께 자신만의 학습공동체(CoP)를 만들기 위해 노력하자.
> 정보를 공유하고 문제를 해결하기 위해 이 시작점의 하나 또는 그 이상을 사용하자.
>
> - 문제 해결하기 – '나는 해결 방법을 찾지 못하겠어. 우리가 …. 에 대해 생각을 모을 수 있을까?'
> - 정보 요청하기 – '누구에게 도움을 요청하는 것이 좋을까?'
> - 경험 찾기 – '비슷한 상황이나 문제를 경험한 사람이 주변에 있을까??'
> - 지식에 대한 지도 그리기 및 차이 확인하기 – '무엇이 어떤 차이가 있는지 누가 알까?'
> - 자원 공유하기 – '나는 이 자료를 8학년을 지도할 때 사용했다. 나는 … 를 적용하고 사용하는데 자유로움을 느낀다.
>
> 미래 지식공동체(CoP)를 발전시키기 위해무엇이 효율적인지, 무엇이 아닌지, 이유는 무엇인지 등 전문성 개발 포트폴리오(PDP)에 정리하자.

예비교사과정을 졸업하고 신임교사로 첫 번째 1년 교직 생활을 시작하면, 일반 교사에 비해 90% 정도[6]의 시수로 수업한다. 또한, 여타 다른 업무도 담당함에 따라(예: 학급 담임, 부모와 상담, 조직에서 책임감 있는 업무 등), 더 많은 스트레스를 받을 것이다. 하지만, 시간이 흐름에 따라 계획하고, 수업 자료를 만들고, 과제를 채점하고, 학생들의 발전 정도를 평가하는 시간은 점차 감소할 것이다. 만약 그 시간이 줄어들지 않는다면, 여러분의 삶에서 다른 일에 소비하는 시간이 더 많음이 틀림이 없을 것이다. 그러므로, 예비교사과정이 마칠때즈음, 좀 더 자율적이고 자발적이 되어야 하고, 특히 계획에 있어서 신임교사과정 동안 지속적인 해결방안을 개발해야 함이 필수적이다. 계획과 준비에 대해 신임교사들과 경력 교사들과 토론을 한 후에, 효율적이고 효과적으로 계획할 수 있는 자신의 독특한 방법을 개발을 할 수 있다. 그러나 여러분은 모든 학생을 위한 높은 수준의 학습 기회를 줄 수 있도록 해야 한다. 마지막 교생실습 기간 동안, 여러분을 담당하는 체육교과 선생님에게 많은 것을 배우고, 다양한 탐구를 통해 여러 형식의 수업을 시도하라. 이는 처음 1년간 교직 생활에서 교수 부담에 대한 충격에서 당신을 도와줄 것이다.

---

[6] 영국에서는 법적으로 초임교사시절 일반 교사 시수의 90% 이하로 수업을 진행해야 한다.

첫 번째 1년간 교직 생활 Th induction process

여러분은 예비교사과정을 마치고, 교사라는 전문직을 시작할 것이다. 모든 학교는 다르고, 이에 따른 또 다른 압박감이 있다. 그리고, 여러분이 경험한 현장실습기관과 예비교사과정 동안 배웠던 이론적인 측면이 새로운 상황과 어떻게 관련되는지를 생각할 필요가 있다. 그러나 영국에서는, 그 과정을 지원하기 위한 법적 기간 statutory induction 이 있다. 노던 아일랜드와 스코틀랜드의 법적 기간은 잉글랜드와 웨일즈의 법적 기간과 매우 다르기 때문에, 그 구체적인 차이점 대해서 따로 알아두는 것이 좋다.

영국에서는 신임교사 1년 과정을 3학기에 걸쳐 평가한다. 만일 1년 동안 그 평가에 통과하지 못한다면, 여러분은 그 영향에 대해 명확히 알아야 한다. 예를 들면, 잉글랜드와 웨일즈의 경우에는 그 1년 과정 induction 을 단지 딱 한 번만 마칠 수 있다. 또 다른 기회가 없고 잉글랜드와 웨일즈에서 더 이상 교사가 될수 없다. 그 과정을 가급적 일찍 마치길 바라지만 기간에 대한 제한은 없다. 교사자격 QTS 은 영국령에서는 세계 어디에서든 가르칠 수 있는 자격을 준다. 그러나 만약 1년 과정을 마치기 전에 해외에서 가르치기를 원한다면, 그리고 나서 영국에 돌아와 가르치기를 원한다면, 그 1년 과정 induction 을 다시 제대로 마칠 필요가 있다. (신임교사의 1년 교직 과정 induction 을 위한 법적 지침은 다음을 참고하라. 잉글랜드와 웨일즈의 경우 the DfE(2013c), 노던 아일랜드의 경우 DNENI, 스코틀랜드의 경우 General Teaching Council GTC)

대학, 자율 학교 free school 7), 해외 영국 학교 또는 직업학교 등에서는 법적 지침에 의한 이 1년 과정 induction 을 실시할 수 없다. 그러나 이런 기관들이 만약 법적 요건 충족 및 승인을 받고 시행한다면 1녀 과정을 시행할 수도 있다. 그런 경우에는, 만약 첫 번째 학교가 이와 같은 종류의 학교 중 하나라면, 신임 교사 기간을 마무리할 수 있을 것이다. 그러나 만약 그 학교에서 그 충족요건을 갖추고 있지 않고 또한 실행하지 않는다면, 여러분은 법적으로 명시된 그 1년 과정 induction 을 마치지 못할 수도 있고, 후에 다른 학교에서 마칠 필요가 있다는 점을 유념해야 한다.

> 초임 1년 교직 생활에 대한 평가는 교육 실습 그리고 관련된 교사의 기준에 적합한 행동 그리고 그 과정을 마칠 때 즈음 업무 맥락에 근거한 기준에 합리적으로 행했는지에 대한 최소한의 필요조건을 갖추었는지에 근거한다.

---

7) 영국 자율 학교(free school): 교육부의 교육재정으로 운영되는 공립학교이면서도 지역교육청의 관리를 받지 않는 학교(참고: https://www.gov.uk/types-of-school/free-schools)

그 판단은 신임교사들의 실천에 있어서 일정 기간 동안 끊임없이 효율적으로 그들의 예비교사교육 기간 학습한 내용과 연계하고 통합했는지, 그리고 관련된 기준에 적합하게 능력을 입증했는지에 대한 내용을 반영해야만 한다.

(DfE 2013c: 7)

모든 신임교사들은 〈그림 17.1〉에 보듯 1년 과정을 통과할 수 있도록 다양한 지원을 받을 수 있다.

신임교사 기간을 효율적으로 보내기 위해서 일반 교사보다 적은 90%정도의 시수를 활용하는 것이 중요할 것이다. 그 이유는 신임교사 기간 100% 시간표를 다 짠다면, 다른 교사의 수업을 관찰할 기회, 다른 학교를 방문할 기회, 또는 다른 동료의 지식과 경험을 공유할 기회가 거의 없을 것이다. 모든 학교에서 가르치는 경험은 가치가 있다. 그리고 개선하고 싶은 구체적인 면에 대한 관찰에 집중하면서 다양한 교과목에 뛰어난 교사의 수업을 관찰하는 것도 정말 가치가 있다. 예를 들면, 모둠 구성 방법, 특정한 학생들의 행동을 다루는 법, 모국어와 다른 언어를 사용하는 학생들을 성공적으로 통합하는 방법 등이 있다. 발전 계획에 이러한 기회들을 활용하자.

지원
- 1년 과정 동안 개인 튜터(신임 교사 담당 교사)
- 계획, 준비 평가를 위한 할당된 시간을 포함하여 당신의 시간표에서 10% 감소
- 모니터링, 지원 평가를 위한 개인별 최적화된 1년 과정 프로그램
- 관찰, 일정 기간마다 평가 미팅 그리고 그 과정 동안 보고하기

개발
- 전문적인 발달 기회를 위한 프로그램 제공
- 지원 전략에서 주제에 근거한 전문 발달을 위한 목표 설정

추가적인 도움 (additional help)
- 1년 과정 동안 그 충족기준을 맞추지 못할 위험에 처해있을 때 그 어려움을 해결하기 위한 부가적인 지원
- 지역 기관의 지정된 연락처/독립 학교 지역 교사 1년 과정 패널 제공
- 신임교사 1년 과정 완료(completion)를 위한 수석교사(headteacher)의 직접적 지원

〈그림 17.1〉 1년 과정 동안 가능한 지원 및 개발(영국 교원양성기관 TDA 온라인 가이드에서 발췌)

신임교사는 1년 과정 동안 튜터와 함께 개별 학기마다 평가를 받을 것이다. 이는 여러분이 잘하고 있는지 그리고 개선할 필요가 있는지에 대해 포커스를 맞출 것이다. 튜터는 학교에서 첫 번째 4주 동안 신임교사의 수업을 지속적으로 관찰한 뒤, 이후 매 반 학기마다 수업을 관찰할 것이다. 이 과정 동안, 개별 수업 관찰 후 후속 조치를 위한 미팅이 있고, 이런 과정을 통해 수업 목표가 변경이 되기도 할 것이다. 전문적인 발전은 여러분의 생애에 계속해서 나타난다. 전 생애에 걸쳐 발전하기 위해서는 인내심과 이해심을 가져야 한다. 그리고 큰 성취를 이루었다는 것을 깨달을 수 있는 순간이 있을 것이다. 여러분이 교생실습 기간 경험했던 것처럼, 그 과정을 반성할 필요가 있을 것이다. 그리고, 좀 더 독립적이 교사가 되기 위해 단기 그리고 중기 목표를 설정할 필요가 있다. [과제 17.4]를 해보자.

 과제 17.4 신임교사 기간 시간표 시간을 감소시키는 방법

여러분의 학교현장실습기간 동안 신임교사와 다음과 같은 내용을 토론하자. 어떻게 시간의 우선순위를 설정했는지, 신임교사가 담당했던 활동이 무엇이었는지, 그들이 무엇을 배웠는지 그리고 그들의 교수에 가장 영향을 미쳤던 것이 무엇이었는지 등을 토론하자. 또한, 여러분이 신임교사가 되어 그 1년 기간 동안 기대해야 하는 것이 무엇인지 그들의 행동에서 발견하자. 특정 교과에서 다른 전문지식을 관찰하기 위한 가장 적합한 교사가 누구인지 경력 교사를 통해 발견하자.

여러분이 처음으로 학생들을 지도할 때 위 내용은 많은 도움이 될 것이다. 이를 위해 전문성 개발 포트폴리오(PDP)에 정리하자.

전문적, 학문적 그리고 개인적 성장

뛰어난 체육 교사가 되는 목표 또는 10년 안에 수석교사가 되는 목표 등등, 여러분은 발전 계획을 수립해야 한다. 예비교사, 이후 신임교사로서 설정된 목표 달성 과정 또는 경력 개발 과정에서 그 경험을 지속하는 것은 매우 중요하다. 1년 교직 과정의 마지막 평가 회의에서, 추후 2-3년에 걸친 발전 목표 범위를 찾을 것이고 그 목표를 성취하기 위해 체계적인 개발 계획을 수립할 것이다. 그 기회는 여러분이 지원한 학교에서 다양한 방식으로 나타나기 시작할 것이다. 예를 들면, 수석교사 보조자리가 난다면, 그 자리에 지원할 수 있는 경험을 얻는 것이 중요할 것이다. 만약 이 자리가 비어있고 또한 이 자리를 잠시 실행할 수 있다면, 그 역할에 대해 일시적으로 경험할 수 있을 것이다, 예를 들면, 그 해 수석교사를 보조하는 방법을 경험할 수 있고, 그 자리에 대한 정보를 학습할 수 있고, 그리고 다른 학교에서 교과 지도 외 전반적인 시민 교육 pastoral care 시스템이 어떻게 작동하는지를 알 수 있는 등 그 역할의 일시적인 경험을 얻을 수 있을지도 모른다. 전문적, 학문적, 개인적 발달에 있어서 포트폴리오 pdp 로 이를 기록하는 것은 다음 역할 또는 방향을 설정할 수 있도록 할 것이다. [과제 17.5]를 해보자.

> **과제 17.5 목표 설정하기**
>
> 1년 3년 그리고 10년간의 단기 중기 장기 목표를 설정하는 것은 지금 어디에 위치해 있고 어떻게 미래 경력에 대한 포부를 성취할 수 있을지에 대해 집중하는 데에 도움이 될 것이다. 이를 성취하기 위한 다양한 방법이 있다. 아래에 있는 표는 이에 대한 하나의 예시이다. 강점을 증진시킬 수 있는 자신의 목표에 시간을 투자하여 설정하고 어떻게 당신이 그 목표를 향한 과정을 만들지에 대한 계획의 범위를 고심해보자. 이를 전문성 개발 포트폴리오(PDP)에 정리하자.
>
> | 단기(현재)/중기(3년)/장기(3년 이상) | | | |
> |---|---|---|---|
> | 목표: (구체적으로 성취하고 싶은 목표는 무엇입니까?) | | | |
> | 근거: (왜 이 목표를 성취하기로 결정하였습니까? 그 결과는 무엇입니까?) | | | |
> | 증거: (이 결정의 근거는 무엇입니까?) | | | |
> | 핵심 활동 | 근거 | 결과 | 완료 |
> | | | | |

지속적 전문성 개발 Continuing professional development

지속적 전문성 개발에 지속적으로 관심을 가지는 것은 여러분의 의무이다. 모든 지속적 전문성 개발 CPD 은 궁극적으로 학생의 학습, 과정 그리고 발전에 영향을 주어야 한다. 교사와 지도자의 질은 학생의 교육적 기준을 증진시키기 위한 가장 중요한 요소이다(National college for teaching and leadership (NCTL) 2013). 교사로서 여러분의 과정은 학교 평가회 또는 학교 성과 관리 시스템에 의해 모니터 될 것이다(이는 잉글랜드, 웨일즈 그리고 노던 아일랜드에 국가 계획의 일부이다. 스코틀랜드에서는 개별 학교 또는 당국에 그들 자신의 합의된 모니터링 시스템이 있다. 여러분은 발전 계획을 활용하여, 그 과정을 발전시킬 수 있는 지속적으로 전문성 개발 CPD 을 할 수 있다. 이는 다양한 형식을 취할 수 있다.

- 학교 내: 전체 학교 연수 과정은 학교 발전 계획 그리고 국가 계획, 부서 및 학생 지도 연수, 개인 코칭 그리고 업무를 발전시킬 수 있는 '동료'와 함께하는 모니터링, 협력적 업무와 좋은 예시를 공유하는 것과 관련되어 있다.
- 학교 네트워크: 교사리더십 과정 NCTL: National college for teaching and leadership 은 학교 스스로 개선을 이끌 수 있는 시스템을 개발할 수 있도록 지원하는 2013년에 설립된 잉글랜드의 정부 기구이다. NCTL의 가장 핵심 목적 중 하나는 학교들이 서로서로 개선할 수 있도록 협업할 수 있도록 하는 것이다.

- 학교는 교원의 필요에 따라 지역 또는 국가의 다른 외부 전문 자문을 요청할 수 있다. 체육교육에서 이는 영국 체육교육협회 afPE 8)를 예로 들 수 있다.

여러분의 전문적 발달의 필요성은 국가 정책 그리고 교육 관련 보고서의 영향을 받을 것이다. 국가 의제는 정부에 의해 결정되고 국가 통계와 정치적 압박에 따라 달라진다. 학교는 이런 국가 의제에 대응해야 하고, 이에 대응하기 위해 교사를 지원하기 위한 더 많은 프로그램이 필요하다. 그리고 학교 교직원은 이에 따른 새로운 기준을 이해하고 실행한다. 예를 들면, 다양한 학생 그룹에 성취 격차를 줄이는 것과 같은 새로운 국가 의제에 대해 학교에서는 따라야 할 것이다.

중요한 자격 과정 higher qualifications

○ 대학원 학위 과정 Masters qualifications

예비교사는 미래를 위한 여행을 시작한다. 이 여행은 교사자격기준을 취득하기 위한 필요한 기준에 있어서 여러분의 지식과 이해력 understanding 을 개발할 수 있도록 하고, 그 과정에서 관련된 기술을 더욱 세련되게 할 것이다. 교사자격을 취득했다면, 여행은 이제 시작이다. 석사학위를 받거나 석사과정에서 학점을 취득하는 것은 여러분의 여행을 좀 더 빠르게 진행시킬 수 있거나 또는 심지어 여러분의 경력을 변화시킬 수 있는 하나의 방법일 수 있다. 석사학위는 교육의 이론과 실제에 대해 질문할 수 있도록 하고 교육에 관한 핵심 개념에 대해 잘 알 수 있도록 해준다. 석사학위는 다양한 방법으로 취득가능하다. 풀타임, 파트타임, 온라인 프로그램 등이 있다. 석사 학위를 취득하는 것은 여러분의 영역에서 리더로서 당신이 활동할 수 있는 좋은 방법이다.

교사에 대한 기준은 잉글랜드, 웨일즈, 노던 아일랜드 그리고 스코틀랜드 지역별로 다양하다. 그러나 지식 또는 이해력과 관련하여 최소자격 requirement 이 있다. 예를 들면, 잉글랜드 지역에 교사 기준은 교사로서 지식과 기술을 최신의 상태로 유지하고 있어야 하고, 자기 비판적이어야 한다고 기술되어 있다(DfE 2011: 10). 여러분은 교수 및 학생의 학습의 질 및 지도하는 내용에 대한 효과를 체크하기 위해 정기적으로 리뷰하는 등 교사로서 반성적 전문가가 되어야 하는 것은 필수적이다. 15장과 Capel 등(2013)의 5.4절(Leask 그리고 Liversidge)에서 좀 더 자세하게 반성적 실제에 대해 보여준다. 영국에 고등교육 품질관리기구 QAA: The Quality Assurance Agency 에서는 석사학위 학생은 다음과 같은 내용을 해야 한다고 명시한다.

---

8) 영국을 대표하는 공식적인 체육교육협회(https://www.afpe.org.uk/)

학문적 지식, 학문 분야 또는 전문적 실천 영역의 선두에서 상당 부분 지식에 대한 체계적 이해, 그리고 현재 문제와 새로운 시각에 대한 비판적 인식을 가져야 함.

(QAA 2008: 20)

이 서술에서 효율적인 교사와 석사학위를 진행하는 학생 사이에 명백한 시너지 효과가 있음을 알 수 있다. 석사학위 과정에서 학문적 글쓰기는 주제에 대해 논리적이고 비판적인 논의를 위해 관련된 학문적 읽기 또한 요구한다. Varley와 Green(2011)은 석사 학위 수준에서 쓰기 과정을 지원하기 위해 간결한 모델을 제안한다. 첫째, 노트를 만들고, 읽고 계획하기를 포함하는 미리 써보기. 둘째, 초안 만들기, 편집하기, 수정하기, 교정하기를 포함하는 실제 쓰기. 셋째, 토론하기, 평가하기 그리고 개념을 확장하는 글쓰기 이후 과정이다.

영국에 고등교육 품질관리기구 QAA 의 교과 벤치마킹 보고서는 교과 이해력 또는 역량 개발, 교과 일관성 및 정체성이 무엇인지 기술할 수 있는 대학원 수준의 능력과 기술 측면에서 기대할 수 있는 부분을 정의한다. 석사 학위 과정에서 나타나는 일반적인 특징은 다음과 같다.

- 연구와 조사 – 확인하기, 선택하기, 비판적으로 분석하기와 교육적 개념 분석하기, 관점과 이론
- 조직과 준비 – 일관성 있는 일련의 목적 정하기
- 실천적 역량 – 연구 수행에 적합한 방법론을 선택하고 이를 바탕으로 자료 수집하기
- 일관성 – 구성과 쓰기에서 명료성과 일관성 보여주기
- 개념에 대한 창조성과 혁신성 – 새로운 아이디와 관계를 만들어낼 수 있는 능력, 새로운 맥락에서 기존의 자료를 적용하기
- 관련된 맥락 이해하기 – 좀 더 큰 그림에 연구를 위치시키기
- 비판적 평가
- 실제에 이론 적용하기

○ 선택 가능한 자격 과정

NCTL은 잉글랜드에서 중간 지도자 middle leaders, 상급 지도자 senior leaders 와 학교 책임자(교장직)를 원하는 교사들을 위한 자격 과정과 스터디 모듈을 3가지로 고안했다.[9] 이 자격 과정의 목적은 학교와 학생을 중심에 두고 리더십 개발을 지원하는데 있다. 〈표 17.1〉에서 그 개요를 볼 수 있다.

---

[9] 중간지도자, 상급지도자, 교장직에 대해서 다음 홈페이지 참고.
https://www.teachfirst.org.uk/middle-leader, https://www.teachfirst.org.uk/senior-leader
https://www.teachfirst.org.uk/headship

- 뛰어난 중급 리더십을 통해 양성된 지도자는 다양한 학교의 학생 성취 단계를 올릴 수 있다.
- 상급 리더십 양성 과정(국가 전문 자격 과정)은 다양한 학교를 주체적으로 지도하는 교사들을 위해 설계된다.
- 교장직을 위한 국가 전문 자격은 교장을 지원하는 사람들을 위해 설계된다.

[과제 17.6]을 해보자.

> **과제17.6 선택 가능한 자격 과정/교사 연수 단계**
>
> 학교현장실습 학교에서 석사학위 및 리더십 자격 과정을 포함하여 부가적인 연수에 대해 교사들과 토론해보자. 그들은 실제에 영향을 줄 수 있는 연구에 대해 이미 알고 있을 것이다. 이를 전문성 개발 포트폴리오(PDP)에 기록하자.

〈표 17.1〉 잉글랜드의 리더십 자격을 위한 현재 프레임워크(NCTL 2013: 9)

단계	자격	모듈*		
		주제: 교육적 탁월성	주제: 관리체계	주제: 전략적 리더십
1단계 부서 이끌기	중급 리더십을 위한 국가 전문 자격 • 2가지 필수 코스 • 1가지 선택 코스	• 교수 안내 • 통합 안내	• 관리 시스템과 과정 • 효과적인 팀 인솔 • 교직원의 전문성 개발 유도	• 중급 리더십 성공 • 발전을 위한 변화 이끌기 • 다양한 시스템 안내
2단계 조직 전체 이끌기	상급 리더십을 위한 국가 전문 자격 • 2가지 필수 코스 • 2가지 선택 코스	• 격차 해소하기 • 교수 질 개선 • 교수 연구 및 발전	• 효과적인 학교 전체 관리 • 학교 자체 평가 • 전문적 발달 이끌기	• 상급 리더십 성공 • 발전을 위한 변화 이끌기 • 다양한 시스템 안내 • 효과적인 파트너십 작동
3단계 조직 지휘에 대한 포부	교장직을 위한 국가 전문 자격 • 3가지 필수 코스 • 2가지 선택 코스	• 선도적이고 발전적인 교수 • 교육과정 개발 • 선도적인 통합: 모두를 위한 성취	• 효과적인 학교 이끌기 • 실적 개선을 위한 데이터와 증거 사용 • 교직원과 함께 효과적인 팀 이끌기	• 교장직 리더십 성공 • 발전을 위한 변화 이끌기 • 효과적인 파트너십을 통한 학교 발전 • 다양한 맥락에서 이끌기 • 자유 학교 리더십 • 관계와 명성 • 자유와 제한

* 각각의 중요 항목 bullet point 은 모듈 제목이다.

교수 전문성

교수 teaching 와 교육적 정책에 있어 현재의 이슈를 아는 것은 전문가로서 여러분이 가져야 할 책임 중 하나이다. 이 절은 오늘날 교수 teaching 와 교사에 영향을 미치는 다양한 요소와 주제에 대해 보여준다. 각 정부의 변화에서 정책의 변경이 있다. 예를 들면, 2010년에 잉글랜드에서 새롭게 선출된 정부는 국가 수준의 교육과정, 학교 점검과 책임, 교사의 연봉과 그 현황, 학교 구조 그리고 예비교사과정에 대해 변화를 제안하고 완수하였다.

교사자격 취득을 목표로 하는 예비교사, 신임교사, 또는 경험이 많은 교사 등 영국에 모든 교사는 관련된 기준에 의해 정해진 최소 실천 수준을 성취해야 한다(예를 들면, 잉글랜드의 경우 교사 자격(Dfe 2011) 또는 스코틀랜드의 경우 GTC 스코틀랜드 전문 기준(GTCS 2012)). 모든 교사의 수행은 학교 평가/수행 관리 시스템의 한 파트로써 지속적으로 그 기준에 의해 평가된다. 여러분에게는 교직을 수행하는 동안 관련 기준을 근거로 지속적 전문적 발전이 요구된다. 교사로서 어떻게 발전할지 결정하는 좋은 방법은 30년 동안 지속적으로 발전한 교사와 계속해서 같은 내용을 비슷하게 가르친 교사 사이에 차이점을 인식하는 것이다. 그러므로 여러분은 해마다 모든 학생을 위한 같은 방법으로 같은 주제를 가르치는 것보다는 교수를 지속적으로 개선하고 학생들의 요구를 맞추기 위해 노력해야한다. 어떻게 교수법을 증진시키고 개발하는지 이해하는 것은 학생들에게 영향을 미칠 것이다. 이는 학생들이 좀 더 자신감 있고 역량을 갖춘 개인이 되는데 도움이 될 것이다. 교사에 대한 기대는 다음과 같이 요약된다.

> 교사들은 경험을 쌓음에 따라, 자신의 역할에 적절하고 맥락적으로 적합한 판단 기준에 맞추어 수행할 지식, 기술 그리고 이해에 대한 깊이와 넓이를 확장할 수 있어야 한다.
>
> (DfE 2011: 7)

The School Teachers Review Body에 따르면, 2013년 9월부터, 잉글랜드와 웨일즈에 학교는 교사의 연봉과 업무를 연계할 수 있다. 즉, 학교는 더 좋은 교사에게 더 많은 월급을 지급할 수 있다. 교사들에게 국가 월급 시스템에서 수행 관련 월급 시스템으로의 전환은 좋은 수행에 대한 보상을 주고 학생의 학습과 성취에 긍정적인 차이를 이끌어낼 좋은 교사를 끌어들이고 보유하기 위하여 시행되었다. 여러분의 1년 교직 생활 후에 매년 평가/수행 관리 리뷰를 하는 동안, 여러분의 직속 담당자는 여러분의 목표 설정 및 발전에 대해 토론할 것이고 급여 인상에 대해 추천할지 결정할 것이다. 현재 급여와 상황에 대한 문서가 이 결정의 규모에 대한 가이드라인으로 제시될 것이다.

> 초임 교사는 학교에서 설정된 근무 성적에 기반한 연봉에 대한 정보를 받고, 이를 근거로 최대한 연봉을 받을 수 있다.
>
> (DfE 2013b: 25)

계속해서 전문성을 개발한다면, 여러분은 현재 학교 또는 새로운 학교에서 책임 있는 자리에 지원할 준비가 될 것이다. 잉글랜드와 웨일즈에서 교수 학습 책무 TLR: The teaching and Learning Responsibility 비용은 TLR1, TLR2 그리고 TLR3으로 분류되고, 이는 성과급에 해당한다. 더욱 많은 책임을 가지고 높은 수업 질을 유지하고, 책임감을 가지고 학급을 담당하는 교사는 TLR1 및 TLR2을 부가적으로 지급 받는다. TLR3은 단기간에 행해지는 학교 개선 프로젝트에 참여하는 교사 또는 일회성으로 책임을 지는 학급담당 교사에게 지급하는 일시적 보상이다. TLR을 받는다는 것은 다음 중요한 책임을 다한다는 것을 의미한다.

a. 교수와 학습에 집중하기
b. 교사의 전문적 기술과 판단에 대한 연습 요구
c. 교사가 교과목 또는 교육과정 영역을 지휘하고, 다루고 개발하도록 요구 또는 교육과정을 넘어 학생 발전을 지휘하고 다룰 수 있도록 요구
d. 교사의 할당된 학생 학급 또는 그룹보다 학생의 교육적 발전을 위한 영향력 가지기
e. 다른 교원의 교수 실제를 지휘하고, 개발시키고 증진시키는데 관여하기

(DfE 2013b: 27-28)

또한, TLR1을 받는 교사는 많은 다양한 사람들에 대한 책임을 지고 관리하게 된다(TLR1에 대한 성과급 내용과 수준은 단위학교에서 결정된다).

특히 체육교사에게는 가르치는 특정한 활동과 환경의 높은 위험 요소 때문에 전문적 협회든 교원단체든 전문적 연합의 일원이 되는 것이 중요하다(안전에 대해서는 12장을 참고). 만약 여러분 담당 학생의 사고가 있었다면, 법정 대리, 지원 그리고 조언을 받는 것은 중요하다. 다양한 교원단체가 있다. 어떤 교원단체가 여러분에게 어떻게 도움이 될 수 있는지 적합한지 시간을 들여서 생각해봐야한다. afPE가 영국에서는 유일한 체육교과 단체이다. 이 단체는 체육 교사에게 공공책임보험을 제공한다. afPE는 또한 체육에서 국가 단위 또는 지역 단위 발전에 대해 단체 회원들의 의견을 대표한다. 그리고, 다양한 학습 자료, 전문적 발전 기회, 규칙적 업데이트, 회원 저널 그리고 건강 및 안전에 대한 조언을 제공한다.

책무성과 신임교사

영국 교육의 현재 분위기는 교육에 대한 책무성에 점점 더 초점을 맞추고 있다. 영국의 교사 기준은 교사에 대한 전문적 의무를 언급한다. 예를 들면, 교사는 '업무와 행동에 있어서 가장 높은 기준을 성취하는 데 책임이 있다'(DfE 2011: 10)는 것이다. 영국 학교 감사 체계 또한 모든 연령대 학생의 발전에 목표를 둔다. 예를 들면, 잉글랜드 교육기준청 Ofsted 감사 체계는

학교 및 기관 등의 감사를 위한 법적 근거이고 Education Act 2005 섹션 5에 의해 실행된 학교 감사의 중요 특징을 보여준다. 이 감사는 성과 부진 underperformance 에 대해 엄격히 조사하고 학습자 모든 그룹의 기회의 평등을 촉진시킨다.

조사관은 학교에서 제공된 교육의 질에 대해 보고하기를 요구한다. 이는 반드시 다음을 포함한다.

- 학생의 성취
- 교수의 질
- 학생의 행동과 안전
- 리더십의 질과 학교의 경영관리

보고받을 때, 조사관은 다음을 또한 고려한다.

- 학생의 정신적, 도덕적, 사회적 그리고 문화적 성장
- 제공된 교육이 학생의 수요를 어느 정도 맞추었는지

(Ofsted 2014: 5)

예비교사 그리고 신임교사로서 여러분들은 학교의 다른 스태프와 마찬가지로 감사의 대상이다. Ofsted 조사관의 전문적 판단에 의해 '가장 적합한' 방안을 선택하여, 기준과 등급이 적용된다. 학교 규준에 포괄적인 등급 설명어에 더하여, 특정 교과 등급 기준이 있다. 여러분의 교수 능력의 판단이 그것들을 사용하여 측정함에 따라 이 두 가지 모두에 익숙해지게 되는 것은 필수적이다. [과제 17.7]을 해보자.

 과제 17.7 체육수업 중 학생 발전 관찰

학교현장실습 기관에서, 예비교사(또는 후에 신임교사)로서, 관련된 특정 교과 등급 기준(잉글랜드에서는 Ofsted 규준)을 사용하여 자신의 수업 중 하나를 관찰하도록 동료에게 요청하자. 수업이 끝나면, 어떻게 여러분이 모든 학생이 수업에서 발전할 수 있도록 했는지 관찰자와 토론하자. 이 정보를 여러분의 전문성 개발 포트폴리오(PDP)에 기록하자. 그리고 모든 학생을 발전시키기 위해 여러분의 능력을 발전시키기 위해 그것을 사용하자.

요약 및 요점

이 장은 여러분의 예비교사과정, 신임교사로서 여러분의 다음 단계 그리고 경력 개발 단계에서 첫 번째 단계 사이에 과도기를 탐구했다. 자격을 갖춘 교사로서 여러분의 첫 번째 의무와 관련하여 여러분의 처음 '실제 충격'을 극복하는데, 도움을 주기 위해 노력하였다. 특히, 포트폴리오를 개발해야 함의 중요성은 다음과 같다. 자신의 개발에 포트폴리오는 반드시 필요하고 이는 여러분의 첫 번째 교직 지원 과정에서 도움을 줄 것이다. 이후 지속적으로 전문성 개발 CPD에 영향을 미칠 것이고, 궁극적으로 여러분 목표를 설정하는 데 큰 도움이 될 것이다.

Jones(2010)는 학생들이 초등학교에서 중학교로 옮기는 과도기를 탐구했다(잉글랜드에서는 key stage 2에서 3으로 이동). Jones는 학생과 교사 둘 다 비슷하게, 학생의 교육에 중요한 시기는 오리엔테이션, 멈춤과 방향 전환, 점검과 기술 개선에 대한 여행이라고 했다. 마찬가지로 여러분의 중요한 시기는 교수 경력을 시작하는 것이라고 말할 수 있다. 이 장은 여러분의 이전 경험을 이끌어 내고, 계획을 세울 때 처음 1년 교직 생활에서 지원을 받는 것이 얼마나 중요한지 보여주었다. 처음 1년 과정이 예비교사과정에서 나타난 학습을 더 깊게 할 수 있게 하는 과정도 보여주었다. 또한, 그 1년 과정이 신임교사 그리고 더 넘어선 미래 학습에 여러분을 더 잘 준비할 수 있도록 윤곽을 보여주었다. Haggarty와 Postlethwaite(2012)의 제안에 따르면, 예비교사교육과정에 예비교사에서 학교의 신임교사로 전환하는 과정에서, 어떻게 신임교사가 그들 자신의 교수 스타일과 교수에 대한 믿음을 만들어 낼지에 대해서, 1년 차 교직 생활에 튜터의 역할이 매우 중요하다고 하였다. 즉, 이 장은 어떻게 여러분이 첫 번째 1년 교직 과정을 준비하고 활용하는지에 대한 중요성을 강조하였다.

교사로서 발전을 지속하기 위해 그리고 교수의 효율성을 증진시키기 위해, 지속적 전문성 개발 CPD은 교사 재직 기간 동안 계속해서 필요하다. 여러분은 교육과정 지식, 내용, 교수학습 그리고 당신의 교과에 대한 발전에 대해 최신상태를 유지해야 한다. 학습과 교수 전략에 대한 혁신과 창조성에 대해 탐구해야 한다. 그리고 교육의 변화, 정부 정책의 영향 그리고 여러분의 전문적인 발전에 영향을 미치는 내용에 대해 지속적인 관심을 가지고 유념해야 한다. 이를 위해 다음을 찾아보자.

- 계획, 교수 그리고 비판적 반성/리뷰, 지속적이고 순환하는 과정에 대한 실행
- 새로운 학습 그리고 존재하는 실제 그리고 활동 학습 참여 사이에 관계를 설정하고, 오랜 기간에 걸쳐 지속적 전문성 개발 CPD 활동에 지속적으로 참여
- 교수에 대한 열정과 교과목에 대한 사랑, 배움에 대한 열정을 해결할 수 있는 지속적 전문성 개발 CPD과 전문적 공동체 활용

교수에 대한 경력은 학교생활에서 매일매일 다른 도전을 줄 것이다. 감정의 기복도 있을 것이고, 정말 기억하고 싶은 순간도 있을 것이고, 잊고 싶은 순간도 있을 것이다. 그러나 모든 순간순간 속에서 여러분의 학생과 함께 배울 것이다. 가르친다는 것은 배운다는 것이다.

여러분의 교수 개발 그리고 학생 학습의 발전을 위한 교사로서 당신의 경력에 행운을 빈다. 그 여행은 여러분을 데려가는 곳 어디든지 여러분 발전을 큰 영향력을 끼칠 것이며 여러분은 그 여행을 즐길 것이다.

/ 추가 읽기 자료 /

Arends, D. and Kilcher, A. (2010) *Teaching for Student Learning: Becoming an Accomplished Teacher*, Abilgdon, Oxon: Routledge.

이 책은 교사의 교수에 있어서 연구와 실제 지식의 결합을 통한 초보자에서 전문가로 이동하는 방법 및 예시를 보여준다. 이 책은 교사가 학생을 위한 학습 지원을 하는데 있어, 증거 기반 교수의 다양한 목록이 점진적으로 습득되고 적용되는 방법이 어떻게 성취되는지 알려준다. 이 책의 1~5장은 본 장과 특히 관련이 있다.

Capel, S. and Whitehead, M. (2013) *Debates in Physical Education*, Abingdon, Oxon: Routledge.

이 책은 체육교사가 일상적인 전문적인 삶에서 만나는 큰 이슈를 소개한다. 현재 확립된 동시대의 논쟁으로 심도깊은 토론을 진행한다. 그리고 깊은 이론적 지식에 대한 이해를 통해, 초보 교사와 경력 교사가 자신의 관점으로 논쟁하고, 종내에는 비판적 반영과 목적을 바탕으로 현명한 판단에 이를 수 있도록 지원한다. 또한, 새로운 다양한 관점을 기반으로 교과의 단기, 중기 및 미래에 대한 관심사를 제시한다.

Capel, S., Leask, M. and Turner, T. (eds) (2010) *Readings for Learning to Teach in the Secondary School: A Companion to M Level Study*, Abingdon, Oxon: Routledge.

이 책은 예비교사들이 이론, 연구 및 증거를 기반으로 효과적인 실천을 할수 있도록 핵심적인 글을 소개하고 있다. 대학원 단계의 학생들을 위한 연구와 관련하여 이 책은 디자인되었다. 각 장은 이 단계의 학생이 자료를 잘 이용할 수 있도록 구성되어 있고, 이에 대해 반성할 수 있는 질문을 포함하고있다. 이 책의 모든 장에 주석 읽기 자료는 학생들의 연구와 글쓰기를 지원한다.

Capel, S., Leask, M. and Turner, T. (eds) (2013) *Learning to Teach in the Secondary School: A Companion to School Experience*, 6th edn, Abingdon, Oxon: Routledge.

이 책은 교사로서 필요한 기술에 대해 포괄적이고, 깊고 그리고 실제적인 사례를 제공한다. 그리고 교육 분야에서 학생들을 좋은 실천과 성공적인 미래를 이끌기 위한 다양한 특징들을 개발할 수 있도록 디자인되었다. 8장 '여러분의 전문적인 개발'이 특히 본 장과 관련이 있다.

체육을 가르치기 위한 지식, 기술 및 이해력의 개발
Developing your knowledge, skills and understanding for teaching PE

Susan Capel and Margaret Whitehead

소개

체육수업의 질과 학생의 학습은 체육교사 각자의 역할에 달려 있다. 이 책은 체육교사가 학생에게 초점을 맞춰야 함을 강조하고 있다. 학생의 요구는 체육수업에서 가장 중요한 요인이며, 우선적으로 고려해야할 대상이다. 체육수업에서 활동이나 교재는 학생이 학습하도록 돕는 도구이자 과정일 뿐이다.

이 책 전반에 걸쳐 체육을 효과적으로 가르치는 데 필요한 지식, 기술, 이해력에 대해 살펴보았다. 물론 지식, 기술, 이해력의 다양한 측면을 살펴보았지만(내용에 따라 자세하게, 또는 부가적으로), 대부분은 내용교수지식에 초점을 맞추고 있다. 체육교육을 효과적으로 가르치기 위해 필요한 지식, 기술, 이해력의 내용은 광범위하지만, 이 책에서는 모든 내용을 다루지는 않았다. Shulman(1987)은 교사지식을 7가지 범주로 나누었지만, 유능한 체육교사가 되기 위해서는 이 외에도 교사로서 자신을 이해하는 능력을 갖는 것이 중요하다. 이 장의 첫 번째 절에서는 Shulman의 지식 기반을 살펴보고, 이를 어떻게 체육수업에 적용할 수 있는지에 대한 사례를 살펴본다. 그리고 체육교사로서 자신에 대한 지식의 중요성을 살펴보고자 한다.

이 장을 학습한 후, 여러분은 다음과 같은 내용을 할 수 있어야 한다.

- 체육교육을 효과적으로 가르치기 위해 다양한 지식 중 유용한 지식, 기술 및 이해력의 중요성을 인식한다.
- '자신에 대한 지식'을 갖는 것이 왜 중요한지, 이것이 체육을 효과적으로 가르치기 위한 지식, 기술, 이해력의 개발과 적용에 어떤 영향을 미치는지 이해한다.
- 학생의 학습을 촉진하고 지원하기 위해 자신의 지식, 기술, 이해력을 사용하는 데 있어 반성(反省)의 중요성을 이해한다.
- 모든 교수 활동 요소가 학습을 촉진 시킨다는 사실을 인식한다.
- 예비교사교육과정을 마치게 되면, 체육을 효과적으로 가르치는 데 필요한 지식, 기술, 이해력의 일부만 개발되었다는 점을 인식한다.
- 지속적으로 학생들에게 체육을 가르치는 데 필요한 지식, 기술, 이해력을 개발하기 위해 헌신적으로 노력하는 것의 중요성을 인식한다.

예비교사교육과정의 요구사항(필수요건)을 확인하여 이번 장과 어떠한 관계가 있는지 살펴보자.

효과적으로 체육 가르치기

체육을 효과적으로 가르치기 위한 지식, 기술 및 이해력에 대해서는 이 장 외에, 다른 장에서 이와 관련된 자료를 살펴보았다. 이에 앞서 과연 효과적으로 가르친다는 것은 무엇을 의미하는가? 일반적인 의미에서의 효과적인 교수와 체육을 효과적으로 가르친다는 것은 더 우수한 학생의 학습결과를 이끄는 교사의 행동과 수업 절차, 실천을 의미한다. 따라서 유능한 체육교사는 학생들의 학습결과에 초점을 맞추고, 학생들이 이를 성취할 수 있도록 교사 행동과 수업 절차를 만들어낸다. 효과적인 교수에 대한 Ho와 Sammons(2013: 2p)의 연구에서는 유능한 교사의 특징을 다음과 같이 제시하고 있다.

- 교육목적에 대해 명확하게 인식한다.
- 교육과정 내용 및 전략에 대한 지식을 가지고 있음.
- 학생들에게 무엇을 기대하는지와 그 이유에 대해 소통할 수 있다.
- 수업내용을 명확하고 풍부하게 하는 실습에 더 많은 시간을 할애하기 위해 교육 자료를 전문적으로 활용할 수 있다.
- 학생에 대한 지식이 풍부하고, 학생의 필요(부족한 부분)에 따라 가르치며, 신체활동 지식을 바르게 이해하도록 한다.
- 학생들에게 메타인지전략을 가르치며, 그들이 이러한 전략을 숙달할 기회를 제공한다.
- 낮은 수준부터 높은 수준의 인지적 목표를 제시한다.

- 규칙적이고 적절한 피드백을 제공하여 학생의 이해도를 점검한다.
- 다른 교과를 통합하여 가르친다.
- 학생의 학습결과(성장)에 대한 책임감을 갖는다.

이 내용에서 알 수 있듯이, 유능한 체육교사는 학생들이 의도된 학습 결과를 성취할 수 있도록 다양한 지식, 기술, 이해력을 동원하고 통합할 수 있어야 한다. [과제 18.1]을 수행해보자.

> **과제 18.1 효과적으로 체육 가르치기**
>
> 위의 Ho와 Sammons의(2013) 목록을 비판적으로 분석하여 체육을 가르칠 때 중요도가 낮은 지식, 기술 및 이해는 무엇인지, 효과적인 체육 가르치기 목록에 추가해야 한다고 생각하는 지식, 기술 및 이해는 무엇인지를 생각해보자. 이 목록마다 자신의 지식, 기술 및 이해력의 수준을 비판적으로 성찰해보자. 자신이 추후 더 발전시켜야할 지식, 기술 및 이해에 대해 지도교사(tutor)와 논의해보자.
>
> 위의 목록을 활용하여 '효과적으로 체육 가르치기의 핵심 요인에 대한 비판적 인식'이라는 제목의 반성적 에세이(2,500단어)를 써보자.
>
> 여러분의 전문성 개발 포트폴리오(PDP)에 예비교사교육과정 및 이후 과정에서 각 영역별로 자신에게 필요한 지식, 기술 및 이해력의 목록을 작성해보고, Masters level의 증빙자료로서 이 에세이를 전문성 개발 포트폴리오(PDP)에 보관해두자.

교수 활동에 필요한 지식, 기술 및 이해력

이 책은 모든 교수법을 다루고 있지는 않다. 교사에게 필요한 지식, 기술, 이해력의 여러 측면들이 소개되었지만, 주요 초점은 내용교수지식에 맞춰져 있다. 따라서 여러분은 이 책의 내용 이상의 다른 지식, 기술, 이해력에 대한 학습이 필요하다. 이번 장에서는 체육을 가르치는 데 필요한 지식, 기술, 이해력의 범위를 중점적으로 다루려고 한다.

교수 지식을 구분하는데 자주 인용되는 Shulman(1987)은 예비교사가 개발해야할 지식을 다음과 같이 7가지로 분류하고 있다.

- 내용 지식: Schwab(1964)은 이를 실제적 지식 substantive knowledge (교과에서 중요한 개념과 기술을 아는 것)과 통사적 지식 syntactic knowledge (개념과 기술이 교과 내에서 어떻게 구성되고 조직되는지를 아는 것)으로 제시하였다.
- 교육과정 지식: 교사의 '수업 도구'로서 교재 및 프로그램
- 지도 방법 지식: 일반적인 교수 활동에 적용되는 수업 관리 및 조직과 관련된 광범위한 원리와 전략

- 내용 교수 지식: 교사가 학생들이 효과적으로 학습할 수 있도록 교과 내용을 특정 맥락에 적합한 방식으로 구조화할 수 있는 지식
- 학습자와 학습자 특성에 대한 지식: 학습자에 대한 교사의 경험적 또는 사회적 지식(특정 연령의 학생들이 좋아하는 것, 학교와 교실에서의 행동 특성, 관심사와 흥미, 사회성, 날씨나 특정 사건과 같은 요인이 교사와 학생의 관계에 미치는 영향 등), 학습자에 대한 인지적 지식(학습활동에 영향을 미치는 학습자의 지식과 이해 수준 등의 아동 발달 지식)
- 교육 환경 지식: 교육성과에 영향을 미치는 교수 맥락, 집단, 학급, 학교, 학교 운영 조직과 예산의 범위, 학교의 유형과 규모, 통학 거리, 학급규모, 교사의 수준과 지원 정도, 교사의 피드백 정도, 학교 내 인간관계, 교장의 기대와 경영 태도, 지역사회와 문화적 특성 등의 교육 맥락에 대한 지식
- 교육 목적, 목표, 가치, 철학적, 역사적 의미에 대한 지식: 단기적 수업 목표, 단원목표, 장기적 목표를 달성하기 위한 목적 지향적 활동

아래에서는 이상의 교수 지식에 대해 차례대로 살펴보고자 한다.

○ 내용 지식

내용 지식은 교과와 관련한 개념의 체계와 탐구방법에 대한 원리를 의미한다. 그렇다면, 체육교과에서의 내용 지식은 무엇인가?

체육에 대한 내용 지식이 무엇으로 구성되는지에 대해서는 여러 가지 관점이 있다. 일반적으로 내용 지식은 교육과정에 포함된 활동, 특히 스포츠 활동(내용)으로 구성된다는 생각이 지배적이다. 하지만 이 같은 견해가 내용 지식에 대한 유일한 관점이자, 체육교사가 개발해야 할 지식의 전부라면, 이는 내용지식을 지나치게 제한적으로 보는 것이며, 교사가 학생들의 학습을 지원하기 위한 핵심적인 지식을 습득하는 데 그다지 도움이 되지 않는다.

체육교과의 내용 지식은 교육과정에 제시된 활동 특히 스포츠 활동 이상의 것이며, 실제적 지식(교과의 주요 개념과 기술)으로서 움직임의 특성에 대한 이해가 주가 된다. 움직임과 이 움직임의 원리나 구성요소를 분석하는 방식은 다양하다. 이 중 Laban의 움직임 원리(4장 참조), 생체역학, 운동기능학, 생리학, 심리학 및 사회학(11장 참조) 등의 내용은 다른 장에서 살펴본다. 예를 들어, 학생들이 모든 신체활동에 참여하는 데 필요한 움직임 역량의 수준을 설명해주는 Laban의 원리, 운동기능 숙달에 필요한 교수학습 방법과 관련된 운동역학적 원리, 교사가 학생이 건강하고 활동적으로 생활하도록 장려할 수 있는 운동생리학적 지식은 내용 지식으로서 매우 중요하다. 이러한 내용지식에 대한 이해 없이는 체육과 교육과정 내용을 이해하고, 학생의 운동기능을 향상시킬 수 있는 피드백을 제공하거나, 학생들에게 신체적으로 활동적인 삶을 추구하는 데 필요한 지식과 이해력을 가르칠 수가 없을 것이다.

다음 [과제 18.2]를 수행해보자.

> **과제 18.2 움직임 내용 지식에 대한 이해**
>
> 다음 각각의 과학적 원리별로 움직임을 분석하는 방식을 설명해보자.
> Laban의 움직임 원리, 생체역학, 운동기능학, 생리학, 심리학, 사회학 등 여러분이 발전시켜야 할 분야를 생각해보고, 해당 분야의 지식과 이해력을 향상시킬 수 있는 방법을 탐색해보자.
> 각 움직임 분석 방식 관련 자료를 참고하여, 이러한 지식이 실습학교의 교육과정 내용을 이해하는 데 어떻게 기여할 수 있는지에 대한 에세이(2,500단어)를 써보자.
> 숙련교사Masters level의 증빙자료로서 이 에세이와 함께 여러분의 개발 분야와 변화 내용을 전문성 개발 포트폴리오(CPD)에 저장해보자.

○ 교육과정 지식

여러분이 실습학교에서 가르치고 있는 교육과정은 학교에서 개발한 것이거나 상위 수준의 교육과정(예: 국가수준 체육과 교육과정)의 일부일 수 있다. 이 교육과정은 '교사의 수업도구'로서 교재와 교육 프로그램으로 구성된다. 예를 들어, 궁극적인 교육 목적과 학생들이 달성해야 할 성취목표, 가르칠 내용의 범위, 학생들이 학교에 입학하여 졸업할 때까지 어떻게 성장하고 발달할 수 있는지 등이 포함된다. 또한 학생이 특정 시기에 성취해야하는 학습결과 등 체육을 가르치는 데 필요한 여러 측면들이 포함되어야 한다. 다음의 [과제 18.3]을 수행해보자.

> **과제 18.3 교육과정 지식**
>
> 실습학교에서 체육과 교육과정의 근거가 되는 주요 교육과정 문서(예: 국가수준 체육과 교육과정)를 읽어보자. 교육과정의 목적과 목표가 무엇인지, 내용의 범위, 학생들이 해당 학교에 입학하여 졸업할 때까지 학업 발달은 어떻게 이루어지는지, 중등학교의 교육내용은 초등학교에서 어떻게 구성되는지, 각 단계별 필수요건은 무엇인지 등에 대해 적어보자. 예비교사들과 교육과정에 대한 자신의 생각을 함께 토론하고, '교육과정의 목적, 목표가 어떻게 교과내용으로 실천되는지, 특히 여러분의 실습학교에서는 이것이 어떻게 구체적으로 실천되고 있는지'에 대한 에세이를 써보자.
> Masters level의 증빙자료로서 이 에세이를 전문성 개발 포트폴리오(CPD)에 저장해보자.

여러분이 실습학교에서 가르치고 있는 체육과 교육과정은 상당히 광범위하고 영역별 내용도 균형 있게 구성되어 있다. 따라서 실습학교의 교육내용이 교육과정과 잘 부합하는지를 이해하고 이러한 교육과정을 실천할 수 있는 지식과 기술, 이해력을 갖추는 것이 필요하다. 체육과 교육과정의 활동 영역에는 육상, 댄스, 게임 활동, 체조, 야외 및 모험 활동, 수영 및 수상 활동이 포함될 수 있으며, 각 영역별로 다양한 유형의 활동과 세부 활동이 있다. 예를 들어, 게임 활동은 네 가지 유형으로 분류될 수 있으며, 각 유형은 세부 활동 또는 게임으로 구성된다.

- 영역형(침범형) 게임 - 상대 팀의 구역이나 하프라인을 침범하는 것을 목표로 하는 게임. 세부 활동에는 농구, 축구, 하키, 네트볼 및 럭비 등이 있다.
- 네트형/벽형 게임 - 네트 너머로 공을 넘기거나 적절한 공간으로 보내는 것을 목표로 하는 게임. 세부 활동에는 배드민턴, 테니스, 스쿼시 및 배구 등의 활동이 잇다.
- 타격형/필드형 게임 - 배트로 공을 쳐서 빈 공간으로 보내는 것을 목표로 하는 게임. 세부 활동에는 야구, 크리켓, 소프트볼 등이 있다.
- 타겟형 게임 - 타겟을 향해 물체를 보내는 것을 목표로 하는 게임. 세부 활동에는 양궁, 골프 등이 있다.

다음의 [과제 18.4]를 수행해보자.

과제 18.4 체육수업에서 가르칠 수 있는 다양한 신체활동

네 가지 게임 유형(type)의 예를 참고하여 여러분의 실습학교에서 가르칠 수 있는 신체 활동을 선정하고 각 게임 유형에 추가해보자. 또한 게임 외에 다른 다섯 가지 활동 영역(육상, 댄스, 체조, 야외 및 모험 활동, 수영 및 수상 활동)과 체육과 교육과정에 포함할 수 있는 또 다른 신체활동 영역과 세부 활동(예: 건강 관련 활동 또는 체력 활동), 14~19세 학생들에게 적합한 성취기준을 분류하고 적어보자. 각 신체활동 영역과 영역별 세부 활동 유형을 분류하는 기준이 무엇인지 설명해보자. 각 신체활동 유형별로 세부 신체활동 종목을 추가해보자. 교육과정에 대한 자신의 생각을 다른 예비교사와 함께 토론하면서, 교육과정에 대한 자신의 이해력 발달, 지식과 기술의 발달 정도를 확인해보자. 이러한 내용을 전문성 개발 포트폴리오(CPD)에 정리해두자.

[과제 18.4]를 통해 두 가지 사실을 이해해야 한다. 첫째, 체육수업에서 교육과정 내용은 학습이 이루어지는 도구이자 과정이라는 점이다. 내용은 아주 광범위하고 다양한 신체활동 영역과 세부 신체활동 종목으로 구성된다. 예를 들어 체육과 교육과정의 범위와 영역별 균형을 유지하기 위해서는 다음과 같은 내용을 고려해야 한다.

- 영역, 유형 그리고 세부 신체활동이 한 단원에서 어느 정도 지도가 가능하고, 그에 따라 학생들은 다양한 활동에서 얼마나 빨리 기초 레벨을 벗어날 수 있는지
- 각 영역, 유형 그리고 세부 신체활동에 어느 정도 시간을 할애해야 하는지 또한 연간 각 활동은 언제 해야 하는지

- 활동의 영역 또는 유형의 예시로 사용된 세부 신체활동에서 어떤 원리에 중점을 두어야 하는지, 또는 세부 신체활동에서 어디에 집중을 해야 하는지
- 학생들이 방과 후 또는 외부에서 참여하는 신체활동 원리의 지식과 기술을 개발하고 이해하는데 어느 정도의 시간이 필요한지

각 교육과정(예를 들어, 잉글랜드, 웨일스, 북아일랜드의 14세~19세 체육과 교육과정)에는 이러한 내용에 대한 학생들의 성취기준이 제시되어 있다.

둘째, 보통 예비체육교사는 한 가지 신체활동 영역과 유형, 종목에 익숙할 수 있지만, 모든 영역과 유형, 그 안의 세부 종목별로 해박한 지식을 가지고 있지는 않다. 따라서 교사로서 필요한 신체활동별 지식과 이해력을 갖추기 위해서는 혼자 또는 동료교사와 함께 학교에서 가르쳐야 할 신체활동 영역, 유형, 세부 종목을 골고루 연습해야 한다. 이는 마치 영어과 교육과정 개발을 위해 특정한 교재를 읽고 분석해야 하는 것과 같은 이치이다.

○ 지도 방법 지식

여러분은 체육교사이기 전에 먼저 교사라는 사실을 명심해야 한다. 따라서 수업에 적용할 수 있는 일반적이고 보편적인 수업 관리, 학생 조직 및 전략을 이해할 필요가 있으며, 학생행동수칙 behaviour management 과 같은 각 학교별 지침도 숙지해야 한다. 지도 방법 지식은 중등학교에서 가르치는 방법을 배우는 데 필요한 핵심 내용이다(Capel et al., 2013). 일반 지도방법 지식 관련 교재를 내용 교수 지식(아래 참조)에 초점을 맞춘 이 책의 교과 맥락 지식과 연계하여 활용하기를 바란다.

○ 내용 교수 지식

내용 교수 지식은 일반 지도 방법 지식을 특정 교과 맥락에 적용한 지식을 의미한다. 내용교수 지식은 내용 지식을 특정 상황에 맞게 재구성하도록 하며, 학생들에게 교과 내용을 효과적으로 가르칠 수 있는 원천이다.

여러분이 그랬던 것처럼 모든 학생들이 체육이나 신체활동에 열심히 참여하는 것은 아니며, 심지어 체육에 관심도 없으며 체육수업에 전혀 참여하지 않거나 학교 밖에서 다른 운동을 하지 않는 경우가 많다. 체육과 교육과정의 목표 중 하나가 학생들이 학교 밖 또는 졸업 후에도 신체활동에 지속적으로 참여할 수 있도록 자신감, 운동 능력, 참여 동기, 지식과 이해력을 길러주는 것이기 때문에, 가르치는 방법은 가르치는 내용(교육과정 내용)만큼 중요하다. 따라서 체육교사는 교육과정의 목적 및 목표를 성취하기 위해 학생들이 학습할 수 있도록 지원하는 내용 교수 지식을 잘 이해하고, 이러한 각 측면에 대한 여러분의 지식, 기술 및 이해력을 개발하는 것이 필요하다.

제11장에서는 2~10장에서 다룬 다양한 내용 교수 지식에 대한 지식, 기술 및 이해력을 개발하는 일과 이를 통합적으로 인식하는 것의 중요성을 강조하였다. 필요하다면 해당 장의 내용을 살펴보기 바란다.

○ 학습자와 학습자 특성에 대한 지식

이 책 전반에서 강조한 것처럼, 체육교사의 일은 학습자로서 학생 개개인의 학습을 촉진하는 것이다. 이를 위해 여러분은 학생들의 연령별 특성을 이해하고, 학습자 단계별 지식, 기능, 이해력의 수준을 파악하며. 각각의 학생들의 특성도 파악해야 한다.

예를 들어, 체육교사는 아동발달 특성을 이해해야 하며, 특히 사춘기가 학생들에게 미치는 영향을 이해해야 한다. 또한 사춘기가 시작되는 정해진 연령대는 없다는 것을 이해하는 것이 중요하다. 일반적으로, 여학생들이 남학생에 비해 발달 속도가 빠르다. 대부분의 여학생들은 8-14세에 사춘기를 시작하며 평균적으로는 11세 정도이다. 남학생들은 보통 9-14세에 사춘기가 시작되며, 평균은 12세 정도이다. 또한 이들은 사춘기가 시작된 후 일반적으로 4년 정도가 되면 어른처럼 성숙하게 된다. 하지만, 학생들 중 일부는 사춘기를 보통보다 일찍 경험하거나 늦게 경험할 수 있다는 것을 알아야 한다. 이러한 변화는 학생들에게 다양한 영향을 미친다.

사춘기에 발생하는 여러 변화는 다음과 같이 분류할 수 있다.

- 급격한 성장을 포함한 신체적 변화
- 심리적 변화, 이는 십대를 감성적으로, 자의식이 강하며 공격적으로 만듦
- 행동 변화, 이는 일부 십대들이 흡연, 음주, 성관계와 같은 새롭고 잠재적으로 위험한 활동을 하게 함

학습자와 그 특성에 대한 지식을 개발하기 위해서는 아동발달 등 다양한 학습자 특성에 대한 자료를 찾아보기 바란다. [과제 18.5]에서는 여러 다른 교사지식을 비교하고 탐색해본다.

○ 교육 환경 지식

교육은 진공상태에서 이루어지지 않는다. 교사가 자신이 가르치고 있는 환경을 이해하는 것은 매우 중요하다. 예를 들어, 학교장의 기대와 태도는 교직 수행에 큰 영향을 미치는데, 어떤 학교장 학생들이 일생 동안 신체활동에 참여할 수 있도록 그들의 자신감, 운동능력, 참여 동기, 지식 및 이해력을 향상시키는 것보다 학교 운동부 팀을 우승시키는 것에 더 관심을 가지고 있다고 가정해보자. 만약 체육교사가 모든 학생들을 위한 체육교육의 가치와 그들의 권리를 학교장에게 강력하게 주장하지 않는다면, 이러한 학교장의 기대는 체육수업에 그대로 영향을 미칠 수밖에

없다. 또한 여러분이 실습하는 학교의 학생들은 학년마다 교과별 능력에 따른 수준별 그룹, 혼합 그룹 등으로 다양하게 구성될 수 있으며, 일반 이론 중심 교과는 수준별 그룹으로, 체육수업은 혼합 그룹을 집단 편성이 될 수 있다. 또한 체육수업에서 발생하는 일들은 이런 이론중심 교과와는 상당히 다를 수밖에 없다. 이러한 각각의 학생 집단 편성 방식은 체육수업에서 학생들의 참여 동기에 영향을 미칠 수밖에 없다.

교사로서 여러분의 성장은 예비교사교육과정 기간에만 그치는 것이 아니다. 17장에서는 예비교사교육과정 이후의 지속적인 발전 방법을 살펴보았다. 교육 환경 지식에 대한 다양한 측면, 즉 교사 지원의 범위와 질, 교직 수행에 대한 환류 정도 등은 신규교사 자격을 갖춘 후 초기 전문적 발달과정에서 중요한 역할을 할 것이다.

○ 교육의 목적, 가치, 철학, 역사에 관한 지식

예비체육교사가 실습학교에서 가르치고 있는 체육과 교육과정은 다양한 교육 목적과 목표를 이루기 위해 개발된 해당 학교의 역사적 산물이며, 해당 학교 교육과정의 일부이기도 하다 (국가수준 체육과 교육과정 NCPE 은 보다 상위의 국가수준 교육과정 NC 의 일부이다). 교과의 역사를 이해하는 것과 교과가 가르쳐지는 사회적 맥락을 인식하는 것은 매우 중요하다. 이를 통해 교사는 해당 교과가 지금까지 무엇을, 어떻게, 그리고 왜 가르쳤는지를 이해할 수 있기 때문이다. 예비교사가 체육과 교육과정의 목적, 목표를 달성하기 위해 개발한 단원 계획, 수업 계획이 실제 실습학교의 학교교육 목표와 연계되는지를 확인하는 것이 중요하다. 즉 예비체육교사는 체육과 교육과정이 실습학교의 학교교육과정, 더 넓게는 국가수준의 교육과정과 연계되도록 해야 한다. [과제 18.5]를 수행해보자.

 과제 18.5 Shulman(1987)의 3가지 교사 지식을 발전시키기

다른 예비교사들과 함께 위의 Shulman(1987)의 '학습자와 학습자 특성에 대한 지식', '교육 환경 지식', '교육 목적, 목표, 가치, 철학, 역사에 대한 지식'별로 자신이 개발해야할 지식, 기술, 이해력이 무엇인지 적어보자.

그리고 각 지식별 자신의 수준을 평가해보고(1 = 우수, 3 = 보통, 5 = 미흡), 부족한 지식 영역을 확인한 후, 지도교사와 이를 발전시킬 수 있는 방법을 논의해보자.

이러한 지식은 왜 중요한지, 여러분의 교수 활동에 어떤 영향을 주는지에 대해 간략한 반성적 글쓰기를 해보자.

개발할 지식 영역과 학습 과정을 전문성 개발 포트폴리오(CPD)에 정리하고, Masters level의 증빙자료로서 자신의 성찰일지를 기록해보자.

Shulman(1987)의 교사 지식 7가지를 기반으로, 교사에게는 교사로서 자기 자신에 대한 지식이 필요하다는 점을 알아야 한다.

자신에 대한 지식

가르치는 것은 결코 가치중립적이지 않다는 것을 명심해야 한다. 예를 들어, 어떤 내용을 가르칠 것인지, 어떤 방법으로 가르칠 것인지, 예비교사교육과정에서 어떤 내용을 배울 것인지, 재직 학교에서 어떤 지식을 우선시하고 무시할 것인지 선택하는 것은 모두 자신의 삶의 배경이나 신념과 깊은 관계가 있다.

교사의 교수 행위에 신념이 어떻게 영향을 미치는지는 교육과정 목표를 보면 알 수 있다. 여러분이 가르쳐야할 교육 목표는 교과과정에 명시되어 있다. 잉글랜드의 국가수준 체육과 교육과정은 다음과 같은 목표를 명시하고 있다.

- 다양한 신체 활동에서 우수한 운동능력을 개발한다.
- 지속적으로 신체 활동에 참여한다.
- 경쟁 스포츠 및 활동에 참여한다.
- 건강하고 활동적인 삶을 실천한다.

또한 싱가포르의 교수학습 지침(싱가포르교육부 2014, 3p)에는 '체육의 목적은 학생들이 평생 동안 활동적이고 건강한 삶을 누릴 수 있는 신체적 기술과 실천능력, 가치를 개인적으로 그리고 다른 사람들과 함께 발휘할 수 있도록 한다'라고 명시되어 있다. 구체적인 내용은 다음과 같다.

1. 다양한 신체 활동에 참여할 수 있는 일련의 운동 기술을 습득한다.
2. 일련의 신체활동에서 움직임의 개념, 원리 및 전략을 이해하고 적용한다.
3. 신체활동과 일상생활에서 자신과 타인, 환경에 관한 안전한 활동을 보여준다.
4. 다양한 운동 경험을 통해 개인적, 사회적으로 긍정적인 행동을 보여준다.
5. 정기적인 신체활동 참여를 통해 건강을 증진하고 유지한다.
6. 신체적으로 활동적이고 건강한 삶의 혜택을 즐기며, 가치 있게 여긴다(싱가포르교육부 2014, 8p)

위의 두 국가별 교육 목표는 각각의 국가 특성에 맞는 교육과정과 교육내용으로 실천된다. 하지만, 교육과정에 명시된 교육 목표에 대한 해석은 교사마다 다를 수 있다. 이러한 교육

목표를 어떻게 해석하고 어떻게 가르치는지는 각자의 신념에 영향을 받는다. 여러분은 자신과 다른 견해를 가지고 있거나 여러분이 강조하는 교육목표와는 다른 입장을 가진 교사들과 함께 일할 수 있으며, 그들의 교육 목표와 신념도 중요하다는 것을 깨달아야 한다. 이러한 상황은 여러분을 종종 갈등하게 할 수 있다. 예를 들어, 여러분은 모든 학생들이 평생 동안 신체 활동에 참여할 수 있도록 자신감, 신체적 능력, 동기부여, 지식, 이해력을 길러주는 것이 중요하다고 생각하는 반면, 어떤 교사는 학교 간 경기에 출전할 수 있는 운동 능력이 뛰어난 학생들을 선발하는 것이 체육교육에서 가장 중요하다고 생각할 수 있다. 여기서 교사 간 갈등이 생길 수 있지만, 여러분은 자신의 신념에 따라 가르칠 수 있으면서도, 학교나 체육부서 전체의 교육 목표를 충족시킬 수 있는 공동의 목표와 규칙을 마련할 수 있도록 동료교사들과 협의해야 한다. 여러분의 교육철학이 학교와 부서 전체, 다른 교사들의 교육철학과 큰 틀에서 방향이 일치하는 것이 필요함을 명심해야 한다. 16장에서는 교사로서 자신에 대한 지식의 주요 요소인 교사의 신념에 대해 살펴보았다.

반성 reflection 의 중요성

자신의 신념과 이것이 체육수업에 미치는 영향을 이해하기 위해, 또한 자신의 교수 행위가 학생의 학습에 미치는 영향을 평가하기 위해, 여러분은 자신이 실천한 모든 교수 행위를 반성해 봐야 한다. 15장에서는 반성적 실천에 대해 살펴보았다.

교사로서 여러분은 자신이 배운 방식 그대로 학생들을 가르치는 것은 바람직하지 않다. 또한 교수활동에는 단지 학생 조직과 지도만 있는 것은 아니다. 여러분은 자신의 수업을 학생과 그들의 학습에 초점을 맞춰 적절하게 효과적으로 실천하고 있는지를 반성할 수 있어야 한다. 교수 활동은 과학적 행위 그 이상이며, 예술적 활동이기 때문이다(서문 참조).

요약 및 요점

이 장의 서두에서 언급했듯이, 체육을 가르치는 일의 질적 수준과 학생의 학습은 모든 체육교사 각각의 역할에 달려 있다. 무엇을 가르치는가는 매우 중요하다. 신체활동 영역별로 다양한 유형의 신체활동과 종목에 대한 내용 지식은 예비교사교육과정에서 배워야 할 가장 중요한 지식이라고 할 수 있다. 이러한 신체활동 영역과 유형, 특정 신체활동 종목에 대한 지식은 움직임 개념과 원리, 방법이 밑바탕이 되어야 한다. 또한 수업의 교재나 신체활동 종목은 단지 학습을 유도하는 도구라는 점과 교사의 초점은 학생임을 명심할 필요가 있다. 교수활동에서 학생의 필요와 요구를 이해하는 것은 가장 중요한 일이며, 가르치는 내용과 방법은 가르치는 학생 개인 또는 집단의 연령과 특성에 따라 달라져야 한다. 이를 위해, Shulman의 7가지 교사 지식을 근거로 자신에게 필요한 교수 지식, 기술, 이해력을 개발하는 것이 중요하며, 이러한 지식을 다양한 교수 지식과 비교하며 통합할 필요가 있다.

11장에서는 physical literacy 관점을 적용한 학습자 중심 교육에 대해 살펴보았다. 교수 행위에서 중요한 것은 단지 일련의 교수 지식과 기술을 습득하는 것 자체보다는 여러분이 가르쳐야 하는 학교의 학생 상황에 맞게 지식과 기술을 변용하고 적용하며 그들에게 풍부한 정보와 교육 기회를 제공하고자 하는 태도라는 점이다.

또한 여러분은 실제 상황과는 무관한 진공 상태에서 교수 지식과 기술, 이해력을 개발한 것이 아님을 명심해야 한다. 교육은 결코 가치중립적이지 않으며, 교사로서 자신이 무엇을 어떻게 하고 있는지, 왜 그렇게 하는지에 대한 근거를 예비교사교육과정을 통해 교육받아야 한다. 이를 위해서는 자신에 대한 지식, 특히 교사로서 자신의 신념에 대한 지식을 이해하는 것이 중요하며, 이는 교육 행위에 대한 반성적 활동을 통해 가능하다.

예비교사교육과정은 교사 학습 과정의 입문 단계이다. 여러분의 학습과 성장은 교사가 된 후에도 지속적으로 이루어질 것이다. 입문 단계로서 예비교사교육과정에서 배운 교수 지식, 기술을 적용하는 능력은 신규교사가 될 때까지 쉽게 다듬어지지 않을 수 있다. 따라서 여러분이 교사가 되어 학생들을 가르치기 시작할 때 이 책의 전반적인 내용과 더불어 이 장을 살펴보기를 바란다.

여러분이 속한 예비교사교육기관의 요구사항(필수요건) 중 이 장을 통해 배울 수 있었던 것을 확인하기 바란다.

---------------- / 추가 읽기 자료 / ----------------

Capel, S., Leask, M. and Turner, T. (eds) (2013) Learning to Teach in the Secondary School: A Companion to School Experience, 6th edn, Abingdon, Oxon: Routledge.

이 책은 일반적인 교수 활동에 필요한 일련의 지식, 기술, 이해에 대해 살펴보고 있으며, 일반 교수 지식에 초점을 맞추고 있다. 일반 교수 지식을 체육수업 상황에 적용한 이 책과 함께 읽어보기를 바란다.

Ho, J. and Sammons, P. with Bakkum, L. (2013) Effective Teaching: A Review of Research and Evidence, Reading: CfBT Educational Trust.

이 연구는 교사 효과성에 대한 정의와 무엇이 유능한 교사를 만드는지를 다룬다. 이는 수업 실천을 개선하는데 필요한 시사점을 제공해준다.

Kirk, D.(2010) Physical Education Futures, Abingdon, Oxon: Routledge.

이 책에서 Kirk는 먼저 오늘날 학교에서 지배적으로 이루어지는 체육수업과 이에 대한 몇 가지 이유를 살펴본다. 또한 가능한 미래를 전망해 보며, 체육이 학교 교육과정에 살아남기 위해서는 장기적으로 급진적인 개혁이 필요하다고 주장한다. 만약 그렇지 않다면 체육교과가 교육과정에서 제외질 수 있음을 주장한다. 이 책은 여러분이 체육교사로서 무엇을 어떻게, 왜 해야 하는지를 고민하는데 도움을 줄 것이다.

INDEX

(ㄱ)

가치적 질문　*93*
개념적 질문　*93*
개방형 질문　*159*
경험적 질문　*93*
과실　*222*
과제와 무관한 행동　*111*
관리규정　*112*
관점　*295*
관찰　*65*
교사리더십 과정　*323*
교수　*17*
교수 스타일　*248*
교수 전략　*247*
교수 접근　*239*
교수기술　*14*
교수내용　*72*
교수핵심내용　*28*
교실 체육수업　*260*
교육 환경 지식　*336*
교육과정 지식　*335*
교육관　*295*
국가수준 체육과 교육과정　*31*
규준지향 평가　*173*
기타 활동　*21*

(ㄴ)

낙관주의　*211*
내용 교수 지식　*336*
내용 지식　*335, 336*
내재적 목적　*32*
내준 평가　*173*

(ㄷ)

단원계획　*59*
도구적(외재적) 동기　*131*
돌봄 의무　*221*
동기부여 환경　*136*
동료 및 자기평가　*182*

(ㅁ)

목표 지향성　*136*
몸짓 단서　*94*

(ㅂ)

반성　*296, 307*
보상　*162*
본질적(내재적) 동기　*131*
비언어적 의사소통　*167*

(ㅅ)

상규적 활동　*115*
상급 지도자　*325*
상호작용　*20*
서술적 피드백　*181*
성찰　*296, 303, 308*
성취목표 이론　*135*
수렴형 질문　*91*
수업 계획　*48*
수업의 단계　*54*
시민 교육과정　*317*
신념　*295, 297, 299*
신체적 단서　*94*

신체적 유능성　*203*
실제학습시간　*125*
실증적 평가　*207*
실천 공동체　*318*
실행 연구　*285*

(ㅇ)

안전교육　*221*
언어적 단서　*94*
영국 체육교육협회　*323*
예비체육교사　*14*
외재적 목적　*32*
움직임 기술　*71*
움직임을 위한 학습　*196*
위험 관리　*223*
위험 통제　*223*
위험 평가　*224*
유능한 체육교사　*334*
의도된 학습결과　*14, 28, 49, 67, 179*

(ㅈ)

자각　*295*
자긍심　*209*
자기결정 연속체　*132*
자기결정 이론　*132*
자기효능감　*209*
자서전　*307*
자신감　*209*
자율 학교　*320*
장애의 사회적 모형　*189*
전략　*73*
전문성 개발 포트폴리오　*12*
전문화단계　*303*
전술　*73*

절대평가　*207*
정체성　*309*
조직 및 관리 활동　*21*
조직화단계　*304*
준거지향 평가　*173*
준비단계　*301*
준언어　*90*
중간 지도자　*325*
지도 방법 지식　*335*
지도 활동　*21*
지속적 전문성 개발　*323*
직업적 사회화　*300*
질문　*179*

(ㅊ)

차별화　*194*
처방적 피드백　*181*
총괄평가　*170*

(ㅌ)

테크닉　*71*
통합수업　*187*

(ㅍ)

피드백　*95*
피지컬 리터러시　*36, 203*

(ㅎ)

학교 책임자　*325*
학교수준 체육과 교육과정　*62*
학생의 목소리　*143*
학습에 대한 평가　*170*

학습을 위한 움직임　*196*
학습을 위한 평가　*170*
학습자와 학습자 특성에 대한 지식　*336*
학습자중심　*202*
행위 중 반성　*274*
행위 후 반성　*274*
형성평가　*170*
효과적인 교수　*43*

(I)

induction period　*313*

(S)

Shulman　*333*
SMART 목표 설정 기술　*138*

(T)

TARGET 전략　*137*

(V)

VAK 모델　*265*
VARK 모델　*265*